博弈与平衡：
借壳上市监管制度研究

施金晶　著

中国金融出版社

责任编辑：丁　芊
责任校对：张志文
责任印制：陈晓川

图书在版编目（CIP）数据

博弈与平衡：借壳上市监管制度研究（Boyi yu Pingheng：Jieke Shangshi Jianguan Zhidu Yanjiu）／施金晶著．—北京：中国金融出版社，2015.11
　ISBN 978 – 7 – 5049 – 8192 – 9

　Ⅰ.①博…　Ⅱ.①施…　Ⅲ.①借壳上市—监管制度—研究　Ⅳ.①F830.91

中国版本图书馆 CIP 数据核字（2015）第 261476 号

出版
发行　**中国金融出版社**

社址　北京市丰台区益泽路 2 号
市场开发部　（010）63266347，63805472，63439533（传真）
网 上 书 店　http：//www.chinafph.com
　　　　　　　（010）63286832，63365686（传真）
读者服务部　（010）66070833，62568380
邮编　100071
经销　新华书店
印刷　北京市松源印刷有限公司
尺寸　169 毫米 × 239 毫米
印张　20.75
字数　357 千
版次　2015 年 11 月第 1 版
印次　2016 年 2 月第 2 次印刷
定价　50.00 元
ISBN 978 – 7 – 5049 – 8192 – 9/F. 7752
如出现印装错误本社负责调换　联系电话（010）63263947

目　　录

导　　论

一、借壳上市的发展现状与最新趋势

在我国，借壳上市的历史并不长，但却是上市公司并购重组①的重要交易类型，备受市场各方关注。随着上市公司并购重组市场的快速发展，借壳上市成为产业界和政府、媒体及公众关注的一个热点和焦点。

近年来，借壳上市的绝对数量基本保持稳定。笔者根据上市公司公开披露的信息进行统计：2012 年中国证监会核准借壳上市数量为 21 单，占全年核准重组总数的 25%。2013 年中国证监会核准借壳上市数量为 24 单，占全年核准重组总数的 25%；2014 年中国证监会核准借壳上市数量为 23 单，占全年核准重组数量总数的 12%。2015 年上半年，中国证监会核准借壳上市数量为 12 单，占同期核准重组数量的 11%。上述数据显示，虽然借壳上市在整个并购重组市场中的比重下降，但借壳上市的绝对数量并没有下降，也未出现下降趋势。②

同时，近年来，借壳上市交易呈现出一个值得关注的趋势性的特点，即疑似借壳案例不断增多。

---

① 并购重组是什么，很难定义，从经济学角度来看，并购重组是实现市场上资源优化配置的重要手段。美国芝加哥大学教授、诺贝尔经济学奖得主乔治·斯蒂格勒曾经说过："没有一个美国大公司不是通过某种程度、某种方式的兼并而成长起来的，几乎没有一家大公司主要是靠内部扩张成长起来的。一个企业通过兼并其竞争对手的途径成为巨型企业是现代经济史上一个突出现象。"但何为并购重组，很难给出一个准确的法律定义，因为并购重组实际上是一个概括性的概念，包括兼并、收购、资产剥离等多种法律行为。

上市公司并购重组同样不是一个准确的法律概念，只是我国证券市场通常的说法。作为一种政策性措辞，上市公司并购重组于 2004 年首次出现在《国务院关于推进资本市场改革开放和稳定发展的若干意见》（国发〔2004〕3 号）中，其中第五条明确提出"鼓励已上市公司进行以市场为主导的、有利于公司持续发展的并购重组"。随后，并购重组出现在规章和规范性文件的标题中。从我国证券市场来看，上市公司并购重组主要包括上市公司收购、重大资产重组、合并、分立、回购等活动。这类活动又可分为两类行为：一类涉及上市公司的股权变动，如上市公司收购；另一类涉及上市公司体内资产的变动，如重大资产重组。

② 提请读者注意的是，出于简捷性和准确性考虑，笔者统计的口径为中国证监会核准的口径，因此被中国证监会否决的案例不在统计之列。同时，仅公告了借壳预案但尚未获得中国证监会核准的案例也不在统计之列。

疑似借壳方案没有明确的认定标准，且该类方案披露不构成借壳上市，因此较难统计。我们从以下两个方面可以发现这一趋势：第一，笔者曾经统计过中国证监会核准的"第三方发行"的案例[①]，2013 年以前，基本不存在主营业务完全不相关的跨行业并购；2013 年至 2014 年两年，约 10% 的交易为主营业务完全不相关的跨行业并购。这 10%（约 30 单）的交易中，疑似借壳的案例较多。第二，部分疑似借壳上市的方案是通过上市公司定向发行股份募集资金，变更控制权，同时用该笔资金购买大额资产来实现的。[②] 笔者未对该类交易数量进行统计，但从媒体报道可以发现，该类疑似借壳案例不在少数。

频频出现的疑似借壳、变相借壳案例引发了诸多疑问和思考：借壳上市的认定标准和监管原则如何发展而来，又存在何种问题？当前市场上为什么会出现如此多疑似借壳上市的案例，有什么影响？借壳上市监管的初衷和立法理念究竟是什么？借壳上市认定标准和监管制度应该如何完善？

二、借壳上市交易中的利益博弈与监管难题

借壳上市作为一项复杂的交易模式，是在一定的法律环境和市场环境中，与公司相关的不同利益主体之间就上市公司资产、控制权等作出的利益交换和利益安排。借壳上市涉及多方利益主体，主要包括上市公司控股股东、中小股东及交易对方。[③] 下面笔者举一个借壳上市的案例，扼要说明借壳上市交易中的各方利益博弈与监管工作所面临的挑战。

上市公司主要从事酒店经营业务，控股股东 A 公司占 34.47% 股权。为实现业务转型，2012 年拟将酒店经营业务全部出售给 A 公司，同时向甲、乙、丙三人发行股份购买其持有的一家矿业公司 70% 股权。出售资产为位于北京东三环的一家酒店，交易作价 4.8 亿元，增值率为 170%；购买资产交易作价 23 亿元，增值率为 520%，占上市公司 2011 年资产总额 12 亿元的 190%。交易完成后，上市公司主营业务变更为铅锌矿的采选和销售。A 公司仍为控股股东，持股比例降为 22%，同时，甲、乙、丙三人的持股比例分别为 18%、18%、2%。甲、

---

① 实务中，一般将上市公司重组的交易类型划分为借壳上市、大股东注资（向控股股东、实际控制人及其控制的关联方购买资产）、第三方发行（向控股股东、实际控制人及其控制的关联方以外的交易对方购买资产）。部分疑似借壳上市的案例被统计在这一交易类型中。

② 具体操作方式见本书第五章的案例。

③ 部分借壳上市的交易方案还涉及置出资产的员工利益，潜在的购买上市公司股票的中小股东利益；交易对方的大股东与中小股东利益也可能存在不一致，但上述问题与本书讨论的主题相对较远，因此本书对此不做展开讨论。

乙、丙为该矿业公司的创始人，共同合作多年，但无关联关系。公司交易报告书说明甲、乙、丙不构成一致行动人。

与多数境外市场实践一样，在较长一段时间内，我国并购重组相关规则并没有对借壳上市进行单独监管，而是要求其符合一般的并购重组规则即可。2011 年借壳上市规则首次写入《上市公司重大资产重组管理办法》（以下简称《重组办法》），其后监管部门不断细化借壳上市的认定标准，提高借壳上市的监管要求，从趋同于 IPO① （Initial Public Offering，首次公开发行）逐步提升到等同于 IPO。但随着我国借壳上市标准的不断提高，借壳上市类的重组公司数量并没有呈现下降趋势，反而在绝对数量上保持稳步上升，且市场同时出现了诸多疑似借壳上市的案例。上述案例既是一个典型的疑似借壳方案，又是借壳上市规则出台后首个疑似借壳上市的案例。在这个案例中，上市公司原有资产全部置出，同时购买了一块大额的新的资产，主营业务发生根本变化。但该方案最终因不符合借壳上市的认定标准没有被界定为借壳上市。公司按照一般并购重组的要求披露了交易报告书，并最终获得监管部门批准。

这个看似简单的案例引发了很大争议，争议的背后是各方对于现行借壳上市认定标准和监管理念的不同认识。

有观点认为，借壳上市交易中中小股东的利益无法得到有效保护，迫切需要监管部门出手。具体来说，上市公司大股东控制公司董事会和日常经营，其拟置出全部资产且购买新的资产。在这笔交易中，控股股东与中小股东均希望购买资产的价格尽量低，价值尽量高，减少对自我股权的稀释，并能够在交易完成后通过股价的上涨实现投资收益。但大股东更倾向于能够低价收购置出资产，即使通过置入资产一定程度的高估来实现这一目的。在这一点上，控股股东与交易对方的利益一致，而与上市公司中小股东的利益并不一致。此时，指望通过控股股东控制的董事会、管理层与交易对方博弈实现交易作价的公平性，明显不具有可操作性。而中小股东由于在信息上处于弱势，无法对公司控股股东、董事会及管理层贱卖资产同时高买资产形成有效监督，也就是说，通过单纯的公司治理已无法实现各方利益的平衡。监管部门必须采取有效措施来约束和监督上市公司控股股东及交易对方，防止置出资产的贱卖或置入资产的高买，

---

① 与此略有差别的一个词是 IPL（Initial Public Listing，首次公开上市）。自证券交易所建立以来，我国一直实行发行与上市连续进行的一体化过程，公司获准首次公开发行股票即意味着在较短时间内能够在上海证券交易所或深圳证券交易所上市，因此，以下我们对首次公开发行与上市两者不加区分，统称为首发上市或 IPO。

防止控股股东与交易对方合谋侵害中小股东的利益。概言之，监管部门必须有效约束上市公司控股股东和交易对方，从而形成对上市公司中小股东的倾斜性保护，达到实质公平的目标。因此，对于此类"净壳重组"①，应该界定为实质的借壳上市，并严格监管。但为什么该类交易在我国不被界定为借壳上市呢？这就涉及到我国借壳上市的认定标准问题。根据 2014 年修改后的《重组办法》第十三条，借壳上市行为包括三个构成要件，缺一不可：第一，收购人取得上市公司控制权；第二，上市公司向收购人及其关联人购买资产；第三，上市公司向收购人及其关联人购买的资产总额占上市公司控制权发生变更的前一个会计年度经审计的合并财务会计报告期末资产总额的比例达到 100% 以上。因此，应当取消控制权要件。

反对观点则针锋相对，认为如果据此案例就简单地认为我国借壳上市认定标准应该取消控制权变更这一要件，明显过于武断。监管部门之所以在制定规则时不将上述行为纳入借壳上市范畴，是因为如果借壳上市认定标准过宽，实践中极有可能导致产业并购受阻。试想一下，如果将本方案修改为仅购买资产，不出售资产呢？再甚至，不但不出售资产，而且购买的资产业务与上市公司主营业务相似呢？如果取消控制权变更这一要件，则资产规模超过 100% 的产业并购将均构成借壳上市。这显然不符合监管逻辑和监管目标。同时，监管本身也是有成本的，不能无限制地扩展这一"有形之手"。

孰是孰非，聚讼纷纭。2014 年《重组办法》修订时，借壳上市的条文就因争议较大，最终未能达成一致意见而基本未作修改。② 充分说明借壳上市交易的复杂性导致的各方观点差异以及监管工作面临的挑战。

纵观我国借壳上市监管的历史，可以说多年来，经历了从模糊到清晰，标准逐渐趋严的过程。在我国上市公司并购重组制度的发展过程中，作为挽救危机公司的重要交易行为和 IPO 通道不畅环境下公司实现上市的重要方式，发挥了重要作用。但借壳上市伴随的炒壳问题、内幕交易问题等也异常严重，助长了跟风炒作股价的行为，不利于长期投资的投资理念的形成；直接扰乱了定价机制，影响了资本市场优化资源配置的基本功能。因此，对借壳上市实施更严格的监管符合市场发展的需要。

规范借壳上市交易的制度前提是科学设定借壳上市的认定标准。从实施效

---

① 或称"净壳上市"，具体概念见第一章第二节。

② 参见中国证监会 2014 年 10 月 24 日《重组办法》发布时的新闻稿，http：//www.csrc.gov.cn/pub/newsite/zjhxwfb/xwdd/201410/t20141024_ 262329. html。

果和社会评论来看，现行的借壳上市认定标准尚存两方面不足。首先，对部分借壳上市交易监管不足。目前，《重组办法》对于借壳上市的界定主要包含"控制权变更"、"向收购人购买资产"及"资产总额占比100%以上"三大要件，任一要件缺失，均不构成借壳上市。这一认定标准有利于上市公司进行产业并购，但同时也使得规避借壳上市相对容易。如上市公司置出全部资产，新的股东取得控制权同时注入资产，但资产比例占上市公司前一个会计年度总资产的95%，按照现行规则，该方案不构成借壳上市。但该行为实质实现了收购人将其资产上市的意图，且上市公司从控制权到主营业务、主要资产均发生了根本性变化。类似疑似借壳的案例日益增多，从开始的少数试探到逐步增多，屡见不鲜。不将其认定为借壳上市，或纳入借壳上市的监管范畴，可能导致该部分交易中对上市公司中小股东权益保护的严重缺失，也使得日益严格的借壳上市监管制度在市场面前显得苍白无力。

其次，对部分借壳上市交易监管过严。为防止化整为零规避监管，在借壳上市相关指标计算时，执行"累计首次原则"①，即在计算上述100%指标时，按照上市公司控制权发生变更之日起，累计向收购人购买的资产总额计算。上述规定旨在防止化整为零的规避监管行为，在实践中也确实阻止了该种行为的发生。但在一些方案中，由于时间跨度太长，导致对类似交易方案监管标准不一，对部分交易监管过严。如收购人取得上市公司控制权10年后注入资产，该资产的资产总额或交易金额（孰高原则）超过上市公司10年前资产总额的100%，根据累计首次原则，构成借壳上市。将该类交易方案认定为借壳上市存在两大问题：首先，该类交易与一般的上市公司向控股股东购买资产的行为并无实质差别。同样的交易，如果认定为向控股股东购买资产②，则不构成借壳上市，拟购买资产无须满足借壳上市的条件；如果认定为借壳上市，则拟购买资产须符合IPO标准，否则就无法注入上市公司，不利于上市公司控股股东、实际控制人解决同业竞争和关联交易问题，不利于上市公司的长期发展。其次，计算100%指标时，将拟购买资产的资产总额或交易金额（孰高原则）与上市公司控制权变更前一个会计年度的资产总额进行比较，但由于时间跨度较长，上市公司购买资产时的资产规模较10年前控制权变更时的资产规模已经发生巨大变化。拟购买资产相对于10年前的上市公司来讲，确实达到或超过100%；但

---

① 具体含义见第三章第四节。
② 上市公司向控股股东、实际控制人或其控制的关联人购买资产，又被称为大股东注资或整体上市。

按照上市公司最近一个会计年度的资产规模，可能连50%都达不到，该交易对上市公司影响实际并不大。将该种小额资产注入认定为借壳上市，按照 IPO 审核，监管的一致性和必要性值得斟酌。

可以说，借壳上市交易本身的复杂性带来了各方利益主体的激烈博弈，作为监管主体，要在实现保护中小投资者合法权益与促进并购市场发展的艰难平衡中不断探索。比较境外主要国家和地区的借壳上市制度，可以说，放之四海而皆准的借壳上市认定标准和监管原则历史上不存在，未来也不会有。不同的国家要根据自己国家的基础法律制度、资本市场状况、上市公司股权结构及股东构成等来寻求最为有效，且可操作性强的监管制度。

三、借壳上市监管的研究意义与研究方法

（一）借壳上市监管的研究现状与研究意义

借壳上市是一种特殊的上市公司并购重组行为。翻开一个多世纪以来的西方经济史，企业并购重组越来越成为其中的重要内容。从19世纪末以来的五次并购浪潮刺激了卷帙浩繁的研究文献问世。近三四十年来，企业并购重组理论及其实证研究更是成长为当代西方经济学、金融学（财务学）和管理学最重要的研究领域之一。在我国，并购重组仅有30多年的发展历程。相比成熟发达国家，我国并购市场仍然处于起步阶段。并购重组研究的历史不到20年，已有文献对并购重组的研究，一类是主要介绍境外并购重组的概念及体系，与我国境内上市公司并购重组的概念和实践相去甚远；另一类是对上市公司并购重组规则或案例的介绍，缺乏对基本问题的深入分析，读者常常"知其然不知其所以然"，且我国境内上市公司并购重组实务发展变化迅速，导致该类书籍介绍的规则和案例已滞后于实践的发展。总体来讲，对我国境内上市公司并购重组实务的针对性理论研究还比较少，许多关键问题没有解决。

借壳上市是上市公司并购重组领域最为复杂的交易行为，不仅涉及上市公司大额资产重组行为，而且涉及上市公司控制权问题。境外市场由于发行制度、定价机制、公司治理的相对完善，借壳上市的问题不那么突出；同时整个监管规则的体系性和自洽性相对较好，规避借壳上市的现象并不常见。反观我国的资本市场，在特定时期内，借壳上市俨然成为上市公司并购重组市场的主流交易类型。针对借壳上市实务的理论研究也在此时起步，其中专门针对"借壳上市"的专著较少，通常在系统性研究上市公司并购重组时有所提及。此外，也

有部分论文专门论述借壳上市的实务问题，但囿于实务案例的单一性，现在来看，这些理论研究的深度和广度略显不足。2008 年《重组办法》明确上市公司可以股份为支付手段购买资产，借壳上市的操作手法开始发生根本性变化；2011 年借壳上市认定标准、配套融资等制度出台，借壳上市行为模式继续变化，同时开始出现疑似借壳上市的案例；2013 年借壳上市标准提高到与 IPO 等同，各类规避行为先后涌现。面对上述实务变化，媒体对此多次报道并呼吁完善借壳上市标准，① 但与实务界热热闹闹的情况不同，从学术研究的角度来看，我们对借壳上市的重要规律还缺乏深入的理解，对很多重要问题还知之甚少，更遑论对疑似借壳行为的深刻认识和研究了。可以说，在这个问题上，理论研究未能跟上实践的发展，未能对实务界出现的新问题迅速作出反应。② 故笔者选择这个论题，希望能够为借壳上市的理论研究添砖加瓦，能够对借壳上市的实务发展有所裨益。

（二）微观与宏观相结合的研究方法

正如前文所述，借壳上市是一项涉及多方主体利益博弈的复杂交易行为，要实现监管的一致性和公平性，构建平衡的监管体系，要充分研究借壳上市的规则、案例及存在的各类问题。

为此，一方面，要从上市公司并购重组规则体系的视角，从微观行为的角度来分析借壳上市、疑似借壳上市的交易行为，分析借壳上市中各方利益主体之间的关系，厘清借壳上市监管保护的法益以及规避借壳上市监管侵害的法益。另一方面，要探索将该类行为置入整个资本市场发展的阶段和框架下进行宏观的观察和研究。只有这样，才能科学勾画出借壳上市的认定标准和监管方法，通过规则设计让各方利益主体在平等的基础上进行博弈，达到各方利益的内在平衡。

四、本书结构与主要内容

本书包括导论和六章正文以及附录，大致可以分为五个部分。

---

① 各类媒体报道随着个案层出不穷。如《上海证券报》2014 年 5 月 8 日刊登的《熊锦秋：现有法规对借壳上市的定义有漏洞》，再如《理财周报》2014 年 11 月 18 日的《投行规避借壳新花招：资产分步收购 借壳方甘当 2 股东》、《21 世纪经济报道》2015 年 4 月 28 日的《并购募资比扩容抬升想象空间 或现多招式规避借壳审核》。

② 近几年有几篇关于借壳上市的硕士论文，但基本雷同，对现行规则及其存在问题的认识和分析浮于表面，同时完全没有对借壳上市规则演进变化对行为模式的影响分析，没有对当下新出现的疑似借壳问题的认识和分析。

导论是第一部分，是对本书研究缘由的详细描述。从借壳上市的发展现状和最新趋势，引出借壳上市交易中的利益博弈与监管难题。在此基础上，分析借壳上市的研究现状及研究意义，介绍本书微观与宏观相结合的主要研究方法。最后介绍本书的结构与主要内容。

第一章和第二章是本书的第二部分，是对借壳上市问题的初步说明和界定。第一章介绍借壳上市的基础理论与实践，包括借壳上市的概念、分类、动机与功能以及借壳上市的流程。第二章分析了借壳上市监管的必要性、我国借壳上市监管制度的演进史，并结合美国、我国香港地区的借壳上市制度简要说明我国 A 股市场借壳上市制度存在的问题。

第三章和第四章是本书的第三部分，研究了我国 A 股市场现行借壳上市制度。第三章是对借壳上市认定标准的说明，第四章主要介绍借壳上市的监管规则。鉴于借壳上市行为的监管规则是一个综合监管、组合监管的规则体系，故第四章第一节首先介绍借壳上市监管的规则体系，在此基础上，第二节到第七节具体介绍相关行为的监管规则。具体的监管规则又可分为三个部分：首先是取得上市公司控制权的监管要求；其次是上市公司购买资产的监管要求，既包含上市公司现金收购资产的一般监管规则，又包含上市公司通过发行股份等支付工具收购资产的特殊监管规则，既包含上市公司收购股权成为子公司的一般监管规则，又包含上市公司吸收合并的特殊监管规则；最后是部分方案中涉及行为（主要是置出资产、配套募集资金）的监管要求。在本章的最后，笔者选择了一个案例，相对较为详细，试图帮助读者更好地理解借壳上市交易行为及监管规则。该案例是笔者从近几年借壳上市的案例中精选出来的，涉及的问题具有很强的代表性。

第五章和第六章构成本书的第四部分。在这一部分，笔者力求将借壳上市从"具体机制"介绍层面提升到"利益主体"博弈的分析层面，以利益相关者这一角度分析规避借壳上市行为中利益的失衡，力求从更宏观的角度梳理借壳上市的监管逻辑和存在的问题，并提出建议。

需要说明的是，近两年资本市场并购重组实践的快速发展，尤其是借壳上市及疑似借壳上市案例的大量出现，为本书的研究带来了难得的机遇：（1）上市公司并购重组频繁发生；（2）资本市场的信息披露和审核信息的不断公开提供了相关数据及资料的可得性；（3）借壳上市及疑似借壳上市的方案不断创新，为进一步的研究和深入分析提供了很好的案例素材。故笔者在工作之余搜集了大量的实务案例，并穿插在本书各章的内容之中。限于篇幅，笔者在本书中所选择的案例仅是实务案例中的一小部分，目的是为了介绍具体制度。对这些案例并没有进行全面分析，更不是可供读者借鉴的结论性内容。因此在本书的最后，也就是第五部分，笔者选择了 2012—2015 年上半年借壳上市的案例目录作为附件，供读者参考。

第一章 借壳上市的基础理论与实践

对证券市场的参与者来说，借壳上市是一个热门又前沿的话题。一提到借壳上市，跃入眼帘的大概是如下印象：公司受制于法规和政策等原因无法成功IPO，无奈之下收购一家主营业务萎缩、业绩迅速下滑甚至是所谓"垃圾股"的小规模上市公司，注入资产，使得上市公司"乌鸦变凤凰"，业绩大幅改善，瞬间焕然一新，股价亦连续飞涨。上述印象只是借壳上市交易中的一种样态。借壳上市本身是一项需要高度专业技能的交易，其各种交易方案远比上述情形复杂得多。为了更好地理解这一复杂的交易行为，本部分将首先介绍借壳上市的概念，在剖析其动机与功能后，简要梳理实务操作流程。

第一节 借壳上市的内涵

本书将从概念解析与规则解读两个层面介绍借壳上市的概念，既要理解借壳上市这个词本身的内涵，又要了解我国借壳上市的法定含义。

一、概念拆解与辨析

通透借壳上市的内涵，要在了解"上市"和"壳"两个基础概念的基础上，明晰借壳上市与买壳上市、反向收购等类似概念的关系。

（一）上市

常规意义上的"上市"是指"（货物）开始在市场上出售"，[①] 而资本市场的"上市"有其特定的含义，是证券发行和流通之间的联系环节，或者说是沟通证券发行市场和流通市场的桥梁。《新帕尔格雷夫货币金融大辞典》对"上市"有明确的界定，"一种证券被正式纳入一种公开的交易系统（一种正式交易市场或店头交易市场）"。[②] 由于证券是用来证明持有人享有的特定权益的法律凭

---

① 中国社会科学院语言研究所：《现代汉语词典》，1108 页，北京，商务印书馆，1996。
② ［美］彼得·纽曼等：《新帕尔格雷夫货币金融大辞典》，第二卷，581 页，北京，经济科学出版社，2000。

证，证券上市也就意味着其所代表的公司或资产上市。

资产上市包括直接上市和间接上市两种情况。直接上市是指股份公司作为上市主体，公开发行股份后在交易所上市的行为。IPO 是直接上市的典型代表。间接上市是指资产、股权不作为直接上市主体，而是通过置换、收购等方式进入上市公司，间接实现上市目的的行为。间接上市有广义和狭义之分。广义的间接上市包括任何资产通过出售给上市公司得以证券化的行为；而狭义的间接上市是与直接上市相对应的，不仅资产得以上市，而且资产的控制权人成为上市公司控制权人的行为。借壳上市是间接上市的典型代表。借壳上市中的"上市"即指非上市公司（拟借壳资产）的间接上市，此处的"市"仅指沪深交易所。①

（二）壳

"壳"，通俗来说是指上市公司本身。② 买壳的主要目的是获取上市资格，即公司股票可以在沪深交易所二级市场上自由流通的上市资格。一旦具有这样资格的"壳"，就可以在证券市场上快速有效的融资，从而扩大企业规模、提高企业知名度、增强企业在市场中的竞争力和产品的市场占有率。因此，"壳"已然成为证券市场上的一种稀缺资源，故又称壳资源。

从广义上来讲，所有在沪深两市挂牌交易的上市公司均是一种壳资源。但从狭义上来讲，壳资源是指在证券市场上股本规模相对较小且股价较低的上市公司。一般而言，只有狭义的壳资源才具有转让的可能和实际意义，因为只有这样的壳资源对于借壳方来说，才具有借壳成本低、借壳后股本扩张能力强的优点。

从经济学的角度来讲，上市公司之所以成为壳资源，一方面在于存在市场需求。融资难的大环境使得急需资金的企业难以解渴，而具备壳资源的上市公司却可以在证券市场上快速有效的融资。此外，IPO 堰塞湖等上市难问题更使得上市资格成为稀缺资源，极具交易价值。另一方面在于存在市场供给。随着资本市场的不断发展，上市公司数量逐步增加，而退市公司又较少。③ 每年退市公

---

① 其他市场借壳上市行为较少，且行为模式、监管规则等与主板市场存在较大差异，因此本书未将中小股份转让系统等交易市场纳入研究范围。

② 有人认为"壳"指的是上市资格，这一理解不够准确。严谨地讲，上市资格不能转让，能转让的是股东持有的上市公司股权。从法律上看，上市公司是一个法人实体，有自己的资产、负债和所有者权益，同时可以注入新的资产。若将"壳"定义为上市资格，则混淆了买壳的对象与目的。

③ 由于退市所涉利益较多、法律关系复杂，"退市难"成为我国证券市场最难的问题之一。关于该问题的文章很多，本书不再赘述。

司的数量相比新上市公司的数量几乎可以忽略不计，这使得市场上能够流通的壳资源不断增加。

（三）借壳上市与买壳上市

早期，学术界对于借壳上市与买壳上市的定义与当前并不相同。

股权分置改革前，借壳上市的行为模式分为取得上市公司控制权和资产注入两个阶段。此时，控制权的取得方式主要为协议转让，资产注入的交易方式主要为现金购买资产或资产置换。在上述行为模式下，控制权变更和资产注入的行为被称为买壳上市。如周正庆在其主编的《证券知识读本》中写道："所谓买壳上市，是指一些非上市公司通过收购一些业绩较差、筹资能力弱化的上市公司，剥离被收购公司资产，注入自己的资产，从而实现间接上市的目的。"[1]所谓借壳上市，则被界定为"集团公司或某个大企业先将下属的一个子公司或部分资产改造后上市，然后再将其他资产陆续注入，实行重组上市，从而避免额度管理的上市行为"。[2]

股权分置改革后，借壳上市的行为模式发生了重大变化。大多数的借壳上市交易不再分为取得上市公司控制权和资产注入两个阶段，而是合二为一，即取得上市公司控制权和资产注入同时进行，互为条件。原因在于，此时资产注入的主要交易方式为发行股份购买资产，因此买壳方可以通过上市公司定向发行的新增股份获得控制权，并可以以资产作为支付上市公司的交易对价。2008年《重组办法》总结股权分置改革中的相关经验，专章规定上市公司发行股份购买资产这一行为。此后，控制权变更和资产注入的行为被称为借壳上市。[3] 如马骁2009年在《上市公司并购重组监管制度解析》中写道：借壳上市是一个宏观的概念，是一个统称。广义的借壳上市是指取得一个对上市公司的控制权，狭义的借壳上市是指同时资产实现上市。如果非要给借壳上市下一个定义，可以定义为：投资者在取得对上市公司的控制权之后的一段时间（比如1年内）或者为取得对上市公司的控制权的同时，通过一定的交易形式，将自己拥有的

---

① 周正庆：《证券知识读本》，122 页，北京，中国金融出版社，2000。

② 王荃、张贡生：《买壳上市概念辨析及相关问题研究》，载《兰州商学院学报》，1999（2）。此时，对借壳上市的定义更类似于今天的"整体上市"。产生认识差异的主要原因在于：第一，在早期，"借壳上市"或"买壳上市"一直未被作为一个法律概念，更类似于一个俗语或行话，大众理解与法律规定存在一定差异；第二，借壳上市行为本身较为复杂，包含多个法律行为和法律概念；第三，此时借壳上市的行为模式与后来差异较大。

③ 鉴于大多数此类交易已无法区分为"买壳"和"资产注入"两个行为，因此，相比买壳上市，借壳上市的说法更符合新的实践发展。

资产转变成上市公司拥有的资产的过程。这一定义对借壳上市的阶段划分和借壳上市的目的指向与前述定义相同。区别在于，该定义明确提出了第一阶段取得控制权与第二阶段资产注入的关系：取得控制权的同时或其后一段时间（比如1年内）注入资产。[①]

2011年《重组办法》修订时明确界定了借壳上市的法定含义。[②] 但《重组办法》没有明确提及"借壳上市"这一概念。直至2014年《国务院关于进一步优化企业兼并重组市场环境的意见》（国发〔2014〕14号），借壳上市才首次出现在规章这一级别的文件中 。自此，我国的理论界和实务界开始统一 借壳上市的称谓。[③]

（四）借壳上市与反向收购

反向收购（Reverse Merger）最初是会计学上的概念。我国的《企业会计准则第20号——企业合并》没有提及反向收购的定义和账务处理，但在《国际会计准则第22号——企业合并》中，反向收购被这样定义，"有时，一个企业获得了另一个企业股份的所有权，但交易的一部分以发行足额有表决权的股票作为出价，结果导致合并后企业的控制权转给了已被购买企业的所有者，这种情况称作反向购买"。虽然反向收购最初是会计学上的概念，但后来在境外的并购[④]规则中频繁使用。美国著名律师 David Feldman 在《反向并购——非 IPO 型的公司上市》中总结道，反向收购是指一项交易，即一个私人公司（Private Company，非上市公司）与一个公众公司（Public Company，主要指上市公司）合并，交易完成后，私人公司立即成为公众公司。该公众公司除了要找一个私人公司来并购外别无他图，该公司没有资产（除了可能的现金），没有或只有象征性的业务，鉴于此，该公众公司被称为"壳"。交易完成后，非上市公司立即

---

① 马骁：《上市公司并购重组监管制度解析》，208 页，北京，法律出版社，2009。

② 2011 年修订后的《重组办法》中没有出现"借壳上市"这一法律术语，但《证监会有关部门负责人就发布〈关于修改上市公司重大资产重组与配套融资相关规定的决定〉答记者问》中说明，《重组办法》此次修改新增的第十二条明确了借壳上市的监管范围、监管条件和监管方式。

③ 从上文可知，此时借壳上市行为的实质与此前被称为买壳上市行为的实质类似。本书讨论的借壳上市包括以前的买壳上市行为，也包括现在的借壳上市行为，对这两个概念不做严格区分。

④ 收购（Acquisition）与兼并（Merger）的统称，简称 M&A. Acquisition 与 Merger 最早源于英美法，Acquisition 是指收购资产或股权，成为一定财产所有人的行为，Merger 是指一家公司吸收合并另一家公司，被吸并公司法人资格灭失。如果非要与我国上市公司并购重组的概念对应，Merger 主要指上市公司收购、上市公司购买资产；Merger 对应吸收合并。而我国的上市公司出售资产则对应英美法上的"重组"（也称剥离，英文为 Divestiture）。

成为上市公司。[①] 由此可知，反向收购交易包含三个要件：第一，上市公司为净壳，没有资产（除了可能的现金），且没有或只有象征性的业务；第二，私人公司的股东取得上市公司控制权；第三，上市公司购买了私人公司。与广义的控制权变更连同资产注入的借壳上市相比，反向收购交易的范围较窄，基本属于借壳上市分类中的"净壳上市"。但俗语中的反向收购含义更宽，基本与借壳上市同义。因此本书对这两个词也不做细究。[②]

二、现行规定及其模糊性

（一）现行法规中的借壳上市定义

借壳上市是对 2011 年修订后《重组办法》第十二条[③]规定行为的简称。2014 年修订后的《重组办法》在第十三条规定了借壳上市的定义及监管标准。根据该条规定，借壳上市是指，自控制权发生变更之日起，上市公司向收购人及其关联人购买的资产总额，占上市公司控制权发生变更的前一个会计年度经审计的合并财务会计报告期末资产总额的比例达到100%或以上的重大资产重组行为。据此，借壳上市行为包括三个构成要件，缺一不可：第一，收购人取得上市公司控制权；第二，上市公司在控制权变更的同时或其后[④]向收购人及其关联人购买资产；第三，上市公司向收购人及其关联人购买的资产总额占上市公司控制权发生变更的前一个会计年度经审计的合并财务会计报告期末资产总额的比例达到100%以上。

根据上述定义，壳公司不必然是净壳、没有资产（除了可能的现金）、没有或只有象征性的业务，也不必然是业绩差、筹资能力弱的上市公司。在早期借壳上市案例中，大多数壳公司确实是净壳或业绩差、筹资能力弱甚至是已丧失

---

① See David Feldman，Reverse Mergers and Other Alternatives to Traditional IPOs，Bloomberg Press，2009，2nd edition，p. 26.

② 在介绍境外相关规定时，可能依据当地法规采用"反向收购"这一概念。

③ 原《重组办法》（证监会令〔2011〕73 号）第十二条规定，自控制权发生变更之日起，上市公司向收购人购买的资产总额，占上市公司控制权发生变更的前一个会计年度经审计的合并财务会计报告期末资产总额的比例达到100%以上的，除符合本办法第十条、第四十二条规定的要求外，上市公司购买的资产对应的经营实体持续经营时间应当在 3 年以上，最近两个会计年度净利润均为正数且累计超过人民币 2 000 万元。上市公司购买的资产属于金融、创业投资等特定行业的，由中国证监会另行规定。

④ 上市公司在控制权发生变更后进行借壳上市，经证监会核准并已实施后，再次向收购人购买资产，无须按借壳上市处理。

股权融资能力的上市公司，公司股票被处以"ST"或"*ST"风险警示。① 但观察近两年的借壳上市案例，可以发现多数被借壳的上市公司业绩平稳或业绩下滑，并未出现亏损，也未丧失融资能力，公司股票尚未被处以"ST"或"*ST"风险警示。

同时，借壳上市不一定需要资产剥离。从借壳上市的具体案例来看，大多数借壳上市将原有上市公司的资产负债通过出售或置换的方式剥离上市公司，但也有部分案例不进行资产剥离。这主要取决于交易各方利益的博弈。若选择置出原有资产，可能涉及拟置出资产后公司的盈利能力、与新注入资产业务相关性、估值、员工安置、交易方式选择现金还是资产置换等各种问题，因此需要各方达成一致方可进行资产剥离。

（二）借壳上市的特征

借壳上市的特征主要有以下四个 。

首先，借壳方的收购目标是上市公司。不同于一般的企业收购，在借壳上市操作中，借壳方的收购目标是公司股票经证券监督管理部门批准并在证券交易所挂牌交易的股份有限公司，即上市公司。这是由借壳方的最终目的决定的。

其次，借壳方的直接目的是取得上市公司控制权。理论上，借壳方可以通过现金、资产等方式认购上市公司全部股份，但这将导致上市公司因不符合上市条件中有关股权结构和分布的规定而退市，不符合借壳方"取得上市公司资格"的初衷。因此，借壳方的直接目的是取得上市公司的控制权，成为上市公司的控股股东或实际控制人。而不是将壳公司私有化，取得全部股权。

再次，借壳上市的最终目的是注入资产并取得融资渠道。借壳上市直接

① 风险警示分为退市风险警示和其他风险警示。退市风险警示，即存在终止上市风险的风险警示，具体指上市公司因财务状况和证券分布情况等不符合相关规定，或存在违法记录等情形，其股票被证券交易所采取的可能终止上市交易的一种风险提示措施。被警示退市风险的上市公司股票，其简称前应被冠以"*ST"字样，以区别于其他股票。其他风险警示，指证券交易所因上市公司存在终止上市风险之外的其他重大风险而对其股票采取的风险提示措施。当上市公司存在下列情形的，证券交易所一般对其股票施以其他风险警示：（1）被暂停上市的公司股票恢复上市后或者被终止上市的公司股票重新上市后，公司尚未发布首份年度报告；（2）生产经营活动受到严重影响且预计在三个月内不能恢复正常；（3）主要银行账号被冻结；（4）董事会会议无法正常召开并形成决议；（5）公司被控股股东及其关联方非经营性占用资金或违反规定决策程序对外提供担保，情形严重的；（6）证监会或证券交易所认定的其他情形。被实施其他风险警示的上市公司股票，其简称前应被冠以"ST"字样，以区别于其他股票。参见《上海证券交易所股票上市规则》（2014年10月第九次修订）第十三章。

目的是取得壳公司的上市资格这一无形资产，最终目的是实现自身资产上市并从证券市场筹集资金。为实现上述目的，借壳方需要取得上市壳公司的控制权。

最后，壳公司被收购后仍然存在。借壳人通过收购壳公司股份取得控股地位后，往往遴选改组董事会成员、更改公司名称甚至住所，依照《公司法》的规定，上述行为均是公司登记事项变更行为，公司的市场主体资格仍然存在。因此，壳公司被收购后虽然已经"面目全非"，但壳公司本身并未消失。

综上所述，借壳上市交易是一种特殊的交易行为：通常既涉及收购上市公司，又涉及上市公司资产重组；既出现控制权的变化，又发生体内资产的变化。借壳上市是一种特殊的上市公司收购：其最终目的并不完全是取得上市公司控制权，而是在取得控制权的同时或其后，向上市公司注入资产，并取得融资的渠道。借壳上市是一种特殊的资产重组：借壳上市伴随着上市公司控制权的变更，而一般资产重组并不涉及；借壳上市通常伴随着原有资产的置出，而一般资产重组通常为相同或类似产业的整合。

（三）借壳上市定义的模糊性

《重组办法》对于借壳的定义围绕控制权变更和注入资产规模展开，随后出台的"累计首次原则"和"预期合并原则"① 是前述原则的补充。此规定看似严格，实则显得僵化。根据实践中的案例，借壳上市定义的问题主要体现在以下四个方面。

1. 与控制权的关系

借壳上市包含"取得控制权"与"注入资产"两个行为。而两个行为之间的时间间隔、顺序等对借壳上市的定义构成影响较大，但《重组办法》对于上述问题并未涉及 。

首先，"取得控制权"与"注入资产"两者之间的时间间隔是否影响借壳上市的定义？以下述三种情况为例：（1）上市公司于 2000 年上市，收购人于 2013 年取得控制权的同时向上市公司注入大额资产；② （2）上市公司于 2000 年上市，收购人于 2004 年取得上市公司控制权，并于 2013 年向上市公司注入大额资产；（3）上市公司于 2000 年上市，控股股东一直未变，2013 年控股股东向上市公司注入大额资产。按照现有规则，第一种情况和第二种情况均构成借壳上市，第

---

① 具体含义见本书第三章第四节。

② 大额资产即指资产总额达到上市公司控制权变更前一个会计年度的资产总额的 100% 的拟注入资产。

三种情况不构成借壳上市。但从投资者的角度及对市场的影响来看，第二种情况与第三种情况更为类似，均属于上市公司向现有实际控制人购买大额资产。第二种情况中的交易行为在特征上更类似于整体上市。但由于"累计首次原则"没有限定累计时间，此类行为须按借壳上市行为处理。将这类情况界定为借壳上市，并按照借壳上市的标准要求拟注入资产，相比整体上市而言，对该类交易方案监管过严。

其次，"取得控制权"与"注入资产"两者之间的顺序是否影响借壳上市的定义？一般认为，"取得控制权"是第一阶段，"注入资产"是第二阶段，或"取得控制权"与"注入资产"同时发生。但是否存在先"注入资产"再"取得控制权"的交易行为呢？如果存在，是否属于借壳上市？《重组办法》的规定对于该问题并不能释惑。

最后，取得控制权的主体与拟注入资产的控制权人不一致是否会影响借壳上市的定义？借壳上市包含"取得控制权"与"注入资产"两个行为，但取得控制权的主体与拟注入资产的控制权人可能不一致。比如在以下两种情况下：（1）甲取得上市公司控制权后向上市公司注入大额资产；（2）甲取得上市公司控制权的同时，乙向上市公司注入大额资产。按照现有规则，第一种情况构成借壳上市，第二种情况不构成借壳上市。而从投资者的角度及对市场的影响来看，第一种情况与第二种情况类似，上市公司控制权变更且资产及业务发生重大变化。对于第二种情况，不规定特别监管规则将导致部分交易监管不足。这种监管不足在存在利益动机的情况下，极易被利用，最终形成规避借壳上市的交易方案。

2. 与计算指标的关系

现有借壳概念仅以"资产总额"这一指标来确定，不包含"营业收入"、"净利润"等指标，重资产公司可能存在资产总额未超过100%，但营业收入、净利润远远超过100%的情形。

《重组办法》对借壳上市的定义借鉴了香港联交所《上市规则》100%的计算比例，但将计算比例由资产比率、盈利比率、收益比率、代价比率、股本比率五项指标简化为资产总额一项指标。

单纯以资产总额衡量是否构成借壳上市的问题在于：如果上市公司属于"重资产行业"，即使其净资产、净利润为负，购买收购人的新的资产也不构成借壳上市。如某房地产企业收购一游戏公司，即使上市公司控制权人变更为游戏公司的实际控制人，未来上市公司主要利润也来源于游戏公司，也较难被认定为借壳上市。

3. 与资产剥离的关系

资产剥离是指上市公司出售部分或全部资产和负债。资产剥离后，上市公司即成为"净壳"。根据企业会计准则，如果上市公司存在经营性业务，则资产剥离是构成反向收购的必要条件。但借壳上市的定义与资产剥离之间的关系如何呢？《重组办法》并没有规定。这是否意味着进行资产剥离不影响借壳上市的认定呢？《重组办法》未考虑剥离资产的监管对借壳上市定义的影响，给一些规避行为留下空间。欢瑞世纪借壳泰亚股份即是典型，具体情况见第五章第二节。

4. 与主营业务的关系

现有借壳上市的定义未考虑主营业务的影响，导致产业并购、跨行业并购、借壳上市之间界限模糊，产生借壳上市法定含义与公众认知意识中的借壳上市行为出现较大差异等问题。当一项交易导致上市公司控制权、主营业务均发生根本变化，公司已脱胎换骨，却仍然不能将其认定为借壳上市，不能对该类交易进行差别监管的话，就应考虑借壳上市认定标准及相关监管规则的合理性了。

总而言之，简单地将控制权变更和向收购人购买资产作为借壳上市行为的构成要件，而不对具体情形加以区分；单一地将拟购买资产的资产总额指标与控制权变更前年度上市公司资产总额进行比较，而不考虑剥离资产、主营业务影响等的现行法规，导致借壳上市的定义粗糙，存在较大的模糊性，造成类似行为监管规则不一。一方面，对部分交易监管过严，阻碍了市场发展；另一方面，对部分交易监管不足，为规避借壳上市的监管留下了巨大的灰色地带，也对中小股东权益的保护留下阴影。

第二节　借壳上市的类型及区分意义

为了更好地理解借壳上市的定义及行为特征，下面简要介绍一下借壳上市的主要类型。

一、净壳上市和实壳上市

依照壳资源的不同，可以将借壳上市分为净壳上市和实壳上市。在通常情况下，壳资源有净壳公司和实壳公司两种类型。净壳公司是指那些没有资产

（除了可能的现金），且没有或只有象征性业务的公司，其主要价值只是上市的资格。净壳公司以外的上市公司属于实壳公司，即实壳公司是指拥有经营性业务的公司。

（一）净壳上市

净壳上市指收购净壳的同时或一段时间后注入资产的借壳上市。其主要目的是实现买壳方的资产上市，而非为了获取壳公司的现有资产或业务。这是一种目的非常纯粹的借壳上市。

在国外较为成熟的资本市场上，净壳是一种比较常见的借壳上市工具和融资工具。比如，在美国的场外交易行情公告牌（OTCBB）市场上，有专门为了被他人收购而设立的上市公司。[①] 在我国，净壳的出现源于两种情况：其一，上市公司主营业务已基本停滞，主要通过出售资产、政府补助等方式继续符合上市条件，成为典型的净壳公司。目前证券市场上部分"ST公司"和"*ST公司"即属于此种类型。其二，上市公司本是实壳公司，而借壳方的需求为净壳公司，此时一般在借壳上市的交易方案中，同时将上市公司原有资产、业务及负债等置出，并作为交易的必要条件。

（二）实壳上市

实壳上市是指收购实壳同时或一段时间后注入资产的借壳上市。实壳上市的目的较为复杂，往往不限于上市目的。比如，买壳方可能认为某家上市公司之所以业绩低下，原因在于管理不善，而买壳方的资产或业务恰好与壳公司的原有资产或业务之间存在协同效应，收购壳公司并加以整合后可以使得资产得以更优配置，达到"共赢"的效果。由于国际上主要资本市场（如纽约、伦敦、东京的股票交易所）的上市公司一般是各行业中规模居前的企业，不属于"空壳"公司。在这些资本市场上发生的上市公司并购重组大部分不是为了上市的目的，而是出于兼并收购目的，即大部分属于实壳上市。而我国的情况不同。在我国这样一个"新兴加转轨"的资本市场，上市资格仍然是一项较为稀缺的资源。为了满足大规模、低成本融资和提高知名度等需求，通过借壳方式实现上市是很多企业的不二选择，借壳上市的市场需求较为旺盛。如果不能IPO，也无法实现净壳上市，实壳上市也是退而求其次的较佳选择。

---

① 又称SPAC（Special Purpose Acquisition Corporation），是美国继IPO、反向收购以外的第三种资产上市方式。我国对公司上市有严格的财务要求，因此不存在专门为了被他人收购而设立的上市公司。

二、现金借壳和发股借壳

我国上市公司购买资产的支付方式匮乏，一般只有现金和股份两种。根据交易时具体的支付手段不同，借壳上市又可分为现金借壳和发股借壳。[①]

（一）现金借壳

现金借壳主要是指，借壳方通过协议转让、司法裁决、非公开发行股份融资等方式取得上市公司控制权，在取得控制权的同时或其后，上市公司向借壳方或其关联人支付现金购买达到或超过其控制权变更前一个会计年度期末资产总额100%的资产。

现金借壳主要发生在股改以前及股改前期，即上市公司可以非公开发行股份购买资产之前。[②] 在该类借壳方案中，借壳方一般通过协议转让、行政划转、司法裁决等方式取得上市公司控制权，然后上市公司通过现金购买或资产置换等方式向借壳方购买资产。2014年3月发布《国务院关于进一步优化企业兼并重组市场环境的意见》（国发〔2014〕14号）第二条规定，"取消上市公司重大资产购买、出售、置换行为审批（构成借壳上市的除外）"。[③] 该意见中的借壳上市指的即是现金借壳。2014年10月修订的《重组办法》落实了上述意见。因此，普通的现金购买资产无须再经过中国证监会核准，但构成现金借壳的除外。

（二）发股借壳

发股借壳是指以上市公司非公开发行新股作为支付手段购买资产，同时构成借壳上市的行为。发股借壳一般包括两种情形：一种是上市公司向借壳方发行股份购买资产，同时借壳方取得上市公司控制权；另一种是借壳方通过协议转让、司法裁决等方式取得上市公司控制权一段时间后，上市公司再发行股份购买其资产的行为。上述购买的资产总额占上市公司控制权发生变更的前一个会计年度期末资产总额的比例达到100%及以上。

非公开发行也被称作定向增发。非公开发行起源于美国，美国1934年《证券交易法》第4条规定，不涉及公开发售的证券发行不受第5款约束，即发行

---

① 该种分类并不严谨，随着上市公司购买资产的支付方式的不断丰富和混合使用，该种分类也应相应更改。

② 据笔者统计，2011年借壳上市规定出台后，中国证监会核准的借壳上市中，没有一单是现金借壳的交易。

③ 此处的上市公司重大资产购买指的是现金购买，不包括发行股份购买资产。

人无须向证券交易委员会呈报注册说明书与招股说明书供注册登记。①

　　在我国，1998 年《证券法》的颁布使非公开发行制度"最终缺位"②。制度的缺位使得该阶段的证券市场形成公开发行的单一格局。随着我国经济和金融体制的改革发展，公开发行的单一格局开始松动，③ 但非公开发行的合法性仍然存疑。直到 2005 年修订的《证券法》出台，我国上市公司非公开发行制度法律基础才得以确立。④ 其后，中国证监会于 2006 年 5 月发布了《上市公司证券发行管理办法》（证监会令〔2006〕30 号），专门设立第三章规定了非公开发行股票的条件。2008 年 4 月中国证监会又颁布了《重组办法》（证监会令〔2008〕53 号），专门设立第五章规定了发行股份购买资产⑤。至此，上市公司发行股份购买资产的实践才如火如荼地开展起来。

　　鉴于《上市公司证券发行管理办法》主要规定上市公司非公开发行股份募集资金的行为，而《重组办法》主要规定非公开发行股份购买资产的行为，在实务中也就形成了两类非公开发行行为：一类称为非公开发行股份再融资，简

---

　　①　总体而言，非公开发行股票主要涉及两个法律问题：一是如何认定非公开发行；二是在非公开发行中认购的股票的转让和再流通问题。在美国证券法中，认定非公开发行的标准几经变迁，总的趋势是从较为固化的形式条件转变为相对柔性的多因素综合考量的标准。美国证监会最早确认非公开发行主要考察四项因素：（1）发行对象的人数包括发行对象之间及其与发行人之间关系的性质，美国 1953 年之前一直规定向不超过 25 个对象发行叫非公开发行（1982 年之后又规定向不超过 35 个对象发行叫非公开发行）；（2）发售的证券单位数量；（3）发售的规模；（4）发售的方式。就人数、数量及规模而言，自然是越小越易被认定为非公开发行。发售方式以直接发售，而不采用公众传播媒介做发售推介为判定依据。这种单纯的、形式上的认定标准持续长达 20 余年，直到 1953 年美国证监会（SEC）诉 Raltson Purina Company 案时，最高法院才将认定非公开发行的关注焦点由表面上的发行特征，转到对非公开发行的制度、功能分析上来，即以发行对象是否需要受到《证券交易法》注册登记强制信息披露的保护作为判定是否认定非公开发行的最终出发点。在该案中，最高法院的判决认为，《证券交易法》采取注册制和强制披露的目的是确保向投资者充分披露投资者认为形成投资决策所必需的信息，使其可以作出适当的投资决定，以保护投资者正当利益。而非公开发行使投资者不再享有这层保护，因此问题就集中于发行对象究竟是否需要这种法律保护。如果发行对象不需要，也就是说，他们有能力自我保护，则非公开发行应被认定。证明发行对象是否有能力自我保护的责任应由发行人承担。发行人的举证内容至少应当包括发行对象的资格、投资经验以及对相关信息的获取途径。

　　②　包景轩：《我国证券非公开发行制度初探》，载《法学杂志》，2005（2）。

　　③　包景轩：《我国证券非公开发行制度初探》，载《法学杂志》，2005（2）。

　　④　《证券法》第十三条第二款规定："上市公司非公开发行新股，应当符合经国务院批准的国务院证券监督管理机构规定的条件，并报国务院证券监督管理机构核准。"

　　⑤　此处的发行股份购买资产是非公开发行股份购买资产的简称，也属于非公开发行。

称再融资①；另一类称为非公开发行股份购买资产，简称发行股份购买资产②。

第三节　借壳上市的动机与功能

一、借壳上市的动机

借壳上市的动机大抵有两种：不成熟的证券市场环境和不完善的证券市场功能定位，使得企业 IPO 困难重重，不少企业只能另寻出路；而部分上市公司由于面临退市压力或控股股东拟出让控制权又有卖壳的需要。以下详细论述。

动机是为实现一定目的而行动的原因。借壳上市的动机，即企业为实现上市目的，不采取 IPO 方式而采取借壳上市方式的原因。借壳上市的动机并非一成不变，其随着证券市场的变化而发展。其中，借壳上市的动机在借壳上市条件低于 IPO 的时期与借壳上市条件等同于 IPO 后两个时期存在明显差异。

（一）借壳上市条件等同于 IPO 时期前的借壳上市动机

在我国，企业可以选择的上市方式一般来讲只有两种：IPO 和借壳上市。在借壳上市条件低于 IPO 标准的时期，监管标准的差异是借壳方选择借壳上市的一个重要原因。

1998 年《证券法》实施以前，我国证券市场对股票发行一直采取审批制。当然，并不是所有符合以上法定条件的公司都有机会 IPO。比如，在审批制的基础上，从 1993 年开始对股票发行的规模实行"额度控制"③。为了符合 1998 年《证券法》的相关规定并适应证券市场的发展，从 1999 年开始，我国证券市场发行制度开始向核准制④转变。按照 1998 年《证券法》的要求，中国证监会于 1999 年组建新的发行审核委员会。2000 年 3 月，中国证监会颁布

---

① 广义的再融资不仅包括非公开发行股份再融资，也包括公开发行股份再融资；不仅包括发行股份融资，还包括发行债券等其他证券品种融资。本书中的再融资仅指非公开发行股份募集资金的行为。

② 同时，由于历史的原因，这两类行为分别由中国证监会的发行监管部和上市公司监管部负责行政许可审批。

③ "额度控制"，即首先由国家确定当年的股票发行规模，然后将发行额度分配到各省市级中央有关部委，由其选定股票发行企业，分配额度，然后再进行具体的发行申请及审批工作。在我国证券市场发展初期，这种发行审批制度对证券市场快速扩张起到了一定的积极作用，但是随着市场的发展，这种行政色彩浓厚的额度配给制度的弊端逐渐暴露，对优化资源配置和市场的规范发展产生了较大的负面影响。

④ 核准制是在准则主义立法思想指导下建立的证券发行审核制度，核准制较为严格，适用处于发展早期、自律能力较差的证券市场。

《中国证监会股票发行核准程序》和《股票发行上市辅导工作暂行办法》，废除了原先的股票发行指标管理、行政推荐的办法，开始实行由公司提出申请、主承销商推荐、发行审核委员会审核、证监会核准的发行管理制度。2001年3月，根据《证券法》的规定并经国务院批准，我国新股发行正式实施核准制，将政府推荐企业发行上市改为由证券公司选择、推荐企业发行上市，发行审核体制从审批制过渡到了核准制。① 核准制目前仍是我国的证券首次公开发行采取的准入制度。②

2011年《重组办法》修订以前，借壳上市无特别的条件要求，仅需满足《重组办法》关于一般重大资产重组的条件。2011年《重组办法》修订后，借壳上市的条件要求提高，趋同于IPO，但仍低于IPO。比如，对于借壳资产的财务指标要求，仅要求拟购买资产持续经营时间在3年以上，最近2个会计年度净利润均为正数且累计超过人民币2 000万元，而IPO的标准则高出很多，如要求拟购买资产最近3个会计年度净利润均为正数且累计超过人民币3 000万元，且对净资产、营业收入、净利润等指标均有严格规定，具体要求见第四章第四节。

（二）借壳上市条件等同于IPO时期的借壳上市动机

2013年11月，中国证监会发布《关于在借壳上市审核中严格执行首次公开发行股票上市标准的通知》（证监发〔2013〕61号）③，该通知明确，上市公司重大资产重组方案构成借壳上市的，上市公司购买的资产对应的经营实体应当是股份有限公司或有限责任公司，且符合《首次公开发行股票并上市管理办法》（证监会令〔2006〕32号）规定的发行条件。即对于借壳上市中拟借壳企业的条件要求提高为等同于IPO的发行条件要求。

在借壳上市条件等同于IPO的现状下，对借壳方来讲，选择借壳上市最重要的原因应该是借壳上市的时间较IPO短。为什么同样由中国证监会行政许可且采用相同标准，借壳上市较IPO快捷呢？其原因有二：

---

① 核准制的核心是监管部门进行合规性审核，强化中介机构的责任，加大市场参与各方的行为约束，减少新股发行中的行政干预。保荐制度、发审委制度和询价制度是现阶段发行监管的基础制度，更是发行审核体制市场化改革的重要组成部分。而我国的核准制一直掺杂着实质判断、额度控制、价格控制等，并未达到真正的核准制要求。

② 具体的发行条件参见《首次公开发行股票并上市管理办法》（证监会令〔2006〕32号）第二章及其配套规定。

③ http://www.csrc.gov.cn/pub/newsite/zjhxwfb/xwdd/201311/t20131130_ 239075.html，最后查询于2015年8月8日。

其一，IPO 时常暂停。

中国的证券市场诞生短短 25 年，就已经经历了 9 次 IPO 暂停，累计暂停时间达到 6 年之久。暂停的原因或在于市场低迷，或在于酝酿重大制度改革。以下列举截至目前的 9 次 IPO 暂停情况。

（1）第一次暂停（1994 年 7 月 21 日至 12 月 7 日）。1994 年，年轻的中国股市经历洗礼，指数暴跌。1994 年 7 月 28 日，上证指数低开低走，收在 339 点，跌幅为 8.43%。这是连续长时间下跌后的再次暴跌，杀伤力极大。股民仓皇而逃，股价惨不忍睹。7 月 30 日，监管层出台"三大救市政策"：年内暂停新股发行与上市；严格控制上市公司配股规模；扩大入市资金范围。

（2）第二次暂停（1995 年 1 月 19 日至 6 月 9 日）。1995 年初，市场上的资金大多集中在国债期货上，而股市因为缺乏资金延续了 1994 年末的消沉，每天成交量仅几十万元，股指一直在小区间内波动。随着国债期货市场爆发了震惊全国的"3·27 事件"，IPO 也在重启仅 1 个月后宣告再度暂停。

（3）第三次暂停（1995 年 7 月 5 日至 1996 年 1 月 3 日）。1995 年 7 月 4 日东方电气股票公开发行后至 1996 年 1 月 3 日，长达半年的时间内，A 股市场仅有洛阳玻璃、东北电气两家新股发行。1995 年 8 月下旬，四川长虹转配股上市引发市场动荡，8 月 26 日在沪市挂牌的辽源得亨、西安黄河中期业绩亏损，这是上市公司首次出现业绩亏损。到 1996 年 1 月 4 日，黔轮胎招股后，新股发行才密集进行。因此，这段时间可视为第三次暂停新股发行。

（4）第四次暂停（2001 年 7 月 31 日至 11 月 2 日）。2001 年 6 月 22 日，国务院五部委联合发布《减持国有股筹集社会保障资金管理暂行办法》。该办法第五条规定：股份有限公司首次发行和增发股票时，均应按融资额的 10% 出售国有股，且减持的价格执行市场定价。该方案一经公布，旋即引发轩然大波，股市狂泻不止。截至 2001 年 10 月 20 日左右，上证指数从 2 245 点跌至 1 520 点，短短四个月跌去 700 余点，跌幅逾三成。其间，证监会完全停止了新股的发行和增发。面对一泻千里的股市，10 月 22 日，证监会紧急暂停《减持国有股筹集社会保障基金管理暂行办法》的实施，宣布暂停在新股首发和增发中执行国有股减持政策。

（5）第五次暂停（2004 年 8 月 26 日至 2005 年 1 月 23 日）。2004 年 12 月，中国证监会发布了《关于首次公开发行股票试行询价制度若干问题的通知》。在方案正式出台前，IPO 被暂停。一直以来，股票的定价，包括新股发行、增发的价格，都是按照监管部门的"规定"操作。新股发行按照 20 倍市盈率定价这一

"潜规则"的形成，源于长期以来管理层对扩大国有企业的融资规模并且防止国有资产流失的考虑。然而政府控制股票定价的行为，直接损害到证券市场利益分配的公平性和资产配置的合理性。充分市场化的 IPO 定价原则将有利于联通原本割裂开来的一级、二级市场，还市场以公正，制造更宽松的证券市场的发展空间和法律环境。针对这一情况，该通知规定首次公开发行股票的公司及其保荐机构应通过向机构投资者询价的方式确定发行价格，询价应采用累计投标询价的方式。应该说，这一规定的出台体现了市场发展的要求，标志着中国首次公开发行股票市场化定价机制的初步建立，对提高市场配置资源效率、推动资本市场的稳定发展发挥了重要作用。

（6）第六次暂停（2005 年 5 月 25 日至 2006 年 6 月 2 日）。经国务院批准，中国证监会于 2005 年 4 月 29 日发布了《关于上市公司股权分置改革试点有关问题的通知》，宣布启动股权分置改革试点工作。新股发行旋即宣告暂停。股改是彼时我国资本市场的重大改革。因此，本次暂停时间较长，持续一年有余。

（7）第七次暂停（2008 年 9 月 16 日至 2009 年 7 月 10 日）。2008 年 9 月，在寻找买家未果后，曾为美国第四大投资银行的雷曼兄弟公司递交破产保护申请。随后全球股指大跌。A 股市场方面，9 月 18 日，大盘见底至 1 802.33 点。在此背景下，IPO 被迫暂停。2009 年 5 月，中国证监会发布了《关于进一步改革和完善新股发行体制的指导意见》，向社会公开征求意见，拉开了新一轮中国股市新股发行体制改革大幕，IPO 的暂停持续进行。

（8）第八次暂停（2012 年 11 月 16 日至 2014 年 6 月 18 日）。这是 A 股历史上新股发行暂停时间最长的一次，时长逾一年半。尽管监管层一直没有明确表态暂停 IPO，但事实证明 IPO 确实处于暂停状态。这一次 IPO 暂停原因也是多方面的。第一，从 2009 年 8 月开始，与深受金融危机影响的欧美国家股市反而率先走出低迷、股指连创新高相比，我国 A 股、B 股指数一路下跌，连续三年成为全球主要经济体中表现最差的市场。第二，监管层开展了号称史上最严的 IPO 公司财务大检查，以挤干拟上市公司财务上的"水分"。第三，证监会再一次启动新股发行制度改革。2013 年 6 月 7 日，证监会公布了《中国证监会关于进一步推进新股发行体制改革的意见（征求意见稿）》，开启新一轮的新股发行体制改革。2013 年 11 月 30 日，证监会制定并发布《关于进一步推进新股发行体制改革的意见》。2014 年 1 月 17 日，新股 IPO 在时隔一年多后宣告重启，然而

"奥赛康"事件①的出现将刚刚启动的新股发行再次延迟5个月。在这5个月中，沪深交易所以"奥赛康"事件为契机，修改了IPO网上按市值申购实施办法，中国证券业协会也修订《首次公开发行股票承销业务规范》等。最终，随着IPO配套措施的落地，IPO于6月18日重启。②

（9）第九次暂停（从2015年7月4日开始）。在经历长达8年的熊市后，我国证券市场迎来疯狂上涨。然而，2015年6月中下旬到7月初，中国股市暴跌。7月4日，IPO再次被迫暂停。

其二，借壳上市审核相对快捷。

借壳上市与IPO审核对于拟上市企业的要求相同，但是与IPO时常暂停审核、进行节奏控制相比，借壳上市的审核程序透明、清晰，速度快且可预期性强。从中国证监会公布的"上市公司并购重组行政许可审核工作流程"可知，监管部门对于上市公司发行股份购买资产等行政许可的审核流程如图1-1所示。

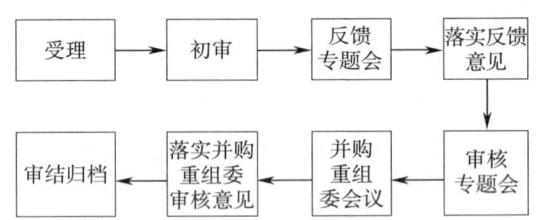

图1-1 监管部门对于上市公司发行股份购买资产等行政许可的审核流程

整个流程中的对外环节主要包括受理、反馈意见、反馈回复、并购重组委会议和审结。根据证监会每周五公布的"上市公司并购重组行政许可申请基本信息及审核进度表"③，证监会的审核从受理到发文耗时不过2～3个月，较IPO快得多。如果仔细甄别上述进度表中每个环节的具体时间节点，可以发现：受理到反馈意见发出的时间间隔一般为2～3周；反馈意见到反馈回复的时间间隔取决于公司及中介机构的答复时间，一般从5个工作日到60个工作日不等；反

---

① 新股发行体制改革后，为防止高溢价发行，允许老股转让。新制度实施后的第一单是江苏奥赛康药业股份有限公司股票（以下简称奥赛康，证券代码300361）的发行。2014年1月9日，奥赛康公布网下申购结果，发行市盈率67倍，上市公司发行新股募集资金7.84亿元，而控股股东老股转让套现近32亿元，远高于新股募集金额。

② 前8次IPO暂停的统计资料来源于《重启IPO市场何必心惊 暂停IPO对扭转股市长期颓势基本无效》，载《证券日报》，2013-06-19。

③ 具体见中国证监会网站，查询于2015年8月8日，http：//www.csrc.gov.cn/pub/zjhpublic/G00306207/201210/t20121015_215829.htm。

馈意见回复到并购重组委会议的时间间隔一般为 2 ~ 3 周（若答复存在问题，将发出二次书面反馈意见，回复后流程同一次反馈意见回复后流程）；并购重组委审核通过后即进入审结程序，一般 2 ~ 3 周公司将收到核准批文。[①] 因此，如果中介机构前期尽职调查工作到位，答复中国证监会的反馈时间较短，答复质量较高，从受理到审结不到 2 个月便可完成。

此外，上市公司并购重组的审核标准透明公开。除相关法规外，审核标准还通过"法律适用意见"、"监管指引"、"问题与解答"等各种形式对外发布。自 2015 年 1 月起，初审的反馈意见也通过网站对外公示。审核标准的明晰和透明确保借壳方在前期准备阶段即可充分解决问题，加快整个交易进程。

二、借壳上市的功能

借壳上市总是与壳资源的炒作等相伴而生，但借壳上市作为各国市场上长期存在的一种交易方式，有其存在的合理性。这种合理性也就是借壳上市的作用，或称为功能。下面从借壳上市对借壳方的功能与对整个资本市场和经济发展的微观角度和宏观角度加以阐述。[②]

（一）微观角度

对上市公司原控股股东来讲，其转让了上市公司控股权，获得股权本身的价值及控制权溢价。对上市公司原中小股东而言，其持有的股份代表的资产价值增加，股价上升，获得了投资收益。对借壳方来讲，其实现了自有资产的上市，实现了代表借壳资产所有权的公司股份在沪深交易所上市流通。

借壳上市的功能与一般首发上市的功能并无二致，主要有以下几个方面。

第一，借壳上市使公司更易筹集资金。

与劳动力、土地一样，资本也是一种最基本的生产要素。特别是对发展中国家来说，资本相对于其他生产要素而言更为稀缺，甚至堪称是首要的生产要素。具体到每个企业，在最普遍的情况下，资本是企业成立的源头、生存的保证、发展的动力和最终的归宿。[③] 而且，资本还具有一个重要的特性：它能够迅

---

① 并购重组委会议意见有三种："不予通过"、"有条件通过"、"无条件通过"。具体意见将在并购重组委会议当日通过中国证监会网站对外公示。并购重组委会议意见如为"无条件通过"，则进入审结程序，并购重组委意见如为"有条件通过"，则在公司落实并购重组委意见后进入审结程序。

② 本部分主要介绍借壳上市的积极意义，借壳上市的负面影响将在第二章"借壳上市监管的必要性"部分加以阐述。

③ 这里所指资本对企业的作用是最普遍的情况，不排除在某些情况下，劳动力和智力资本是企业成立的最根本来源，也并未否定除资本以外其他生产要素的重要作用。

速转换为其他生产要素，即可以很容易地用资本购买到其他要素资源。① 借壳上市为买壳方打开了通向资本市场的大门。上市公司可以直接进行股权融资。上市公司股权融资金额大、成本低、速度快，是我国上市公司最重要的资金来源。上市公司既可以依靠现有的投资者基础采用配股方式进行后续股权融资，又可以在企业知名度扩大、潜在投资者大量增加后，通过定向增发新股募集资金。同时，上市对负债筹资②也具有促进作用。公司上市后知名度提高、自有资本实力增强、负债率降低，这些均有利于公司向银行申请长期借款、发行公司债券等扩大负债筹资规模，降低筹资成本。

第二，借壳上市利于公司获得资产的流动性溢价。

一项资产的转让价格高低，除了与该项资产的取得或重置成本、资产质量（以未来现金流的净现值衡量）等内在因素有关外，还与以下两个外在因素紧密相关：一是该种资产的交易是否存在一个活跃的市场，毕竟变现能力或流动性可以直接影响到交易价格。存在活跃市场的交易，资产流动性强，买方购买后再变现的风险不大，愿意为其支付流动性溢价，价格自然就高；相反，如果流动性差，卖方就得让渡出部分利益给买方，以弥补买方的变现风险，交易价格自然就低。二是该项资产规模的大小及其可分割性。如果资产规模很大，但可以将其分割成规模较小的若干份，各份资产将容易转让出去，意味着资产的流通性强。打个比方，房地产开发商一般按单元来销售住宅，而很少把整栋楼或整个住宅区作为一个整体来销售。试想，如果一项资产规模很大，而本身又不能分割，或不易分割（分割受到技术上或经济上的限制，比如一个工厂或一条生产线），将会导致针对该资产不存在一个活跃的交易市场，同时有实力的买家有限，必然导致资产无人问津，需求减少。因此，如果能达成交易的话，其交易价格必然要打折。对于拟借壳企业来讲，其所拥有的经营资产正是具备了这种不可分割性，而上市则巧妙地解决了资产的不可分割性以及交易市场这两个问题。在直接上市中，对这两个问题是分两步来解决的：第一步是进行股份制改造，成立股份公司，将公司资产的所有权分割成大量的小额股份，从而解决资产分割性问题；第二步是将股份纳入一个公开的交易系统，挂牌流通，这就将代表不可分割资产所有权的股份引入一个极其活跃的交易市场当中，解决了交易市场问题。而借壳上市解决这两个问题的方式不同，借壳上市可以一步解决上述两个问题，即通过发行股份购买资产将拟借壳资产股份化并纳入活跃市

---

① 相反，其他要素资源转换为资本却不那么容易。

② 负债筹资包括长期银行借款、公司债券、可转债、融资租赁等。

场之中，同时解决资产的不可分割性及流动性问题。

上市后，借壳方的注入资产就实现了增值。这种增值可以用市净率（Price to Book Ratio，PB，等于公司市值除以公司净资产）等指标来衡量。2014 年末，我国上市公司的加权平均市净率为 2. 177 倍。[①]

第三，借壳上市有利提升公司资信。

世界各国对 IPO 都有明确的标准和程序。在我国，一个公司的上市，除了要符合法律法规所规定的条件外，还要得到中介机构（保荐人、承销商、律师事务所、会计师事务所等）对其经营业绩、财务状况、管理和发展前景的认可，更需要作为行政机关的中国证监会的严格审查。因此，公司得以成功上市一般意味着公司拥有市场和政府的双重背书；此外，IPO 的过程本身即能够提高公司的声誉。

借壳上市虽然本身缺乏公开发行的过程，但借壳上市过程中的信息披露以及对股票交易的重大影响对买壳方和上市公司的知名度同样有很大的促进作用，许多默默无闻的公司因为借壳上市而被市场了解和认可。此外，按照现有规则，如果是发股借壳的形式，还可以同时募集配套资金。采用询价方式募集配套资金的过程就是扩大公司知名度的典型体现。当公司借壳上市后，公司股份的交易信息以及公司的信息披露将通过分析师、网站等各种媒介不断向社会发布，这对于公司持续巩固和扩大公司的知名度大有裨益。公司知名度的扩大有助于公司树立品牌形象、扩大销量、增强融资能力和吸引人力资源，便于公司在产品市场、资本市场和劳动力市场上取得竞争优势。

第四，借壳上市便于公司设计股权激励制度。

资本市场具有天然的业绩评价功能，而且这一功能随着市场有效性的提高不断加强。国外的经验证明，薪酬性股票期权（Compensatory Stock Options）和雇员持股计划（Employee Stock Ownership Plans）对员工有效地起到激励作用，在一定程度上解决了公司委托代理理论的代理困境，促进公司良性发展。伴随着借壳上市过程中的资产（业务）注入，与注入资产（业务）有关的人员通常也进入壳公司，成为上市公司的管理层和雇员，这就给公司设计新的股权激励计划创造了条件。

第五，借壳上市可以有效改善公司治理。

[①]　根据 wind 数据，2014 年末全部 2 613 家境内上市公司总市值 428 618. 097 亿元，平均市净率为 2. 177 倍。

从外部治理方面来说，首先，借壳上市间接地将借壳方的股权分散化。[①] 通过具有不同利益诉求的股东之间的相互制约，公司治理得以改善。其次，借壳上市实质上为注入资产的控制权创造了一个公开而活跃的市场——控制权市场。当内部治理失效时，股东可以通过代理权争夺或干脆"用脚投票"（转让股权）等极端方式来解决问题。从潜在收购者的角度来看，证券市场的价格定位职能为企业控制权配置主体的价值评定奠定了基础。当公司业绩不佳导致股价下跌时，潜在收购者对公司管理层的威胁加大，客观上对管理层起到了威慑作用。当然，如果这种威慑作用不见起色，控制权转移就成为解决代理问题的最后手段。最后，证券市场对上市公司的信息披露有很高的要求，公司对信息披露义务的履行在很大程度上减少了信息不对称的问题，为股东、债权人、顾客、供应商以及政府和媒体的外部监督创造了有利条件。

从内部治理方面来说，法律和监管规则要求上市公司建立由股东大会、董事会、监事会和经理层共同组成的内部治理机构，规范运作，而资本市场的业绩评价功能则为股权激励制度的实施创造环境，进而改善内部治理。

第六，借壳上市能够为后续并购提供支付工具。

并购涉及企业产权的转移，所涉金额巨大，往往超出购买方的支付能力。而上市公司股份具有客观的市场价值和高度的流动性，可以作为现金的替代物用于上市公司对外兼并收购的价款支付。除此之外，上市公司股份还有股价长期看涨的潜力，这是现金所不具备的。从长期趋势观察，反映股价平均水平的股价指数，年均增长率要大大高于银行存款的利率水平。因此，上市公司股份的这两种特性使得被并购公司的股东乐意接受上市公司股份作为自己出让所持被并购公司股权的对价。在西方主要资本市场上，换股并购十分普遍，尤其是规模较大的并购，基本上都是通过换股方式完成的。

借壳上市目标的实现是在遵守法律法规和资本市场游戏规则的前提下，市场参与各方追求自身利益最大化的结果，对于整个资本市场有效性的提高和资源配置功能的深入开发具有重要的积极意义。

（二）宏观角度

明晰借壳上市对个体的作用之后，我们需要从宏观角度思考借壳上市的功能。借壳上市作为企业上市的一种重要方式，在提高绩差上市公司质量、促进产业升级及资源配置、解决资本市场退市难等诸多方面都具有重大的现实意义。

---

① 这里的"间接"是相对于 IPO 直接的股权分散化。虽然买壳方本身可能仍然股权高度集中，但注入资产的所有权已经通过壳公司得以分散化。

首先，借壳上市帮助解决资本市场融资难等问题，促进企业实现产业结构转换和产品结构调整，优化市场资源配置，使资金流向优质企业。在我国资本市场，IPO成本大、环节复杂、耗时长。对于有实力、有潜力、有活力，却苦于无融资渠道的企业来说，借壳上市可以在较短时间内实现借壳方将拟借壳企业上市并融资的夙愿。此外，借壳上市也可以促进企业实现产品结构调整和产业结构转换。一些企业虽然盈利状况较好，但由于所处行业不利或产品结构不佳等，需要推动产品结构和产业结构的转型升级，却缺乏相应的能力和渠道。此时，可以通过借壳上市并融资的方式实现拟借壳企业的跨越式发展。因此，借壳上市为证券市场上的资金流向潜力大、业绩好的企业提供了机会。通过壳资源的重新分配，一些经营不善、处于亏损状况的资产被淘汰出证券市场，新兴资本有了逐利的可能，有利于证券市场发挥优化资源配置的作用。

其次，绩差公司可以通过借壳上市注入新的优质资产，上市公司质量将显著提高，资本市场投资环境得以优化。上市公司是证券市场的组成部分，上市公司质量的高低直接关系到证券市场的投资环境。投资者在市场上的利益最终要由他们所投资的上市公司来维护，维护的方式是上市公司提高业绩、规范运作、适时分红等。借壳上市使得上市公司的控股股东得到改变，公司质量得到提高，广大证券市场投资者的利益得到保障。

最后，借壳上市帮助地方政府解决了退市难的问题。上市公司被停牌甚至摘牌会导致其可以向社会提供的就业岗位的减少，向政府缴纳的税收额的减少，对部分地区的地方经济具有较大的冲击。对地方政府来讲，与其坐等其破产，不如引进优质的借壳方，提高上市公司的资产质量，创造就业机会及增加政府税收，维持社会稳定。

第四节　借壳上市的流程

公司通过借壳方式实现上市目的，必须符合相关条件并履行一定的操作流程。

一、审核前的流程

一般情况下，借壳上市的操作程序包括以下几个方面。

（一）借壳方自我评估

借壳方是指通过股权收购或其他方式向壳公司股东支付对价，从而取得上市壳公司控制权的人。借壳方在收购上市公司前，应当对自身的财务状况、发展方向、企业长期规划等诸方面进行详尽的分析与评估，以确定可以采取的借壳方式和收购标准。

（二）寻找合适的壳公司

寻找壳公司是借壳上市中最关键的步骤之一，关系着借壳上市的最终目的能否实现。寻找的目标壳公司应该是经营业绩不佳，但债权债务清晰的上市公司。一般可以从以下几个方面来考虑：第一，壳公司的市值。对借壳方来讲，壳公司的市值越小越好。近两年由于借壳上市的升温，上市公司市值普遍提高，借壳上市的壳资源普遍市值均在 20 亿元左右，有的甚至更高。第二，壳公司的股权结构。在市值较高的情形下，如果控股股东持股比例较高，且愿意让渡部分利益，如协议转让部分老股，则可以提高借壳上市交易谈判的成功率。此外，壳公司的股权结构直接关系着后续方案能否获得股东大会的通过。壳公司的股本数量直接决定了每股收益等重要指标。同样市值的壳公司，股本数量小的比股本数量大的更适宜成为壳公司。第三，壳公司的经营状况、财务状况、资产规模等。一般情形下，壳公司均是经营状况不佳、主营业务收入及利润下滑的上市公司。但壳公司债权债务应尽量清晰，或可以确保壳公司在将债权债务全部置出后，原控股股东或相关方愿意承担兜底赔偿责任。否则，一旦存在事先不知道的巨额债务，极有可能拖垮新置入的资产。第四，壳公司所在行业环境、其在行业中的地位。壳公司一般处于夕阳行业、不景气行业或者在行业里不再具备竞争优势，未来也没有发展空间的上市公司。此类壳公司的控股股东卖壳意愿相对强烈，相对统一达成交易。第五，壳公司控股股东的诚信情况。如果壳公司控股股东诚信状况不佳，将有可能在上市公司潜在债务等问题上欺诈借壳方，或在谈判过程中随意提高壳资源价格，要求额外的买壳费等。导致交易成本增加，甚至交易失败。第六，壳公司当地政府对借壳上市的态度，尤其是异地借壳上市。如果壳公司所在地政府拟撮合本地企业借该壳上市，而不支持外地企业借壳上市的，借壳方最好远离该类壳资源。即便壳公司所在地政府没有撮合意向，借壳方也要尽可能事前与之沟通，毕竟壳公司后续是否需要迁离原注册地等问题，均有可能涉及到壳公司所在地政府的意愿。

（三）签订收购意向文件

在确定合适的壳公司后，借壳方应当与壳公司控股股东签订框架协议，防止壳公司控股股东寻求其他收购方，同时也便于对壳公司进行尽职调查。在壳资源紧缺的市场环境下，须特别注意协议对于违约责任的约定。违约责任不可过轻，以免壳公司控股股东一壳多卖，增加交易成本及交易不确定性等风险。

若借壳方拟采取恶意收购方式取得上市公司控制权，则不存在与壳公司控股股东签订框架协议这一步骤。具体操作方式可能为协议收购持股比例为前几位的其他股东等持有的上市公司股权，或在二级市场通过竞价交易取得上市公司股权，抑或以要约方式收购上市公司股权等。恶意收购的方式较为特殊，极有可能导致上市公司控制权之争。因此，借壳方须特别注意增持上市公司股份的行为须合法合规，否则将在控制权之争中较为被动。比如在上海新梅置业股份有限公司（证券代码600732）的控制权争夺中，收购人在二级市场收购过程中，在其中一个应披露时点未及时履行信息披露义务。其成为第一大股东后，因信息披露违规而被限制表决权。

（四）对壳公司进行审查并确定收购方式

借壳方一般通过中介机构对壳公司进行尽职调查，确定收购方案。尽职调查应当主要从这几方面进行审查：第一，壳公司的成立历史及历次股权变更情况；第二，壳公司的财务状况、资产情况等财务指标；第三，壳公司的生产运营状况；第四，壳公司所涉及的重大法律文件，包括公司内部决议文件、对外重大合同等；第五，壳公司的内部治理结构、内部管理制度；第六，壳公司涉及诉讼或仲裁情况；第七，控股股东的股权是否设立抵押、质押等，是否存在无法转让的情形等。

在对壳公司进行审查并确定通过该壳公司实现资产上市后，借壳方需要就取得壳公司股权的方式与目标公司股东谈判。借壳方取得上市公司股份的方式主要有两种：其一，存量股份转让。借壳方需要就股权转让事宜与目标公司股东谈判，结合壳公司财务状况、资产负债情况、涉诉情况（如有）、股票市价等因素确定股权转让价格，并就相关的内容签署股权转让协议。在这里要注意的是，如果股权转让涉及到国有股权转让的，还需取得国有资产管理部门的批准文件。其二，上市公司非公开发行新股。借壳方须就发行价格、发行数量、注入资产价格等与上市公司董事会谈判，并就相关的内容签署协议。如果壳公司为国有控股上市公司，或者拟借壳资产为国有控股资产，还需要取得国有资产管理部门的批准文件。

（五）上市公司董事会、股东大会批准交易方案等

借壳上市交易方案确定后，须经上市公司董事会依法决议同意后，提交股东大会表决通过。

二、审核流程

根据《重组办法》，上市公司重大资产重组构成借壳上市的，须聘请独立财务顾问、律师事务所以及具有证券从业资格的会计师事务所等证券服务机构出具专业意见，并委托独立财务顾问向中国证监会申报。中国证监会受理后的审核流程前文已介绍，这里不再赘述。

三、要约收购义务的豁免流程

根据《上市公司收购管理办法》（以下简称《收购办法》），如果借壳方及其一致行动人控制上市公司的股权达到30%，应当以要约方式继续增持。但满足法定豁免条件的，可以豁免其要约收购义务。

豁免条款分为自动豁免条款和申请豁免条款两类。对于符合自动豁免条款的，免于向中国证监会申请，经上市公司公告、中介机构核查发表肯定意见后，豁免借壳方的全面强制要约收购义务，即借壳方可以取得上市公司30%以上的股份，且免于向被收购公司的所有股东发出收购要约。对于符合申请豁免条款的，借壳方可以向中国证监会申请免于以要约收购方式增持壳公司股票以及免于向被收购公司的所有股东发出收购要约，获得核准后方可免于要约收购义务；如未获得核准，借壳方应发出全面要约，或将持股比例减持到30%以下。

四、股权过户登记

在取得中国证监会核准借壳上市的批文，并获得全面收购义务的豁免后，需要办理资产转移给上市公司的工商变更登记，完成老股转让或新增股份发行的股权过户登记手续，并发布实施情况报告书。

本章对我国证券市场中何为借壳上市、为什么借壳上市、如何借壳上市这三个问题进行了初步的分析。

第二章　境内外借壳上市监管制度比较研究

借壳上市的大量发生与我国的 IPO 制度设计有直接的因果关系，规避借壳上市交易的大量出现与我国借壳上市监管制度有紧密联系。借壳上市及规避借壳上市的实践与有关政策制度之间是一个互动过程。在多数情况下，市场上大量实践运作率先突破后，相应规范才跟进产生。与之相对应，制度建设也是一个由粗放到相对精细的渐进过程。

本章首先分析借壳上市监管的必要性，其次结合我国借壳上市的实践历程介绍借壳上市监管制度的演进过程，最后通过对比有代表性的境外借壳上市监管制度，寻求其与我国借壳上市监管制度的差异与原因。

第一节　借壳上市监管的必要性

"监管"一词，是监管和管理的合称。从法学角度来看，监管是制定并实施规则的一种活动。[①] 关于监管的必要性，比较常用的理论主要是市场失灵与政府干预理论。证券市场是市场体系不可缺少的一部分，上述监管必要性理论同样适用。此外，对证券市场而言，更需要实行监管。以其中的股票市场为例，在市场上流通交易的股票是代表背后公司股权的凭证。这些凭证反映的是虚拟资本，它们的运动（涨跌）遵循其所代表的公司价值运动的规律，但在某些程度上常常又相脱离，在某些条件下甚至可能背离和扰乱公司价值的运动。历史经验表明，证券市场发展和证券市场监管必须相辅相成，才能有利于整个经济的稳定发展。[②]

借壳上市是证券领域一项需要特别监管的交易行为。首先，作为 IPO 的补充上市方式，借壳上市与证券市场的准入问题息息相关，需要特别监管。借壳上市是一个新的经营主体通过原公司的壳来上市，与 IPO 一样，其可以实现借壳方的资产上市的目的，因此应当按照 IPO 的标准予以监管。关于 IPO 监管必

---

① D. Gowland. The Regulation of Financial Market in the 1990s. Edward Elgar Publishing Limited , 1990.

② 屠光绍：《市场监管：架构与前景》，1~2 页，上海，上海人民出版社，2000。

要性①的论述基本均适用于借壳上市。倘若监管部门对借壳上市不予监管，将为规避监管的"后门上市"大开方便之门，导致初始上市和借壳上市两个行为的监管存在严重的失衡，不符合保护中小股东利益、建立公正有效和透明市场的证券立法初衷。即便在未来 IPO 实行注册制改革，借壳上市也应按照等同于 IPO 的标准进行注册。

其次，与 IPO 仅涉及证券发行市场②不同，借壳上市还涉及证券交易市场③。这使得借壳上市监管的必要性较 IPO 更为复杂，这种复杂性体现在三个方面。

第一，借壳上市涉及上市公司控制权的变化，控股股东通常追求控制权的私人收益，侵害中小股东利益。就理想的公司法规则系统而言，并不存在保护小股东的必要，这种理想的公司法规则，是建立在公司独立主体地位得以保证，公司赖以存在和运作的规则是公平、合理、非歧视性的，股东对公司信息的了解和掌握是充分的，以及股东对公司、董事、其他股东的不满有退出的自由和能力。④ 然而，现实总是与理想存在差距。在控制权相对集中的国家及地区，控股股东侵害中小股东利益的事件时有发生。因此，我国《公司法》在 2005 年修改时，设置了查询权、累计投票制度等制度，保护中小股东的利益。然而，《公司法》规范的是全体公司，包括有限责任公司、股份有限公司，而上市公司是公众性最强的一种股份公司，仅依据一般公司治理的制度设计无法有效地保护广大中小股东的利益。而借壳上市又属于上市公司最为复杂的一类交易，也是最容易侵害中小股东利益的一类交易。因此，对于借壳上市而言，若诸多规则设置的不完善，将会导致公司标准化、公共性、程式化和理性化不足，进而在借壳上市过程中，公司将会成为控股股东谋求私利和排斥中小股东的工具，中小股东的权益难以得到有效保护。

第二，借壳上市涉及上市公司体内资产的重大变化，导致上市公司资产结构、主营业务、盈利状况、经营管理发生根本性的变化。因公司治理有效性、

① 陈岱松：《证券上市监管法律制度国际比较研究》，北京，法律出版社，2009。该书第一章对证券上市监管的必要性进行了详细的总结。

② 证券发行市场又称一级市场，是发行人以筹集资金为目的，按照法律规定的内容和程序向投资者出售证券所形成的市场。参见中国证券业协会：《证券市场基础知识》，4 页，北京，中国财政经济出版社，2007。

③ 证券交易市场又称二级市场，是已发行证券通过买卖交易实现流通转让的场所。

④ 邓峰：《普通公司法》，411 页，北京，中国人民大学出版社，2009。

利益冲突与代理问题的存在，① 直接导致借壳上市中交易的公允性问题存疑。Grossman 和 Hart 在分析企业内部代理问题时就着重指出，公司中如果存在持股比例比较高的大股东，就会产生控制权收益，这种收益只能被大股东享有，而不能被其他股东分享。而公司法理论早就认识到控股股东需要对中小股东负有信义义务（Fiduciary Duty），② 为解决上述困境提供了解决思路。由信义义务出发，Wolfenzon 和 Daniel 通过建立模型得出，当某一公司附属于一个公司集团，并且全部被同一个股东控股的话，控股股东掠夺其他股东利益的概率非常高，他们将这种现象归纳为隧道理论（Tunnel Theory）。隧道理论对公司治理的主要看法是：大股东为了保障自身的利益，有强烈的动机对管理层进行监督，而相对集中的控制权也保证了大股东有能力对公司管理层的决策行为施加足够的影响。然而，大股东的监督虽然能够缓和管理层与股东之间的矛盾，但大股东的存在又导致了另一个新问题的产生：大股东与其他股东的利益并不完全一致，它可以凭借对公司的控制权为自己谋取私人利益，而这种利益的实现往往又是以损害其他股东（特别是中小股东）的利益为前提的。这说明，当公司存在控股股东时，公司的主要代理问题不再是管理人员与外部股东之间的冲突，而是控股股东利用对企业的控制权掠夺中小股东的利益。③

普通的上市公司并购重组交易中，如不构成关联交易，并购重组行为一般符合公司整体利益，控股股东与其他中小股东利益趋于一致，但是在借壳上市中，由于是否卖壳，中小股东无决策权；卖壳的真正价格，中小股东也不一定知悉；至于拟出售资产、拟购买资产价格的公允性等关键信息，中小股东也没有足够专业的判断能力。因此可能出现大股东与交易对手方联合操纵交易价格，从而侵占公司及其他股东利益的行为。

第三，借壳上市中博弈机制的失灵。证券市场是一个开放的市场，所有的投资者都应基于公平的地位和拥有均等的机会参与证券市场的活动。广大投资者的投资决策依据就是证券发行人或上市公司披露的信息。无论是国内还是国外，从事证券投资的人士，如无法对众多的上市公司的背景、业务、竞争力、财务资料等情况进行充分了解，也就无法评判公司的投资价值。因此，公司披

---

① 我国上市公司普遍存在"一股独大"现象使得公司治理缺乏股东之间制衡的基础，中小股东因"理性的冷漠"参与公司治理的积极性不高，大股东可以充分利用在选举管理层方面的优势，轻易控制董事会、监事会，从而实现对公司经营活动等的操纵。在该种股权结构下，我国公司治理领域的代理问题主要指控股股东代理问题，利益冲突则是指控股股东与广大中小股东之间的利益冲突。

② May v. Midwest Refining Co., 121 F. 2d 431, 439（1ˢᵗ Cir. 1941）.

③ 尹筑嘉：《股价操纵与大股东"隧道挖掘"》，暨南大学博士学位论文，2007。

露信息是投资者的要求，是避免证券市场成为"黑匣子"的手段，而信息共享则是广大公众投资者最起码的要求，也是每一个上市公司都应遵守的基本准则。同时通过信息披露，也使得作为单一受信人的企业，与非特定的授信人进行着次数极多的重复博弈，把一次性博弈转化为重复博弈，最终实现买卖双方的共赢。如果借壳上市的规则设计不当，将会导致借壳方和买壳方掌握的信息失衡，博弈机制无法正常展开，通过信息披露保障的公平、公正、公开的交易原则荡然无存。

依据隧道理论，由于中小股东与大股东、公司股东与交易对手方的博弈机制因大股东与交易对手方的合谋而失效，中小股东的权益难以保障，公司的利益也受到侵害。在这种情况下，除了诉讼渠道，似乎并没有其他良法予以救济。更为关键的是，根据公司契约论，大股东与交易对手方的合谋以及中小股东、公司的救济一般难以事前预见，也就是说难以在公司成立之初即写入公司章程，成为公司利益相关各方必须遵从的契约。由此，大股东与交易对手方的合谋行为属于公司不完备契约的最佳注脚。

借壳上市法律法规的出现，正是以一种类似于格式合同的方式，将不完备的公司契约弥补完整，通过事前明晰、确定、完备的规定，使得借壳上市利益各方对借壳上市有稳定的预期，同时威慑现控股股东及潜在控股股东，令其难以利用其控股地位实施侵害公司、中小股东的违法行为，起到有效扼制市场混乱秩序、规制借壳上市行为的重大作用。由此，借壳上市各方的行为透明可视，得以在市场机制的作用下完成重复博弈，借壳上市价格和时点等要素将会因符合市场经济原理而被各方接受，实现多方"共赢"。

可以说，我国现阶段借壳上市中出现的诸多问题在一定时期还会持续存在。以散户为主的资本市场结构决定了股东大会的有效性有限。由于上市公司股东特别是中小股东参与公司决策的积极性不高，股东诉讼不发达，相关配套制度不健全，借壳上市缺乏足够有效的制约和监督制度，对相关各方的约束力也较弱。鉴于借壳上市大部分是原控股股东与借壳方之间协商确定的，或是通过借壳方取得控制权后注入资产的关联交易完成的，在小股东参与公司决策普遍不积极的情况下，关系公司命运的议案往往被参加股东大会的几个股东决定，甚至存在股东大会被少数人操纵的问题，仅靠股东大会远远达不到对借壳上市的监督制衡作用。①

　　借壳上市易滋生内幕交易和操纵市场等违法行为，应当对该行为进行更严格的监管。借壳上市过程往往伴随着壳公司股价的剧烈波动，原因主要有二：其一，借壳上市必然导致壳公司资产和业务状况以及管理层、发展方向的重大甚至是根本性的变化。对控制权转移以及转移后可能发生壳公司基本面重大变化的预期是壳公司股价变动的根本原因。其二，证券市场与生俱来的投机性与预期的不确定性相结合，加剧了壳公司股价的波动。上市公司控股股东、实际控制人、管理层、借壳方等掌握着信息优势，可以利用市场的预期和投机行为进行内幕交易和操纵股价获取非法利益。我国证券市场属于新兴市场，投机气氛十分浓厚，而对于内幕交易和操纵市场的相关立法和执法尚存在一定的不健全，这些都为借壳上市中的内幕交易和股价操纵提供了便利条件。

　　新的市场环境下有必要对借壳上市的监管制度做适度调整。一方面，随着经济发展和监管部门不断放松管制，上市公司并购重组的动力越来越大，方式不断创新，数量迅速增多，并购重组越来越成为推动资产市场结构性调整的一种重要手段，也为市场带来新的投资热点和主题。另一方面，这种新的变化也势必产生新的问题，给上市公司监管和投资者保护带来新的挑战。比如近期出现的诸多以"PE＋上市公司"、"市值管理"为名的"忽悠式重组"，以及各种类型的"疑似借壳"交易，导致上市公司股价大幅波动。这种情形下各方通过内幕交易和操纵市场获取暴利，要求监管规则迅速调整弥补。

　　综上所述，将借壳上市监管从证券监管中细分出来，并制定更为严格的监管标准是必要的，也是必需的。

第二节　我国借壳上市监管制度演进史

　　借壳上市的监管制度与上市公司重大资产重组监管制度密切相关，基本上伴随着上市公司重大资产重组监管制度的同步发展。借壳上市的监管制度经历了从无到有，从粗到细的不断发展完善的过程，未来该制度将会继续修改完善。

　　我国的上市公司重大资产重组的制度建设始于1998年。对借壳上市交易的监管制度也始于该时期，并伴随着重大资产重组监管制度的发展而发展。

---

　　① 借壳上市对于上市公司股价影响重大，借壳上市预案公告后股价通常连续涨停，中小投资者通过出售股票实现的投资收益较大部分长期投资者获取的投资收益可能要高得多。因此在借壳上市交易中，如果不是交易方案实在太不合理，中小投资者一般没有投票或者说投反对票的动机。

一、借壳上市监管制度萌芽期

（一）1998 年《关于上市公司置换资产变更主营业务若干问题的通知》

1. 颁布背景

我国证券市场早期的重组运作受到当时特定的制度和环境的限制，重组活动零星展开，没有成为市场的普遍现象。1993 年 9 月开始的深宝安通过二级市场举牌收购延中实业事件是中国证券市场上具有里程碑式意义的一次市场收购。1994 年 4 月珠海恒通收购上海棱光实业的"恒棱"事件是中国证券市场重组史上第一例完整意义上的买壳上市案例。① 尽管历经三年重组的结果并不理想，但"恒棱"重大资产重组模式对之后类似市场运作模式发挥了举足轻重的作用，一度成为彼时经典案例，被媒体广为报道。

与"恒棱"事件同期发生的还有康恩贝并购浙江凤凰的"康凤"事件。② 这些案例从实践上打破了国有股及法人股不能流通的认识误区，为其后的一系列重组案提供经验，为相当多受额度控制不能上市的企业通过收购国有股以及法人股间接上市提供了一条可行思路。

1996 年内，我国又陆续发生了一汽集团收购金杯汽车、日本伊藤忠和五十铃联合收购北旅汽车、黄河机电大股东黄河集团与陕长岭大股东长岭集团共组长岭黄河集团、英雄股份收购永生股份四起重组交易，虽然这些交易的结果有喜有悲，比如有的新大股东未能如"恒棱"、"康凤"般成功注入资产，但国有股、法人股的转让已逐步成为市场共识，并开始取代二级市场收购，成为市场控股权转移的主流模式。

可以说，1997 年以前的资产重组大都是自发的、朴素的市场行为，从简单

---

① "恒棱"重大资产重组模式的主要内容如下：1994 年 4 月，恒通集团协议受让棱光实业第一大股东上海建筑材料（集团）总公司持有的公司 1 200 万股国有股，占其总股本的 35.5%，每股价格为 4.3 元，成为棱光实业第一大股东，并对公司产业结构和产品架构进行调整，重点转向电子式电能表。1995 年底，棱光实业斥资 1.6 亿元收购了恒通集团全资子公司珠海经济特区恒通电能仪表公司的全部资产。1998 年下半年，棱光实业业绩开始下滑。截至 2001 年底，棱光对外担保余额总计人民币 5 亿元，其中涉及恒通方面的担保达 4.8 亿元。由于恒通集团无力偿还债务，其持有的公司股权被拍卖。

② "康凤"重大资产重组模式的主要内容如下：浙江凤凰是沪市著名的"老八股"之一，也是首家异地上市公司。为摆脱困境，在地方政府的主导下，当时浙江省兰溪市另一家定向募集、寻求挂牌上市的浙江康恩贝在 1994 年从兰溪市财政局手里受让浙江凤凰国家股，成为其第一大股东，这是我国上市公司实现国有股权转让的首批公司之一。之后，康恩贝又将其主导子公司制药公司 51% 的股权注入浙江凤凰，1995 年"康凤"又进行第二次资产重组，这次是由浙江凤凰收购康恩贝制药 95% 股权，由此实现了旗下资产的借壳上市。1996 年末，在入主浙江凤凰三年后，康恩贝悉数转让公司股权，全面退出浙江凤凰。

的举牌收购到复杂的资产置换，从直截了当的二级市场收购到更为现实的协议收购，体现了对于资产重组的认识不断加深的过程。

1997 年下半年召开的党的十五大提出了"要从战略上调整国有经济的布局，对关系到国民经济命脉的重要产业和关键领域，国有经济必须占支配地位。在其他领域，可以通过资产重组和结构调整，以加强重点，提高国有资产的整体质量"，"对国有企业实施战略性改组"，"继续调整和完善所有制结构，进一步解放和发展生产力，是经济体制改革的重大任务"等一系列政策，这进一步解放了思想，消除了由于传统意识形态而产生的对国有股出售的顾虑，从而使这一历史时期成为上市公司重组活动的分水岭，大规模的资产重组开始大量涌现。

这一时期，资产重组的主要手段是国有资产和国有股权的无偿划转，主要目的是保壳。其呈现出的主要特点包括：第一，上市公司资产重组的数量增多。据统计，1997 年，沪深两市有 211 家上市公司发生了 270 余起重组事件，并不断向纵深发展，[①] 可以说是名副其实的资产重组年，[②] 其中近一半是在十五大召开之后的短短三个月内完成的。第二，上市公司资产重组的资产规模加大。在200 余起重组交易中，涉及的资产规模相当可观，如申能股份将资产转让给华能股份，转让金额达到 35 亿元。第三，上市公司资产重组的广度加大。跨行业、跨地区甚至跨国兼并收购的交易增多，如泰达股份、环宇股份、联农股份的资产重组，均是跨行业重组。粤海入驻新亚快餐、通化金马收购同安药业等资产重组更是突破地域实施扩张。一些跨国交易也时有发生，比如中色建设收购菲律宾金建发展有限公司等。第四，上市公司资产重组的深度加强。在这些资产重组中，涌现出了一大批通过买壳上市，彻底更换公司资产的典型案例。这类资产重组的特点是在占公司控股地位的大股东的鼎力支持下，剥离不良资产，注入优质资产，主营业务得以彻底改变，然后更换公司名称，使得原公司销声匿迹。如天津泰达集团通过国有股的无偿划转控股美纶股份，随后对美纶股份注入优质资产，随后将公司改名为泰达股份，实现典型的借壳上市。第五，上市公司资产重组中的政府作用明显。1997 年的资产重组活动，其中一个最为突

---

① 这一时期的典型案例主要有中远集团收购众城股份，上实集团重组联合实业。联合实业重组后，主营业务由传统的纺织业转向城市建设和旧城开发。1997 年下半年的一批上市公司重组，更将国有股的转让和无偿划转与上市公司的彻底资产大置换结合在一起，将地方政府参与下的上市公司的行政性重组推向极致，直接借资产重组实现优质资产间接上市，兰陵陈香与交运股份是这一时期较具代表性的案例，开创了一种叫作"净资产"置换的重组模式。

② 参见张成树：《企业估值研究（二）》，http：//www.chinavalue.net/Article/Archive/2008/3/13/103625.html。

出的特点是各级政府在资产重组过程中充当了主动的角色。

进入 1998 年之后，上市公司资产重组继续发展，显现出如下特点。一是资产重组无论在深度上还是广度上均有跃进。当时 815 家 A 股上市公司，1998 年即公告了资产交易 608 起，涉及金额 318 亿元，可谓数量多、规模大。二是重组规模不断扩大。诸多上市公司原有资产被全部置换出去，重组前后大股东、公司主营、公司所在行业均发生变化，相当于一个新业务上市。一些高科技企业也开始借壳上市。三是手法创新层出不穷。一些国家股比例较高、不良资产包袱较重的老国企改制上市公司，通过资产置换剥离不良资产，再通过公开增发新股吸收优质资产，焕发生机。如 1998 年 5 月龙头股份等五家纺织类公司的重组，将增发新股与上市公司的重组结合在一起。这一批公司的集体停牌、集体资产置换、集体增发新股，将 1998 年的重组热潮推到了高点。清华同方、新潮实业通过以股权换资产或股权换股权的方式，实现了资产重组，开我国证券市场"吸收合并"式重组之先河。四是跨地区重组呈上升趋势。1998 年公告的跨省市资产重组的上市公司有 288 家，占当年重组公司总数（394 家）的 73.1%。这表明资产重组已基本突破地方行政区域的限制，政府推动型的资产重组日渐式微，亦在一定程度上说明政府行为日趋理性和市场化。五是民营企业纷纷借壳上市。托普集团入主川长征、四通集团入主原风华高科，是民营企业借壳上市的典型。

我国证券市场的初创阶段，上市公司重组数量极少，相关规则仅将重大资产重组列为重大事件，要求公司履行报告、公告义务即可。随着资产重组广度和深度的不断加深，大批借壳上市涌现，而过多借壳上市的发生在当时冲击了市场交易秩序，上市公司并购重组向着非理性发展。为了给主营业务变更的借壳上市交易降温，1998 年 12 月证监会发布了《关于上市公司置换资产变更主营业务若干问题的通知》（证监上字〔1998〕26 号）。

2. 对借壳上市的监管：严格审批

《关于上市公司置换资产变更主营业务若干问题的通知》明确规定，"上市公司通过置换资产变更主营业务，导致上市公司上市主体资格发生变化的，必须报中国证监会按新股发行程序重新审批。未经中国证监会批准，上市公司不得擅自行动。与前述有关的资产重组活动，应当在中国证监会统一部署下，选择试点，谨慎操作，总结经验，逐步推广。1998 年原则上只在纺织行业和根据《上市规则》确定为状况异常的公司中有选择地进行试点。上市公司不得擅自发布有关变更主营业务的信息。如果市场出现有关的传闻，上市公司应当根据中国证监会和证券交易所的要求及时澄清。"此时，借壳上市的定义尚未明确。但上市公司通过置换资产变更主营业务导致上市公司上市主体资格发生变化的行为，被监管部门按照 IPO 的发行程序进行审批。

（二）2000 年《关于规范上市公司重大资产购买或出售资产行为的通知》

1. 颁布背景

《关于上市公司置换资产变更主营业务若干问题的通知》发布后，主营业务变更的借壳上市行为①得到规范，借壳上市的公司数量开始下降。

进入 1999 年后，市场环境发生了两大变化。其一是党的十五届四中全会通过的《中共中央关于国有企业改革和发展若干重大问题的决定》，其中多次提到企业重组，指出要鼓励企业兼并重组行为，将建立企业优胜劣汰的竞争机制作为推进国有企业改革和发展的指导方针之一。1999 年以来，重组行为更加市场化，重组参与者成分日益多样化，证券公司、咨询公司等中介机构的作用日益增强。彼时，中国证券市场上市公司重组的模式创新已基本度过了发育期，许多在成熟资本市场上的交易模式被移植到中国证券市场上来，这些交易模式的涌现使得中国证券市场资源配置功能不断被发掘、凸显。一个显著特征是重组参与各方的市场化意识不断增强，如在广州通百惠和山东胜邦企业在胜利股份的股权之争中，为争夺控制权，广州通百惠成功实施了征集投票权的战术，山东胜邦通过场外协议转让和二级市场增持股份的组合运用成功夺回第一大股东地位，均采用的是市场化手段。②

其二是上市公司存在退市风险。1993 年颁布的《公司法》规定了上市公司暂停上市和终止上市的条件，明确了上市公司最近三年连续亏损应当暂停上市。证券市场发展到 1999 年，部分上市公司已经积聚退市风险。而我国当时完全没有任何退市经验可供借鉴，如何保护投资者和上市公司职工利益压力巨大。因此，通过并购重组尽可能挽救一些濒临退市公司以使其盈利并摆脱困境就成为一条现实的、成本较低的可行途径。

在这些因素的共同影响下，中国证监会于 2000 年 6 月发布了《关于规范上市公司重大资产购买或出售资产行为的通知》（证监公司字〔2000〕75 号），并废止了《关于上市公司置换资产变更主营业务若干问题的通知》。《关于规范上

---

① 虽然此时借壳上市的定义没有明确，但暂且将上市公司置换资产变更主营业务的行为称为借壳上市。

② 当然，相比现阶段以产业并购为主的高度市场化交易，当时的资产重组市场化程度不高，以借壳上市为主。但在当时的市场环境下，上市公司资产重组交易相较整个资本市场的其他方面，已经较为市场化。

市公司重大资产购买或出售资产行为的通知》放松了监管制度，简化了监管程序，由审批制调整为备案制，从而大大活跃了绩差公司的资产重组。

2. 核心内容

《关于规范上市公司重大资产购买或出售资产行为的通知》界定了什么是重大资产重组，[①] 明确了重大资产重组的报告程序[②]。

根据该报告程序，监管机构可以在上市公司董事会决议通过并公告后，要求公司补充相关材料并披露，其后召开股东大会。从现阶段以信息披露为中心的监管理念来观察，彼时的监管逻辑比较顺畅。以信息披露为中心意味着监管部门不必对重大资产重组的资产质量、交易价格公允性等做实质性判断，而是要求公司充分披露后交由股东大会表决。不过在当时的市场环境和市场发展程度下，此种监管程序出现了一定的问题，[③] 这也是后来监管程序修改的原因之一。

3. 对于借壳上市的规定：放松管制

根据《关于规范上市公司重大资产购买或出售资产行为的通知》的规定，"上市公司购买或出售的资产占上市公司总资产70%以上，应当聘请具有主承销商资格的证券公司进行辅导，辅导的内容和报告程序应当参照中国证监会对公开发行股票公司进行辅导的规定执行。"此时，仍然没有明确界定借壳上市，但监管部门对上市公司购买或出售的资产占上市公司总资产70%以上的行为，要求由证券公司按照IPO的标准进行辅导；监管部门不进行实质审核，仅在董事会公告后提出反馈意见并要求公司补充提供并披露，方案能否通过取决于公司股东大会的表决。

---

① 《关于规范上市公司重大资产购买或出售资产行为的通知》第二条规定：上市公司重大购买或出售资产的行为，是指上市公司购买、出售或置换资产达到下列标准之一的情形：收购或出售的资产总额占上市公司最近经审计后总资产的50%以上；收购或出售资产的资产净额占上市公司最近经审计后净资产的50%以上；收购或出售资产相关的利润占上市公司最近经审计后利润的50%以上。这其中50%的标准一直沿用到现在。

② 《关于规范上市公司重大资产购买或出售资产行为的通知》第三条规定：董事会应当在形成决议后两个工作日内向证券交易所报告，并将该决议及中介机构和监事会的意见一并公告。同时，按照本通知附件的要求，向中国证监会及上市公司所在地的中国证监会派出机构报送备案材料。监管机构要求补充有关材料的，董事会应在召开股东大会前及时补充并作出公告。该条规定彻底修改了《关于上市公司置换资产变更主营业务若干问题的通知》（证监上字〔1998〕26号）中有关"必须报中国证监会按新股发行程序重新审批"的程序。

③ 具体问题见随后的2001年《关于上市公司重大资产购买、出售、置换资产若干问题的通知》（证监公司字〔2001〕105号）诞生的市场背景。

（三）2001 年《关于上市公司重大资产购买、出售、置换资产若干问题的通知》

1. 颁布背景

《关于规范上市公司重大资产购买或出售资产行为的通知》发布后，市场反响很大，多家上市公司据此进行了重大重组，上市公司重大资产重组案件由 2000 年上半年的 3 件增加到 2000 年下半年的 38 件，在促进资源优化配置、提高上市公司总体质量的同时，也暴露了许多问题。其中以下七个问题最为集中。

一是上市公司不按规定及时向监管部门报送备案材料，或在股东大会审议结束后才报送材料，有些公司甚至不报送材料，从而规避监管，使中国证监会无法及时发现其重组中存在的问题。上述 38 家公司中，按时向中国证监会备案的只有 24 家，其余 14 家公司中，有 7 家是在股东大会结束后才向中国证监会备案。

二是以借壳上市和扭亏为盈为目的的重组仍占绝大多数，真正为了增强公司经营获利能力，实现强强联合和有效扩张的重组较为少见。一些公司通过与关联企业买卖资产或转移债务编造利润，大股东短时间内向上市公司注入、换出同一资产以操纵利润或制造消息等手段隐瞒真相，误导投资者，成为一颗颗"定时炸弹"。少数上市公司只注重资本经营而忽视产品经营，将资产重组简单地等同于规模扩张进而等同于规模经济，违背了优化资源配置的初衷，有设计"造利润"、"造题材"陷阱的嫌疑。一些借壳上市企业，与原壳公司的资产整合和企业文化整合并未真正启动，重组停留在"报表重组"阶段。部分公司因借壳上市使得上市公司同新的大股东的关联交易骤增、造成新的同业竞争或存在双重任职等。这些问题只能等到上市公司在后续监管或再次融资行政审核时才有可能得到纠正。

三是大股东利用重组套现问题严重。上市公司一股独大情况在我国比较普遍。大股东操纵上市公司的经营，通过不公平关联交易或直接借款方式，占用上市公司巨额资金，最后再通过重组形式以劣质资产抵偿占用的资金，或用破产形式逃避还款义务，把上市公司作为自己的提款机。类似的情况 2000 年发生多起，如猴王集团、活力 28 等。

四是内幕交易和操纵市场行为出现反弹。随着监管手段的加强，重组中暴露出来的内幕交易越来越多。在当时我国证券市场投机性较强的背景下，多数上市公司的收购者把在二级市场获利当作目标。诸多上市公司在重组前二级市场表现优异，其股价一路飙升，及至重组公告见报后其股价往往"见光就死"，一路下滑。内幕人员利用内幕信息炒作股票的不法行径屡禁不止。比如，2000年就查出6起高管人员在重组过程中买卖本公司股票的行为。而上市公司股价在重组题材发布前就发生异动的就更多了，非常著名的有中科创业、亿安科技等。如何使每个投资者公平地共享重组信息，进一步加强和完善信息披露规则成为一个重要的研究课题。

五是信息披露滞后和不实问题严重。一些公司在重组中不及时披露信息，待市场沸沸扬扬时才姗姗来迟地发布公告；一些公司在其股价因重组传言而飙涨时，发布公告称公司无任何应披露重大事项，待重组即将完成时却突然披露信息，扰乱市场秩序；还有公司更将尚处于内部研究阶段的重组事宜过分渲染，误导市场。

六是重组后公司规范运作水平降低。由于借壳上市的公司未经发行阶段的严格审核，其重组后的管理模式可能不完全适应上市后的要求，需要进行重新进行规范，随着重组数量的增加，这些问题也逐渐增多。

七是多次重组行为较多。一些上市公司经营出现亏损后，就积极进行"重组"，将不良资产通过关联交易卖给大股东，再由大股东重新注入其他优质资产，大股东无资产可注时就卖壳，换一家股东，如此循环往复。

为及时矫正实践中出现的上述问题，监管部门本着实事求是的原则，在2001年12月发布了《关于上市公司重大资产购买、出售、置换资产若干问题的通知》（证监公司字〔2001〕105号，以下简称105号文），同时废止了《关于规范上市公司重大资产购买或出售资产行为的通知》。

2. 核心内容

105号文所体现的关于重大资产重组制度设计的基本思路有如下几点：（1）关于重大资产重组的概念修正；① （2）明确上市公司重大资产重组的原则

---

① 105号文在界定"重大"时，删除了利润指标，因为一般性重组就足以影响那些利润很小或为负值的上市公司。根据105号文第一条，构成重大资产重组的三种情形为：第一，购买、出售、置换入的资产占上市公司最近一个会计年度经审计的合并报表总资产的比例达到50%以上；第二，购买、出售、置换入的资产净额占上市公司最近一个会计年度经审计的合并报表净资产的比例达到50%以上；第三，购买、出售、置换入的资产在最近一个会计年度所产生的主营业务收入占上市公司最近一个会计年度经审计的合并报表主营业务收入的比例达到50%以上。

要求；① （3）明确上市公司重大资产重组的流程。在程序上，105 号文明确董事会须在形成决议后的 2 个工作日内公告决议内容和中介机构意见，同时向中国证监会和地方派出机构报备材料。中国证监会在 20 个工作日内对报备材料如无异议，董事会方可发出召开股东大会的通知。程序的如此设计既保证了信息披露的及时性，降低中国证监会相关工作人员成为内幕信息知情人士的风险，又能够对重组中的不当行为形成有效制约，保证中国证监会对上市公司重组进行有力的监管。

3. 对借壳上市的监管：鼓励与规范并举

根据 105 号文，以下交易行为应提请股票发行审核委员会审核：（1）既有重大购买资产行为，又有重大出售资产行为，且购买和出售的资产总额同时达到或超过上市公司最近一个会计年度经审计的总资产 70% 的交易行为；（2）置换入上市公司的资产总额达到或超过上市公司最近一个会计年度经审计的合并报表总资产 70% 的交易行为；（3）上市公司出售或置换出全部资产和负债，同时收购或置换入其他资产的交易行为；（4）中国证监会审核中认为存在重大问题的其他重大购买、出售、置换资产的交易行为。

对于公司购买和出售资产（包括置换）变动比例同时达 70% 以上，或者公司置换入资产达 70% 以上，或置换出全部资产负债并购买或置换入资产的，表明公司业务发生根本性变化，已然成为新公司，在程序上须提交重组委审议。

此时，监管部门仍未界定何为借壳上市，但对上市公司"大进大出"的资产重组行为②课以更高的审核要求，需要按照 IPO 的程序，提交股票发行审核委员会（以下简称发审委）审核。

（四）2008 年《重组办法》

1. 颁布背景

2001 年颁布的 105 号文在实践中得到了肯定，上市公司重大资产重组制度在适度监管和市场化程度方面寻找到有效的平衡点和契合点。在此基础上，为

---

① 105 号文明确规定了重组应遵循的基本原则，即有利于上市公司的可持续发展和全体股东的利益，与控股股东之间做到不存在同业竞争，保证上市公司与实际控制人之间人员独立、资产完整、财务独立；上市公司要有独立经营能力，在采购、生产、销售、知识产权等方面保持独立；重组后的公司要符合上市条件，具备持续经营能力，产权权属清晰，不存在债权、债务纠纷的情况，以及不存在损害上市公司和全体股东利益的其他情形。

② 根据 105 号文，"大进大出"是指：购买和出售的资产均占上市公司总资产 70% 以上的交易行为、置换入上市公司的资产占上市公司总资产 70% 以上的交易行为、上市公司出售或置换出全部资产和负债同时收购或置换入其他资产的交易行为三种。

了适应 2005 年以后出现的全流通市场环境，将 105 号文升格为规章提上了日程。2007 年 9 月，证监会就《重组办法》向社会征求意见；2008 年 4 月，证监会颁布《重组办法》（证监会令〔2008〕53 号）。

根据监管部门在 2007 年征求意见发布的"答记者问"①，制定《重组办法》主要有以下两方面的考虑：

第一，适应资本市场改革发展的新形势，适时调整和完善监管机制。随着股权分置改革临近完成和全流通时代的到来，上市公司及各方投资者之间的利益博弈机制发生了根本变化，上市公司并购重组的动力越来越大，方式不断创新，数量迅速增多。2006 年以来，上市公司并购重组的支付手段发生较大变化，除了传统的现金购买和实物资产置换外，以发行股份作为支付方式向特定对象购买资产的重组案例大量出现。这种重组方式为上市公司利用证券市场做大、做强提供了新的途径，成为推动资本市场结构性调整的一种重要手段。但新的变化也势必产生新的问题，为更好地规范和引导并购重组创新活动，有必要制定明确具体的管理规章。

第二，健全上市公司监管的法规体系，增强规则执行效力。105 号文等有关上市公司重大资产重组的监管规则彼时尚停留在规范性政策层面，在执行效力上与《公司法》、《证券法》等法律之间层级跨度过大。此外，自 2005 年以来，修订后的《公司法》、《证券法》已正式实施，两法在上市公司监管方面确立了不少新要求；《收购办法》、《上市公司信息披露管理办法》及企业会计准则等规章的修订或颁布执行也给上市公司监管的法制环境带来了诸多新变化。为配合两法的实施和执行，满足现实发展的需要，需要及时完善和出台有关上市公司重大资产重组的监管规章和规则。

2. 核心内容

（1）调整了资产重组的规制范围

第一，优化重大资产重组的财务计算指标。②

第二，除了资产购买和出售行为外，细化了构成重大资产重组的其他资产

---

① 参见"中国证监会有关部门负责人就发布《上市公司重大资产重组管理办法（征求意见稿）》及《上市公司非公开发行股票实施细则》等事宜答记者问"，最后查询于 2015 年 8 月 13 日，http://www.csrc.gov.cn/pub/newsite/zjhxwfb/xwdd/200709/t20070918_68526.html。

② 105 号文规定上市公司所购买、出售、置换的资产净额达到公司原资产净额 50% 以上的，即构成重大资产重组。考虑到实践中有些公司资产净额较小，一些金额不高的资产交易也很容易达到重大资产重组标准而需要申报审批，这样会影响公司运作效率，因此，《重组办法》规定，交易的成交金额达到资金净额的 50% 以上，且超过 5 000 万元的，才认定为重大资产重组。

交易方式，并将上市公司的控股子公司所进行的资产交易纳入监管范围，以减少监管盲点。

第三，《重组办法》专列一章，对上市公司以发行股份作为支付方式向特定对象购买资产的行为做了具体规范，以更好地规范和引导市场创新。

第四，依据审慎监管原则确立主动监管机制。对于未达到重大重组标准，并存在重大问题可能损害上市公司或投资者合法权益或者蓄意规避监管的资产交易，监管机构发现后有权要求公司在补充披露相关信息之前延期召开股东大会或者责令其暂停交易。

（2）专章规定发行股份购买资产

2006 年监管部门启动了进行股改完毕的公司以发行股份作为支付手段向特定对象购买资产的试点工作。此后，上海汽车等几十家公司相继公告了具体操作方案，各公司方案的实施取得了良好的示范效果。上市公司向特定对象发行股份购买资产的主要目的是资产和业务整合，由此可以实现整体上市、引入战略投资者、挽救财务危机公司、增强控股权等目的。以资产认购和以现金认购的证券发行方式形成互补，进一步丰富了上市公司做优做强的手段。在归纳试点期间发现的问题和总结有益经验的基础上，《重组办法》专列一章，对上市公司发行股份作为支付方式向特定对象购买资产的原则、条件、股份定价方式、股份锁定期等做了具体规定。

（3）加强上市公司和中小股东利益保护

第一，加强对资产评估和盈利预测的后续监管。

第二，将股东大会审议通过重大资产重组方案的表决权比例由 1/2 以上修改为 2/3 以上，同时明确关联股东应回避表决。此外，规定公司就重大资产重组事宜召开股东大会的，应当提供网络或其他方式为股东参加股东大会提供便利，以此强化股东自治，促进市场主体自我约束。

第三，加强对重大资产重组实施情况的后续监管，要求上市公司在取得核准后应当及时实施，在实施完毕后将实施情况公告，并由独立财务顾问和律师应对此发表意见；上市公司发行股份购买资产的，在资产过户前不得办理证券过户手续。

第四，加大财务顾问的职责。《重组办法》规定，实施重大资产重组的上市公司应聘请独立财务顾问，独立财务顾问应履行尽职调查、发表专业意见等职责。同时，监管部门制定并出台了《上市公司并购重组财务顾问业务管理办法》，从明责、尽责、问责三个方面强化独立财务顾问的职责和义务，细化其履行职责的程序，使其工作要求进一步标准化，并通过加大事后问责力度，确保独立财务顾问切实承担外部监督职能，增强上市公司重组活动的透明度。

3. 对借壳上市的监管：鼓励与规范并举

2008年《重组办法》仍然没有界定借壳上市，而是在第二十七条规定："上市公司重大资产重组存在下列情形之一的，应当提交并购重组委审核：（一）上市公司出售资产的总额和购买资产的总额占其最近一个会计年度经审计的合并财务会计报告期末资产总额的比例均达到70%以上；（二）上市公司出售全部经营性资产，同时购买其他资产；（三）中国证监会在审核中认为需要提交并购重组委审核的其他情形。"同时在第四十四条规定："上市公司申请发行股份购买资产，应当提交并购重组委审核"。

据此，需要提交并购重组委审核的事项变更为：（1）"大进大出"的资产重组行为。①（2）发行股份购买资产的行为。经过2002年至2008年的实践，监管部门仍未界定借壳上市。其原因在于：一方面，与普通重大资产重组相比，借壳上市对拟购买资产并无更严格的条件，并没有特殊的监管要求。即使构成特别重大资产重组行为，也仅是需要履行并购重组委审议程序。既然构成借壳上市与否对审核标准不构成影响，那么界定是否构成借壳上市，就显得没有那么迫切。另一方面，虽然在2008年版《重组办法》之前，实践中已有试点发行股份购买资产的行为，也存在发行股份购买资产构成借壳上市的情况，但此时发行股份购买资产的每一单交易均需要与监管部门预沟通，即"一事一议"。因此，虽然此时借壳上市的交易方式发生了巨大变化，②但此时暴露出的问题尚不足以引起监管机构的足够重视。

（五）小结

在借壳上市监管制度的萌芽期，监管层未明确界定借壳上市，具体又划分为两个阶段。

1. 从1998年《关于上市公司置换资产变更主营业务若干问题的通知》到2001年105号文之前这一阶段，重点规制以下行为

（1）1998年，监管部门要求上市公司通过置换资产变更主营业务，导致上

---

① 该行为又称特别重大资产重组行为。此时，"大进大出"资产重组行为指上市公司出售和购买资产总额均占上市公司资产总额的70%以上的行为，以及上市公司出售全部经营性资产、同时购买其他资产的行为二种。与2001年105号文相比，删除了"置换入上市公司的资产占上市公司总资产70%以上的行为"。

② 上市公司可以发行股份作为支付方式向特定对象购买资产后，借壳上市的主要交易方式就是发行股份购买资产。

市公司上市主体资格发生变化的行为，须按照新股发行的发行程序审批。

（2）2000 年，监管部门放松管制，但对上市公司购买或出售的资产占上市公司总资产 70% 以上的行为，要求由证券公司按照首发上市的标准进行辅导。

2. 2001 年 105 号文实施至 2011 年《重组办法》修订前这一阶段，重点规制以下行为

（1）2001 年，监管部门要求，对于以下三种特别重大资产重组行为由发审委审核：①上市公司购买和出售的资产均占上市公司总资产 70% 以上的交易行为；②置换入上市公司的资产占上市公司总资产 70% 以上的交易行为；③上市公司出售或置换出全部资产和负债同时收购或置换入其他资产的交易行为。①

（2）2008 年，《重组办法》发布，以规章形式规范上市公司重大资产重组行为。《重组办法》延续了 2001 年 105 号文的规定，仍是对特别重大资产重组行为要求并购重组审核委员会（发审委的组成部门）② 审核。《重组办法》仅是对构成特别重大资产重组的行为范围略作修改，修改后的特别重大资产重组的行为是指：上市公司购买和出售的资产均占上市公司总资产 70% 以上的交易行为；上市公司出售全部经营性资产同时购买其他资产的行为。

2000 年至 2011 年，监管部门只是对特别重大资产重组行为予以重点监管，但未对控制权是否发生变更进行要求。这是否意味着监管部门认定的借壳上市不以控制权变更为要件呢？答案并非如此。原因主要有以下两点：一方面，2000 年至 2011 年，借壳上市对拟购买资产的要求与普通重大资产重组对拟购买资产的要求一致。因此是否构成借壳上市只是对实践行为的一种分类，在监管中并无特殊意义，因此此时无须界定何为借壳上市。另一方面，监管部门在 2009 年研究借壳上市监管问题时，曾对 2002 年到 2008 年期间构成借壳上市的案例进行过统计。从统计结果观察，监管部门认为的借壳上市与学理理解基本一致，即借壳上市是指非上市企业取得上市公司控制权的同时或一段时间内，由上市公司收购非上市企业的股权、资产、业务，从而实现非上市企业间接上市的一种并购重组方式。据此，当时监管部门虽未明确界定何为借壳上市，但仍然将控制权变更作为借壳上市的要件之一。

---

① 一方面，根据《证券法》的规定，首发上市（IPO）须经股票发行审核委员会审核；另一方面，2001 年出台的 105 号文延续了 2000 年的"70%"的指标要求，只是对指标的计算做了更细致的规定。据此，可以推断，在监管部门理解中，该类行为会导致上市公司发生根本性变化，需要严格监管。

② 根据《关于在发行审核委员会中设立上市公司并购重组审核委员会的决定》（证监发〔2007〕93号）的规定，并购重组审核委员会是发行审核委员会的一部分。

二、借壳上市监管制度发展期

（一）2011 年《关于修改上市公司重大资产重组与配套融资相关规定的决定》

1. 颁布背景

2008 年版《重组办法》颁布后，借壳上市交易基本通过发行股份购买资产完成。此阶段，借壳上市案例较多，产生了阶段性特征：一方面是股权分置改革基本完成后，市场运行机制出现转折性变化，市场功能逐步健全的重要体现；另一方面在"新兴加转轨"市场中，一批历史形成的质量较差上市公司成为"壳"资源，在 IPO 管制多和没有存量发行制度的前提下，产生了借壳上市的利益驱动。在实践中，借壳上市既发挥了积极的作用，同时也带来了一些负面影响。

借壳上市的正面影响有三方面。借壳上市迅速提升相关上市公司业绩水平，增强公司的持续盈利能力；借壳上市有助于化解市场风险，维护社会稳定；借壳上市是优质资源进入资本市场的重要途径。

借壳上市的负面影响同样有三方面。

第一，借壳上市在某种程度上导致资本市场产生内幕交易、操纵市场和股价异常波动。借壳上市的实务操作一般是通过取得绩差公司的控制权并向其注入优质资产进行的，相关上市公司基本面将因此发生根本性变化。在此预期下，相关上市公司股价往往大幅上涨或异常波动。由于借壳上市行为涉及众多主体，在二级市场股价大幅上涨的诱惑下，内幕交易和市场操纵行为很难避免，而这种现象也往往被市场所诟病。[①]

第二，借壳上市门槛相对较低导致借壳后上市公司业绩的稳定性和公司治理存在问题。由于相关规则对借壳上市行为在持续经营及盈利能力方面没有特殊规定，客观上导致借壳上市主体多为周期性较强的行业公司，例如房地产公

---

① 从更深层次的角度分析，内幕交易和市场操纵行为有着较为强烈的中国特色，简单将内幕交易和市场操纵行为归咎于借壳上市并不理性。发生内幕交易和市场操纵行为的主要原因是由于代理链影响和法制体系不健全：（1）对于国有企业而言，存在代理链过长且复杂问题，导致涉及国资的上市公司并购重组审批环节过长，知情人员过多，难以进行保密工作，从而难以避免产生内幕交易和市场操纵行为的空间；（2）法制体系不健全。除《证券法》和《刑法》外，缺乏系统、可行的配套规则，导致举证难、违法成本小和监管依据缺乏等问题。因此，内幕交易、市场操纵等违法违规行为并不是由借壳上市产生的。但在借壳上市中，这种行为表现最为突出。

司①和证券公司等。由于周期性强的行业业绩波动幅度较大，其借壳后业绩自然不稳定。

IPO 公司需要具备三年的持续经营记录以及良好的公司治理水平，经保荐机构辅导并经证监局验收。但相关监管法规对于拟借壳上市企业的持续经营记录及公司治理等方面未做特别要求，导致在一些借壳上市案例中，借壳方对相关资产完成剥离调整后便立即将其注入上市公司，使得借壳后上市公司的公司治理存在一定隐患。

第三，借壳上市在某种程度上使得绩差公司股价严重偏离其价值，削弱了资本市场的资源配置效率。与其他市场类似，资本市场的一个重要功能在于资源配置，而该功能有效发挥的一个重要条件在于价格信号的真实性。由于国内资本市场对借壳上市概念的炒作气氛较浓，存在被借壳预期的绩差公司股价往往高估，严重偏离其应有价值，导致价格信号失真，削弱了资本市场的资源配置效率。

本着"既不割裂历史，又不迷失方向，既不落后于时代，又不超越时代"的务实精神，按照风险"可控、可测、可承受"同时不为下一步改革带来障碍的原则，中国证监会兴利除弊，于 2011 年 8 月 1 日发布《关于修改上市公司重大资产重组与配套融资相关规定的决定》（证监会令〔2011〕73 号，以下简称《决定》），终于明确界定了借壳上市，提高了借壳上市标准。

2. 核心内容

根据《决定》的"答记者问"②，《决定》的核心内容包括三个方面。

（1）规范、引导借壳上市

第一，在监管范围方面，《决定》明确界定借壳上市是指：自控制权发生变更之日起，上市公司向收购人购买的资产总额，占上市公司控制权发生变更的前一个会计年度经审计的合并财务会计报告期末资产总额的比例达到 100% 以上的交易行为（含上市公司控制权变更的同时，上市公司向收购人购买资产的交易行为）。

第二，在监管条件方面，《决定》要求拟借壳对应的经营实体持续经营时间应当在 3 年以上，最近 2 个会计年度净利润均为正数且累计超过 2 000 万元。

---

① 据笔者统计，2002 年至 2008 年期间，房地产业借壳上市占整个借壳上市项目的比例平均为 40%，2008 年最高达到 59.26%。

② 具体参见"证监会有关部门负责人就发布《关于修改上市公司重大资产重组与配套融资相关规定的决定》答记者问"，最后查阅于 2015 年 8 月 13 日，http：//www.csrc.gov.cn/pub/newsite/zjhxwfb/xwdd/201108/t20110806_ 198552. html。

第三，在监管方式方面，由于相较于 IPO 监管更注重规范主体自身，借壳上市主要关切上市公司与标的资产之间的整合效应、产权完善以及控制权变更后公司治理等规范，因此《决定》的监管重点更加突出持续督导效果，明确要求在借壳上市完成后，上市公司应当符合证监会有关治理与规范运作的相关规定，在业务、资产、财务、人员、机构等方面独立于控股股东、实际控制人及其控制的其他企业，与控股股东、实际控制人及其控制的其他企业间不存在同业竞争或者显失公平的关联交易。

第四，在财务顾问方面，《决定》强化财务顾问对实施借壳上市公司的持续督导，要求财务顾问对借壳上市完成后的上市公司的持续督导期限自我会核准之日起不少于 3 个会计年度，并在各年年报披露之日起 15 日内出具持续督导意见，向派出机构报告并公告。

第五，《决定》要求借壳上市应当符合国家产业政策要求。

第六，对于资产价格波动较大的行业，如金融、创投公司等，《决定》考虑到某些行业的特殊性，在中国证监会另行规定出台前，属于金融、创业投资等特定行业的企业，暂不适用现行借壳上市规定，即暂不能借壳上市。

综上所述，《决定》明确规定了借壳上市的监管范围、监管条件和监管方式，有利于遏制市场绩差股投机炒作和内幕交易等问题，有利于统筹平衡借壳上市与 IPO 的监管效率，为市场化退市机制改革的推进和出台打下坚实基础。

（2）完善发行股份购买资产的规定

《决定》在《重组办法》第五章关于发行股份购买资产的基础上，进一步明确上市公司为促进行业或者产业整合，增强与现有主营业务的协同效应，在其控制权不发生变更的情况下，可以向控股股东、实际控制人或者其控制的关联人之外的特定对象发行股份购买资产。为提高市场配置资源的效率，保障拟购买资产具备适当规模，充分体现行业整合和业务协同效应，《决定》同时规定向控股股东、实际控制人或者其控制的关联人之外的特定对象发行股份购买资产的，发行股份数量不低于发行后上市公司总股本的 5%；发行股份数量低于发行后上市公司总股本的 5% 的，主板、中小板上市公司拟购买资产的交易金额不低于 1 亿元人民币，创业板上市公司拟购买资产的交易金额不低于 5 000 万元人民币。

《决定》进一步健全和完善了发行股份购买资产的制度规定，有利于降低重组成本，提高重组效率。明确发行股份可用于购买控股股东、实际控制人以外的第三方的资产，则有利于优势上市公司进行行业深度整合和产业升级和国家产业政策的贯彻和落实。

（3）支持并购重组配套融资

支持上市公司重大资产重组与配套融资同步操作。配套融资的制度变迁及具体内容见第四章第七节。

3. 对借壳上市的监管：趋同于 IPO

修订后的《重组办法》中没有出现借壳上市这一法律术语。但"答记者问"① 中明确将《重组办法》新增的第十二条中规范的行为界定为借壳上市的监管范围。

对借壳上市的监管条件和监管方式，最终采取的是趋同于 IPO 的标准。在财务指标方面，要求拟借壳对应的经营实体持续经营时间应当在 3 年以上，最近 2 个会计年度净利润均为正数且累计超过 2 000 万元。在产权清晰、治理规范、业务独立、诚信良好、经营稳定和持续经营记录等方面，也执行 IPO 趋同标准。

与 IPO 相比，上述条件仍然相对宽松，比如能够承担相对高额费用的借壳资产一般均能够满足 2 年 2 000 万元净利润的规定。因此，市场未出现明显的规避借壳上市行为。

对于借壳上市监管的宽严问题，在《决定》起草制定过程中也是反复论证的重点问题。借壳上市是成熟市场配置资源的重要方式，境外成熟市场对借壳上市均不予禁止，对于借壳上市的界定也各不相同。例如，在我国香港市场借壳上市的主要判断标准是上市公司控股权发生变更后 24 个月内，向新控股股东购买的资产按照规定指标计算超过原资产的 100%。对于借壳上市的监管要求，各国和地区通常是适用 IPO 标准和程序。《决定》在调研起草过程中，广泛听取了市场人士、境内外专家、并购重组委委员、证监局和交易所一线监管人员等的意见，借鉴了境外成熟市场的监管理念和经验，结合了我国经济社会发展和资本市场的实际情况，采纳了与 IPO 趋同的标准。该标准既统筹考虑了监管标准的适度性和监管措施的有效性，又统筹兼顾调整经济结构和维护社会稳定的现实需求，统筹平衡借壳上市与 IPO 的监管效率，为推进市场化退市机制改革

---

① 具体参见"证监会有关部门负责人就发布《关于修改上市公司重大资产重组与配套融资相关规定的决定》答记者问"，最后查阅于 2015 年 8 月 13 日，http：//www. csrc. gov. cn/pub/newsite/zjhxwfb/xwdd/201108/t20110806_ 198552. html。

预留了空间。①

（二）证券期货法律适用意见 12 号

为了正确理解与适用 2011 年修订后的《重组办法》第十三条的规定，《重组办法》修订决定发布（2011 年 8 月 1 日）的同时，中国证监会发布了《〈上市公司重大资产重组管理办法〉第十三条、第四十三条的适用意见——证券期货法律适用意见第 12 号》（证监会公告〔2011〕17 号）。根据该法律适用意见，为防止化整为零规避监管，严格执行拟注入资产须符合完整性、合规性和独立性要求，在计算借壳上市的资产比例时，执行"累计首次原则"和"预期合并原则"，即从控制权变更之日起，向借壳方购买的资产总额要持续累计计算，首次达到 100% 即构成借壳；对于借壳方本次先注入一部分资产，同时承诺未来再注入关联资产的，也要一起合并计算是否达到 100%。

2015 年 4 月 24 日，中国证监会发布更新的《〈上市公司重大资产重组管理办法〉第十四条、第四十四条的适用意见——证券期货法律适用意见第 12 号》（证监会公告〔2015〕10 号），原《〈上市公司重大资产重组管理办法〉第十三条、第四十三条的适用意见——证券期货法律适用意见第 12 号》（证监会公告〔2011〕17 号）同时废止。但关于执行"累计首次原则"和"预期合并原则"的规定与原适用意见的规定一致。

（三）《关于修改上市公司重大资产重组与配套融资相关规定的决定》的问题与解答

1. 主要内容

2012 年 1 月 19 日，为进一步规范借壳上市行为，证监会在其网站上发布"《关于修改上市公司重大资产重组与配套融资相关规定的决定》的问题与解答"，② 主要内容有：

（1）对于什么是"趋同于 IPO"给出明确解释："借壳重组标准与 IPO 趋同，是指我会按照《上市公司重大资产重组管理办法》审核借壳重组，同时参照《首次公开发行股票并上市管理办法》的相关规定"。

（2）明确执行"累计首次原则"中有关"控制权发生变更"的规定指上市

---

① 具体参见"证监会有关部门负责人就发布《关于修改上市公司重大资产重组与配套融资相关规定的决定》答记者问"，最后查阅于 2015 年 8 月 13 日，http：//www. csrc. gov. cn/pub/newsite/zjhxwfb/xwdd/201108/t20110806_ 198552. html。

② 因已被新标准取代，该问题与解答现已撤网。新的规定见中国证监会于 2015 年 4 月 24 日发布的《关于上市公司发行股份购买资产同时募集配套资金用途等问题与解答》，最后查询于 2015 年 8 月 13 日。http：//www. csrc. gov. cn/pub/newsite/ssgsjgb/ssbssgsjgfgzc/ywzx/201504/t20150424_ 275534. html。

公司自首次公开发行之日起发生的控制权变更。

（3）对"上市公司购买的资产对应的经营实体持续经营时间应当在3年以上"中"经营实体"的含义予以明确。

经营实体是指上市公司购买的资产。经营实体应当是依法设立且合法存续的有限责任公司或股份有限公司，持续经营时间应当在3年以上，但经国务院批准的除外。如涉及多个经营实体，则须在同一控制下持续经营3年以上。

上市公司重组方案中，应重点披露拟进入上市公司的董事、监事、高级管理人员等人选是否具备管理上述经营实体所必需的知识、经验，以及接受财务顾问关于证券市场规范化运作知识辅导、培训的情况。

证监会在审核借壳上市方案中，将参照《首次公开发行股票并上市管理办法》，重点关注本次重组完成后上市公司是否具有持续经营能力，是否符合证监会有关治理与规范运作的相关规定，在业务、资产、财务、人员、机构等方面是否独立于控股股东、实际控制人及其控制的其他企业，与控股股东、实际控制人及其控制的其他企业间是否存在同业竞争或者显失公平的关联交易。

（4）明确"最近两个会计年度净利润均为正数且累计超过人民币2 000万元"中的"净利润"确定方法：按照借壳重组标准与IPO趋同原则，净利润指标以扣除非经常性损益前后孰低为原则确定。

2. 对借壳上市行为的影响

（1）提高了拟借壳资产的标准

大大提高了拟借壳资产的要求。在此之前，经营实体可以是资产，不要求一定是公司形式；经营实体只要持续运营3年以上，不要求在同一实际控制人控制下运行3年；涉及多个经营实体的，不要求均在同一控制下运营3年；经营实体的净利润指标不强制以扣非后孰低为准。

（2）开始出现疑似借壳上市的行为

2011年修订的《重组办法》在界定借壳上市定义时，就控制权变更与收购人注入资产之间的时间间隔问题，监管部门没有达成一致意见。因此，控制权变更与注入资产之间没有最长时间限制，即首发上市后控制权变更的，无论收购人控制该公司多久，其注入资产累计达到100%的，即构成借壳上市。从这个角度来讲，《重组办法》对于借壳上市的界定相对比较宽泛。对拟借壳上市的企业要求不高，绝大部分拟借壳企业均能满足借壳条件，因此对借壳上市的宽泛定义并未导致大多数市场主体通过方案设计尽量规避构成借壳上市。

但是，该"问题与解答"大大提高了拟借壳资产的要求，尤其是要求拟借壳资产以公司形式存在，并在同一实际控制人下运行满 3 年的规定，导致了市场主体通过交易方案设计避免构成借壳上市的动机大大加强。

（四）2013 年《关于在借壳上市审核中严格执行首次公开发行股票上市标准的通知》

1. 颁布背景

2012 年以来，由于 IPO 暂停，部分 IPO 终止审查或不予核准，诸多企业转而借道借壳上市交易、规避借壳上市交易途径实现上市目的。公司通过借壳上市规避以 IPO 审查，引发了市场的诸多质疑。

鉴于市场的广泛质疑，中国证监会于 2013 年 11 月 30 日发布《关于在借壳上市审核中严格执行首次公开发行股票上市标准的通知》（证监发〔2013〕61 号，以下简称《通知》）。[①]《通知》明确规定借壳上市标准由 2011 年《决定》发布时提出的"趋同"标准，提升到"等同"首次公开发行股票上市（IPO）的标准。同时，明确不允许在创业板市场进行借壳上市。

《通知》将借壳上市与 IPO 的审核标准统一，可以防止审核标准不一致带来的监管套利。同时，借壳上市条件与 IPO 标准的等同，将有效引导资本市场资源和监管资源向规范运作程度高的绩优公司集中，有利于优化资本市场资源配置功能，促进产业结构优化升级，服务于国民经济调结构、转方式的总体大局，这有利于遏制市场对绩差股的投机炒作，从根本上减少内幕交易的动机，形成有效的退市制度。

2. 对借壳上市行为的影响

（1）进一步提高了拟借壳公司的标准

根据《通知》要求，拟借壳公司不仅须满足《重组办法》的各项要求，同时须符合《首次公开发行股票并上市管理办法》（证监会令〔2006〕32 号，以下简称《首发办法》）规定的其他发行条件。《首发办法》及其配套规定对发行人（借壳上市中的拟置入资产）在主体资格、独立性、规范运行、财务与会计等方面有非常细化和严格的要求。较之"与 IPO 趋同"时参照《首发办法》来说，对拟借壳公司的要求进一步提高。

不过，鉴于借壳上市是一项交易行为，与 IPO 始终存在一定差异，借壳上市在一些监管标准上仍然低于 IPO。如拟注入资产为有限责任公司，法规对其董事会、监事会的要求较拟上市的股份有限公司低得多；而按照同等的要求，拟

---

① http：//www.csrc.gov.cn/pub/newsite/flb/flfg/bmgf/ssgs/bgcz/201402/t20140218_243967.html，最后查阅于 2015 年 8 月 13 日。

注入资产须满足组织机构健全的要求。再比如，拟注入的资产为多个公司时，若其中有的公司规模较大，有的公司规模较小，则要求每一个均符合发行条件，实践中可能较难。因为若将不符合条件的公司如果留在体外，则可能因构成同业竞争、大额关联交易而不符合发行条件之独立性的要求。因此，对于拟借壳资产为多个公司的，财务指标可以模拟合并计算。

（2）大量涌现疑似借壳上市的行为

首先，借壳上市标准的提高使得诸多拟借壳上市的企业不完全符合借壳条件。为快速实现资产证券化并通过资本市场融资获得进一步发展，企业规避借壳上市的动机强烈。

其次，实践中监管部门开始推进监管转型，并弱化对上市公司重大资产重组的实质判断（比如，2011 年修订的《重组办法》第四十二条第二款监管尺度的放松①），客观上促进了上市公司的跨行业并购。而跨行业的大规模并购，以及上市公司控制权的变更，即使不符合《重组办法》关于借壳上市的定义，但是以大众标准观察却仍然构成实质性借壳。②

（五）2014 年《重组办法》

1. 颁布背景

（1）借壳上市监管的加强

2014 年《重组办法》修订时吸纳了 2013 年 11 月《通知》中的借壳上市标准等同首次公开发行上市标准的规定，将该项规则的效力层次提升至规章级别。

（2）市场化改革的深化

随着股权分置改革的完成，我国资本市场逐步具备了促进上市公司大规模

---

① 通读 2008 年及其后的《重组办法》条文及监管逻辑可见，监管部门将上市公司并购重组交易大致划分为"借壳上市"、"大股东注资（或整体上市）"、"第三方发行"三种类型。具体内容见第四章第四节。根据 2011 年修订的《重组办法》第四十二条第二款规定，上市公司为促进行业或者产业整合，增强与现有主营业务的协同效应，在其实际控制权不发生变更的情况下，可以向控股股东、实际控制人或者其控制的关联人之外的特定对象发行股份购买资产。此款即《重组办法》关于"第三方发行"的规定。从该条文规定来看，"第三方发行"这一类重组中上市公司购买的资产应与其本身的主营业务具有协同效应。实践中，监管部门对该条文的监管尺度不断发生变更，由最初较为严格到逐步放松，并最终在 2014 年版《重组办法》中明确，上市公司为促进行业的整合、转型升级，在其控制权不发生变更的情况下，可以向控股股东、实际控制人或者其控制的关联人之外的特定对象发行股份购买资产。所购买资产与现有主营业务没有显著协同效应的，应当充分说明并披露本次交易后的经营发展战略和业务管理模式，以及业务转型升级可能面临的风险和应对措施。

② 如 2014 年发生的诸多传统行业公司并购游戏、影视等热门行业标的资产中，由于控制权变更与大额资产注入同时进行，出现了诸多疑似借壳行为。《上海证券》报专门刊发《识破各类规避借壳招数堵住监管漏洞》一文。

并购重组的能力和条件。随着上市公司并购重组的不断活跃，市场化交易的逐步增多，并购重组市场结构发生了根本性变化。由过去借壳上市、整体上市为主的结构转变为无关联第三方为主的产业整合。在此背景下，进一步健全并购重组的市场化定价机制、减少和简化行政审批、完善"优胜劣汰"的并购重组机制，已成为市场的迫切需求。

2014 年 10 月 23 日，中国证监会发布修订后的《重组办法》（证监会令〔2014〕109 号）。本次修订贯彻落实了《国务院关于进一步优化企业兼并重组市场环境的意见》（国发〔2014〕14 号）、《国务院关于进一步促进资本市场健康发展的若干意见》（国发〔2014〕17 号）精神，进一步推进上市公司并购重组市场化进程，促进上市公司深入推进行业整合和产业升级。

2. 核心内容

本次修订以"放松管制、加强监管"为理念，进一步减少和简化并购重组行政许可程序，在强化信息披露、加强事中事后监管、督促中介机构归位尽责、保护投资者权益等方面作出配套安排。

《重组办法》的修订内容主要包括六个方面。一是取消对不构成借壳上市的上市公司现金类重大购买、出售、置换资产行为的审批。二是完善发行股份购买资产的市场化定价机制，对发行股份的定价增加了定价弹性和调价机制规定。三是完善借壳上市的定义，明确对借壳上市执行与 IPO 审核等同的要求，明确创业板上市公司不允许借壳上市。四是进一步丰富并购重组支付工具，为上市公司发行优先股、定向发行可转换债券、定向权证作为并购重组支付方式预留制度空间。五是取消向非关联第三方发行股份购买资产的门槛限制和盈利预测补偿强制性规定要求，尊重市场化博弈。六是明确分道制审核，加强事中事后监管，督促有关主体归位尽责。

3. 对借壳上市的监管：等同于 IPO

在"放松管制、加强监管"的大背景下，监管部门对"借壳上市"的监管不断加强。本次修订将 2013 年《通知》中等同于 IPO 标准等内容通过《重组办法》这一规章性文件予以明确。①

---

① 《重组办法》第十三条规定："自控制权发生变更之日起，上市公司向收购人及其关联人购买的资产总额，占上市公司控制权发生变更的前一个会计年度经审计的合并财务会计报告期末资产总额的比例达到 100% 以上的，除符合本办法第十一条、第四十三条规定的要求外，主板（含中小企业板）上市公司购买的资产对应的经营实体应当是股份有限公司或者有限责任公司，且符合《首次公开发行股票并上市管理办法》（证监会令〔2006〕32 号）规定的其他发行条件；上市公司购买的资产属于金融、创业投资等特定行业的，由中国证监会另行规定。创业板上市公司不得实施前款规定的交易行为。"

在 2014 年版《重组办法》起草和征求意见过程中，对于借壳上市界定的完善，有观点认为应在一定程度上放宽个别标准，也有观点认为要防范规避借壳。中国证监会在 2014 年 10 月 24 日的新闻发布内容中对借壳上市的界定作出明确说明："鉴于借壳上市的定义是否需要调整还存在不同认识、还有待实践进一步检验，因此保留征求意见稿的相关表述。同时，我会加强对个别规避借壳的行为监管，并不断总结实践经验。"① 因此，对于实践中发现的借壳上市定义存在的问题，因未能达成一致意见，本次修订未能解决。

三、小结

2011 年以前，证监会没有对借壳上市作出专门规定。直到 2011 年 8 月《重组办法》的修订，借壳上市的监管范围才得以最终确定，标准也明确为从严监管借壳上市，即"与 IPO 标准趋同"。同时，配套出台了《证券期货法律适用意见第 12 号》，明确了"累计首次原则"和"预期合并原则"。2012 年 1 月，通过"问题与解答"形式明确界定经营实体的含义、净利润的计算方法等，继续加强对借壳上市的监管。2013 年 11 月，通过《通知》形式规定了"与 IPO 标准等同"的要求，再次提高拟借壳公司的要求。2014 年《重组办法》纳入《通知》的内容，明确规定拟借壳公司须符合《首发办法》规定的发行条件。

自 2011 年 9 月至 2014 年底，监管部门按借壳新规②共计审核借壳上市约 70 单，约占同期核准的重大资产重组（含发行股份购买资产、吸收合并）总量的 20%。借壳上市仍然是我国上市公司并购重组市场的重要交易类型之一，了解其监管规则的演变史、现状才能更好地理解规则的内容，才能准确地发现规则存在的问题，判断规则未来发展的方向。

第三节 美国借壳上市的监管制度

一、借壳上市的定义

在美国，法律予以规范的借壳上市指的是反向收购行为（Reverse Merger），

---

① http://www.csrc.gov.cn/pub/newsite/zjhxwfb/xwfbh/201410/t20141024_262350.html，最后查询于 2015 年 8 月 13 日。

② 用"借壳新规"其实不太适当。因为 2011 年以前监管规则没有明确界定"借壳上市"，也没有专门特殊的监管要求。为表述方便，暂且将 2011 年以前规范借壳上市的规则称为"借壳老规"或"借壳旧规"，将 2011 年以后规范借壳上市的规则称为"借壳新规"。

对应的是我国的净壳上市。反向收购行为多数发生在寻求海外上市的中国公司收购美国的既存上市公司。① 在反向收购过程中，作为"壳"的美国上市公司在经历中国公司收购后保存下来，而中国股东和管理者取得上市公司控制权。反向收购的好处是中国公司节省了耗时和昂贵的 IPO 申报程序，快速在美国资本市场上市。②

美国对反向收购没有一部专门的立法进行规范。美国证监会第一次提及反向收购是其在 2004 年的一篇通稿中提醒投资者注意反向收购中的潜在欺诈行为。③ 根据纽约证券交易所（NYSE）2011 年 11 月修订的 *NYSE Regulation*，反向收购是指一家企业通过反向并购等方式直接或间接收购壳公司，从而成为上市公司的行为。《证券交易法》将壳公司定义为没有运营或没有实质性资产的注册公司，类似于净壳公司，因为这样的公司不符合 NYSE、NASDAQ（纳斯达克，全称为国家证券业者自动报价系统协会）、AMEX（美国证券交易所）持续上市条件，所以壳公司只存在于 OTCBB（场外柜台交易系统）中。因此在美国借壳上市首先要反向收购一家 OTCBB 市场上的壳公司，经过规定时间的运营后，再申请到主板上市。在美国，企业选择反向收购的原因在于：与传统 IPO 相比，反向收购的优势主要有七点：费用更低、过程更快、成败不依赖于 IPO 市场、无需 IPO"窗口"、无承销商退出风险、管理层无需过多关注、股权稀释较少、无需承销商。当然，与 IPO 相比，反向收购也存在两点劣势：相较于 IPO 而言，反向收购募集的资金较少，难以获得市场对股价的支持。④

二、借壳上市的监管制度

2011 年 11 月之前，相关法律法规、SEC、NYSE、NASDAQ、AMEX 都没有对借壳上市的条件限制，而仅要求借壳完成后的 4 个工作日内进行全面的信息

---

① See PUB. Co. ACCOUNTING OVERSIGHT BD. , RESEARCH NOTE No. 2011 – Pi, ACTIVITY SUMMARY AND AUDIT IMPLICATIONS FOR REVERSE MERGERS INVOLVING COMPANIES FROM THE CHINA REGION: JANUARY 1, 2007 THROUGH MARCH 31, 2010, at 2 (2011) ; PuB. Co. ACCOUNTING OVERSTGHT BD. , STAFF AUDIT PRACTICE ALERT No. 8, AUDIT RISKS IN CERTAIN EMERGING MARKETS, at 2 (2011) .

② See Exchange Act Release No. 34 – 64633, § 5005 (a) (35) (June 8, 2012); N. Y. S. E. GUIDE (CCH) § 101 (e) (1); N. Y. S. E. LISTED COMPANY MANUAL (CCH) § 102.01F (1), § 103.01E (1).

③ See, e. g. , In re Cybergate, Inc. , Administrative Proceeding File No. 3 – 11512, SEC Administrative Proceeding File No. 3 – 11513, Exchange Act Release No. 49823, 2004 SEC LEXIS 1152 (June 8, 2004) .

④ 戴维·N. 费尔德曼、斯蒂文·德莱斯纳：《反向并购：非 IPO 型的公司上市》，丁薇、戴虹译，上海，上海人民出版社，2007。

披露[①]。但由于美国资本市场上相继出现借壳上市公司财务造假的情形，2011 年11 月，SEC 为加强对借壳上市的监管，批准 NYSE、NASDAQ、AMEX 新增借壳上市规则。要求借壳重组后的企业在满足主板首次上市标准的前提下还要符合新增的交易时间、股票价格以及财务信息披露三方面的规则，然后才能申请到主板上市。

美国证监会对反向收购的监管集中在以下几个方面：第一，反向收购过程应当符合美国《证券交易法》规定的保护投资者的宗旨，核心要求是完全和公开的信息披露。[②] 包括向投资者披露壳公司是否符合美国证监会的标准、[③] 反向收购中交易过程的描述和财务信息状况以及后续合并后公司的基本情况。[④] 在交易时间和财务信息披露方面，NYSE、NASDAQ、AMEX 都规定：借壳重组后的企业必须在 OTCBB 市场或受监管的国外交易所交易至少一年；借壳上市完成后应及时提交 SEC 要求的所有报告，其中包括最近一年年报以及所有经审计的一个完整会计年度的财务报告。在股票价格方面，NYSE 和 NASDAQ 规定借壳重组后公司在提交上市申请前的 60 个交易日中至少有 30 个交易日的股票收盘价不低于每股 4 美元；AMEX 规定借壳重组后公司在提交上市申请之前的 60 个交易日中至少有 30 个交易日的股票收盘价不得低于首次上市的价格标准。

同时三大交易所都规定，借壳重组后的公司申请上市时公开发行股份超过4 000万美元，且与承销商签订包销承诺的，不受上述三个条件约束。另 NYSE和 AMEX 规定，公司借壳重组完毕交易满一年时提交全部材料，并向 SEC 提交最近四年年报，包括每年经审计的一个完整会计年度的财务报告，则可以不受"股票价格"的约束；NASDAQ 规定公司借壳重组完毕交易满一年时提交全部资料，并向 SEC 提交最近四年年报，包括每年经审计的一个完整会计年度的财务报告，则可以不受上述三方面规则的约束。

第二，美国证监会禁止通过反向收购实现非法行为，比如利用壳公司欺诈

---

① 以 8 - K 表格进行披露，8 - K 表格是公司用来在季报（10 - Q）和年报（10 - K）的间隙，向 SEC 披露有关公司重大事项的信息文件。披露内容包括公司收购与合并、更换外部会计师、破产或清算、重大协议的终止、董事及管理人员的辞职和任命、公司章程变更以及财政年度调整等。

② See THOMAS LEE HAZEN, THE LAW OF SECURITIES REGULATION § 1. 2 (2) (4th ed. 2002).

③ See 15 U. S. C. § 77g(b)(3)(2006); 17 C. F. R. § § 230. 251 (a)(3), 230. 419 (a)(2)(i), 230. 504 (a)(3)(2006).

④ See Aden R. Pavkov, Ghouls and Godsends? A Critique of "Reverse Merger" Policy, 3 Berkeley Bus. L. J. 475, 512 (2005—2006).

投资者或操纵市场。① 相较于资产较大、管理规范的正常公司，没有实际资产的净壳公司的股价较低，股权也更为集中，更容易为潜在欺诈者通过购买股份以获得控制权。潜在收购者在控制上市公司后，若实施反向收购，则由于其意图并不在于遵守相关法规而是违规获利，因此在反向收购过程中不仅可能侵犯买壳方的利益，更对中小股东和市场秩序造成负面影响。②

第三，反向收购在理论上属于上市公司收购，因此还应遵守上市公司监管法规，即《威廉姆斯法》，该法作为《证券交易法》的修正补充，引入上市公司收购中的强制信息披露制度和公平规则。《威廉姆斯法》对上市公司收购（在该法中界定为要约收购，Tender Offer）的监管主要表现是权益披露制度，也称持股预警信息披露制度，其内容主要包括：信息披露临界点的确定、信息披露的期限、内容与格式、披露主体的确定等。

规避借壳上市的行为在美国并不多见。主要原因在于：首先，在对借壳上市的监管上，美国采用了"转板上市"制度，同时在主板市场制定内容严谨、可操作性强的退市制度，不符合上市规则的企业将被摘牌，转而到 OTCBB 市场交易，排除了壳公司在主板市场存在的可能。这样借壳公司在 OTCBB 市场中收购壳公司，在规定期限内申请转板到主板市场上市，就必须接受首发上市的监管。这样就形成了从发行上市、上市资格到摘牌退市，内容严谨、形式统一的整套证券监管体系。

其次，美国的证券发行上市采用注册制，美国证监会除审核发行人注册资料是否真实、准确、完整外，对发行的价格、数量、发行人的发展前景和盈利能力不进行审核，也不对发行节奏、发行价格进行管控。

最后，借壳上市有多种渠道。除利用现有上市实体反向收购以外，在美国还可以通过购买特殊利益实体（Special Purchase Acquisition Corporation，SPAC）方式实现借壳上市。该方式实际上是借壳上市的创新融资方式，但其不需要买一个上市的壳，而是自己造壳。具体的步骤是首先在美国设立一个特殊目的的公司，该公司只有现金没有实业资产，设立这个公司的基本条件是要有可供收购的资产或公司，然后以信托管理形式发普通股、优先股与期权给市场投资者，并使其满足上市最低要求后立即上市。此外，还必须满足：在 18 个月内，这个

---

① Use of Form S – 8, Form 8 – K, and Form 20 – F by Shell Companies, Securities Act Release No. 33 – 8587, Exchange Release No. 34 – 52038, 70 Fed. Reg. 21, 659 (July 15, 2005).

② Qingxiu Bu, The Chinese Reverse Merger Companies (RMCS) Reassessed: Promising but Challenging? 12 J. Int'l Bus. & L. 17 (2013).

现金公司要并购已经选定的公司或资产，股票才能上市交易；如果 18 个月内不能完成并购，则信托基金取消。①

相比美国从发行上市、上市资格到摘牌退市的一整套内容严谨的证券监管体系，我国借壳上市的监管规则与发行上市、重大资产重组、摘牌退市规则之间的自洽性不足，造成市场实践中出现通过借壳上市规避 IPO 监管，通过方案设计规避借壳上市监管的现象。

第四节　我国香港地区借壳上市的监管制度

一、借壳上市的定义

（一）借壳上市在香港被称为反收购行动

香港证券交易所（以下简称联交所）《上市规则》将上市公司的交易分类如下：

（1）股份交易：低于 5%；

（2）须予披露的交易：发行人某宗交易或某连串交易就有关交易计算所得的任何百分比比率为 5%～25%；

（3）主要交易：发行人某宗交易或某连串交易，就有关交易计算所得的任何百分比比率为 25%～75%（出售事项），25%～100%（收购事项）；

（4）非常重大的出售事项：某宗资产出售事项就有关交易计算所得的任何百分比比率为 75% 以上；

（5）非常重大的收购事项：某项资产收购就有关交易计算所得的任何百分比比率为 100% 以上；

（6）反收购行动：上市发行人通过交易实现将收购资产上市的意图以规避新申请人规定的行为，该行为即香港法规意义上的借壳上市。

反收购行动通常包括：①在进行"非常重大的收购事项"（某项或某连串资

---

① 具体地说，如果有特别目的的收购，有可供收购的资产或公司，在成立空头支票公司前，企业首先必须和投资者谈好，要收购的是什么项目，当投资者有兴趣之后，才可以做 SPAC。其次，要符合美国证券条例的规定。SPAC 的实质是空头支票公司，必须遵循美国 1933 年改革后的《419 条例》对空头支票公司的详细规定，例如净资本必须达到 500 万美元以上，至少有 1 500 万普通股和 100 万优先股，发行股票价格不低于每股 5 美元等。"要想完成一宗 SPAC 交易，难度最大的地方在于如何能够找到一家让海外投资者满意的国内企业。"在正式交易之前要凭借这个团队路演、获得投行认可才能达到融资的目的。否则，最后所有的费用都只能由国内要上市的公司自己承担了。

产收购）的同时发生或导致上市公司控制权转移；②在上市公司控制权转移（未被视为反收购）24 个月内向取得控制权人进行"非常重大的收购事项"（某项或某连串资产收购）。①

注意：以上连串交易若在 12 个月内完成或属于彼此相关的，交易所将合并并视为一项交易处理。

（二）计算指标

《上市规则》所载计算基准包括资产比率、代价比率、盈利比率、收益比率或股本比率任何一项。

（1）资产比率：有关交易所涉及的资产总值，除以壳公司的资产总值；

（2）代价比率：交易代价除以壳公司有关交易日期前五个营业日的平均收市价；

（3）盈利比率：有关交易所涉及资产应占的盈利，除以壳公司的盈利；

（4）收益比率：有关交易所涉及资产应占的收益，除以壳公司的收益；

（5）股本比率：作为交易代价的股本面值，除以交易前已发行股本的面值。②

表 2-1 总结了根据《上市规则》第 14.07 条计算所得的交易分类及相关百分比率。不过，各类交易的具体规定，上市发行人应参考相关的规则。③

表 2-1　联交所《上市规则》关于上市公司交易分类及相关百分比率

交易种类	资产比率	代价比率	盈利比率	收益比率	股本比率
股份交易	低于 5%	低于 5%	低于 5%	低于 5%	低于 5%
须予披露的交易	5% 或以上，但低于 25%	5% 或以上，但低于 25%	5% 或以上，但低于 25%	5% 或以上，但低于 25%	5% 或以上，但低于 25%
主要交易——出售事项	25% 或以上，但低于 75%	25% 或以上，但低于 75%	25% 或以上，但低于 75%	25% 或以上，但低于 75%	不适用
主要交易——收购事项	25% 或以上，但低于 100%	25% 或以上，但低于 100%	25% 或以上，但低于 100%	25% 或以上，但低于 100%	25% 或以上，但低于 100%
非常重大的出售事项	75% 或以上	75% 或以上	75% 或以上	75% 或以上	不适用
非常重大的收购事项	100% 或以上	100% 或以上	100% 或以上	100% 或以上	100% 或以上

---

① 香港联合交易所《上市规则》第 14.06（6）（a）、（b）条。

② 香港联合交易所《上市规则》第 14.07 条。

③ 附注：股本比率只涉及上市发行人发行新股本时进行的收购事项（并不涉及出售事项）。

二、借壳上市定义相关的其他制度

（一）现金资产公司

根据《上市规则》，如上市发行人全部或大部分的资产为现金或短期证券，则该上市发行人不会被视为上市，联交所会将其停牌。如申请复牌，联交所会将其复牌申请视为新申请人提出的上市申请处理。因此，收购对象无业务或业务暂停，买家需要在短时间内开展新业务，否则面临被停牌的风险。①

据此可以认为，如果无法在短期内注入新资产，所购买壳公司需要保留部分足够可以保持正常运营的原资产。

（二）出售限制

根据《上市规则》，上市公司不得在控制权转手后的 24 个月内出售其原有业务，除非上市公司被视作新上市申请人接受审核或者上市公司向此等控制权的人士或一组人士或其关联人所收购的资产，连同上市公司在控制权转手后所收购的任何其他资产，能够符合上市资格中对财务指标、控制权和管理层的相关要求。②

据此可以认为，原资产剥离当上市公司控制权转移前完成。

根据以上两项，新资产注入应在资产剥离前完成。如此规定，防范了交易方案中先进行资产注入，随后再剥离资产的"博盈投资"式的规避监管方式；防范了"泰亚股份"式空壳公司置入资产交易方案，却围绕控制权比例做文章规避借壳上市的方式。

（三）联交所的自由裁量权

联交所对于反向收购的界定较为复杂，且存在一系列配套制度防范规避行为。即使如此，联交所对于反向收购仍存在自由裁量权。

鉴于反向收购交易的复杂性，联交所在判断收购行为是否构成反向收购行动时不仅考察行动本身是否符合规则的字面规定；如不符合，可以根据《上市规则》的授权行使实质判断权：如上市公司某项或某连串资产收购，按联交所的意见构成或属于一项交易，而该交易具有将拟收购的资产上市的意图，同时构成规避《上市规则》中有关新申请人规定的行为，联交所有权认定该项或该连串资产收购构成反向收购。

当上市公司欲实施一项重大的资产重组时，首先应聘请中介机构就该重组

---

① 香港联合交易所《上市规则》第 14.82 条。
② 香港联合交易所《上市规则》第 14.92 条。

是否构成反向收购向联交所进行正式咨询。如果联交所的上市科认为该事项构成反向收购，就需要提交上市委员会进行讨论，如果上市委员会也认为构成反向收购，则应告知上市公司聘请的中介机构履行 IPO 程序。

三、借壳上市的监管制度

对于构成反收购行动的交易，按照新上市申请处理。[①] 根据联交所的《上市规则》，一般公司[②]的新上市申请须满足的条件主要如表 2－2 所示。[③]

表 2－2　联交所《上市规则》关于主板、创业板、创新上市申请的条件

	主板	创业板
市场目的	目的众多，包括为较大型、基础较佳以及具有盈利记录的公司筹集资金	为有主线业务的增长公司筹集资金，行业类别及公司规模上限
盈利要求	采"盈利测试"标准：上市前三年合计盈利 5 000 万港元（最近一年须达 2 000 万港元，在之前两年合计 3 000 万港元）	不设盈利要求
营业记录	具备不少于三个会计年度的营业记录	须显示公司有紧接递交上市申请前 24 个月的"活跃业务记录"，如营业额、总资产或上市时值超过 5 亿港元，发行人可以申请将"活跃业务记录"减至 12 个月
有关营业记录规定的弹性处理	联交所只对若干指定类别的公司（如基建公司或天然资源公司）放宽三年业务记录的要求，或在特殊情况下，具有最少两年业务记录的公司也可放宽处理	联交所只接受基建或天然资源公司或在特殊情况下公司的"活跃业务记录"少于两年
主营业务	并无有关具体规定，但实际上，主线业务的盈利必须符合最低盈利的要求	须主要经营一项业务而非两项或多项不相干的业务，不过，涉及主营业务的周边业务是容许的

---

① 香港联合交易所《上市规则》第 14.54 条。
② 基建公司、矿业公司、海外公司、中国公司以及预托证券发行人，尚须符合其他特别规定条件。
③ 香港联合交易所《上市规则》第 8 章。

	主板	创业板
附属公司经营的活跃业务	实际上联交所将要求发行人必须对其业务拥有控制权	申请人的活跃业务可由申请人本身或其一家或多家附属公司经营。若活跃业务由一家或多家附属公司经营，申请人必须控制有关附属公司的董事会，并持有有关附属公司不少于 50% 的权益
管理层、拥有权或控制权	至少前三个会计年度的管理层维持不变；至少经审计的最近一个会计年度的拥有权和控制权维持不变	除非在联交所接纳的特殊情况下，否则申请人必须于活跃记录期间在基本上相同的管理层及拥有权下运营
业务目标声明	并无有关规定，但申请人须列出一项有关未来计划及展望的概括说明	须载列申请人的整体业务目标，并解释公司如何计划于上市那一个财政年度的余下时间及其后两个财政年度内达至该目标
最低市值	新申请人预期在上市时市值不低于 2 亿港元；采"市值/收益/现金流量测试"标准的，上市时市值至少为 20 亿港元；采"市值/收益测试"标准的，上市时市值至少为 40 亿港元	股票无具体规定，但实际上在上市时不能少于 4 600 万港元；期权、权证或类似权利，上市时市值须达 600 万港元
最低公众持股量	25%（如发行人市值超过 40 亿港元，则最低可降低为 10%，如发行人预期市值超 100 亿港元的，可酌情降至 15%～25% 之间）	若公司在上市时的市值不超过 40 亿港元，则最低公众持股量须为 25%，涉及金额至少须达 3 000 万港元；若公司在上市时的市值超过 40 亿港元，则最低公众持股量须为 20% 或使公司在上市时由公众人士持有的股份的市值至少达 10 亿港元的较高百分比。上述的最低公众持股量规定在任何时候均须符合。期权、权证或类似权利（权证）已发行权证数量的 25%
管理层股东及高持股量股东的最低持股量	无相关规定	在上市时管理层股东及高持股量股东必须合共持有不少于公司已发行股本的 35%
股东人数	于上市时最少须有 100 名股东，而每 100 万港元的发行额须由不少于三名股东持有	于上市时公众股东至少有 100 名。如公司只能符合 12 个月"活跃业务记录"的要求，于上市时公众股东至少有 300 名

	主板	创业板
主要股东的售股限制	上市后 6 个月内不得售股，其后 6 个月内仍要维持控股权	管理层股东必须接受为期 12 个月的售股限制期，在这一期间，各持股人的股份将由托管代理商代为托管，高持股量股东则有半年的售股限制期
竞争业务	公司的控股股东（持有公司股份 35% 或以上者）不能拥有可能与上市公司构成竞争的业务	只要于上市时并持续地作出全面披露，董事、控股股东、主要股东及管理层股东均可进行与申请人有竞争的业务（主要股东则不需要作持续全面披露）
信息披露	一年两度的财务报告	按季披露，中期报和年报中必须列示实际经营业绩与经营目标的比较
包销安排	公开发售以供认购必须全面包销	无硬性包销规定，但如发行人要筹集新资金，新股只可以在招股章程所列的最低认购额达到时方可上市

反收购行动必须在股东大会上获股东批准后方可进行。召开股东大会不能以股东书面批准代替。联交所将要求任何在有关交易中有重大利益的股东及其紧密联系人在股东大会表决有关议决事项时放弃表决权。此外，如上市发行人的控制权出现变动（如《上市规则》第 14.06（6）条所述），而任何人士或一组人士（原控股股东）因出售股份予以下人士：取得控制权的人士或一组人士（新控股股东）、其任何紧密联系人或独立第三者，而不再是上市发行人的控股股东，则原控股股东及其紧密联系人均不得在控制权转手时表决赞成任何批准由新控股股东或其紧密联系人将资产注入上市发行人的决议。①

相比中国香港针对借壳上市的一系列制度设计，可见我国关于借壳上市的认定标准尚存在较大的完善空间，借壳上市的监管规则与其他规则之间的匹配性和关联性须予以重点关注。

---

① 香港联合交易所《上市规则》第 14.55 条。当然，如原控股股东减持权益纯粹是由于上市发行人发行新股予新控股股东以致其原有权益被摊薄，而非原控股股东出售其股份所致，则有关原控股股东及其紧密联系人不得表决赞成任何批准将资产注入上市发行人的决议的规定并不适用。

第三章 借壳上市的认定标准

《重组办法》第十三条规定了认定借壳上市需要同时满足以下三个要件：第一，上市公司控制权发生变更，控制权人变更为收购人（此时收购人又称借壳方）；第二，上市公司向收购人及其关联人购买资产；第三，上市公司向收购人及其关联人购买的资产总额，占上市公司控制权发生变更的前一个会计年度经审计的合并财务会计报告期末资产总额的比例达到100%以上。上述认定标准看似清晰明了，实则涉及多个概念和计算方法，复杂模糊。以下逐一分析。

第一节 关于"控制权变更"的认定

借壳上市认定标准中的第一个概念是控制权。控制权变更的认定以控制权的界定为基础。

一、控制权

控制权、控股股东、实际控制人是三个相互关联的概念。控制权的产生是基于股权、合同或者契约等法律形式而取得的。1932年伯利和米恩斯指出，随着现代股份公司股权分散、公司所有权和控制权相分离的现状的出现，使公司的控制权事实上落到公司经营者手中，出现了所谓的"经理革命"。由此公司控制权问题开始引起理论界的重视。伯利和米恩斯认为，控制权是通过行使法定权力或施加影响，对大部分董事有实际的选择权。德姆塞茨认为，企业控制权是一组排他性使用和处置企业稀缺资源（包括财务资源和人力资源）的权利束。我国学者周其仁认为，企业控制权就是排他性利用企业资产，特别是利用企业资产从事投资和市场营运的决策权。[①] 尽管对于公司控制权已有较多研究和论述，但从法学概念的角度来看，公司控制权可以分解为"控制"、"权力"两个词语，而这两个词语具有天生的模糊性，其内涵及

---

① 胡凯、谢申祥：《企业控制权理论综述》，78页，载《经济纵横》，2006（6）。

外延均相当广泛，在试图对这样模糊概念本身进行定义的过程中，往往会衍生出更多新问题。

我国《公司法》没有界定控制权，而仅是对与之相关的控股股东及实际控制人的含义作出界定。根据《公司法》第二百一十七条，[①] 控股股东是指其持股比例超过50%以上的股东或者持股比例虽不足50%，但所享有的表决权已足以对股东会、股东大会的决议产生重大影响的股东。实际控制人是指虽不是公司股东，但通过投资关系、协议或者其他安排，能够实际支配公司行为的人。[②] 在上述概念中，实则隐含控股股东、实际控制人拥有公司控制权这一意思。

根据《公司法》对于控股股东、实际控制人的定义，2006 年版《收购办法》修改了 2002 年版《收购办法》对实际控制的界定，[③] 明确有下列情形之一的，为拥有上市公司控制权：第一，为持股 50% 以上的控股股东；第二，可以实际支配超过 30% 表决权；第三，通过实际支配表决权能够决定公司董事会半数以上成员选任；第四，依其可实际支配的表决权足以对公司股东大会的决议产生重大影响；第五，证监会认定的其他情形。上述定义虽然明确了控制权的认定情形，但在 50% 以下相对控制的情形下，控制权的认定仍存在问题。比如，何为"对股东大会决议产生重大影响"？若符合上述情形之一，是否可以提供相反证据证明没有控制权？

---

① 具体条文内容为：控股股东是指其出资额占有限责任公司资本总额百分之五十以上或者其持有的股份占股份有限公司股本总额百分之五十以上的股东；出资额或者持有股份的比例虽然不足百分之五十，但依其出资额或者持有的股份所享有的表决权已足以对股东会、股东大会的决议产生重大影响的股东。实际控制人是指虽不是公司的股东，但通过投资关系、协议或者其他安排，能够实际支配公司行为的人。

② 对实际控制人的理解，有一点需要说明：有观点认为，如某自然人直接持有上市公司股份成为控股股东，根据《公司法》上实际控制人"不是上市公司股东"的界定，其不属于该上市公司的实际控制人。这显然不符合逻辑，《公司法》对实际控制人界定的立法本意在于：在控股股东为自然人的情况下，控股股东的概念已将实际控制关系纳入规制范围，因此实际控制人概念不需要对该种情况重复规范。实务中，对于控股股东为自然人的上市公司，我们既称该自然人为上市公司的控股股东，也称其是上市公司的实际控制人。

③ 2002 年版《收购办法》第六十一条规定："收购人有下列情形之一的，构成对一个上市公司的实际控制：（一）在一个上市公司股东名册中持股数量最多的；但是有相反证据的除外；（二）能够行使、控制一个上市公司的表决权超过该公司股东名册中持股数量最多的股东的；（三）持有、控制一个上市公司股份、表决权的比例达到或者超过百分之三十的；但是有相反证据的除外；（四）通过行使表决权能够决定一个上市公司董事会半数以上成员当选的；（五）中国证监会认定的其他情形。"

二、控制权变更

（一）控制权变更的含义

广义上，上市公司控股股东发生变更、实际控制人发生变更、实际控制人与控股股东之间的其他控股企业发生变更均属于上市公司控制权变更。而从狭义来看，上市公司控制权发生变更仅指上市公司实际控制人发生变更，即作为实际控制人的自然人或国有资产管理部门发生变化。

在借壳上市中，上市公司控制权变更是狭义的概念，指的是上市公司实际控制人的变更。单纯控股股东变更或者实际控制人与控股股东之间的其他控股企业发生变更均不属于借壳上市定义中的控制权变更。

（二）控制权变更的类别

从控制权变更前后的控制权人情况，可将控制权变更分为以下三种类别：

（1）实际控制人从一方变更为另一方。控制权变更前后，上市公司均有实际控制人，但发生变更。此种情况包括实际控制人从一方变为另一方或相反情形。这是上市公司控制权变更最常见的情形。

（2）实际控制人从有变更为无。控制权变更前，上市公司有实际控制人；但控制权变更后，上市公司股权比例分散或前几大股东持股比例接近，无实际控制人。

（3）实际控制人从无变更为有。控制权变更前，上市公司无实际控制人；但控制权变更后，上市公司存在实际控制人。

（三）控制权变更认定中的几个问题

一般情况下，实际控制人变更较易认定，如从 A 变更为 B，从有变更为无，从无变更为有；从国有资产管理部门变更为某自然人、从某自然人变更为国有资产管理部门、从某自然人变更为另一自然人等。[①] 但以下几种情况，控制权变更的认定存在一定困难。

1. 多人共同控制情形下上市公司控制权变更的认定

部分上市公司由一个团体共同控制。该种情形下控制权的变更可分为两种情况：第一，在该团体内部关系中，以其中一方为主导，其他主体为该主导方

---

① 根据《公开发行证券的公司信息披露内容与格式准则第 2 号——年度报告的内容与格式（2014 年修订）》（证监会公告〔2014〕21 号）第四十条第（三）项，实际控制人应披露到自然人、国有资产管理部门，或者股东之间达成某种协议或安排的其他机构或自然人，包括以信托方式形成实际控制的情况。因此一般情形下，投资者很容易通过公司信息披露了解公司控制权是否发生变更。

的一致行动人。此时，控制权变更的认定较为简单，主要看该团队中起主导作用的一方是否发生变更。第二，在该团体内部关系中，并非一方主导，而是由两方或多方共同主导，此时，团队内部的变化达到何种程度视为控制权变更呢？一般认为，团体内部起主导作用的任意一方发生变化，即视为实际控制人发生变化，如占主导地位的几方均未发生变化，只是其余主体发生变化，即视为实际控制人未发生变化。实务中须结合此前上市公司的信息披露、控制权团体内部的股权结构、协议等综合判断。

2. 无实际控制人的认定

公司无实际控制人一般可分为两种情况：

第一，公司存在控股股东，但控股股东股权分散，没有实际控制人。如神州数码信息服务股份有限公司（简称神州信息）借壳深圳市太光电信股份有限公司（证券代码000555，简称＊ST太光）项目中，借壳资产神州信息的控股股东为神州数码软件有限公司（简称神码软件），持股比例60.98%，而追溯神码软件的股权结构，最终持股股东为香港上市公司神州数码控股有限公司（证券代码00861.HK，简称神州数码）神州数码股权分散，不存在实际控制人，因此神州信息不存在实际控制人。①

第二，公司不存在控股股东，也不存在实际控制人。如绿地控股集团有限公司（简称绿地集团）借壳上海金丰投资股份有限公司（证券代码600606，简称金丰投资）项目中，借壳方绿地集团，其前三大股东股权比例比较接近，任一股东均不能控制董事会半数以上人选，因此其既无控股股东，又不存在实际控制人。②

3. 国有控股上市公司控制权变更的认定

我国资本市场上有很大一部分上市公司是国有控股上市公司，该类上市公司控制权变更的认定较为复杂。

在我国现行国有资产管理体制中，国有资产管理部门具有双重性质：一是代表国务院和地方人民政府行使所有权人的权利和履行出资人职责，即代表国

---

① 详见＊ST太光于2013年12月17日公告的《吸收合并神州数码信息服务股份有限公司并募集配套资金暨关联交易报告书（修订稿）》，巨潮资讯网，最后查阅于2015年8月13日。http：//www.cninfo.com.cn/information/companyinfo.html。

② 详见金丰投资于2015年6月19日公告的《重大资产置换及发行股份购买资产暨关联交易报告书（修订稿）》，巨潮资讯网，最后查阅于2015年8月13日。

家行使股东权利；① 二是对企业国有资产进行监督管理。② 因此，国有资产管理部门既是一个民事主体，又是一个行政机关。在履行出资人的职责时，国有资产管理部门是一个民事主体；而在履行监管职责时，国有资产管理部门是一个行政机关。一方面，站在民事主体的角度来讲，其作为控股股东或实际控制人，通过选举董事、监事的"管人"方式和重大事项审批的"管事"方式实现对公司的控制权。按照此逻辑，同一国有资产管理部门控制的不同企业应属于同一控制，即实际控制人均为该国有资产管理部门。如果认同此逻辑，上市公司的实际控制人只要保持在同一国资管理部门，即可认定为控制权没有发生变更。另一方面，站在行政机关的角度来看，国有资产管理部门作为国有资产保值增值的监管管理机构，行使法定的监管职责，并不干预企业的具体经营。按照此逻辑，并不能因为企业同属国有性质而认定其为同一控制。《公司法》第二百一十六条也是同样的逻辑。③ 如果认同这样的逻辑，上市公司的实际控制人即使均为某一国有资产管理部门，也可能构成控制权变更。

鉴于上述原因，国有控股上市公司控制权变更的认定问题，一直是困扰监管部门的难题。在要约收购豁免和借壳上市中一度存在认定标准不一致的情况。本书试图从相关规则和案例中总结不同时期关于国有控股上市公司控制权变更的两个认定标准。

（1）作为豁免理由的控制权不变

根据《收购办法》的规定，收购人与出让人能够证明股份转让未导致上市公司实际控制人发生变化的，可以豁免收购人的要约收购义务。④

假设某省级国资委控制的 A 集团拟将持有的上市公司 51% 股权转让给 B 集团，能够豁免 B 集团的要约收购义务吗？⑤ 如果按照上述国有资产管理部门为民

---

① 《企业国有资产法》第六条规定："国务院和地方人民政府应当按照政企分开、社会公共管理职能与国有资产出资人职能分开、不干预企业依法自主经营的原则，依法履行出资人职责。"第十一条规定："国务院国有资产监督管理机构和地方人民政府按照国务院的规定设立的国有资产监督管理机构，根据本级人民政府的授权，代表本级人民政府对国家出资企业履行出资人职责。国务院和地方人民政府根据需要，可以授权其他部门、机构代表本级人民政府对国家出资企业履行出资人职责。"

② 根据国务院国资委的机构设置和主要职能，国务院国资委为国务院直属特设机构，根据国务院授权，依法监管中央所属企业（不含金融类企业）的国有资产；同时，负责企业国有资产基础管理，起草国有资产管理的法律法规草案，制定有关规章、制度，依法对地方国有资产管理工作进行指导和监督。

③ 《公司法》第二百一十六条规定，国家控股的企业之间不因同受国家控股而具有关联关系。

④ 《收购办法》第六十二条规定："有下列情形之一的，收购人可以向中国证监会提出免于以要约方式增持股份的申请：（一）收购人与出让人能够证明本次股份转让是在同一实际控制人控制的不同主体之间进行，未导致上市公司的实际控制人发生变化……"

⑤ 假设该案例不符合《收购办法》其他的豁免情形，只能考虑第六十二条第（一）项。

事主体的逻辑，可以认定为实际控制人未发生变更；如果按照上述国有资产管理部门为行政机关，不干预企业具体经营的逻辑，上市公司实际控制人发生变化。实务中是如何认定的呢？

　　笔者查阅了 2012 年广州钢铁股份有限公司（证券代码 600894，简称*ST 广钢）的一份交易报告书①，该交易中，上市公司的控股股东为广州钢铁企业集团有限公司（简称广钢集团），交易完成后，上市公司的控股股东变更为广州广日集团有限公司（简称广日集团）。广钢集团与广日集团均为广州市国资委的全资子公司。鉴于本次交易将导致广日集团持股比例由无上升到 60.13%，如无豁免条款，其应当发出全面要约。事实上，广日集团取得了中国证监会的豁免批文②，但从公告文件中，我们无法找到其适用的豁免条款。经对照《收购办法》③，其可能适用第六十二条第一款第（一）项、第（二）项、第（三）项中的任意一项，但第（二）项、第（三）项均有特别的前提或程序要求，经查阅公司披露的交易报告书和收购报告书④，并无关于特别限定条件和特别履行程序的说明。据此可以推断，⑤ 广日集团的豁免理由为第六十二条第（一）项。⑥

　　2012 年 8 月 7 日，监管部门总结实践中的经验，通过"问题与解答"这一形式对外明确，上市公司国有股转让中，收购人与出让人属于同一出资人出资且控制的，属于《收购办法》第六十二条第一款第（一）项中所规定的"股权转让完成后上市公司的实际控制人未发生变化"。同一出资人系指同属于国务院国资委或者同属于同一省、自治区、直辖市人民政府。上市公司国有股在不同省、自治区、直辖市的国有企业之间，国务院国资委和地方国有企业之间进行

---

　　① 详见*ST 广钢（600894）于 2012 年 6 月 21 日公告的《重大资产置换及向特定对象发行股份购买资产暨关联交易报告书（修订稿）》，巨潮资讯网，最后查阅于 2015 年 8 月 13 日。

　　② 详见*ST 广钢于 2012 年 6 月 21 日公告的《重大资产置换及发行股份购买资产事项、广州广日集团有限公司豁免要约收购事项获得中国证监会核准的公告》，巨潮资讯网，最后查阅于 2015 年 8 月 13 日。

　　③ 此处适用的《收购办法》为 2008 年版《收购办法》，其中第六十二条规定："有下列情形之一的，收购人可以向中国证监会提出免于以要约方式增持股份的申请：（一）收购人与出让人能够证明本次转让未导致上市公司的实际控制人发生变化；（二）上市公司面临严重财务困难，收购人提出的挽救公司的重组方案取得该公司股东大会批准，且收购人承诺 3 年内不转让其在该公司中所拥有的权益；（三）经上市公司股东大会非关联股东批准，收购人取得上市公司向其发行的新股，导致其在该公司拥有权益的股份超过该公司已发行股份的 30%，收购人承诺 3 年内不转让其拥有权益的股份，且公司股东大会同意收购人免于发出要约……"

　　④ 详见*ST 广钢于 2012 年 6 月 22 日公告的《收购报告书》，巨潮资讯网，最后查阅于 2015 年 8 月 13 日。

　　⑤ 其交易报告书中也披露，本次交易将导致上市公司控股权发生变化，但不会引起实际控制权的变更。

　　⑥ 本案例仅讨论是否符合收购豁免中控制权不变的问题，不讨论是否构成借壳上市的问题。

的转让，视为实际控制人发生变化。①

至此，在要约收购豁免中，实际控制人的认定延伸到国有资产管理部门层面，上市公司实际控制人在国务院国资委或同一省级政府及国资委下属集团内的变更，视为实际控制人未发生变更。

实务中，国有控股上市公司控制权的变更方式通常并不是转让，而是无偿划转、变更、合并②；或者因为非公开发行股份导致控制权变更③。因此，依据第六十二条第一款第（一）项"实际控制人未发生变更"申请豁免的较少，④2012 年曾有一例。⑤

（2）作为借壳上市条件的控制权变更

如上所述，上市公司国有股权变动触发要约收购义务的，其豁免条款的选择较为丰富，且一般不选择"实际控制人未发生变更"这一条款申请豁免。因此在收购豁免中，国有控股上市公司控制权变更的认定所涉及的利益面相对较窄，标准较易出台。而在借壳上市中，控制权是否变更可能直接决定交易方案是否构成借壳上市。拟置入资产如果不符合 IPO 条件而构成借壳上市，即意味着交易无法进行。因此，如何判断国有控股上市公司控制权是否发生变更，比收购豁免中困难得对。笔者查阅现行规定，并没有关于上市公司重大资产重组中国有股东控制权变更的认定标准。下文试图通过案例剖析实务中的认定标准。

在借壳上市中，控制权是否变更以国务院国资委或省级政府及国资委下属的一级集团公司来判断。一级集团公司变更的，视为控制权变更，如果同时符合借壳上市的其他构成要件，交易方案将属于借壳上市。试举一例说明：在福

---

① 参见中国证监会网站，"《上市公司收购管理办法》第六十二条第一款第（一）项规定，'收购人与出让人能够证明本次转让未导致上市公司的实际控制人发生变化'，如何理解？"最后查阅于 2015 年 8 月 13 日。http://www.csrc.gov.cn/pub/newsite/ssgsjgb/ssbssgsjgfgzc/ywzx/201208/t20120807_ 213576.html。

② 对应《收购办法》第六十三条第一款第（一）项的豁免情形，须向中国证监会申请，适用简易程序审核。

③ 对应《收购办法》第六十三条第二款第（一）项的豁免情形，无须向中国证监会申请，自动豁免。

④ 《收购办法》第六十二条第一款第（一）项的豁免情形，须向中国证监会申请，适用普通程序审核，对应审核时间为 20 个工作日，长于简易审核程序对应的审核时间 10 日，因此如同时符合《收购办法》第六十二条与第六十三条规定的豁免情形，申请人一般选择适用第六十三条。

⑤ 2012 年神华集团有限责任公司（简称神华集团）协议收购国网能源开发有限公司（简称国网能源）中，原国网能源控股的上市公司广东金马旅游集团股份有限公司（证券代码 000602，简称金马集团）随着协议转让成为神华集团控股的上市公司，鉴于控股比例超过 30%，触发要约收购义务。但神华集团并非通过国有资产无偿划转方式取得国网能源股权，而是协议转让，因此神华集团唯一可以选择的豁免条款即第六十二条第一款第（一）项。

建省鸿山热电有限责任公司（简称鸿山热电）、福建省福能新能源有限责任公司（简称福能新能源）、福建省晋江天然气发电有限公司（简称晋江气电）借壳福建南纺股份有限公司（证券代码600483，简称福建南纺）项目中，上市公司控股股东为福建天成集团有限公司（简称天成集团），天成集团为福建省国资委下属的二级公司，其控股股东中国（福建）对外贸易中心集团有限责任公司为福建省国资委下属一级集团公司。交易完成后，上市公司控股股东变更为福建省国资委另一个下属一级集团公司福建省能源集团有限责任公司。交易前后，上市公司实际控制人均为福建省国资委。根据公司披露文件，本次交易导致公司的控制权发生变化，同时购买资产交易价格占上市公司资产总额比例超过100%，构成借壳上市。①

　　该认定标准在实践中适用多年，上市公司、中介机构、投资者基本均认可该标准。出现的唯一问题在于与收购豁免中关于上市公司国有股东控制权变更的认定标准不一致，存在一定的逻辑矛盾。

　　不过，上述认定标准也在变化，趋向于将控制权往国有资产管理部门延伸。比如2014年底披露2015年初获得核准的，安信证券股份有限公司（简称安信证券）与中纺投资发展股份有限公司（证券代码600061，简称中纺投资）的重组项目。中纺投资于1997年5月在上海证券交易所上市，上市时控股股东为中国纺织物资总公司（简称物资总公司），实际控制人为国务院国资委。物资总公司②原为国务院国资委下属一级集团公司，2007年被国务院国资委整体划转至国家开发投资公司（简称国投公司），成为二级公司。本次交易方案为，中纺投资向国投公司等14名交易对象发行股份购买安信证券100%股权，同时募集配套资金。③ 方案的争议焦点在于，本次交易是否构成借壳上市？

　　一种观点认为，本次交易方案构成借壳上市。理由是，2007年上市公司控制权发生变化，由物资总公司变更为国投公司。按照"累计首次原则"，本次国投公司向上市公司注入资产，超过上市公司控制权变更前一个会计年度2006年资产总额的100%，应构成借壳上市。鉴于《重组办法》规定，金融创投企业借壳上市另行规定。在另行规定前，金融创投企业不得借壳上市，而安信证券属于金融企业，因此不能借壳中纺投资。另一种观点认为，本次

---

　　① 详见福建南纺于2014年7月12日公告的《发行股份购买资产暨关联交易报告书（修订稿）》，巨潮资讯网，最后查阅于2015年8月13日。

　　② 物资总公司2009年更名为中国国投国际贸易有限公司（简称国投贸易）。

　　③ 详见中纺投资于2015年1月31日公告的《发行股份购买资产并募集配套资金暨关联交易报告书（修订稿）》，巨潮资讯网，最后查阅于2015年8月13日。

交易方案不构成借壳上市。理由是，上市公司的实际控制人自上市以来一直为国务院国资委，本次重组前后上市公司实际控制人未发生改变。因此，本次重组不构成借壳上市。

公司的公告显示，本次交易不构成借壳上市，理由是实际控制人一直为国务院国资委，控制权未发生变更。[①] 本次交易最终获监管部门批准。[②] 从实务的角度来看，可以说，在借壳上市中，上市公司国有股东控制权变更的认定标准与收购豁免趋于一致。

第二节　关于"收购人及其关联人"的认定

借壳上市认定标准中的第二个概念是收购人，即收购上市公司的人。借壳上市中的收购人又称借壳方。从上市公司的角度来看，其为交易的主要对手方；从借壳资产的角度来看，其为借壳资产的控股股东或实际控制人。

一、收购人及其一致行动人的认定

（一）收购人的认定

想要明晰收购人的概念，首先要明确何为收购上市公司。收购上市公司又称上市公司收购。[③] 关于上市公司收购的定义，存在一定争议。一种观点认为，上市公司收购是指取得上市公司控制权的行为；另一种观点认为，上市公司收购是指取得和巩固上市公司控制权的行为。后一种观点也是目前监管部分实务

[①]　详见中纺投资于 2015 年 1 月 31 日公告的《发行股份购买资产并募集配套资金暨关联交易报告书（修订稿）》，巨潮资讯网，最后查阅于 2015 年 8 月 13 日。

[②]　此前在省级国有控股上市公司中，也存在个别类似案例未被认定为借壳上市。如南岭民爆购买神斧民爆项目，杭州解百购买杭州大厦项目。这两个项目标的资产并非金融、创投企业，不涉及方案成败问题，市场关注度较小。

[③]　上市公司"收购"一词，在不同的法律体系下，在不同的语境中，所表达的实质含义可能不同。比如，在英国和中国香港，与上市公司收购相关的法规及语境中，主要是指股权收购，即通过一定交易行为获得上市公司股权乃至上市公司控制权的收购行为。而在中国台湾的相关规则中，收购包括取得公司之股份、营业或财产的并购行为，包含股权收购及资产收购的全部含义。我国的上市公司收购采用前一种含义。

操作中所采纳的观点。① 上市公司收购定义的争议必然导致对上市公司收购人界定的争议。但在借壳上市的概念中，收购人仅指取得上市公司控制权的主体，而不包括巩固控制权的主体。

虽然借壳上市的认定标准中，收购人是指取得上市公司控制权的借壳方，但在实务操作中，尤其是借壳资产股权结构较为复杂的情况下，收购人的认定具有一定难度。比如，收购人是指收购行为完成后成为上市公司控股股东的主体，还是实际控制人？此外，控股股东的控股股东属不属于收购人？试举一例说明：甲公司在借壳上市完成后持有 A 上市公司 35% 股权，成为控股股东。乙公司持有甲公司 60% 股权，为甲公司的控股股东。乙公司为自然人丙控制的公司。此时，收购人是甲公司，还是乙公司，还是自然人丙？或者三者均是？解决此问题的意义在于：《收购办法》对于收购人有准入条件②等相关限制，收购人的认定直接影响收购主体的资格。如上例中，如果自然人丙最近 3 年有重大违法行为，是否将其认定为收购人将直接决定甲公司可否将其资产借壳上市。从《收购办法》的立法目的来看，其制度设计的目的是想通过明确收购人消极法律资格，防范在上市公司收购活动中存在收购人无实力、不诚信、恶意收购等问题的出现。如果不将实际控制人丙视为收购人，《收购办法》的准入条件将形同虚设。因此，实务中，一般将甲公司、乙公司和自然人丙均视为收购人。③

再以深圳创维数字技术股份有限公司（简称创维数字）借壳华润锦华股份有限公司（证券代码000810，简称华润锦华）项目为例说明。在该项目中，借

---

① 关于收购的定义及其争议，比较有代表性的介绍见一本书及一篇论文。一本书是指马骁《上市公司并购重组监管制度解析》，其中专门有一节介绍了收购定义的历史及现状（第 23～27 页）；一篇论文是指邱永红的《上市公司收购中的新型法律问题探析》，载《证券法苑》，2013 年第八卷，207～210 页。鉴于该问题在借壳上市的认定标准中并不存在，因此本章对此不再展开介绍。考虑到第四章介绍借壳上市相关监管规则中，同样涉及到收购的定义，因此对收购定义的争议和笔者的理解将在第四章第二节中阐释。

② 《收购办法》第六条第二款规定："有下列情形之一的，不得收购上市公司：（一）收购人负有数额较大债务，到期未清偿，且处于持续状态；（二）收购人最近 3 年有重大违法行为或者涉嫌有重大违法行为；（三）收购人最近 3 年有严重的证券市场失信行为；（四）收购人为自然人的，存在《公司法》第一百四十六条规定情形；（五）法律、行政法规规定以及中国证监会认定的不得收购上市公司的其他情形。"

③ 在豁免要约收购义务申请中，可选择由任一主体作为收购人履行相应的信息披露或申报（如涉及行政许可）义务。

壳资产创维数字①的最终大股东为黄宏生夫妇。该项目的争议焦点即：黄宏生是否为收购人？如果是，其是否符合收购人资格？

华润锦华于 2013 年 4 月 23 日披露交易报告书预案②，预案第 19 页披露，黄宏生、林卫平夫妇为创维数码控股有限公司（股票代码 HK.00751，简称创维数

———————————

①　借壳资产创维数字的股权结构图如下：

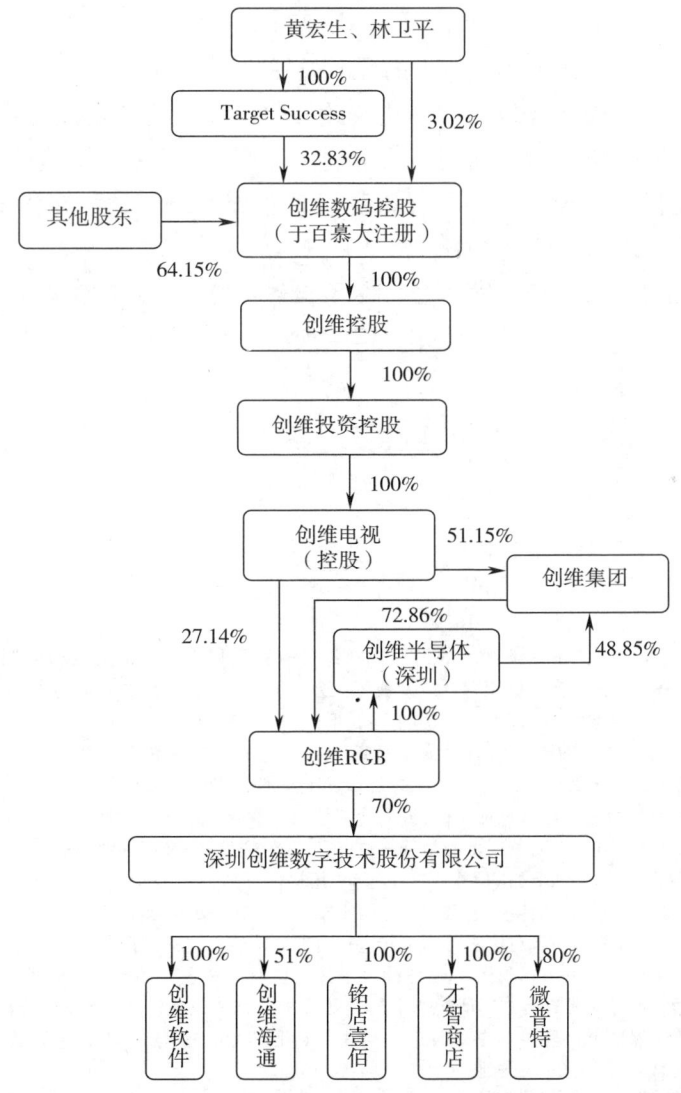

②　详见华润锦华于 2014 年 4 月 23 日公告的《资产出售、置换及发行股份购买资产并募集配套资金暨关联交易预案》，巨潮资讯网，最后查阅于 2015 年 8 月 13 日。

码）的控股股东，深圳创维－RGB 电子有限公司（简称创维 RGB）的实际控制人；第 69 页披露，创维数字的实际控制人为黄宏生、林卫平夫妇；第 73 页披露，交易完成后上市公司控制权发生变更，变更为创维 RGB。按照该披露，黄宏生夫妇为本次借壳上市交易中的收购人。而黄宏生为中国香港籍，于 2006 年7 月在香港因串谋盗窃及串谋诈骗上市公司资产被判监禁 6 年。结合《收购办法》第六条和《公司法》第一百四十六条①，收购人不得"因贪污、贿赂、侵占财产、挪用财产或者破坏社会主义市场经济秩序，被判处刑罚，执行期满未逾五年，或者因犯罪被剥夺政治权利，执行期满未逾五年"。那么黄宏生是否符合《收购办法》第六条关于收购人的准入条件呢？首先，黄宏生于 2006 年 7 月被判处刑罚 6 年，截至 2014 年 4 月披露该方案时，执行期满未逾 5 年；其次，黄宏生因串谋盗窃和诈骗被判刑，属于侵占财产类的犯罪。但是黄宏生是在香港被判刑，是否属于破坏社会主义市场经济秩序？该问题最终未能得到解答，因为华润锦华修改了交易报告书。②

2013 年 8 月 3 日，华润锦华公告交易报告书草案③，草案第 32 页披露，黄宏生夫妇为创维数码的第一大股东，但黄宏生、林卫平夫妇不能对创维数码的

---

① 《公司法》第一百四十六条规定的情形包括：（一）无民事行为能力或者限制民事行为能力；（二）因贪污、贿赂、侵占财产、挪用财产或者破坏社会主义市场经济秩序，被判处刑罚，执行期满未逾五年，或者因犯罪被剥夺政治权利，执行期满未逾五年；（三）担任破产清算的公司、企业的董事或者厂长、经理，对该公司、企业的破产负有个人责任的，自该公司、企业破产清算完结之日起未逾三年；（四）担任因违法被吊销营业执照、责令关闭的公司、企业的法定代表人，并负有个人责任的，自该公司、企业被吊销营业执照之日起未逾三年；（五）个人所负数额较大的债务到期未清偿。

② 《公司法》第一百四十七条规定的是侵占财产等"破坏社会主义市场经济秩序"的行为。黄宏生 2006 年被香港法院判刑，且刑罚已执行并获准于 2009 年提前释放，刑事起诉、刑事处罚均发生在香港。由于不同国家（地区）刑事司法体系相互独立，中国内地与香港又实行政治制度、司法制度不同的"一国两制"；且中国内地有关部门未对该等行为事实进行有罪认定或处罚。因此从字面上来讲，黄宏生被香港法院判处刑罚的事项应该不属于我国"破坏社会主义市场经济秩序"的行为。但考虑到《收购办法》第六条的立法本意，即是对具有侵占财产犯罪等历史污点的收购人设置一定的时间间隔，提高其收购上市公司的时间成本，保证上市公司及中小股东的利益。因此，从立法本意来看，笔者认为，如果黄宏生是收购人，其不符合收购人的准入条件。

③ 详见华润锦华于 2014 年 8 月 3 日公告的《重大资产出售、置换及发行股份购买资产暨关联交易报告书（草案）》，巨潮资讯网，最后查阅于 2015 年 8 月 13 日。

董事会、股东大会决议以及董事成员、管理层的提名、任免形成实际控制。① 随之，草案第 36 页披露，黄宏生、林卫平夫妇无法透过创维数码的董事会进而直接控制创维数码下属各级投资结构的法人主体（包括但不限于创维 RGB 及创维数字）的运营和决策，因此，创维数码及创维 RGB 无实际控制人。鉴于黄宏生夫妇并非借壳资产创维数字的实际控制人，黄宏生不再是收购人。既然其不是收购人，自然无须满足收购人的准入条件。至此，此事看似圆满解决，但实际上此事并未就此结束。

2013 年 11 月 21 日，并购重组委 2013 年第 38 次会议否决了华润锦华的本次交易，理由为："根据香港联交所上市规则，黄宏生夫妇持有创维数码 30% 以上的股份，系创维数码的控股股东；根据中国法律法规及中国证监会的有关规定，黄宏生夫妇应该被认定为本次交易的收购人。本次交易不符合《上市公司收购管理办法》第六条第（四）项的规定。"② 并购重组委的决定看似对本次交易盖棺定论，然而结果总是出人意料。

2013 年 12 月 19 日，华润锦华公告将继续推进本方案。2014 年 6 月 30 日，并购重组委 2014 年第 29 次会议再次审核华润锦华本次交易方案，并予以通过。③ 根据华润锦华 2014 年 8 月 2 日公告的交易报告书修订稿，认定黄宏生夫妇对创维 RGB 和创维数字没有控制权的理由仍然主要是原披露理由，但披露内容更为详细。鉴于创维数码的实际控制状态对认定黄宏生夫妇是否为收购人具有重要影响，而在第一次申报材料中，相关香港中介机构未就创维数码的实际控制状态发表结论意见。因此，在二次申报前，公司就创维数码的实际控制状态以及香港法律下控股股东与实际控制人是否为同一概念等问题，专项聘请了香港赵不渝马国强律师事务所及香港谭德兴程国豪刘丽卿律师行就上述香港法

---

① 主要理由为：（1）创维数码为香港联交所上市公司，故黄宏生、林卫平夫妇在行使其股东权利时需受香港公司法、香港联交所上市规则和创维数码公司章程的约束。（2）根据香港公司法、香港联交所上市规则及创维数码公司章程的规定，黄宏生、林卫平夫妇并没有因其控制的投票权控制创维数码公司的管治。（3）纯粹根据持有的创维数码股份，黄宏生、林卫平夫妇没有能力控制或决定创维数码的董事和高级管理人员的组成。（4）经核查，创维数码目前共有 5 名执行董事及 3 名独立非执行董事，黄宏生、林卫平夫妇目前仅林卫平拥有一个董事席位（林卫平为现任董事）。并且，自 2006 年 8 月起，创维数码历届董事会的所有成员均是董事会以决议案方式委任的执行董事和独立非执行董事，并非由黄宏生、林卫平夫妇以其控制的股份于股东大会提出的决议案方式委任。因此，黄宏生、林卫平夫妇并不能且事实上也没有实际控制创维数码高级管理人员的任免。

② 参见中国证监会网站，http://www.csrc.gov.cn/pub/zjhpublic/G00306207/201311/t20131120_238598.htm，最后查阅于 2015 年 8 月 13 日。

③ 参见中国证监会网站，http://www.csrc.gov.cn/pub/zjhpublic/G00306207/201406/t20140630_257058.htm，最后查阅于 2015 年 8 月 13 日。

律问题进行了法律分析并出具了包含明确结论意见的两份香港法律意见书。根据上述两家香港律师事务所出具的结论性法律意见，虽然根据香港联交所上市规则之相关条文所定义，任何有权在上市公司的股东大会上行使或控制行使30%或30%以上投票的人士将会在上市规则中被界定为控股股东，但根据该条文定义的控股股东并不必然有能力实际控制上市公司，香港上市规则项下所定义的控股股东在法律上并非等同视为对上市公司拥有实际控制权的人士。基于创维数码之具体现状，黄宏生夫妇不能实际支配创维数码的公司行为，并非对创维数码拥有实际控制权的人士。此外，黄宏生于 2013 年 12 月 16 日出具即时生效并不可撤销的承诺函，承诺自出具日起至 2018 年 12 月 31 日的期间，仍由 Target Success 以信托方式代表 Skysource Unit Trust 持有创维数码的普通股股票，Target Success 将一直由林卫平女士出任单一董事，并由林卫平女士代表 Target Success 于创维数码所有股东大会上行使其当时持有的创维数码普通股之投票权。其本人将不会于上述期间内更换 Target Success 之董事，也不会透过 Skysource U-nit Trust 或 Target Success 于创维数码之股东大会上作出投票。据此综合证明黄宏生夫妇对借壳资产创维数字确实没有控制权。该项目最终于 2014 年 7 月 12 日获得证监会核准批文。

由上例可知，在实务案例中，收购人的认定确实较为复杂，这在涉及到一致行动人认定中表现得更为明显。

（二）一致行动人及其认定

根据《收购办法》第五条的规定，收购人包括投资者及与其一致行动的他人。① 此处涉及到一个新概念，即一致行动人。

一致行动人规定的法律渊源是 2005 年《证券法》，《证券法》第八十六条规定："通过证券交易所的证券交易，投资者持有或者通过协议、其他安排与他人共同持有一个上市公司已发行的股份达到 5% 时，应当在该事实发生之日起 3 日内，向国务院证券监督管理机构、证券交易所作出书面报告，通知该上市公司，并予公告；在上述期限内，不得再行买卖该上市公司的股票。"这里"通过协议、其他安排与他人共同持有"的规定应视为对一致行动人的规定。

《证券法》的规定相对原则，只能解决规则效力、规章及规范性文件的法源等问题，在实践中较难适用。2006 年修订的《收购办法》在此基础上，借鉴境外立法经

---

① 《收购办法》第五条规定："收购人可以通过取得股份的方式成为一个上市公司的控股股东，可以通过投资关系、协议、其他安排的途径成为一个上市公司的实际控制人，也可以同时采取上述方式和途径取得上市公司控制权。收购人包括投资者及与其一致行动的他人。"

验，对一致行动进行了界定。根据《收购办法》第八十三条第一款的规定，一致行动是指投资者通过协议、其他安排，与其他投资者共同扩大其所能够支配的一个上市公司股份表决权数量的行为或者事实。该款是对一致行动的概括性定义。鉴于一致行动人的证据认定非常困难，且证据控制在收购人手中而监管机关通常处于无证据的状态，因此在一致行动的认定上，大多数国家和地区采用推定的方法，如英国[①]、中国香港[②]。即列举推定构成一致行动的情形，将举证责任倒置给收购人，以解决监管机关取证困难、负担过重的执法问题。我国《收购办法》同样采用此立法体例，《收购办法》第八十三条第二款规定，在上市公司的收购及相关股份权益变动活动中有一致行动情形的投资者，互为一致行动人。如无相反证据，投资者有下列情形之一的，为一致行动人：（1）投资者之间有股权控制关系；（2）投资者受同一主体控制；（3）投资者的董事、监事或者高级管理人员中的主要成员，同时在另一个投资者担任董事、监事或者高级管理人员；（4）投资者参股另一投资者，可以对参股公司的重大决策产生重大影响；（5）银行以外的其他法人、其他组织和自然人为投资者取得相关股份提供融资安排；（6）投资者之间存在合伙、合作、联营等其他经济利益关系；（7）持有投资者30%以上股份的自然人，与投资者持有同一上市公司股份；（8）在投资者任职的董事、监事及高级管理人员，与投资者持有同一上市公司股份；（9）持有投资者30%以上股份的自然人和在投资者任职的董事、监事及高级管理人员，其父母、配偶、子女及其配偶、配偶的父母、兄弟姐妹及其配偶、

---

①　一致行动人（Persons Acting in Concert）概念是在英国《伦敦城市并购法典》中首次提出来的。该法典规定：一致行动人包括根据协议或非正式协议积极合作，通过他们其中的任何一方购买一个公司的股份来获得或联合控制这个公司的各方，一致行动的各方在信息公开方面应作为一个人对待。该法典还规定，若没有相反证据，下列人被认为是一致行动人：（1）一个公司与其母公司或孙公司、合伙公司；（2）一个公司和它的任何一个董事；（3）一个公司和它的退休基金；（4）一个人与他所经营的投资公司、单位信托或其他投资者；（5）一个金融顾问与他的持股方面的顾客；（6）目标公司的董事。资料来源：谈萧：《一致行动人的比较法考察》，载《证券市场导报》，2006（6），16～22页。

②　1986年香港颁布的《公司收购及合并守则》是目前世界上公认的规范一致行动人问题最为完备的立法。香港《公司收购及合并守则》规定：一致行动的人包括依据一项协议或协定，透过取得一间公司的投票权，一起积极合作以取得或巩固对该公司的控制权的人。香港《公司收购及合并守则》详细列举了除非有相反证明成立，否则将推定为一致行动的八类人是：（1）一间公司、其母公司、附属公司、同集团附属公司、前述四类之中任何一类公司的联属公司，以及前述四类公司是其联属公司的公司；（2）一间公司与其任何董事（连同他们的近亲、有关系信托及由其任何董事、其近亲及有关系信托控制的公司）；（3）一间公司及其任何退休基金、公积金及雇员股份计划；（4）一名基金经理与其投资事务是由该基金经理以全权代理方式处理有关投资户口的任何投资公司、互惠基金、单位信托或其他人；（5）一名财务或其他专业顾问，包括股票经纪与其客户（就该顾问的持股量而言），以及控制该顾问、受该顾问控制或所受控制与该顾问一样的人；（6）一间公司的董事（连同他们的近亲、有关系信托及由该等董事、其近亲及有关系信托控制的公司），而该公司已正受到要约或凡该公司的董事有理由相信该公司可能即将收到一项真正的要约；（7）合伙人；（8）任何个人与其近亲、有关系信托及由其本人、其近亲或有关系信托控制的公司。

配偶的兄弟姐妹及其配偶等亲属，与投资者持有同一上市公司股份；（10）在上市公司任职的董事、监事、高级管理人员及其前项所述亲属同时持有本公司股份的，或者与其自己或者其前项所述亲属直接或者间接控制的企业同时持有本公司股份；（11）上市公司董事、监事、高级管理人员和员工与其所控制或者委托的法人或者其他组织持有本公司股份；（12）投资者之间具有其他关联关系。第四款规定，投资者认为其与他人不应被视为一致行动人的，可以向中国证监会提供相反证据。

此外，既然构成一致行动人，其持有的股份应合并计算，① 一并披露，且一致行动人与主要收购人负有相同的要约义务、信息披露义务，并执行相同的持股锁定期。

二、关联人的认定

2014 年修订《重组办法》时，为表明对借壳上市的严格监管态度，同时将监管实践中的做法予以明确，借壳上市定义中上市公司购买资产的对象由收购人变更为收购人及其关联人。但何为关联人，《重组办法》及其配套规则并无规定。

沪深交易所的《上市规则》规定了上市公司的关联交易和关联人的范围。《上市规则》界定上市公司关联交易和关联人主要是为规制关联交易的审议程序和披露规则，防范不公允关联交易侵害上市公司中小股份利益。因此上市公司关联人的界定非常宽泛，持有上市公司 5% 以上股份的主体即视为关联人。②

---

① 《收购办法》第八十三条第三款规定，一致行动人应当合并计算其所持有的股份。投资者计算其所持有的股份，应当包括登记在其名下的股份，也包括登记在其一致行动人名下的股份。

② 上海证券交易 2014 年版《上市规则》第 10.1.2 条规定：上市公司的关联人包括关联法人和关联自然人。第 10.1.3 条规定：具有以下情形之一的法人或其他组织，为上市公司的关联法人：（一）直接或者间接控制上市公司的法人或其他组织；（二）由上述第（一）项直接或者间接控制的除上市公司及其控股子公司以外的法人或其他组织；（三）由第 10.1.5 条所列上市公司的关联自然人直接或者间接控制的，或者由关联自然人担任董事、高级管理人员的除上市公司及其控股子公司以外的法人或其他组织；（四）持有上市公司 5% 以上股份的法人或其他组织；（五）中国证监会、本所或者上市公司根据实质重于形式原则认定的其他与上市公司有特殊关系，可能导致上市公司利益对其倾斜的法人或其他组织。

第 10.1.5 条规定：具有以下情形之一的自然人，为上市公司的关联自然人：（一）直接或间接持有上市公司 5% 以上股份的自然人；（二）上市公司董事、监事和高级管理人员；（三）第 10.1.3 条第（一）项所列关联法人的董事、监事和高级管理人员；（四）本条第（一）项和第（二）项所述人士的关系密切的家庭成员，包括配偶、年满 18 周岁的子女及其配偶、父母及配偶的父母、兄弟姐妹及其配偶、配偶的兄弟姐妹、子女配偶的父母；（五）中国证监会、本所或者上市公司根据实质重于形式原则认定的其他与上市公司有特殊关系，可能导致上市公司利益对其倾斜的自然人。

第 10.1.6 条规定具有以下情形之一的法人或其他组织或者自然人，视同上市公司的关联人：（一）根据与上市公司或者其关联人签署的协议或者作出的安排，在协议或者安排生效后，或在未来十二个月内，将具有第 10.1.3 条或者第 10.1.5 条规定的情形之一；（二）过去十二个月内，曾经具有第 10.1.3 条或者第 10.1.5 条规定的情形之一。

借壳上市概念中的"关联人"也能按照《上市规则》的范围解释吗？显然不能。原因在于：第一，借壳上市的本质决定了其主要行为包括两个方面：一是收购人取得上市公司控制权，二是收购人向上市公司注入自有资产。收购人持股5%的参股公司的资产肯定不属于收购人的自有资产。因此上市公司向收购人及其关联人购买的资产，显然不包括收购人持股5%的参股公司的资产。第二，在2014年《重组办法》修改前，"向收购人购买资产"并不仅指向收购人购买资产，而是指向收购人这条控制线上的所有主体购买其控制的资产。举例来说，甲公司通过协议受让取得A上市公司29%股权，成为A上市公司的控股股东。乙公司持有甲公司60%股权，乙公司为自然人丙控制的公司。自然人丙另外还控制一家M公司，M公司旗下N公司盈利状况较好，拟逐注入上市公司（上市公司向M公司购买N公司的股权）。如果狭义理解，M公司不是收购人，则上市公司向其购买资产不属于"向收购人购买资产"。但如果做此狭义解释，则收购人即可较为容易地规避借壳上市。因此在2014年《重组办法》修改前，"向收购人购买资产"即指向收购人这条控制线上的所有主体购买其控制的资产。2014年《重组办法》修改时，为更准确描述上述购买行为，将条文修改为"向收购人及其关联人购买资产"。

因此，借壳上市认定标准中的收购人的"关联人"应做狭义理解。关联人不应是指所有与收购人构成关联关系的人，而是仅指与收购人这条控制线上的主体存在控制关系的自然人、法人或其他组织。

第三节　关于"购买"的认定

借壳上市认定标准中的第三个概念是购买。购买的认定较为简单。

一、购买

购买是一个简单到不需要定义的概念。但对于借壳上市中的购买资产，仍需要做以下三方面说明：

第一，借壳上市属于一种特殊的重大资产重组行为，因此其认定标准中的购买首先属于《重组办法》定义下的购买。根据《重组办法》第二条的规定，首先，购买主体不仅包括上市公司，还包括上市公司的控股子公司、上市公司实际控制的公司；其次，购买行为属于日常经营活动以外的资产交易行为。①

第二，支付方式可以多样。目前规则中允许的支付工具主要包括：（1）现金；（2）普通股；（3）优先股；（4）定向可转债；（5）定向权证。截至目前，较为常见的支付工具仍为现金及股份。关于优先股，目前尚无定向发行优先股购买资产的案例，②但发行优先股购买资产不存在法律障碍；关于定向可转债与定向权证，不仅无相关案例，而且实际操作较为困难。③

第三，借壳上市中，购买的资产即拟借壳资产。首先，根据《重组办法》第十三条的规定，拟借壳资产应当是股份有限公司或者有限责任公司；其次，拟借壳资产须同时满足重大资产重组对拟购买资产的要求及 IPO 对发行人的条件要求；最后，关于拟借壳资产资质条件的计算时点，应该以截至上市公司首次召开董事会审议借壳上市事项这一时点来计算。④

二、构成购买的实质性行为

除正常意义上的购买外，尚有部分交易行为构成实质意义上的购买行为。对上市公司采用该类方式进行的变相购买资产行为，同样须纳入监管范围。根据《重组办法》第十五条的规定，此类实质构成购买行为的交易主要包括：第一，与他人新设企业，且对已设立的企业增资；第二，受托经营或租赁其他企业资产；第三，接受附义务的资产赠与或者对外捐赠资产；第四，中国证监会

---

① 《重组办法》第二条规定："本办法适用于上市公司及其控股或者控制的公司在日常经营活动之外购买、出售资产或者通过其他方式进行资产交易达到规定的比例，导致上市公司的主营业务、资产、收入发生重大变化的资产交易行为（以下简称重大资产重组）。上市公司发行股份购买资产应当符合本办法的规定。"

② 定向发行优先股再融资或发行普通股购买资产同时发行优先股配套融资的案例已出现，如 2015 年中国建筑的再融资方案，中国电建发行普通股购买资产的同时发行优先股募集配套资金。

③ 发行定向可转债和定向权证的发行条件尚不明确，这就意味着实务中无法具体操作。如设计此类交易方案，须按照重大无先例事件，事先与监管部门沟通。

④ 依据为 2011 年"证监会有关部门负责人就发布《关于修改上市公司重大资产重组与配套融资相关规定的决定》答记者问"中"关于借壳资产资质条件的计算时点。截至上市公司首次召开董事会审议借壳上市事项这一时点，上市公司购买的资产对应的经营实体持续经营时间应当在 3 年以上，最近 2 个会计年度净利润均为正数且累计超过人民币 2 000 万元"的内容。最后查阅于 2015 年 8 月 13 日。http://www.csrc.gov.cn/pub/newsite/zjhxwfb/xwdd/201108/t20110806_ 198552.html。

根据审慎监管原则认定的其他情形。[①]

第四节　关于"100%指标"的计算标准及计算方法

除了控制权、收购人、购买三个概念外，借壳上市认定标准还包括一系列复杂的计算规则。

一、数量指标：100%

不同于重大资产重组50%的数量指标，也不同于此前105号文中特别重大资产重组70%的数量指标，2011年修订的《重组办法》借鉴香港等地的立法经验，最终将借壳上市的数量指标界定为100%。

二、计算标准：资产总额

根据《重组办法》第十三条的规定，借壳上市的计算指标只有一项，即资产总额，具体计算数值为拟购买资产（借壳企业）的资产总额占上市公司控制权变更前一年资产总额的比例。

（一）拟购买资产的资产总额

鉴于借壳企业须为有限责任公司或股份有限公司，因此其计算应适用第十四条第一款第（一）项的计算方法。购买的资产为股权的，其资产总额以被投资企业的资产总额与该项投资所占股权比例的乘积和成交金额两者中的较高者为准；购买股权导致上市公司取得被投资企业控股权的，其资产总额以被投资企业的资产总额和成交金额两者中的较高者为准。[②]

此外，上市公司同时购买、出售资产的，应当分别计算购买、出售资产的相关比例。即出售资产不影响拟购买资产的资产总额的计算。

（二）上市公司的资产总额

计算上市公司的资产总额，关键在于确定计算年份，因为该年上市公司的

[①] 《重组办法》第十五条规定："本办法第二条所称通过其他方式进行资产交易，包括：（一）与他人新设企业、对已设立的企业增资或者减资；（二）受托经营、租赁其他企业资产或者将经营性资产委托他人经营、租赁；（三）接受附义务的资产赠与或者对外捐赠资产；（四）中国证监会根据审慎监管原则认定的其他情形。上述资产交易实质上构成购买、出售资产，且按照本办法规定的标准计算的相关比例达到50%以上的，应当按照本办法的规定履行相关义务和程序。"

[②] 非股权类资产不存在控制权的概念，因此股权类资产的计算方法与非股权类资产不同。根据《重组办法》第十四条第一款第（二）项的规定，购买的资产为非股权资产的，其资产总额以该资产的账面值和成交金额二者中的较高者为准。

资产总额是作为计算的分母。根据《重组办法》第十三条的规定，作为计算基准的上市公司资产总额为控制权变更前一个会计年度的资产总额。具体包括两种情况：

第一，控制权变更与资产注入不同步的，上市公司控制权为控制权变更前一个会计年度的经审计的资产总额。此时，控制权变更的时点一般以工商变更或股份登记过户为准。

第二，控制权变更为资产注入同步的，上市公司控制权变更前一个会计年度的经审计的资产总额，指的是上市公司公告交易预案的前一个会计年度经审计的资产总额。之所以选择公告预案的前一个会计年度，是因为上市公司公告交易预案时，股票同时复牌。此时应明确交易方案是否构成借壳上市；如构成，是否满足借壳条件。如此，投资者方可对本次交易的合规性、本次交易的风险及对股票价格的影响有一个基本判断。因此，为更好地保护投资者权益，降低不确定性风险，只能按照方案公告时上市公司前一个会计年度的经审计的资产总额作为计算指标，而无法按照交易完成后的资产总额指标计算。

三、计算方法

根据《〈上市公司重大资产重组管理办法〉第十四条、第四十四条的适用意见——证券期货法律适用意见第 12 号》（证监会公告〔2015〕10 号）[①]，借壳上市的计算执行"累计首次原则"和"预期合并原则"。要理解这两个原则，应首先了解上市公司一般重大资产重组的计算方法。

（一）一般重大资产重组的计算方法

首先，一定时期内的购买行为累计计算。为防止上市公司规避监管，分拆购买资产达到不构成重大资产重组的标准，《重组办法》第十四条规定，上市公司在 12 个月内连续对同一或者相关资产进行购买的，[②] 以其累计数分别计算相

[①] 该适用意见于 2015 年根据 2014 年版《重组办法》修订，此前全称为《〈上市公司重大资产重组管理办法〉第十三条、第四十三条的适用意见——证券期货法律适用意见第 12 号》（证监会公告〔2011〕17 号）。此次修改并未对"累计首次原则"和"预期合并原则"进行修改。

[②] 《重组办法》第十四条第二款规定，交易标的资产属于同一交易方所有或者控制，或者属于相同或者相近的业务范围，或者中国证监会认定的其他情形下，可以认定为同一或者相关资产。

应数额，并累加确定是否触发重大资产重组标准。①

　　为了正确理解与适用上市公司在 12 个月内连续购买、出售同一或者相关资产的比例计算的规定，监管部门于 2011 年 1 月 17 日发布了《证券期货法律适用意见第 11 号》（证监会公告〔2011〕5 号），②规定：在上市公司股东大会作出购买或者出售资产的决议后 12 个月内，股东大会再次或者多次作出购买、出售同一或者相关资产的决议的，应当适用 12 个月内累计计算的规定。在计算相应指标时，应当以第一次交易时最近一个会计年度上市公司经审计的合并财务会计报告期末资产总额、期末净资产额、当期营业收入作为分母。

　　12 个月内连续对同一或者相关资产进行购买的，累计计算相应数额的主要立法目的在于防止上市公司规避监管，而上市公司已按照《重组办法》的规定编制并披露重大资产重组报告书的资产交易行为，已依法履行信息披露义务，不存在规避监管的问题。对该类行为，无须纳入累计计算的范围。因此，依据《重组办法》第十四条的规定，已按照《重组办法》的规定编制并披露重大资产重组报告书的资产交易行为，无须纳入累计计算的范围。

　　然而，考虑到借壳上市行为的特殊性，为防止化整为零规避监管，严格执行拟注入资产须符合完整性、合规性和独立性要求，《重组办法》第十四条规定，构成借壳上市的行为，即使已按照《重组办法》履行相应义务，仍应当累计计算。

　　（二）借壳上市的特别规定

　　借壳上市的特别计算方法包括"累计首次原则"、"预期合并原则"。

　　第一，"累计首次原则"，也称首次累计原则，即按照上市公司控制权发生变更之日起，上市公司在重大资产重组中累计向收购人购买的资产总额（含上市公司控制权变更的同时，上市公司向收购人购买资产的交易行为），占控制权发生变更的前一个会计年度上市公司经审计的合并财务会计报告期末资产总额的比例累计首次达到 100% 以上的原则。

---

　　①　2014 年《重组办法》修改以前，上市公司现金购买资产达到重大资产重组标准的，应报中国证监会核准。为避免行政许可的不确定性和节约购买时间，上市公司存在较强的拆分购买资产规避构成重大资产重组的动机。2014 年《重组办法》修改后，上市公司现金购买资产构成重大资产重组的，履行相应的信息披露义务并获股东大会通过即可，无须再报中国证监会核准，上市公司拆分购买资产规避重大资产重组监管的动机减弱。但重大资产重组的法定程序仍然较一般小额购买资产复杂，因此保留该条文，确保上市公司通过拆分购买资产规避重大资产重组的信息披露要求。

　　②　须注意，"证券法律适用意见第 11 号"对应的是 2008 年版《重组办法》。虽然《重组办法》已更新，但该法律适用意见仍然有效。

　　根据 2012 年 1 月 19 日中国证监会在其网站上发布 "《关于修改上市公司重大资产重组与配套融资相关规定的决定》的问题与解答"[①] 规定，"执行累计首次原则" 中有关控制权发生变更的规定指：上市公司自首次公开发行之日起发生的控制权变更。准确来讲，指的是上市公司 IPO 之后最近的一次控制权变更。若控制权变更与实际控制人资产注入同步，则控制权变更时间即为本次借壳上市交易中实际控制人取得控制权的时间；若控制权变更与资产注入不同步，则控制权变更时间为资产注入前，现实际控制人取得上市公司控制权的时间。

　　第二，"预期合并原则"。即收购人申报重大资产重组方案时，若存在同业竞争和非正常关联交易，对于收购人解决同业竞争和关联交易问题所制定的承诺方案，涉及未来向上市公司注入资产的，也将合并计算。

第五节　关于 "借壳上市完成" 的认定

　　根据《重组办法》的监管逻辑，借壳上市完成后，收购人（上市公司现控股股东或实际控制人）向上市注入资产即视为整体上市或大股东注资，不再适用 "累计首次原则"。即使资产规模远远大于上市公司，交易方案也不再按照借壳标准要求拟注入资产。鉴于此，有必要对借壳上市完成这一行为进行认定。

　　《重组办法》及其配套规则只规定了借壳上市的定义及计算规则。那么如何认定上市公司已经完成借壳上市？这就涉及到借壳老规[②]与借壳新规的衔接问题。

　　2011 年《重组办法》修订时，明确了借壳上市的认定标准。由于此前有关规则并未明确借壳上市的认定标准，也没有设置达到 "资产总额 100%" 的指标，导致实践中经常遇到这样的问题：上市公司在提出新的重组方案时，声称其在若干年前已经过借壳上市审批，本次重组属于控股股东注入资产而非借壳上市，由此涉及对借壳新规颁布前已实施过一次或多次重大资产重组的上市公司，如何认定其控制权人已完成借壳上市的判断标准问题？

　　证监会于 2011 年 8 月 6 日发布借壳新规的 "答记者问" 中明确：借壳新规

---

　　① 该 "问题与解答" 于 2015 年 4 月 24 日失效并撤网。2015 年 4 月 24 日中国证监会公布 "关于上市公司发行股份购买资产同时募集配套资金用途等问题与解答"，该问题与解答虽然废止了 2012 年的规定，但并没有明确控制权发生变更的具体时点。实践中控制权发生变更仍然按照文中所述的标准判断。

　　② 准确来讲，不存在借壳老规，因为 2011 年《重组办法》修订时，才第一次正式界定借壳上市的定义及监管标准，即 2011 年《重组办法》以前，借壳上市并未单独设置监管规则。但出于区分的目的，我们将 2011 年《重组办法》修订前借壳上市适用的监管规则称为借壳旧规。

向社会公开征求意见前，证监会已经受理的构成借壳上市的 24 家以及已经公告借壳上市预案但尚未正式受理的项目 12 家，原则上按照原有规定进行审核。① 即"老借壳用老规、新借壳用新规"。从这 36 家公司的方案来看，当时证监会认定这"24 家＋12 家"属于"老借壳"时，已经有一个初步标准，即"一次控制权发生变更且向该收购人实施的一次重大资产购买"，该标准并不要求资产额度达到 100％，也不要求该重组方案必须有存量资产置出即更换主营业务。比如，属于"24 家＋12 家"的安徽江南化工股份有限公司，即属于同行业的民用爆破资产借壳，没有置出资产，也没有更换主营业务。

为进一步明确审核标准，统一监管尺度，在总结历史经验及实践经验基础上，2013 年 12 月，中国证监会上市部在《关于如何认定 2011 年借壳新规颁布前上市公司重大资产重组方案是否已完成借壳上市审批的函》（上市一部函〔2013〕986 号）明确答复沪深交易所，有以下两种情况之一的，应当认定为在历史上已经完成借壳上市审批：（1）上市公司历史上发生了控制权变更且向该收购人实施了至少一次重大资产购买，向收购人购买的资产总额占其控制权发生变更的前一个会计年度经审计的合并财务会计报告期末资产总额的比例已经达到 100％的，且已经按照当时规定报经中国证监会审核或备案。（2）上市公司历史上发生了控制权变更且向该收购人实施了至少一次重大资产购买，向收购人购买的资产总额占其控制权发生变更的前一个会计年度经审计的合并财务会计报告期末资产总额的比例达到 50％但未达到 100％，导致重组后上市公司主营业务发生根本性变化，且该次重组已经按照当时规定报经中国证监会审核或备案。对于该项中的"重组后上市公司主营业务发生根本性变化"，函中也明确可以从以下几个方面加以判断：第一，主业变更，即按照《上市公司行业分类指引（2012 年修订）》（以下简称《分类指引》）第 2.2 条的规定，上市公司重大资产重组完成后，新注入业务的营业收入占上市公司营业收入的比例达到或者超过 50％。第二，由单主业变更为双主业，即按照《分类指引》第 2.3 条的规定，上市公司重大资产重组完成后，没有一类业务的营业收入占上市公司营业收入的比例达到或者超过 50％，但新注入业务的营业收入和利润占上市公司营业收入和利润的比例达到或者超过 30％。第三，新注入业务巩固了原主业，即虽然重组未导致业务类型变更，但按照《分类指引》第 2.2 条的规定，上市公

①　具体见"证监会有关部门负责人就发布《关于修改上市公司重大资产重组与配套融资相关规定的决定》答记者问"，http：//www.csrc.gov.cn/pub/newsite/zjhxwfb/xwdd/201108/t20110806_198552.html，最后查阅于 2015 年 8 月 13 日。

司重大资产重组完成后，新注入业务的营业收入占上市公司营业收入的比例达到或者超过50%。

此外，实务中还存在一类上市公司为实现"借壳上市完成"这一目的，主动认定交易方案构成借壳上市，并报证监会审批的情形。如浙江联宜电机股份有限公司（以下简称联宜电机）借壳太原双塔刚玉股份有限公司（以下简称太原刚玉，证券代码000795）项目，公司主动认定本次交易构成借壳上市。[①] 具体情况为：太原刚玉于1997年8月在深交所主板上市，2002年实际控制人变更为横店社团经济企业联合会（以下简称经济企业联合会），主营业务为钕铁硼永磁材料、自动化物流立体仓库的生产和销售。截至交易前，上市公司总股份约34 293万股，控股股东横店集团控股有限公司（以下简称横店控股）持有25.53%的股权，实际控制人为经济企业联合会。本次交易前，公司于2003年4月向经济企业联合会及其关联方支付现金购买资产1.64亿元，不构成重大资产重组，公司于2006年向经济企业联合会及其关联方支付现金购买资产2.03亿元，不构成重大资产重组。本次交易中，公司向横店控股发行股份购买联宜电机100%的股权，交易金额7亿元。问题在于：本次交易是否构成借壳上市？判断该问题的关键在于"累计首次原则"。如果累计计算，3次交易的交易金额合计占控制权变更前一个会计年度2001年末上市公司总资产10.23亿元的104%，构成借壳上市。如果不累计计算，则本次交易不构成借壳上市。

"累计首次原则"[②] 是为防止上市公司化整为零规避借壳上市而设置的计算方法。上市公司12个月内的资产购买交易原则上累计计算是否构成重大资产重组，如果12个月内购买资产累计计算尚不构成重大资产重组，则该系列交易对公司资产、业务等影响相对较小，因此"累计首次原则"仅累计控制权变更以来向收购人购买资产达到重大资产重组标准的交易。据此，太原刚玉本次交易之前的两次资产购买因不构成重大资产重组，原则上应不按照"累计首次原则"纳入计算。然而，公司公告方案时，主动适用"累计首次原则"，认定本次交易方案构成借壳上市。考虑到"累计首次原则"是为了防止不符合借壳标准的资产进入上市公司，如果收购人的资产符合借壳标准，且收购人自愿按照借壳上市申报材料，法律法规没有禁止，应该允许。

---

① 详见太原刚玉于2015年6月18日公告的《发行股份购买资产并募集配套资金暨关联交易报告书》，巨潮资讯网，最后查阅于2015年8月13日。

② "累计首次原则"指上市公司控制权发生变更之日起，上市公司在重大资产重组中累计向收购人购买的资产总额，占控制权发生变更的前一个会计年度经审计的合并财务会计报告期末资产总额的比例累计首次达到100%以上的原则。

本案例中，经济企业联合会于 2002 年即取得上市公司控制权，并在其后逐步注入资产。该公司主动认定自己构成借壳上市的原因在于实际控制人需要被认定为"借壳上市完成"，以便未来向上市公司注入资产将不再构成借壳上市。发生该情形的根源盖因借壳上市的认定标准未规定取得控制权与注入资产的时间间隔，以致收购人在若干年后的资产注入行为仍然被认定为借壳上市，即使对上市公司资产、业务等的影响已经很小，甚至不构成重大资产重组。本例中尚不明显，上市公司 2014 年底的资产总额约 18 亿元，控制权变更前一会计年度（2001 年）的资产总额约 10 亿元。如果上市公司经过 10 多年的发展，资产总额达到 100 亿元，此时向收购人购买一个 10 亿元规模的资产，按照现有标准，构成借壳上市，但按照上市公司最新的资产总额，却连重大资产重组均不构成。此时将之认定为借壳上市的必要性值得探讨。鉴于"累计首次原则"的目的是为防止规避借壳，中太原刚玉主动认定交易构成借壳上市，并按照借壳上市标准披露及履行审核程序，应视为上市公司已完成借壳，此后控股股东及实际控制人的资产注入将不再构成借壳上市。

设置借壳上市认定标准的目的在于对该类特殊的交易行为严格监管。借壳上市的认定标准与监管规则之间紧密相连，共同影响着借壳上市的运作方式和操作过程。借壳上市监管规则的不断趋严，导致规避借壳上市行为的出现和发展，该类行为的出现和发展又反映了借壳上市认定标准存在的问题。

第四章 借壳上市的交易难点与监管重点

如前所述，借壳上市的认定标准和监管规则与借壳上市的运作方式和操作过程紧密相连，牵一发而动全身。因此本章笔者重点介绍借壳上市的监管规则。

相比 IPO 有特定的规章监管①，借壳上市并非如此。借壳上市的有关规则由一系列规章及规范性文件组成，贯穿于上市公司并购重组法规体系之中，构成有机联系的整体。在取得上市公司控制权环节，针对收购行为的监管；在资产购买环节，对重大资产购买行为的监管。如有资产出售，对重大资产出售的监管；如有配套融资，对非公开发行募集资金的行为的监管。换句话说，借壳上市的监管规则是一个"综合监管"、"组合监管"的规则体系。借壳上市的运作方式和操作过程，以及其他方方面面，无不与这些规则密切相关。本章首先简述借壳上市的监管规则体系，其次分类介绍具体的监管规则。

第一节 借壳上市监管的规则体系

一项借壳上市交易，可能涉及诸多法律行为，并对应众多的监管规则。第一，上市公司收购行为，主要适用法规为《证券法》第四章"上市公司的收购"及《收购办法》；第二，上市公司重大资产重组行为，主要适用法规为《重组办法》；第三，上市公司非公开发行股份行为，主要适用法规为《重组办法》、《上市公司证券发行管理办法》；第四，视同拟借壳资产 IPO 行为，适用《首发办法》。因此，有必要首先对借壳上市的规则体系有一个清晰的、立体的认识。

一、法律层面

（一）《证券法》

《证券法》确定了证券市场运行的基本规则。与借壳上市相关度较高的原则

---

① 具体指《首次公开发行股票并上市管理办法》（证监会令〔2006〕2 号）、《首次公开发行股票并在创业板上市管理办法》（证监会令〔2014〕99 号），此前创业板 IPO 适用的是《首次公开发行股票并在创业板上市管理暂行办法》（证监会令〔2009〕61 号）。

包括：公开、公平、公正的"三公"原则，诚实信用原则，禁止欺诈、内幕交易与操纵市场原则。对于借壳上市涉及的诸多行为，《证券法》仅明确规定了上市公司收购行为、上市公司发行股份行为。对于上市公司重大资产重组行为，《证券法》并没有明确规定。笔者认为，主要原因在于：借鉴美国、英国等发达国家立法体例，《证券法》主要规制上市公司的证券发行和交易行为。上市公司的重大资产重组行为，只是影响上市公司证券交易价格的众多重要信息之一，并不需要单独规制，仅需要纳入信息披露的监管体系即可。然而，如此立法体例的基础在于《公司法》的发达。对于上市公司的重大资产重组行为，依据《公司法》及后续有效的赔偿机制基本即可保护相关股东的合法权益。

（二）《公司法》

《公司法》主要规定公司的设立及行为准则。上市公司作为股份公司，自然须遵守股份公司有关机构设置、股权转让、合并分立等相关的规则。此外，上市公司作为特殊的股份公司，《公司法》第四章第五节专门就上市公司的组织机构进行了特别的规定。① 该部分规定共五条，其中对于上市公司购买资产的规定为，上市公司购买资产、出售重大资产超过公司资产总额30%以上的，应当由股东大会决议，并经出席会议的股东所持表决权的三分之二以上通过。该条只是对公司30%以上的资产交易做了概括性的规定，明确了大的方向，但没有涉及到具体的操作事宜，没有授权性规定。相比上市公司购买资产、出售资产的实践来看，上述规定实在有点粗线条，无法满足实践的需要。

二、行政法规层面

鉴于我国资本市场发展时间短，速度快，上市公司监管的实践变化也较快，使得行政法规层面的立法一直未能跟上，《上市公司监管条例》起草并修改多

---

① 《公司法》第一百二十条规定：本法所称上市公司，是指其股票在证券交易所上市交易的股份有限公司。

第一百二十一条规定：上市公司在一年内购买、出售重大资产或者担保金额超过公司资产总额百分之三十的，应当由股东大会作出决议，并经出席会议的股东所持表决权的三分之二以上通过。

第一百二十二条规定：上市公司设立独立董事，具体办法由国务院规定。

第一百二十三条规定：上市公司设董事会秘书，负责公司股东大会和董事会会议的筹备、文件保管以及公司股东资料的管理，办理信息披露事务等事宜。

第一百二十四条规定：上市公司董事与董事会会议决议事项所涉及的企业有关联关系的，不得对该项决议行使表决权，也不得代理其他董事行使表决权。该董事会会议由过半数的无关联关系董事出席即可举行，董事会会议所作决议须经无关联关系董事过半数通过。出席董事会的无关联关系董事人数不足三人的，应将该事项提交上市公司股东大会审议。

次，仍未能出台。

三、规章层面

这是目前借壳上市监管规则的主要来源。借壳上市作为一项特殊的交易，涉及上市公司收购行为、重大资产重组行为、非公开发行行为等，相应的行为须分别满足对应的规章要求。

（一）《收购办法》

《收购办法》是目前规范上市公司收购行为的部门规章，主要从收购方式、权益变动的信息披露、财务顾问制度等方面对上市公司收购行为作出了规范，规定相对详细、比较全面。《收购办法》对完善我国上市公司收购法律体系，规范收购行为，使更多的上市公司收购能在合法轨道内发生，起到了积极的作用。

借壳上市中，借壳方收购上市公司的方式选择及相应的信息披露义务的履行、要约收购义务的触发和豁免，借壳方的主体资格限制、持股锁定期等规则主要来源于《收购办法》及其配套规则。

（二）《重组办法》

《重组办法》是规范上市公司重大资产购买、出售等行为的基本部门规章，主要从规范对象、规范要求、重组程序、重组信息管理、发行股份购买资产特别规定、独立财务顾问制度等方面对重大资产重组行为作出了规范。《重组办法》自实践中发展完善而来，对完善我国上市公司资产重组的法律体系，规范资产收购行为，使更多的上市公司收购资产能在合法轨道内发生，起到了积极的作用。

借壳上市中，借壳方须将拟借壳企业注入上市公司，注入方式一般即上市公司购买拟借壳企业的控股权。该资产购买行为构成重大资产重组，因此，首先应适用《重组办法》及其配套规则。其次，有时上市公司并非购买拟借壳企业控股权，而是通过吸收合并的方式将拟借壳企业的资产、业务、人员等全部并入上市公司这一主体，此时须同时适用《公司法》关于吸收合并的特殊规则。再次，如果支付手段为股份，则涉及非公开发行股份购买资产及配套融资，须同时适用《上市公司证券发行管理办法》规定的非公开发行的条件等。复次，借壳上市对拟借壳资产相比普通的重大资产重组，有更为严格的要求。拟借壳企业须同时符合 IPO 的发行条件，须同时适用《首发办法》的发行条件。最后，如果借壳方拟实现净壳上市，则上市公司一般会将原有资产负债全部出售，主要适用《重组办法》关于资产出售的规定。

（三）《首发办法》

《首发办法》是目前针对拟上市公司在主板和中小板 IPO 行为①的规章性文件，主要从发行条件、发行程序、信息披露等角度规范发行人的 IPO 行为。

借壳上市标准等同 IPO 以后，《首发办法》规定的发行条件及其配套规则即适用于拟借壳企业。借壳上市交易中，仅拟借壳企业的条件要求等同于 IPO 的发行条件。交易的发行程序、信息披露等规则仍适用《重组办法》等相关规则。

（四）《上市公司证券发行管理办法》

《上市公司证券发行管理办法》是规范上市公司股票发行行为的基本部门规章，规定了上市公司公开发行的条件、非公开发行的条件、发行程序、信息披露等内容。

借壳上市中，涉及发行股份购买资产的，适用《上市公司证券发行管理办法》中关于非公开发行条件的规定，发行程序及信息披露等仍然以《重组办法》为准；涉及发行股份募集配套资金的，适用《上市公司证券发行管理办法》中关于非公开发行条件、发行程序的规定，发行程序及信息披露等仍然以《重组办法》为准，信息披露等仍然以《重组办法》为准。

（五）《上市公司并购重组财务顾问管理办法》

《上市公司并购重组财务顾问管理办法》是针对上市公司并购重组活动财务顾问、独立财务顾问的聘请及行为规范的基本部门规章。

借壳上市中，上市公司须依照《重组办法》的规定聘请独立财务顾问；借壳方作为收购人，须依照《收购办法》的规定聘请财务顾问。独立财务顾问应保持独立性，与财务顾问不可为同一机构。独立财务顾问和财务顾问依据《上市公司并购重组财务顾问管理办法》的规定履行职责。

（六）其他

除上述借壳上市交易基本均适用的规章外，还有部分在特定条件下适用的规章，如《国有股东转让所持上市公司股份管理暂行办法》（国资委、证监会令〔2007〕19 号），《外国投资者对上市公司战略投资管理办法》（商务部、证监会、税务总局、工商总局、外汇局令〔2005〕28 号）。

四、规范性文件及其他

规范性文件及其他主要包括对上述规章进行细化和具体解释的各种规范性

---

① 创业板首发上市有单独的办法，但鉴于创业板不能借壳上市，此处就不介绍创业板的首发办法了。

文件及效力级别更低的其他文件。此类文件一般是针对实践问题，总结并抽象出的普遍规则，实物可操作性强。笔者对这些文件进行了梳理和初步的分类，主要可以分为两类。

第一类是对现有规则的解释、说明。该部分内容较为庞杂，格式多样，且存在一些规则部分内容有效，部分内容被新规则替代而失效的情形。效力层次相对较高的包括补充性规定、证券期货法律适用意见，效力层次相对较低的包括监管指引、"问题与解答"。借壳上市中常用的补充性规定包括：《关于规范上市公司重大资产重组若干问题的规定》（证监会公告〔2008〕14号）、《上市公司非公开发行股票实施细则》（证监发行字〔2007〕302号）；常用的证券期货法律适用意见包括1号、3号、12号。监管指引主要涉及上市公司日常监管，与借壳上市的关联度相对较低；"问题与解答"大部分为上市公司并购重组中具体规则的解释及监管要求，此处不再列举具体名称。①

第二类是对信息披露的格式要求。该部分规定表现形式相对单一，主要为格式准则。借壳上市中上市公司应按照《公开发行证券的公司信息披露内容与格式准则第26号——上市公司重大资产重组》（2014年修订，证监会公告〔2014〕27号），其中对于借壳上市的部分内容要求参照《公开发行证券的公司信息披露内容与格式准则第1号——招股说明书》的要求披露；借壳上市中收购人应按照格式准则15号、16号、17号披露相应的权益变动报告书或收购报告书、要约收购报告书等。

此外，沪深证券交易所和中国证券登记结算有限责任公司制定了相应的自律规则。

第二节　借壳上市中"取得上市公司控制权"的监管要求

根据借壳上市的认定标准，借壳方须取得上市公司控制权。借壳方取得上市公司控制权的行为构成上市公司收购行为，应遵守《证券法》、《收购办法》等相关规则的规定。《证券法》关于上市公司收购的制度比较原则，因而上市公司收购的具体制度主要体现在中国证监会根据《证券法》授权制定的《收购办

---

① 具体见中国证监会网站，http://www.csrc.gov.cn/pub/newsite/ssgsjgb/ssbssgsjgfgzc/ywzx/。

法》中。《收购办法》差不多是当前中国最为难懂的一部法律法规了。[①] 但为合理设计借壳方案，对上市公司收购制度的理解又必不可少。因此本节主要介绍上市公司收购的各项监管制度，掀开借壳上市组合监管规则的第一块面纱。

一、收购的定义

在解析上市公司收购的监管规则之前，我们先来探讨一个困惑了理论界和实务界许久的基本问题，什么是上市公司收购。[②]

（一）上市公司收购定义的必要性

我国关于规范上市公司收购行为最早的法律法规是 1993 年颁布的《股票发行与交易管理暂行条例》。其中第四章为"上市公司的收购"，共七条，涉及权益披露、要约收购两大部分内容，但并未对收购进行定义。1998 年《证券法》和 2005 年修订的《证券法》沿用了《股票发行与交易管理暂行条例》的立法框架，专章规定上市公司收购，但不界定何为收购。从逻辑上来讲，既然章节名称为上市公司的收购，该章节规定的行为应该属于上市公司收购行为。而《证券法》第五章规定的内容为 5% 以上的持股预警信息披露制度和要约收购制度。按此立法逻辑，无须定义上市公司收购，仅按照持股比例的差别实施差异监管即可。然而实践中监管部门发现，收购人取得控制权之后，继而掏空上市公司的问题屡见不鲜，然而根据《证券法》却找不到监管依据。

2002 年 9 月 28 日证券监管部门发布了 2002 年版《收购办法》（证监会令〔2002〕10 号），并于同日发布了《上市公司股东持股变动信息披露管理办法》（证监会令〔2002〕11 号）。这两个办法区分比较清晰，《上市公司股东持股变动信息披露管理办法》规定投资者的持股变动对应的信息披露义务；《收购办法》规定其中可能影响上市公司控制权变化的持股变动行为，具体包括控制权变更的行

---

① 《收购办法》难懂的原因，笔者感觉可能有以下几个方面：首先，《证券法》立法时主要借鉴英国、美国、中国香港等资本市场相对成熟的国家或地区，主要规定权益变动和要约收购制度。而境内上市公司收购主要为协议收购，或国有资产的无偿划转等，与英美等发达国家以要约收购为主的实践存在较大差异，导致《证券法》与境内上市公司收购的实践契合度不够。其次，《收购办法》是在《证券法》的原则范围下制定的具体制度，既要考虑证券法的立法框架，又要考虑实践需求，因此立法逻辑多维，既涉及到持股比例，又涉及到控制权。最后，上市公司收购的实践变化比较快，而《收购办法》有些法条立法意图是有一定的时代特征而有特殊指向的，随着实践的发展，会对其他情形造成误伤，给规则解释带来难题。

② 此处的上市公司收购特指收购上市公司股权的行为，并不包含上市公司收购资产的行为。在我国的规则体系下，上市公司收购资产的行为，称为资产重组行为。

为及持股超过 30% 的行为①，该类行为需要报证券监管部门审批。如此，《收购办法》将上市公司收购定义为：收购是指收购人持有或者控制上市公司的股份达到一定比例或者程度，导致其获得或者可能获得对该公司的实际控制权的行为。根据上述立法逻辑，实际上将《证券法》规定的"上市公司的收购"一章中规范的行为分为两类：一类为不涉及控制权变更的权益变动披露制度；另一类为涉及控制权变动的上市公司收购制度，包括控制权实际变更的和持股超过 30% 可能变更的②。此立法逻辑较为清晰，在该立法逻辑下，《证券法》章名中的"上市公司的收购"是一个广义的收购，包含一般的权益变动行为及控制权变更的收购行为；而狭义的收购仅指获得或可能获得上市公司控制权的收购行为。

然而，2005 年《证券法》进行了重大修订，对上市公司收购制度作出重大调整，将强制性的全面要约收购制度改为要约方式。与此同时，国民经济的战略性结构调整和上市公司股权分置改革后的证券市场新局面也对收购制度调整提出了迫切要求。为适应上位法的变化和市场实践的发展，监管部门于 2006 年7 月，正式发布了修订后的 2006 年版《收购办法》（证监会令〔2006〕35 号）。2006 年版《收购办法》充分体现了鼓励上市公司收购③的立法精神。如基于重要性原则，根据持股比例的不同采取不同的监管方式，取消对 30% 以下上市公司控制权变更的事前审批。如此立法逻辑下，将上市公司界定为"获得或可能获得上市公司控制权"的必要性变的不足。因此，《收购办法》放弃了关于上市公司收购的定义。按照《证券法》的规定，在依据持股比例监管的规则基础上，结合是否取得控制权，对投资者权益披露内容的详略程度规定不同的监管规则。如此，立法逻辑也是通顺的，并不需要界定何为上市公司的收购。

我们再将眼光从国内立法转向国际立法。看看美国和英国是否对上市公司收购进行界定。美国是证券市场最为发达的国家，上市公司收购监管的法律依据主要是《威廉姆斯法》。但《威廉姆斯法》及 SEC 制定的一系列规则中并不存在一般性的上市公司收购概念，而只有要约收购（Tender Offer）概念。因此，美国法

---

① 2002 年版《收购办法》第二条规定："收购是指收购人持有或者控制上市公司的股份达到一定比例或者程度，导致其获得或者可能获得对该公司的实际控制权的行为。"

② 《收购办法》对上市公司控制权市场进行管制属于实质性管制，在当时取得了很好的效果，不良的收购之风得到较大程度的遏制。

③ 根据公司治理的理论，活跃的上市公司收购活动有利于培育公司控制权市场，形成有效的外部治理约束，促进上市公司提高自身质量。上市公司的收购必然涉及上市公司控制权的争夺或维系，从外部对公司董事会和管理层产生巨大压力，使经营不善的管理层随时面临被撤换的风险，迫使其努力改善公司质量，完善公司治理，提高公司质量，避免成为被收购目标。

律上未界定上市公司收购的概念。从法律和规则的条文来看，美国对上市公司收购的监管主要包括：对上市公司权益持有比例达到或超过5%（包括私下协议收购和公开市场收购）的持股预警信息披露制度和要约收购的监管制度。与美国类似，英国的相关法规中也不存在一般性的上市公司收购概念。从相关条文的具体内容来看，英国的证券监管对于上市公司收购的监管主要包括：对上市公司权益持有比例达到或超过3%时的持股预警信息披露制度和要约收购的监管制度。

如此，我国是不是可以得出这样的结论，上市公司收购是一个过程，从5%的权益披露到30%的要约收购，再到30%以上的持续增持，每个阶段适用该阶段对应的信息披露规则即可，无须也无法对上市公司收购进行一个准确的定义。

然而，事实并非如此。在鼓励上市公司收购的同时，《证券法》及《收购办法》保留了部分认为必要的监管规则。比如，《证券法》第九十八条规定，收购人持有的被收购的上市公司的股票，在收购行为完成后12个月内不得转让。为防止掏空上市公司，保证上市公司控制权市场一定的稳定性，区别于短线交易的6个月，收购人持股须锁定12个月。然而，问题来了，何为收购人？再比如，《收购办法》第六条规定，收购人不得具备的几种情形，同样的问题，何为收购人？要适用此类规则条文，就需要界定收购人，而界定收购人必然要先界定收购。因此，定义上市公司收购的必要性显现。

（二）上市公司收购定义的争议

2006年版《收购办法》删除了关于上市公司收购的定义，导致理论界及实务界对上市公司收购的定义出现争议。主流派别的观点主要有三种：

第一种观点认为，收购是指取得对上市公司控制权的行为。主要依据在于：首先，全国人大证券法修改起草工作小组编写的《中华人民共和国证券法释义》中关于协议收购的定义："协议收购是指收购人通过私下协商的方式向被收购公司的控股股东、实际控制人或持股比例较大的特定股东提出购买请求，与特定股东或者实际控制人达成收购协议而取得上市公司实际控制权的行为。"[①] 其次，2002年版《收购办法》第二条规定，收购是指收购人持有或者控制上市公司的股份达到一定比例或者程度，导致其获得或者可能获得对该公司的实际控制权的行为。根据上述规定，无论投资者持股比例是多少，只要其取得了上市公司控制权，即是收购。

第二种观点认为，收购是指取得或者巩固对上市公司控制权的行为。主要依据在于：首先，全国人民代表大会常务委员会法制工作委员会编写的《中华人民

[①] 全国人大证券法修改起草工作小组：《中华人民共和国证券法释义》，125页，北京，中国金融出版社，2006。

共和国法律释义丛书——中华人民共和国证券法（修订）释义（2005 年版）》中明确提出"上市公司收购的目的是为了获得或者巩固对上市公司的控制权。"① 其次，在周正庆、李飞、桂敏杰主编的《新证券法条文解析》中也提出"收购的目的是为了获得或者巩固对上市公司的控制权"。② 最后，2006 年版《收购办法》随着《公司法》、《证券法》的修订而同步修改，取消了对收购的定义。从立法技术而言，意味着对原定义的放弃或者说对原定义的内容进行了变更。

第三种观点认为，收购是指取得上市公司 30% 以上股份。主要依据在于：2006 年版《收购办法》对于 30% 以下股东的持股行为披露要求为权益变动报告书，无须行政审批；而对于 30% 以上股东的持股行为，需要履行要约收购义务或申请豁免要约收购义务，且持股比例跨越 30% 时的披露要求为收购报告书。

目前，在上市公司监管实务中，证监会和证券交易所均持第二种观点。即收购是指取得或者巩固对上市公司控制权的行为，并按此理解与适用《证券法》、《收购办法》的相关规定。主要原因在于：首先，2006 年版《收购办法》采用的立法理念是采用控制权与持股比例两条线对收购进行监管。上市公司的权益披露的详略程度取决于两个方面：第一，拥有权益比例；第二，是否取得控制权。即在承认控制权的基础上，对于达到 5%、20%、30% 等比例的信息披露程度进行了划分。其次，2006 年版《收购办法》的立法逻辑和立法框架更倾向于采用了第二种观点，即巩固控制权也是收购。比如持股 30% 以上控股股东的增持行为，仍需要履行要约收购义务或得到豁免。再次，2008 年 8 月，中国证监会就《关于修改〈上市公司收购管理办法〉第六十三条的决定》向社会征求意见时，在同时发布的"答记者问"中明确，对于持股 30% 以上股东增持股份的行为，"行为人应当符合《证券法》第四十七条关于限制短线交易即'持有上市公司股份百分之五以上的股东，将其持有的该公司的股票在买入后六个月内卖出，或者在卖出后六个月内买入'的规定、第七十三条关于禁止利用内幕交易从事证券交易活动的规定、第七十七条关于禁止操纵市场的规定，同时应当符合《收购办法》第六条关于收购人资格的规定以及其他相关规定。"③ 最后，中国证监会对外讲课的讲义中明确将收购定义为取得和巩固控制权。④

---

① 全国人民代表大会常务委员会法制工作委员会：《中华人民共和国法律释义丛书——中华人民共和国证券法（修订）释义（2005 年版）》，125 页，法律出版社，2005。
② 周正庆、李飞、桂敏杰：《新证券法条文解析》，210 页，北京，人民法院出版社，2006。
③ "关于修改《上市公司收购管理办法》第六十三条的决定（征求意见稿）答记者问"，载 http://www.csrc.gov.cn/n575458/n575667/n818795/10768770.html。
④ 马骁：《上市公司并购重组监管制度解析》，26 页，北京，法律出版社，2009。

（三）上市公司收购定义的再思考

正如前文所述，《证券法》并没有界定何为上市公司收购，2006 年版《收购办法》及其后的修订均未就上市收购给出明确的定义。笔者认为，一方面是因为《证券法》借鉴境外立法经验，按照持股比例的不同对投资者披露内容进行不同程度的监管；另一方面，也是因为收购这个词其实有多重含义。

首先，仅作为购买意义上的收购，此时的收购应译为"Buy"。此时的收购与控制权并无直接关系，此收购的含义就是股份购买，跟收购废品的收购含义相同。典型如主动要约收购中的收购。

其次，仅作为信息披露意义上的收购。即取得股份超过 30% 的情形，需要编制收购报告书，该种情形在股权比例上与权益变动相区别，同时涉及到要约豁免或者强制要约的履行。该种情形主要对应《收购办法》中的强制要约收购制度和要约收购豁免制度。

最后，作为控制权变动意义上的收购。此时的收购才译为"Takeover"① 或"Acquisition"，其与股东持股比例关系不那么紧密，《收购办法》中诸多条文关于收购的规范，都是适用于该种情形的，如对收购人的要求，收购后持股锁定12 个月的要求。

鉴于第一种意义上的收购无须特别规范，第二种意义上的收购已通过要约收购制度及豁免要约收购制度明确规定，只有第三种意义上收购需要单独定义，并对应相应规则的适用，因此，监管部门在实务中将收购定义为取得或巩固控制权的行为。② 看懂《收购办法》最关键就是要分辨"收购"字样到底归属上述哪种含义，在此基础上来分辨立法本意和规范要求，就会相对容易。

二、收购的方式

借壳上市中，借壳方取得上市公司控制权的方式可以有很多种。根据《证券法》第八十五条的规定，上市公司收购的方式包括要约收购、协议收购及其他合法方式。这是根据公司收购所采用的形式不同而作的划分。

（一）要约收购

从各国、各地区的立法实践来看，就像收购一样，几乎都没有对什么是要

---

① Takeover 主要是公司法、证券法上的术语，可译为"接管"、"收购"等，主要指谋取他公司的控制权和经营权的行为，但并不必然意味着绝对所有权的转让。

② 至于将巩固控制权定义为收购是不是合理，那是另外一个问题。如果讨论该问题，可同时研究收购人的资质要求、持股锁定期在现阶段是否仍适用市场发展的问题。如果没有该类特别要求的话，则不需要单独定义上市公司的收购。国外不单独定义的部分原因也在于此。

约收购进行定义，美国称"Tender Offer"，英国称"Takeover Bid"。通俗而言，要约收购是指收购人按照同等价格和同一比例等相同条约条件向上市公司股东公开发出的收购其持有的公司股份的行为，与协议收购相比，要约收购是对非特定对象的公开收购的一种方式。

1. 要约收购的分类

（1）部分要约与全面要约

根据收购人收购目标公司股份的数量，要约收购可分为部分要约收购与全面要约收购。基于公平性原则，两者均是向目标公司的全体股东发出要约。但部分要约中，收购人计划收购的是占目标公司股份总数一定比例的股份，当目标公司股东承诺售出的股份数量超过收购人计划购买数量时，收购人对受要约人的应约股份按比例接纳；而全面要约中，收购人计划收购目标公司的全部股份，主要目标公司股东愿意出售，收购人须全部购买。

（2）自愿要约与强制要约

按照发出要约是否基于投资者的主观意愿，要约可以分为自愿要约和强制要约。自愿要约收购是相对强制要约收购而言的，指投资者未触发法定强制要约收购义务，自愿向全体股东发起部分要约或全面要约。[①] 而强制要约则是指投资者触发法定的强制要约收购义务，必须依法向全体股东发起的全面要约。[②] 各国或地区采纳的要约收购制度主要有三类。

第一类为强制性全面要约制度。强制要约收购是指当一持股者持股比例达到法定数额时，强制其向目标公司同类股票的全体股东发出公开要约收购的制度。强制要约收购制度主要基于以下三点考虑：一是由于股份转让导致目标公司控制权发生变化时，可能会造成该公司的经营者和经营策略的改变，而其他中小股东未必认可这种改变。中小股东购买某公司的股票，主要是出于对该公司的经营管理人员能力和品质的信任，如果公司控制权转移，则小股东投资的依据就不存在了。此时虽然小股东无力影响公司控制权的转移，但也应该有公平的机会撤出投资，法律应保证小股东行使其是否选择退出权。二是基于公司股东平等的原则，在发生公司收购时，被收购公司股东应获得相同的对价。在收购者获得被收购公司股权达到一定比例时，必须以法定的价格向所有的股东发出要约，有效禁止了

---

① 《收购办法》第二十三条规定："投资者自愿选择以要约方式收购上市公司股份的，可以向被收购公司所有股东发出收购其所持有的全部股份的要约（简称全面要约），也可以向被收购公司所有股东发出收购其所持有的部分股份的要约（简称部分要约）。"

② 强制要约收购义务是指强制全面要约，而不是部分要约。部分要约均是自愿要约。强制全面要约不可以用部分要约来代替。

在公司控制权转移过程中的歧视，通过给中小股东出卖股份的机会，使中小股东的权益得以保护。三是赋予非控股股东以合理对价退出公司的权利。

强制性全面要约制度最早出现在英国，目前欧盟多数国家、新加坡及我国早期采取了这一上市公司收购制度。但在确定要约收购的触发点时，各国的做法有所不同，如英国、德国、意大利、新加坡的触发点为30%，瑞典为1/3，奥地利、巴西则以获得公司控制权为限。①

第二类为自愿要约制度。目前，美国、加拿大少数国家实行自愿要约收购制度。自愿要约收购制度承认控制权股份转让的自由，因此未设定强制要约收购制度，而是通过制度强调收购有关当事人信息的公开义务和控股股东对其他中小股东的信托义务来保护中小股东的利益。

美国能够实施比较灵活的自愿要约收购制度与美国的司法体系、执法体系有密切的关系。美国的要约收购立法分为联邦立法和州立法。强有力的美国证监会、州政府对收购交易的实质性监管、加上较强的民事诉讼体系以及投行等中介的自我约束机制等综合机制，造成了在收购交易中虽然没有强制性全面要约的机制，但在实际操作中，迫于公司控股股东和董事诚信责任的要求，收购方必须给被收购公司小股东同等待遇，其对投资者保护的最终结果与以英国为代表的全面要约机制类似。②

第三类为介于美国和英国之间的强制要约方式。强制要约方式既有要求收购人采取要约方式进行收购的强制性，但并非要求收购人购买被收购公司的所有股份。这是与以英国为代表的强制性全面要约制度的最大区别。

强制要约方式现在多被大陆法系国家所采用。其出现的主要原因是大陆法系国家的股权结构、融资方式、商业理念与英国、美国等英美法系国家存在较大的差异。如德国，公司股份分散程度同美国和英国差别很大，对要约收购制度的建设比较忽略。而在日本，公司间交叉持股十分普遍，第一大股东持股比例相对也比较高，稳定的持股关系或控股股东的存在限制了要约收购的开展。③

我国1993年《股票发行与交易管理暂行条例》及1998年《证券法》确立的是

---

① 马骁：《上市公司并购重组监管制度解析》，53 页，北京，法律出版社，2009。
② 马骁：《上市公司并购重组监管制度解析》，53 页，北京，法律出版社，2009。
③ 马骁：《上市公司并购重组监管制度解析》，53 页，北京，法律出版社，2009。

英国式的强制全面要约制度①；而2005年《证券法》将之修改为强制要约收购方式。② 该修改考虑了我国股权比较集中，在很长一段时间又存在股权分置、股权协议转让等因素，形成的在促进市场化收购与中小股东保护之间力求实现平衡的制度。

2. 强制要约收购的触发条件③

借壳上市中，借壳方收购上市公司的目的并非将上市公司退市，因此借壳方须避免触发强制要约收购义务，除非有豁免条款。

要理解强制全面要约收购的触发条件，不能局限于《证券法》第八十八条、第九十六条以及《收购办法》第三章关于"要约收购"的内容，还必须系统对比协议收购、要约收购、收购豁免的相关条文。笔者总结相关条文，强制全面要约收购的触发条件有以下几种情况。

第一，持股30%且要继续增持。④ 当持股恰好在30%⑤而不继续增持时，不触发强制要约收购义务。

第二，持股从30%以下跨过30%。不论是协议收购还是间接收购、法院裁决等，只要投资者不是通过要约方式从持股30%以下跨过30%，都触发全面强制要约收购义务。这种情况俗称"一笔过30%，触发全面要约收购义务"。但是，如果收购到30%以下停下来，发出部分要约，因为部分要约的实施而过了30%，就不存在再触发全面要约义务的问题了。⑥ 比如，投资者甲目前不持有A

---

① 事实上，我国资本市场起步较晚，要约收购的实践出现很晚。2003年4月24日，南京钢铁联合有限公司公告了要约收购南钢股份的《南京钢铁股份有限公司要约收购报告书摘要》，才拉开了我国证券市场全面强制要约收购的序幕。

② 即在持股比例达到一定程度时，强制以要约方式继续增持。可以是全面要约方式，也可以是部分要约方式。

③ 部分要约为自愿要约，不存在触发条件的问题。一般情况下，投资者可以在任意情况下发出部分要约。不管其拥有权益的比例为0还是1%，或者29.99%、30%、50%、70%等。但有两种例外情况。第一，触发全面强制要约收购义务；第二，投资者持股已经接近上市公司退市标准，而此次部分要约的目的是让公司终止上市。为了保护投资者权益，维护公平，按照《收购办法》第二十七条的规定，此时须发出全面要约。

④ 《证券法》第八十八条规定：通过证券交易所的证券交易，投资者持有或者通过协议、其他安排与他人共同持有一个上市公司已发行的股份达到百分之三十时，继续进行收购的，应当依法向该上市公司所有股东发出收购上市公司全部或者部分股份的要约。

⑤ 鉴于证券市场交易的单位为"每手"，即购买的股数均是100的整数倍。如此可能导致比例略超过30%，但超过数量不足1手，此时也认为是正好到30%。

⑥ 《收购办法》第二十四条规定：通过证券交易所的证券交易，收购人持有一个上市公司的股份达到该公司已发行股份的30%时，继续增持股份的，应当采取要约方式进行，发出全面要约或者部分要约。

《收购办法》第四十七条规定：收购人拟通过协议方式收购一个上市公司的股份超过30%的，超过30%的部分，应当改以要约方式进行。

《收购办法》第五十六条规定：收购人虽不是上市公司的股东，但通过投资关系、协议、其他安排导致其拥有权益的股份超过该公司已发行股份的30%的，应当向该公司所有股东发出全面要约。

公司的任何股份，甲想收购 A 公司 33% 股份，如何实现？两种途径：一是直接发出收购 33% 的要约；二是先按法定程序，通过协议等方式达到 28% 左右停下来，然后发出一个 5% 的部分要约，或者达到 27% 停下来，然后发出一个 6% 的部分要约①。

第三，持股 30% 以上的股东继续增持。30% 以上的股东，再增持股份，原则上也要求以要约方式增持，除非符合要约收购义务豁免的情形。②

此外，触发强制要约收购义务且不符合豁免条件的，除履行全面要约收购义务外，也可以在 30 日内减持到 30% 或 30% 以下。③

3. 要约收购义务的豁免条件

豁免要约收购义务也被称为要约收购义务豁免、要约义务豁免、要约豁免，有时甚至被简称为豁免，是指收购人在触发全面强制要约收购义务时，可以依据法定条件和法定程序获得要约收购义务的豁免，从而可以免于以要约方式增持股份。借壳方取得上市公司的股份如果属于"一笔跨 30%"，则触发强制全面要约收购义务。此时，如没有豁免条款，借壳方会重新考虑该交易的可行性。因此有必要了解要约收购的豁免条款。

根据 2014 年修改后的《收购办法》第六十二条和第六十三条的规定，可以豁免要约收购义务的具体情形包括 12 种，该 12 种情形可以分为两类：符合第一类的，需要获得中国证监会核准后方可取得豁免；符合第二类的，履行相应的披露程序后即可自动豁免。

（1）需要中国证监会核准的豁免情形

需要中国证监会核准的豁免情形包括五种，四种具体情形④外加一条兜底条款。

第一种情形为，上市公司的实际控制人未发生改变。2006 年版《收购办法》对该情形的表述为"收购人与出让人能够证明本次转让未导致上市公司的实际控制人发生变化"。该表述有些复杂，易产生歧义。实践中经常有人问，我

---

① 根据《收购办法》第二十五条的规定，部分要约的比例不能低于 5%。

② 《证券法》和《收购办法》并没有规定此种情形须以要约方式进行。但《收购办法》第六十三条明确了持股 30% 以上的投资者再通过证券交易所增持该公司股份如何履行豁免要约收购义务的程序。也就是说，既然有履行豁免要约收购义务的程序，就说明前提一定是有强制要约收购这一义务。

③ 事实上，收购人无法在短期内减持到 30% 以下，因为有短线交易 6 个月及收购人 12 个月不减持的限制性规定。笔者建议，对于违规增持的，应该像"同一实际控制人控制的不同主体之间进行转让"一样，留一个迅速减持的制度通道。

④ 前两种豁免情形适用行政许可的一般审核程序，审核期限为 20 个工作日；后两种豁免情形适用行政许可的简易审核程序，审核期限为 10 个工作日。

是 A 上市公司第一大股东，持股29%，我从没有关联关系的第五大股东手里买上市公司3%股份，我还是实际控制人，是不是可以用这一条申请豁免。其实这种理解并不正确。对该条的理解应为"在同一控制下不同主体之间的转让"；2014 年修改《收购办法》时对该情形进行了完善，明确为"收购人与出让人能够证明本次股份转让是在同一实际控制人控制的不同主体之间进行，未导致上市公司的实际控制人发生变化"。

第二种情形为，为挽救上市公司财务危机而进行并购重组。《收购办法》对该情形的表述为："上市公司面临严重财务困难，收购人提出的挽救公司的重组方案取得该公司股东大会批准，且收购人承诺 3 年内不转让其在该公司中所拥有的权益"。[①] 由于宏观经济的影响、产业周期以及经营管理等多方面的原因，公司在上市之后可能出现经营困难或者陷入严重的财务危机，如果不进行救助和重组，将面临退市甚至破产的困境，股东作为出资人将面临巨大损失。如果有收购人愿意对上市公司进行重组，注入优质资产，挽救上市公司财务危机，对于中小股东是有利的。考虑到收购人重组上市公司已经支付较大的成本，从平衡各方利益出发，规定允许豁免收购人的要约义务。实践中，此种情形的豁免已极其少见。原因在于挽救财务危机公司的重组方案一般均构成借壳上市，且是通过发行股份完成借壳上市的，因此，其可以适用"因发行行为导致的要约收购义务"的自动豁免程序。

第三种情形为，国有资产无偿划转、变更、合并。《收购办法》第六十三条规定，符合"经政府或者国有资产管理部门批准进行国有资产无偿划转、变更、合并，导致投资者在一个上市公司中拥有权益的股份占该公司已发行股份的比例超过30%"情形的，可以提出豁免申请。国有资产无偿划转、变更、合并这些行为并不是正常意义上的购买行为，不是由当事人协商确定，没有支付相应的对价，也缺乏可以参照的定价基准。由于这种上市公司控制权变更的行为不是基于收购人的主观意愿而是基于行政命令，为适应国有资产进行战略性调整

---

① 对该情形的理解须注意两个问题：第一，什么叫面临严重财务困难，根据《证券期货法律适用意见第 7 号》规定，上市公司存在以下情形之一的，可以认定其面临严重财务困难：最近两年连续亏损；因三年连续亏损，股票被暂停上市；最近一年期末股东权益为负值；最近一年亏损且其主营业务已停顿半年以上；中国证监会认定的其他情形。第二，提出的挽救公司的重组方案必须是实质性重组，不能是财务性重组。

的需要，允许其申请豁免。①

第四种情形为，上市公司回购股份导致特定股东持股比例增加而引发要约收购义务。《收购办法》第六十三条规定，符合"因上市公司按照股东大会批准的确定价格向特定股东回购股份而减少股本，导致投资者在该公司中拥有权益的股份超过该公司已发行股份的30%"情形的，可以提出豁免申请。该种情形下，收购人并无主动增持行为，属于被动持股超过30%，强制其发出全面收购要约，不符合立法目的。

中国证监会核准豁免的最后一种情形属于兜底条款，是中国证监会为适应证券市场发展变化和保护投资者合法权益的需要而认定的其他情形。此兜底条款基本没有使用过，迄今为止，仅有一单，情况较为特殊。②

（2）自动豁免的情形

《收购办法》第六十三条第二款规定了无须向证券监管部门申报的七种豁免情形。因无须申报，因此又形象地被称为自动豁免。

自动豁免的第一种情形为，因定向发行取得股份。该种情形取得豁免须满足三个条件③：上市公司股东大会非关联股东批准，投资者承诺3年内不转让本次向其发行的新股，公司股东大会同意投资者免于发出要约。此外，该投资者应在权益变动行为完成后3日内就股份增持情况作出公告，并由律师就相关投资者权益变动行为发表符合规定的专项核查意见并由上市公司披露后方可获得自动豁免。

自动豁免的第二种情形为，30%以上股东每年不超过2%的增持。④本项规

---

① 此条款与第六十二条第一款"在同一控制人控制的不同主体之间的转让"之间可能发生竞合。如发生竞合，申请人可选择适用。当然，一般均会选择该条，因此该条适用简易程序，审核期限10个工作日。

② 2013年1月，华菱钢铁中资股东与外资股东之间进行股权置换等一揽子交易，目的在于解决上市公司控股股东与外资股东合作的问题，保护上市公司利益。在经过充分论证和沟通后，最终以兜底条款豁免华菱集团的要约收购义务。

③ 《收购办法》第六十三条第二款第（一）项规定，经上市公司股东大会非关联股东批准，投资者取得上市公司向其发行的新股，导致其在该公司拥有权益的股份超过该公司已发行股份的30%，投资者承诺3年内不转让本次向其发行的新股，且公司股东大会同意投资者免于发出要约。

④ 《收购办法》第六十三条第二款第（二）项规定，符合在一个上市公司中拥有权益的股份达到或者超过该公司已发行股份的30%的，自上述事实发生之日起一年后，每12个月内增持不超过该公司已发行的2%的股份的，自动豁免。

定的增持不超过 2% 的股份锁定期为增持行为完成之日起 6 个月。①

自动豁免的第三种情形为，50% 以上绝对控股股东的增持。该种情形下的增持并不影响上市公司控制权，因此只要不影响公司的上市地位，则可以自动豁免。

自动豁免的第四种情形为，金融机构阶段性持股。符合"证券公司、银行等金融机构在其经营范围内依法从事承销、贷款等业务导致其持有一个上市公司已发行股份超过 30%，没有实际控制该公司的行为或者意图，并且提出在合理期限内向非关联方转让相关股份的解决方案"的，自动豁免。

自动豁免的第五种情形为，因继承而引发要约收购义务。符合"因继承导致在一个上市公司中拥有权益的股份超过该公司已发行股份的 30%"的，自动豁免。

自动豁免的第六种情形为，约定式回购交易导致的要约收购义务。符合"因履行约定购回式证券交易协议购回上市公司股份导致投资者在一个上市公司中拥有权益的股份超过该公司已发行股份的 30%，并且能够证明标的股份的表决权在协议期间未发生转移"的，自动豁免。此情形是根据实践发展②新增加的一项豁免情形。鉴于约定购回式交易下，约定购回的证券在待购回期间的表决权、产生的相关权益等均归属于原股东，该情形下的股权转让实为一种融资的安排，可以认定为符合"同一控制下不同主体之间的转让"这一豁免精神，同时鉴于该种情形较为简单，为减少简化行政许可，明确对约定购回式交易导致的要约收购义务自动豁免。

自动豁免的第七种情形为，优先股表决权恢复导致的要约收购义务。符合"因所持优先股表决权依法恢复导致投资者在一个上市公司中拥有权益的股份超过该公司已发行股份的 30%"的，自动豁免。2014 年 3 月 21 日，证监会发布《优先股试点管理办法》（证监会令〔2014〕97 号）。考虑到该种情形下，投资

---

① 《证券法》第九十八条规定，在上市公司收购中，收购人持有的上市公司的股票，在收购行为完成后的 12 个月内不得转让。前面已介绍，实践中将取得和巩固上市公司控制权的行为均认定为上市公司收购。按照收购的含义，拥有上市公司 30% 以上权益的股东，增持 2% 股份即构成收购，其持有的上市公司股份应 12 个月不能转让。鉴于每年 2% 的增持是极少量的增持行为，不宜界定为收购行为，为进一步鼓励大股东在合理价位增持股份，完善资本市场内生稳定机制，在 2012 年《收购办法》修订时，明确 30% 以上股东增持不超过 2% 的股份锁定期为增持行为完成之日起 6 个月，也就是短线交易的 6 个月限制，相当于不再对该行为的锁定期做特殊规定。

② 2011 年 10 月上交所正式推出股票约定式购回业务，银河、中信和海通证券首批试点。约定购回业务逐步进入常规化运作。2013 年 1 月 14 日深交所约定购回交易业务上线，银河、平安、长城和华泰等 36 家券商获业务资格。约定购回式证券交易是指符合条件的客户以约定价格向其指定交易的证券公司卖出标的证券，并约定在未来某一日期客户按照另一约定价格从证券公司购回标的证券，除指定情形外，待购回期间标的证券所产生的相关权益于权益登记日划转给客户的交易行为。

者不具有收购意图，其表决权恢复属于法定的救济权利①，要求履行要约收购义务缺乏合理性。

4. 要约收购可能导致公司终止上市问题的解决

要约收购的一个可能结果是要约收购完成后，上市公司不符合上市条件。而收购人的本意又可区分为希望上市公司终止上市和不希望上市公司终止上市两种情况。在借壳上市中，借壳方的目的一定是保持上市地位。如果借壳方确实触发了强制要约收购义务，且不符合豁免条款，那么如何解决全面要约后公司股本结构不符合上市条件的问题呢？②

根据《证券法》第五十条的规定，不符合上市的情形包括：（1）上市公司股本总额低于人民币3 000万元；（2）上市公司股本总额低于4亿元的，社会公众股③的持股比例低于25%；上市公司股本总额超过4亿元的，社会公众股持股比例低于10%。根据《证券法》第五十六条的规定，上市公司如能在证券交易所规定的期限内达到上市条件，则可以避免终止上市。如果借壳方全面要约完成后，上市公司社会公众股比例低于10%或25%，根据上海证券交易所的《股票上市规则》，借壳方须在5个交易日内向上海证券交易所提交解决股权分布问题的方案，并获认可，方可避免终止上市的问题。④

（二）协议收购

《证券法》和《收购办法》均提到协议收购，均将其作为一种上市公司收购

---

① 《优先股试点管理办法》第十一条规定：公司股东大会可授权公司董事会按公司章程的约定向优先股支付股息。公司累计三个会计年度或连续两个会计年度未按约定支付优先股股息的，股东大会批准当年不按约定分配利润的方案次日起，优先股股东有权出席股东大会与普通股东共同表决，每股优先股股份享有公司章程规定的一定比例表决权。对于股息可累积到下一会计年度的优先股，表决权恢复直至公司全额支付所欠股息。对于股息不可累积的优先股，表决权恢复直至公司全额支付当年股息。公司章程可规定优先股表决权恢复的其他情形。

② 2007年法国SEB国际公司要约收购苏泊尔，要约收购完成后，即出现了股权分布不符合上市条件，最终通过增加股份至4亿股以上解决股权分布问题后恢复上市的情况。

③ 关于社会公众股的定义，由沪深交易所在其发布的《股票上市规则》中予以界定。即是指除了以下股东之外的上市公司其他股东持有的股份：（1）持有上市公司10%以上股份的股东及其一致行动人；（2）上市公司的董事、监事、高级管理人员及其关联人。

④ 上海证券交易所《股票上市规则》（2014年版）第12.14条规定："上市公司因股权分布发生变化导致连续二十个交易日不具备上市条件的，本所将于前述交易日届满的下一交易日起对公司股票及其衍生品种实施停牌。公司在停牌后一个月内向本所提交解决股权分布问题的方案。本所同意其实施解决股权分布问题的方案的，公司应当公告本所决定并提示相关风险。自公告披露日的下一交易日起，公司股票及其衍生品种复牌并被本所实施退市风险警示。"第12.15条规定："上市公司因收购人履行要约收购义务……股权分布不具备上市条件，但收购人不以终止上市公司上市地位为目的的，可以在五个交易日内向本所提交解决股权分布问题的方案，并参照第12.14条规定处理。"

的方式，且协议收购是当前我国上市公司收购的主要形式。但《证券法》和《收购办法》均未定义协议收购。一般认为，协议收购是指投资者在证券交易所集中交易系统之外与被收购公司的股东（通常为控股股东或持股比例较高的股东）就股票的交易价格、数量等方面进行私下协商，购买被收购公司的股票，以期获得或巩固对被收购公司控制权。

《收购办法》第四十七条、第四十八条规定了收购人通过协议方式在一个上市公司中拥有权益的股份达到或者超过该公司一定比例所要履行的义务。首先，收购人通过协议方式在一个上市公司中拥有权益的股份达到或者超过该公司已发行股份的5%，但未超过30%，按照《收购办法》"权益披露"这一章的相关规定办理。其次，收购人拟通过协议方式收购拥有一个上市公司的股份（或拥有的权益）达到该公司已发行股份30%，如以要约方式进行，按照《收购办法》"要约收购"这一章的相关规定办理；如果以申请豁免要约收购义务的方式进行，应符合上述豁免条件，并依法履行不同豁免条件对应的程序。

（三）其他合法方式

《证券法》规定的其他合法方式究竟包括哪些呢？根据《收购办法》第十三条、第十五条的规定，主要包括：证券交易所的证券交易①、行政划转或变更、司法裁决、继承、赠与等方式。

此处，《收购办法》还规定了一种收购方式：间接收购。该种收购方式与上述方式并不是一个分类逻辑，因此单独做一介绍。间接收购是相对直接收购②而言的，根据《收购办法》第五十六条的规定，间接收购是指收购人虽不是上市公司的股东，但通过投资关系、协议或者其他安排导致其取得上市公司控制权。通常收购人会通过收购上市公司的母公司或其上级股东公司，以间接控制股权的方式，形成对上市公司的实质控制。由于未导致直接持有上市公司股份的股东发生变化，间接收购具有一定得到隐蔽性。如果不对收购人采取这种间接收购方式收购上市公司的行为予以规制，则收购人很容易在市场毫不知情的情况下，取得上市公司控制权，甚至将上市公司名义股东作为傀儡，指使其侵害上市公司和股东的合法权益。早前在实践中，通过间接收购方式规避法定义务的案例并不少见。因此，2006年版《收购办法》单设一章规范间接收购，并强化

---

① 《上海证券交易所关于执行〈上市公司收购管理办法〉等有关规定具体事项的通知》中规定："投资者及其一致行动人通过本所竞价交易系统或者大宗交易系统买卖上市公司股份的，均属于《上市公司收购管理办法》规定的'通过证券交易所的证券交易'。"

② 直接收购是指收购人直接取得上市公司的股份，进而成为上市公司股东的收购行为。

实际控制人和上市公司董事会的责任，要求上市公司的实际控制人及其控制的股东，负有配合上市公司真实、准确、完整披露有关实际控制人发生变化的信息的义务，上市公司董事会应当拒绝接受未履行法定义务的收购人提出的议案，以加强对间接收购的监管。《收购办法》对于间接收购的规定一直延续下来。实际上，关于间接收购的规定，是在权益披露和协议收购制度基础上对间接收购披露义务、要约义务和豁免程序的再明确①，对间接收购情况下的实际控制人及受其支配的股东、上市公司董事会的责任作出规范。

三、权益披露的规则

借壳上市中，借壳方可以先取得上市公司控制权，并在一段时间内注入资产，也可以在取得控制权的同时注入资产。无论何种方式，均可能涉及到权益披露制度②。尤其是对于拟通过二级市场举牌获得上市公司控制权的收购人来讲③，其增持行为是否符合权益变动的规则将直接影响其取得的上市公司股份是否被限制表决权。④《收购办法》设专章（第二章）规范权益披露，核心思想是根据持股比例、控制权的不同，要求披露义务人承担不同的义务，遵循的收购方式和程序也相应有所不同。

首先，投资者及其一致行动人权益变动的披露时点和交易行为限制如下。

（1）增持首次达到或超过5%。持股比例首次达到或超过5%，应在该事实

---

① 如为间接收购，收购人拥有权益的股份达到或者超过一个上市公司已发行股份的5%未超过30%的，按权益披露的相关制度要求履行权益披露义务；超过30%的，不具备豁免条件的，直接发出全面要约或减持到30%以下；具备豁免条件的，申请豁免或自动豁免。

② 作为上市公司收购的必要程序或前奏，收购人一般需要谋求取得大宗股份或者取得对大宗股份的控制权，增强其在公司中的话语权，继而达到以较低的收购成本实现收购上市公司的目的。因为在每出现大量、快速的集聚股份时，都可能代表一次潜在的控制权转移，都可能构成影响公司股价波动的事件。为保证市场的公平性，必须向市场和广大投资者公开披露，以便投资者能够有足够时间获得全面准确的信息，做出充分信息下的投资决策。因此，各国均实行大宗持股信息披露制度，起到收购预警的作用，这就是权益披露制度。根据我国《公司法》第一百零一条和第一百零三条规定，持股3%以上的股东有提案权，10%以上的股东在董事会不作为的情况下可以自行召集股东大会，因此，持股达到一定比例的股东及其持股增减变化会对公司的经营和股票的二级市场交易构成较大影响。有鉴于此，《证券法》以5%为限实行权益披露制度，是构建一个高效、透明的控制权市场的基础。实行权益披露制度有利于投资者知悉上市公司股权集中度的变化，公司的控制权可能正在发生的变更，或者有控制权争夺的风险，使投资者在掌握充分信息的情况下，作出买卖股票的投资决策；有利于防范大宗持股的股东利用持股优势进行内幕交易或短线交易；权益披露的阶段性披露要求，也可以使公司避免过多的突袭式收购，导致公司经营处于一种不稳定的状态。

③ 虽然现阶段通过二级市场举牌获得上市公司控制权并借壳的案例非常少，但该种情形已初现端倪。如2015年7月，二级市场大幅下跌，众多机构通过二级市场举牌增持上市公司股份成为第二大股东，不排除其继续增持成为第一大股东并在未来注入资产的情形。

④ 本节第五部分将对该问题做简单介绍。

发生之日起3日内披露权益变动报告书。自该权益变动事实发生之日至公告权益变动报告书前，不得再行买卖该上市公司股票。

表4-1　　　　　持股5%股东的信息披露义务时点及交易行为限制

主体	方式	披露时点	交易行为限制
拥有5%以下权益的投资者及其一致行动人	证券交易所的证券交易	达到一个上市公司已发行股份的5%时，应当在该事实发生之日起3日内	在上述期限内，不得再行买卖该上市公司的股票
	协议转让、行政划转或者变更、执行法院裁定、继承、赠与等方式	拟达到或者超过一个上市公司已发行股份的5%时，应当在该事实发生之日起3日内	在作出报告、公告前，不得再行买卖该上市公司的股票

通过证券交易所的证券交易（包括竞价交易和大宗交易），投资者及其一致行动人的持股比例首次达到5%时（不得超过1手以上），应立即停止交易并公告权益变动报告书；同样，持股比例达到或超过5%的投资者及其一致行动人，通过证券交易所的证券交易，每增减变动5%也应立即停止交易并公告，不能一次性超过5%。其他权益变动方式，如认购新股、协议转让、行政划转等不受上述限制。

（2）增持达到5%~30%之间。持股比例达到或超过5%后，持股比例每增加或减少5%，应在该事实发生之日起3日内披露权益变动报告书。通过证券交易所的证券交易取得股份的，自该权益变动事实发生之日至公告权益变动报告书后2日内，不得再行买卖该上市公司股票；通过协议转让等其他方式取得股份的，自该权益变动事实发生之日至公告权益变动报告书前，不得再行买卖该上市公司股票。

表4-2　　　　　持股5%~30%股东的信息披露义务时点及交易行为限制

主体	方式	披露时点	交易行为限制
拥有5%以上权益的投资者及其一致行动人	证券交易所的证券交易	拥有权益的股份占该上市公司已发行股份的比例每增加或者减少5%	在报告期限内和作出报告、公告后2日内，不得再行买卖该上市公司的股票
	协议转让、行政划转或者变更、执行法院裁定、继承、赠与等方式	拥有权益的股份占该上市公司已发行股份的比例每增加或者减少5%	在作出报告、公告前，不得再行买卖该上市公司的股票

这里涉及到一个问题，即5%这个指标如何计算的问题。鉴于相关法规没有明文规定，实践中理解存在争议。有人认为5%这个指标指股份数量绝对值增加或减少5%，也有人认为5%这个指标指5%的整数倍的股份数量。从立法本意来分析，笔者认为5%这个指标指的应是5%的整数倍。《收购办法》对投资者

披露权益变动报告书的规定，也是按照 5% ~ 20% 、20% ~ 30% 这样的 5% 的整数倍设计的。因此，笔者认为 5% 指整数倍更符合《收购办法》的立法逻辑。这从监管部门的非正式文件中也可以得到论证。[①] 也就是说，如果一个投资者的持股在 18% 时，他想进行 5% 的减持操作，第一次触发的权益披露时点不是在他持股 13% ，而是在他持股 15% 时。同样如果他想进行 5% 的增持操作，他应该在持股 20% 时公告。然而，鉴于实务中的各种复杂情形，交易所在实务操作中把握的口径是每变动 5% 才披露。2015 年中国证监会采纳交易所实践执行的披露口径，明确"每增加或者减少 5% "是指通过证券交易所的证券交易，投资者及其一致行动人拥有权益的股份"变动数量"达到上市公司已发行股份的 5% ，如从 11% 降至 9% ，虽然跨越 10% 刻度，但不触发相关义务。[②]

其次，《收购办法》及其配套格式准则对不同情形披露的权益变动报告书作出了不同规定。

表 4 - 3　　　　　持股 5% ~ 30% 股东的权益披露报告

拥有权益比例	是否第一大股东或实际控制人	披露文件[③]
5% ~ 20%	否	简式权益变动报告书
	是	详式权益变动报告书
20% ~ 30%	否	详式权益变动报告书
	是	详式权益报告、财务顾问意见、《收购办法》第五十条要求材料
		详式权益报告、《收购办法》第五十条要求材料（国有股行政划转或变更、股份转让在同一控制下控制的不同主体之间进行、继承）
		详式权益报告（投资者及其一致行动人承诺至少 3 年放弃行使相关股份表决权）

① 中国证券监督管理委员会上市公司监管部：《上市公司高级管理人员培训教材》，136 页，北京，中国金融出版社，2007。2007 年，该书认为，5% 这个指标是以 5% 的整数倍为衡量尺度的，"每增加或者减少达到 5% 时"，是指 5% 的整数倍，即达到上市公司股份比例的 10% 、15% 、20% 、25% 、30% 等。

② 参见 2015 年 9 月 18 日中国证监会发布的《上市公司监管法律法规常见问题与解答修订汇编》之问题二十一，http：//www.csrc.gov.cn/pub/newsite/ssgsjgb/ssbssgsjgfgzc/ywzx/201509/t20150918_284146.html，最后查询于 2015 年 9 月 20 日。

③ 这里存在三种简化披露情形。第一种为被动成为第一大股东或实际控制人，且持股比例不超过 30% 。该情形下，信息披露义务人无须披露有关收购决定及收购目的、收购方式、资金来源等内容，无须聘请财务顾问出具核查意见，也无须对其最近一年财务会计报告进行审计。第二种为 6 个月之内持股变化。已披露权益变动报告书的投资者在披露之日起 6 个月内，因拥有权益的股份变动需要再次发布权益变动报告书的，可以仅就与前次报告书不同的部分作出简要报告并公告；前次披露简式权益变动报告书的投资者在披露之日起 6 个月内，拥有权益的股份发生变动须披露详式权益变动报告书的情形除外。第三种为连续跌幅超过 30% ，且控制权未变更。为鼓励股东增持，对于上市公司股票价格连续 10 个交易日内累计跌幅超过 30% ，且相关股东增持未导致控制权变更的，如曾披露过权益变动报告书，本次增持时无需披露；如未披露过权益变动报告书，本次增持时披露简式权益变动报告书。

此外，须特别注意权益的计算。权益计算核心是讲控制力，而不是讲投资收益，这点非常容易产生混淆，例如，X 公司持有 Y 上市公司 60% 股权，而 X 公司的股权结构为甲持有 X 公司 60% 股权，乙持有 X 公司 40% 股权，那么甲拥有 Y 上市公司的权益是 60%，而不是 36%。

四、收购人持股锁定期的规则

借壳方取得上市公司控制权以后，其收购的上市公司股份并不能立即转让。早期该锁定期与短线交易的 6 个月相同，后来《证券法》、《收购办法》等对于收购人的持股锁定期进行了特别规定。

1998 年版《证券法》和 2002 年版《收购办法》颁布时，上市公司股权分置改革还未启动，当时股份存在流通股和非流通股的区别，监管对收购股份的持股锁定期并不敏感，持股锁定期一般是参照短线交易及 IPO 的相关规定。首先，在法律层面，1998 年版《证券法》第四十一条、第四十二条明确，持股 5% 以上的股东在将其持有的该公司的股票在买入后 6 个月内卖出，或者在卖出后 6 个月内又买入，由此所得的收益归该公司所有，公司董事会应当收回其所得收益。这实际上明确了持股 5% 以上的股东对持有股份的 6 个月锁定期。1998 年版《证券法》第九十一条规定，在上市公司收购中，收购人对所持有的被收购的上市公司的股票，在收购行为完成后的 6 个月内不得转让。其次，在规章层面，2002 年版《收购办法》并没有明确规定收购人的锁定期，只是在监管实践中，在审核《收购报告书》时，比照 IPO 办法的要求，要求收购人承诺 3 年内不转让所收购的股份。[①] 当时的《公司法》第一百四十七条规定，股份有限公司发起人持有的股份，自公司成立之日 3 年内不得转让；当时的 IPO 办法规定公司控股股东和实际控制人所持有的股票，自该公司股票上市之日起 36 个月不得转让。

2005 年修订的《证券法》和 2006 年版《收购办法》颁布时，上市公司股权分置改革已经启动，当时对于可流通、什么时候流通问题比较敏感，因此，监管开始关注对收购股份的持股锁定期。在法律层面，2005 年版《证券法》第九十八条明确"在上市公司收购中，收购人持有的被收购的上市公司的股票，在收购行为完成后的十二个月内不得转让。"将原规定的锁定期从 6 个月延长到 12 个月。对于上述修改的理由，监管部门在其发表的《完善上市公司基本法制

---

① 马骁：《上市公司并购重组监管制度解析》，32 页，北京，法律出版社，2009。

促进上市公司提高质量》一文中表示"实践中，一些动机不纯、不具备收购实力的收购人，在取得上市公司实际控制权后，操纵财务报表迅速掏空上市公司并金蝉脱壳，严重侵害了上市公司和广大中小股东的合法权益，对此，新修订的《证券法》延长了收购后再次转让控制权的锁定期，由过去的六个月调整为十二个月，增大了收购人侵害公司行为被发现的可能性，有利于防范恶意收购，更好地保护中小股东的合法权益。"① 在规章层面，2006 年版《收购办法》第七十四条规定："在上市公司收购中，收购人持有的被收购公司的股份，在收购完成后 12 个月内不得转让。收购人在被收购公司中拥有的权益的股份在同一实际控制人控制的不同主体之间进行转让不受前述 12 个月的限制，但应当遵守本办法第六章的规定。"也就是说，2006 年版《收购办法》贯彻了 2005 年版《证券法》的要求，但又为收购人在被收购公司中拥有权益的股份在同一实际控制人控制的不同主体之间进行转让留出了一个制度余地。其后，《收购办法》的历次修改均未涉及收购人收购完成后 12 个月锁定期这一规定。

但是，收购人 12 个月锁定期的规定是一般性要求，还存在部分特殊情况。

第一种是锁定期为 6 个月的。根据《收购办法》第六十三条，在一个上市公司中拥有权益的股份达到或者超过该公司已发行股份的 30% 的，自上述事实发生之日起一年后，每 12 个月内增持不超过该公司已发行的 2% 的股份，锁定期为增持行为完成之日起 6 个月。按照前述介绍，该种情形属于收购人巩固控制权，也属于上市公司收购，锁定期应为 12 个月。2012 年修订《收购办法》时，为进一步鼓励控股股东为代表的产业资产在公司上市公司股价相对低迷时的增持活动，进一步完善资本市场的内生稳定机制，同时保持《收购办法》整个条文体系的逻辑统一性，在第六十三条对该种情形特别规定，规定其锁定期为 6 个月。②

第二种是锁定期为 36 个月的。锁定期为 36 个月情形主要包括以下几种：第一，上市公司面临严重财务困难，收购人提出的挽救公司的重组方案取得该公司股东大会批准，且收购人承诺 3 年内不转让其在该公司中所拥有的权益，因而获得要约收购义务豁免的。第二，特定对象以资产认购而取得上市公司股份，属于下列情形之一的，36 个月内不得转让：特定对象为上市公司控股股东、实际控制人或者其控制的关联人；特定对象通过认购本次发行的股份取得上市公

---

① 中国证监会上市公司监管部：《完善上市公司基本法制促进上市公司提高质量——评新修订的〈公司法〉、〈证券法〉对上市公司基本法律制度的重大调整和意义》，载《中国证券报》，2005 - 12 - 01（B2）。

② 按照短线交易的相关规定，持股 5% 以上股东本就不可以在 6 个月内既买又卖，因此，相当于对该种情形下的增持没有特殊锁定期安排。

司的实际控制权；特定对象取得本次发行的股份时，对其用于认购股份的资产持续拥有权益的时间不足 12 个月。第三，特定对象以现金认购上市公司非公开发行股份的，具体发行对象及其认购价格或者定价原则由上市公司董事会决议确定，并经股东大会事先批准。即以锁价方式非公开发行再融资的，发行对象认购的股份 36 个月内不得转让。

五、限制表决权的规则

限制表决权是指投资者因为受让上市公司股份过程中的相关违法、违规行为，在其纠正前，对该投资者实施的股份不得行使表决权的法定措施。[①] 但该措施在实践中出现了以下两个问题。

第一，限制全部股份表决权还是部分股份表决权。如果投资者 A 已拥有上市公司 36% 的权益，最近新增持 1% 的股份，但这 1% 的增持行为违规，需依法限制表决权，那么是限制全部 37% 的表决权还是限制 1% 的表决权。仔细研读《证券法》第二百一十三条规定和《收购办法》第七十五条规定，会发现《证券法》第二百一十三条的表述是"收购人对其收购或者通过协议、其他安排与他人共同收购的股份不得行使表决权"，《收购办法》第七十五条的表述是"相关信息披露义务人不得对其持有或者实际支配的股份行使表决权"。《收购办法》第七十五条规定得很明确，应该是信息披露义务人所持有或者实际支配的全部股份，而《证券法》第二百一十三条的表述读不出全部股份的意思。实践中，不同情况处理方法也不一致。2007 年华南地区一家上市公司的责任股东涉及收购人未履行要约收购义务而被限制表决权的案例就是限制部分表决权；而 2014 年华东地区一家上市公司的责任股东在达到 5% 时未依法披露，随后依法增持到第一大股东地位，出现控制权之争。监管部门对该股东全部股份限制表决权。

笔者认为，限制违规增持部分表决权更合适。首先，根据上位法优先于下位法的基本法律原则，《收购办法》第七十五条应基于《证券法》第二百一十三

---

① 《证券法》第二百一十三条规定："收购人未按照本法规定履行上市公司收购的公告、发出收购要约、报送上市公司收购报告书等义务或者擅自变更收购要约的，责令改正，给予警告，并处以十万元以上三十万元以下的罚款；在改正前，收购人对其收购或者通过协议、其他安排与他人共同收购的股份不得行使表决权。对直接负责的主管人员和其他责任人员给予警告，并处以三万元以上三十万元以下的罚款。"

《收购办法》第七十五条规定："上市公司的收购及相关股份权益变动活动中的信息披露义务人，未按照本办法的规定履行报告、公告以及其他相关义务的，中国证监会责令改正，采取监管谈话、出具警示函、责令暂停或者停止收购等监管措施。在改正前，相关信息披露义务人不得对其持有或者实际支配的股份行使表决权。"《收购办法》第七十六条、第七十七条也有类似的规定。

条进行解释和适用。将《收购办法》第七十五条解释为"不得对增加持有或者增加控制的股份行使表决权"更符合《证券法》规定。其次，以行政法的适当性、比例性原则衡量，将限制违法增持部分表决权作为监管措施，其效果比限制全部表决权更为妥当，可避免出现矫枉过正情况，甚至出现行政诉讼情况。

第二，限制时间。《证券法》第二百一十三条和《收购办法》第七十五条规定得很明确，在改正前，不得行使表决权。那么何为改正呢？我们分析限制表决权的两种主要情形如下：

（1）未依法履行相关披露义务。如持股18%股东通过证券交易所交易直接增持至24%，未及时披露权益变动报告书。此时，责令改正时责令其披露详式权益变动报告书呢？还是既要补充披露详式权益变动报告书，又要把违规增持的部分减持回去呢？

笔者认为，根据《证券法》第二百一十三条的规定，收购人未依法履行上市公司收购的公告的，责令改正。从语言逻辑来看，责令改正应是指依法履行上市公司收购的公告义务。实践中，稽查和处罚部门一般也这样认为，并未要求责任股东将违规增持的股份卖出，恢复违规前的持股状态。但日常监管中，该问题存在较大争议。

（2）未依法发出收购要约或擅自变更要约。未依法发出收购要约或擅自变更要约，此时"改正"较好理解。在依法履行完相应的要约义务之前，责任股东持有的股份不得行使表决权。

第三节　借壳上市中购买资产的基本监管要求

根据借壳上市的认定标准，借壳方取得上市公司控制权的同时或其后将向上市公司注入资产，即上市公司向借壳方购买资产。购买资产的资产总额超过上市公司资产总额的100%，构成《重组办法》界定的上市公司重大资产重组[①]。因此借壳上市交易应遵守《重组办法》及其配套规则的规定。自此我们开

[①]　重组概念最早起源于美国20世纪80年代以剥离为主导的公司重组浪潮，因此与资产剥离相连。在美国法上，公司重组与资产剥离基本为同义词，其三种主要形式为资产出售、股权切离和分立。（参见 J. 弗雷德·威斯通、马克·L. 米切尔、J. 哈罗德·马尔赫林：《接管、重组与公司治理》，第4版，张秋生、张海珊、陈扬译，北京，北京大学出版社，2006。）而在我国，上市公司重大资产重组是一个概括的概念，具体包括上市公司购买、出售或置换资产达到重大标准的行为，该行为将对上市公司股权结构、资产和负债结构、利润和业务产生重大影响。资产置换本质上仍属于资产的购买和出售行为，因此上市公司重大资产重组指的即是上市公司的重大资产购买、出售行为。

始进入借壳上市组合监管规则的第二部分——上市公司购买资产的监管规则。本节首先介绍上市公司重大资产重组的一般规则。[①]

在介绍具体规则之前，我们先探讨一下上市公司重大资产重组监管规则的"应然"状态。关于上市公司重大资产重组监管的必要性，监管理论虽然存在一定争议，但监管实践已经给出了肯定答案[②]。但对于监管的方式和监管介入的程度，尚存在较大争议。一般认为，上市公司重大资产重组监管规则的"应然"状态，即市场化程度较高的监管方式是，公司的资产购买、出售行为属于公司自治行为，应由公司董事会、股东大会自主决策；监管介入的方式和程度应限于两个方面。第一，在公司治理中，对上市公司重大资产重组交易的决策程序做特别规定；第二，在信息披露中，对上市公司重大资产重组各环节的披露时点及主要内容做特别规定。通过程序上和信息披露上更严格的要求，保证中小投资者的参与权和知情权，使得管理层、大股东、中小股东在博弈中尽量实现利益的平衡；同时避免监管的过分介入破坏市场化的交易机制。[③]

当然，"应然"的监管状态无法一蹴而就。我国上市公司重大资产重组的监管规则是在实践中不断发展和完善的，虽然距离"应然"状态尚有差距，但监管规则不断在监管和市场化之中寻求平衡，当前规则基本符合实践发展，在可以预见的未来，"实然"与"应然"将会逐步接近。以下我们主要介绍上市公司重大资产重组的现行规则，穿插与"应然"状态的差距及原因分析。

一、重大资产重组的规范对象与量化指标

（一）规范对象

《重组办法》第二条明确了重大资产重组规范的行为："本办法适用于上市公司及其控股或者控制的公司在日常经营活动之外购买、出售资产或者通过其他方式进行资产交易达到规定的比例，导致上市公司的主营业务、资产、收入发生重大变化的资产交易行为（以下简称重大资产重组）"。这里面有四点非常

[①] 作为重大资产重组的主要形式，上市公司重大资产购买行为适用重大资产重组的规则。

[②] 我国的上市公司重大资产重组的实践证明了监管的必要性，具体论证过程可参见马骁：《上市公司并购重组监管制度解析》，134～148 页，北京，法律出版社，2009。虽然近年来我国并购重组市场的交易结构发生了一些变化，但该书中关于监管必要性的论证仍基本符合当前我国的上市公司重大资产重组实践。

[③] 比较接近的如美国。其没有专门针对上市公司重大资产重组的特别监管政策。其原因，一方面是美国监管制度中对 IPO 的管制较为宽松，IPO 成本较低，公司通过资产重组变相上市的动机不足；另一方面美国将上市公司重大资产购买、出售视为公司自治行为，各州通过公司法进行规制，配合强大的诉讼和民事赔偿制度，因此证券监管部门对上市公司重大资产重组除信息披露外也不需要更特殊的制度安排。

重要。

首先，规范主体是上市公司、上市公司控股或者控制的公司这两大类，而不仅仅是上市公司。

其次，经营活动之外购买、出售资产或者通过其他方式进行资产交易行为，且要达到一定的比例。上市公司及其控股或者控制的公司如果是购买、出售日常经营活动的资产，则不在此列。比如房地产行业上市公司购买土地、钢铁行业上市公司购买铁矿石等作为生产资料，均不属于《重组办法》的规范范围，但房地产行业上市公司购买其他房地产开发公司股权、钢铁行业上市公司并购其他钢铁公司等则要受《重组办法》的规制。

再次，上市公司与上市公司控股或者控制的公司进行的交易、上市公司控股或者控制的公司之间进行的交易不受《重组办法》的规制，因为《重组办法》明确要规范的是"导致上市公司的主营业务、资产、收入发生重大变化"的行为，上市公司与上市公司控股或者控制的公司进行的交易、上市公司控股或者控制的公司之间进行的交易不会导致上市公司的主营业务、资产、收入发生重大变化。

最后，《重组办法》第十五条还规定了其他实质构成购买、出售资产的交易方式，具体为：（1）与他人新设企业、对已设立的企业增资或者减资；（2）受托经营、租赁其他企业资产或者将经营性资产委托他人经营、租赁；（3）接受附义务的资产赠与或者对外捐赠资产；（4）中国证监会根据审慎监管原则认定的其他情形。这几种方式把握的原则也同前述描述的一样，依据标准计算的相关比例达到50%以上的，应当按照《重组办法》规定履行相关义务和程序。

（二）达到重大资产重组的量化指标

根据《重组办法》第十二条的规定，上市公司重大资产重组的计算指标包括三项：资产总额、营业收入、资产净额，量化标准为50%。具体是指，第一，购买、出售的资产总额占上市公司最近一个会计年度经审计的合并财务会计报告期末资产总额的比例达到50%以上；第二，购买、出售的资产在最近一个会计年度所产生的营业收入占上市公司同期经审计的合并财务会计报告营业收入的比例达到50%以上；第三，购买、出售的资产净额占上市公司最近一个会计年度经审计的合并财务会计报告期末净资产额的比例达到50%以上，且超过5 000万元人民币。此外，上市公司购买、出售资产的计算指标虽未达到50%，但中国证监会发现存在可能损害上市公司或者投资者合法权益的重大问题的，可以根据审慎监管原则责令上市公司依法披露、暂停交易。

《重组办法》第十四条规定了量化指标的计算方法。① 这条规定表述得非常复杂，笔者认为可以通过以下方式进行通俗理解：

第一，关于股权交易计算原则，如表4-4所示。

表4-4　上市公司购买或出售股权资产是否构成重大资产重组的计算原则

	控股权		参股权	
	购买	出售	购买	出售
资产总额	资产总额与成交金额较高者	资产总额为准	资产总额×股权比例与成交金额较高者	资产总额×股权比例
营业收入	营业收入为准	营业收入为准	营业收入×股权比例	营业受让×股权比例
资产净额	净资产额与成交金额较高者	净资产额为准	净资产额×股权比例	净资产额×股权比例

第二，关于非股权资产计算原则，如表4-5所示。

表4-5　上市公司购买或出售非股权资产是否构成重大资产重组的计算原则

	购买	出售
资产总额	账面值与成交金额较高者	资产账面值为准
营业收入	无	无
资产净额	资产与负债的账面差额和成交金额较高者	资产与负债的账面差额为准

---

① 《重组办法》第十四条规定，"计算本办法第十二条、第十三条规定的比例时，应当遵守下列规定：（一）购买的资产为股权的，其资产总额以被投资企业的资产总额与该项投资所占股权比例的乘积和成交金额二者中的较高者为准，营业收入以被投资企业的营业收入与该项投资所占股权比例的乘积为准，资产净额以被投资企业的净资产额与该项投资所占股权比例的乘积和成交金额二者中的较高者为准；出售的资产为股权的，其资产总额、营业收入以及资产净额分别以被投资企业的资产总额、营业收入以及净资产额与该项投资所占股权比例的乘积为准。购买股权导致上市公司取得被投资企业控股权的，其资产总额以被投资企业的资产总额和成交金额二者中的较高者为准，营业收入以被投资企业的营业收入为准，资产净额以被投资企业的净资产额和成交金额二者中的较高者为准；出售股权导致上市公司丧失被投资企业控股权的，其资产总额、营业收入以及资产净额分别以被投资企业的资产总额、营业收入以及净资产额为准。（二）购买的资产为非股权资产的，其资产总额以该资产的账面值和成交金额二者中的较高者为准，资产净额以相关资产与负债的账面值差额和成交金额二者中的较高者为准；出售的资产为非股权资产的，其资产总额、资产净额分别以该资产的账面值、相关资产与负债账面值的差额为准；该非股权资产不涉及负债的，不适用第十二条第一款第（三）项规定的资产净额标准。（三）上市公司同时购买、出售资产的，应当分别计算购买、出售资产的相关比例，并以二者中比例较高者为准。（四）上市公司在12个月内连续对同一或者相关资产进行购买、出售的，以其累计数分别计算相应数额。已按照本办法的规定编制并披露重大资产重组报告书的资产交易行为，无须纳入累计计算的范围，但办法第十三条规定情形除外。交易标的资产属于同一交易方所有或者控制，或者属于相同或者相近的业务范围，或者中国证监会认定的其他情形下，可以认定为同一或者相关资产。"

第三，本条制度设计的初衷是"限制上市公司高买而不限制高卖"，在买入设定买入孰高原则，在卖出时不设这一原则。

二、重大资产重组的程序性规范

在法律层面，仅有《公司法》第一百二十二条规定，"上市公司在一年内购买、出售重大资产或者担保金额超过公司资产总额百分之三十的，应当由股东大会作出决议，并经出席会议的股东所持表决权的三分之二以上通过。"在规章层面，《重组办法》设第三章专章规范重大资产重组的程序。此外，《关于规范上市公司重大资产重组若干问题的规定》等规范性文件、交易所关于停复牌的自律规则等均对上市公司重大资产重组各个阶段的程序提出了监管要求。

上市公司重大资产重组一般可分为五个阶段：筹划阶段、董事会审议阶段、股东大会审议阶段、中国证监会行政许可阶段（如有）、实施阶段。以下按照上述阶段分别介绍不同阶段的监管规则。

（一）筹划阶段的监管规则

上市公司筹划重组事项，与交易对方（发行对象、吸并方、被吸并方）就重大资产重组事宜进行初步磋商。该阶段的监管重点主要是保证信息披露的公平性及防范内幕交易。因此监管规则主要包括信息管理和股票及其衍生品种停牌两大类。

1. 信息管理①

对于上市公司来讲，首先，为避免长期停牌，上市公司应当采取必要且充分的保密措施，制定严格有效的保密制度，限定相关敏感信息的知悉范围。上市公司及交易对方聘请证券服务机构的，应当立即与所聘请的证券服务机构签署保密协议。其次，为更好地确定内幕信息的形成时点及知情人员，上市公司筹划重大资产重组事项，应当详细记载筹划过程中每一具体环节的进展情况，包括商议相关方案、形成相关意向、签署相关协议或者意向书的具体时间、地

---

① 2014 年版《重组办法》延续了 2008 年版《重组办法》关于重大资产重组的信息管理。2008 年版《重组办法》在 2007 年 9 月向社会征求意见时，尚没有信息管理的专门规定，在 2008 年颁布实施时专门增加了这一章，可见监管部门对信息管理的重视程度。该章对相关各方在重组事项筹划、决策过程中的信息公平披露、信息保密、信息澄清、信息记录保存和申请停牌等方面作了详细规定，进一步细化责任主体范围，明确信息处理标准。增加上述规定是为了贯彻落实中纪委十七届二次会议"关于严禁利用职务便利从事股票内幕交易的决定"精神，同时配合执行监察部、证监会、国务院国资委联合出台的"关于在上市公司并购重组等业务中加强各级政府部门和国有参与单位信息管理的有关意见"，其旨在进一步突出"防范和惩治内幕交易"的立法目的，完善规制内幕交易的规则体系，强化各有关方面和人员的法制观念和保密意识，切实提高市场透明度，净化市场环境，保护投资者合法权益。

点、参与机构和人员、商议和决议内容等，制作书面的交易进程备忘录并予以妥当保存。参与每一具体环节的所有人员应当即时在备忘录上签名确认。再次，上市公司关于重大资产重组的董事会决议公告前，相关信息已在媒体上传播或者公司股票及其衍生品种交易出现异常波动的，上市公司应当立即将有关计划、方案或者相关事项的现状以及相关进展情况和风险因数等对外予以披露，并按分阶段披露原则就相关事项的进展和变化情况持续予以披露。最后，为保证信息披露的公平性，上市公司筹划、实施重大资产重组，相关信息披露义务人应当公平地向所有投资者披露可能对上市公司股票交易价格产生较大影响的相关信息（以下简称股价敏感信息），不得有选择性地向特定对象提前泄露。

对于其他参与主体来讲，第一，应积极配合上市公司履行信息披露义务。上市公司的股东、实际控制人以及参与重大资产重组筹划、论证、决策等环节的其他相关机构和人员，应当及时、准确地向上市公司通报有关信息，并配合上市公司及时、准确、完整地进行披露。第二，禁止内幕交易。上市公司及其董事、监事、高级管理人员，重大资产重组的交易对方及其关联方，交易对方及其关联方的董事、监事、高级管理人员或者主要负责人，交易各方聘请的证券服务机构及其从业人员，参与重大资产重组筹划、论证、决策、审批等环节的相关机构和人员，以及因直系亲属关系、提供服务和业务往来等知悉或者可能知悉股价敏感信息的其他相关机构和人员，在重大资产重组的股价敏感信息依法披露前负有保密义务，禁止利用该信息进行内幕交易。

2. 股票及其衍生品种停牌

上市公司预计筹划中的重大资产重组事项难以保密或已经泄露的，应当及时向证券交易所（以下简称交易所）申请其股票及其衍生品种停牌，直至真实、准确、完整地披露相关信息。停牌期间，上市公司应当至少每周发布一次事件进展情况公告。

如果重大资产重组由控股股东启动筹划，在开始阶段，上市公司可能并不知晓其自身是否存在重大资产重组。此时，如果上市公司通过其他渠道获悉相关信息或者上市公司股票交易价格因重大资产重组的市场传闻发生异常波动，上市公司应当及时申请停牌，核实有无影响上市公司股票交易价格的重组事项并予以澄清，不得以相关事项存在不确定性为由不履行信息披露义务。

为防止上市公司滥用停牌制度，根据交易所的业务规则，上市公司重大资产重组连续停牌时间原则不得超过1个月；如确无法在1个月内披露预案的，可申请延期，同时披露重组框架、工作进展情况、无法按期复牌的具体原因、预计复牌时间等；一般停牌时间不超过 3 个月。部分特殊情况，可再次适当延长。① 停牌期间，上市公司至少每周披露一次重大资产重组进展情况。

（二）董事会审议阶段的监管规则

1. 直通车披露②并继续停牌

2014 年《重组办法》修订时，取消了现金类重大资产重组（借壳上市除外）的行政许可。同时，证监会下发《关于〈上市公司重大资产重组管理办法〉实施后有关监管事项的通知》，明确规定：交易所取消对非许可类重大资产重组信息披露的前置预审，非许可类重大资产重组预案的披露纳入信息披露直通车范围③；设置半年过渡期，过渡期内，重组预案公告后仅披露但不复牌，沪深交易所进行事后审核，原则上不超过 10 个工作日。④ 按照上述安排，非许可类重组的过渡期在 2015 年 5 月 23 日到期。

2015 年 5 月 22 日，中国证监会通过新闻发布会对外明确，为进一步贯彻"放松管制、加强监管"的监管理念，将重大资产重组预案的监管机制调整为：第一，关于非许可类重组预案披露。为加强信息披露监管，防范"忽悠式"重组等行为，在过渡期结束后，继续保留重组预案直通披露后停牌 10 个工作日的事后审核制度。第二，关于许可类重组预案披露。为提高并购重组效率，增强上市公司及中介机构责任意识，参照非许可类重组预案，将许可类重组预案披露一并纳入直通车披露范围，并实施相同的事后审核机制安排。第三，上市公司一旦披露重组预案，应同时向所在地证监局报告。⑤

---

① 具体细化的停复牌规则，由沪深交易所自行规定。如上海证券交易所出台的《上市公司重大资产重组信息披露及停复牌业务指引》。

② 根据《上海证券交易所上市公司信息披露直通车业务指引》，信息披露直通车（简称直通车）是指上市公司通过上海证券交易所信息披露系统自行登记和上传信息披露文件，并直接提交至本所网站及其他指定媒体进行披露的信息披露方式。其是相对此前交易所对上市公司信息披露事先审核而言的。

③ 上市公司重大资产重组信息披露实施直通车以前，上市公司在召开首次董事会审议重大资产重组事项前，须将重组预案及相关信息披露文件提交交易所，由交易所对信息披露文件进行形式审查。交易所重点审查上市公司及重组方提交的重大资产重组预案及相关信息披露文件的完整性，关注重组交易涉及的相关资产权及履行法定批准程序的情况；涉及银行、保险、传媒出版等特殊行业的资产业务注入上市公司的，关注重组交易履行相关行业主管部门批准程序的情况等。如未发现其重组预案中存在不符合国家法律和政策要求的重大问题，交易所则要求上市公司尽快召开首次董事会会议就重组议案进行审议。

④ 参见中国证监会 2014 年 11 月 28 日新闻发布会，最后查阅于 2015 年 8 月 13 日，http://www.csrc.gov.cn/pub/newsite/zjhxwfb/xwfbh/201411/t20141128_264381.html。

⑤ 证监局根据交易所提供的线索或自主审核发现的问题，视情况对上市公司收购标的启动现场核查程序，并将检查结果报上市部，抄送交易所。参见中国证监会 2015 年 5 月 22 日新闻发布会，最后查阅于 2015 年 8 月 13 日，http://www.csrc.gov.cn/pub/newsite/zjhxwfb/xwfbh/201505/t20150522_277689.html。

综上所述，重大资产重组预案①不论是否涉及行政许可，均纳入直通车披露范围。重组预案经首次董事会决议表决通过后，上市公司应当在次一工作日的非交易时间公告，并继续停牌；交易所在 10 个工作日内进行事后审核，无异议后公司股票复牌。

为防止公司滥用重大资产重组停牌机制或利用重组信息炒作股价，公司应当在停牌期限内尽快召开董事会。逾期未能召开董事会并披露重组预案，或重组预案披露后主动终止交易的，上市公司应当申请股票及其衍生品种复牌并承诺自复牌之日起 3 个月内不再筹划重大资产重组事项。

2. 董事会履职要求

上市公司拟实施重大资产重组的，董事会应当就本次交易是否符合下列规定作出审慎判断，并记载于董事会决议记录中。

第一，交易标的资产涉及立项、环保、行业准入、用地、规划、建设施工等有关报批事项的，在本次交易的首次董事会决议公告前应当取得相应的许可证书或者有关主管部门的批复文件；本次交易行为涉及有关报批事项的，应当在重大资产重组预案和报告书中详细披露已向有关主管部门报批的进展情况和尚需呈报批准的程序，并对可能无法获得批准的风险作出特别提示。

第二，上市公司拟购买资产的，在本次交易的首次董事会决议公告前，资产出售方必须已经合法拥有标的资产的完整权利，不存在限制或者禁止转让的情形。上市公司拟购买的资产为企业股权的，该企业应当不存在出资不实或者影响其合法存续的情况；上市公司在交易完成后成为持股型公司的，作为主要标的资产的企业股权应当为控股权。上市公司拟购买的资产为土地使用权、矿业权等资源类权利的，应当已取得相应的权属证书，并具备相应的开发或者开采条件。

第三，上市公司购买资产应当有利于提高上市公司资产的完整性（包括取得生产经营所需要的商标权、专利权、非专利技术、采矿权、特许经营权等无形资产），有利于上市公司在人员、采购、生产、销售、知识产权等方面保持独立。

第四，本次交易应当有利于上市公司改善财务状况、增强持续盈利能力，有利于上市公司突出主业、增强抗风险能力，有利于上市公司增强独立性、减少关联交易、避免同业竞争。

---

① 如没有重大资产重组预案，直接披露草案，则同样适用该程序。

（三）股东大会审议阶段的监管规则

1. 发出股东大会通知

上市公司发出股东大会通知有两种情况。第一种情况是，首次召开董事会前已完成相关审计、评估审核工作。此时，公司可以不用召开第二次董事会，而是在首次董事会审议通过重组方案后直接发出股东大会通知。同时应当在中国证监会指定的报刊公告重组报告书摘要、董事会决议、独立董事的意见，并在交易所网站全文披露重组报告书、独立财务顾问报告、法律意见书以及重组涉及的审计报告、资产评估报告。

第二种情况是，首次召开董事会前，相关资产尚未完成审计或评估工作。此时，董事会审议通过重组预案后，上市公司应当在中国证监会指定的报刊公告重组预案、董事会决议、独立董事的意见，并在交易所网站披露。相关审计、评估工作完成后，上市公司再次召开董事会，审议通过重组方案后发出股东大会通知，同时履行相应信息披露义务。

在第二种情况下，为防止发行股份购买资产的发行价格因时间过长，与股东大会审议时公司的股票价格相差过大，规则要求上市公司董事会应在发行股份购买资产的首次董事会决议公告后6个月内发布召开股东大会通知。如果董事会未能在6个月内发布召开股东大会通知的，上市公司应当重新召开董事会审议重组事项，并以该次董事会决议公告日作为发行股份的定价基准日[①]。

2. 召开股东大会审议重组方案

上市公司股东大会依法对重大资产重组事项进行审议。按照《公司法》第一百二十二条的规定和《重组办法》第二十四条的规定，上市公司股东大会程序应符合以下要求：

第一，绝对多数通过。上市公司股东大会就重大资产重组事项作出决议，必须经出席会议的股东所持表决权的2/3以上通过[②]。

第二，关联股东回避表决。上市公司重大资产重组事宜与本公司股东或者其关联人存在关联关系的，股东大会就重大资产重组事项进行表决时，关联股

---

① 根据现行规定，上市公司发行股份购买资产的，以首次董事会决议公告日为定价基准日，具体见后文介绍。

② 注意，在我国重大资产重组的监管规则中，仅要求出席会议股东所持表决权的2/3以上通过即可，对出席会议的最低股东人数、表决权比例并没有限制。实践中，上市公司的股东大会参与率较低，与境外部分国家要求的最低50%表决权的参会比率相差甚远，尤其是大股东回避表决的情况下，参会的有效表决权更低。这一点直接导致我国重大资产重组程序设计中，股东大会对董事会、控股股东的制衡作用大大削弱。

东应当回避表决。交易对方已经与上市公司控股股东就受让上市公司股权或者向上市公司推荐董事达成协议或者默契，可能导致上市公司的实际控制权发生变化的，上市公司控股股东及其关联人应当回避表决。

第三，网络投票。上市公司就重大资产重组事宜召开股东大会，应当以现场会议形式召开，并应当提供网络投票或者其他合法方式为股东参加股东大会提供便利。除上市公司的董事、监事、高级管理人员、单独或合计持有上市公司5%以上股份的股东以外，其他股东的投票情况应当单独统计并予以披露。

3. 公告股东大会决议

公司应在股东大会决议后的此一工作日公告该决议，以及律师事务所关于本次股东大会的法律意见书。

（四）行政许可阶段的监管规则

如交易方案构成借壳上市或属于发行股份购买资产，根据《重组办法》，需向中国证监会申报行政许可。上市公司应当在股东大会决议后按照中国证监会的有关规定编制申请文件，委托独立财务顾问在3个工作日内向中国证监会申报。①

1. 按照分道制确定审核类型

2013年9月13日，证监会新闻发言人在例行发布会上表示，实施分道制的各项准备工作已经完成，启动条件具备，自2013年10月8日起，将在并购重组审核中实施。发言人称，经过三年的技术准备和方案论证，分道制实施方案已经成熟，将按照"先分后合、一票否决、差别审核"原则，由证券交易所和证监局、中国证券业协会、财务顾问分别对上市公司合规情况、中介机构执业能力、产业政策及交易类型三个分项进行评价，之后根据分项评价的汇总结果，将并购重组申请划入豁免/快速、正常、审慎三条审核通道。整个评价过程采用客观标准，结果自动生成。分道制审核酝酿多年，其主旨是"奖优限劣"，类似

① 按照《重组办法》的流程，中国证监会的审核流程在上市公司股东大会以后，但按照"以信息披露为中心"的监管理念，监管部门应督促上市公司及各信息披露义务人充分披露交易相关信息并提示相关风险，在此基础上将交易方案最终的决定权交给上市公司股东大会作出最终决策。曾经有一段时间，我国上市公司重大资产重组监管采用过该种方式，然而，出现上市公司不按规定及时报送材料，或在股东大会以后才报送材料，有的公司甚至不报送材料，规避监管。由于重组方案已经通过公司批准程序，发生法律效力，即使事后发现存在重大法律障碍或明显损害中小股东利益，也难以纠正。导致该阶段出现严重的信息披露滞后和不实问题，大股东利用重组套现问题等。为此，监管部门调整审核流程，将证监会核准调整至股东大会以后，2008年版《重组办法》关于程序的规定相较于105号文，最大的变化就是将105号文确定的先开董事会、再证监会核准，然后开上市公司股东大会的流程确定为先开董事会、再开股东大会、最后证监会核准的新流程。

券商的"分类管理"。分道制实施的结果是"好"公司能够得到审核豁免权,而"坏"公司的并购重组的审核将会受到限制。分道制意图借此促使实施并购重组的上市公司能够主动向好,让其操作更规范,信息更透明。根据分道制的相关工作安排,上市公司信息披露和规范运作状况的评价由中国证监局和交易所完成;证券公司的分级评价由中国证券业协会每年更新;"产业政策和交易类型"由财务顾问发表意见、交易所复核。根据《国务院关于促进企业兼并重组的意见》和工信部等十二部委《关于加快推进重点行业企业兼并重组的指导意见》,支持产业确定为"汽车、钢铁、水泥、船舶、电解铝、稀土、电子信息、医药、农业产业化龙头企业"九大行业。后续监管部门将随着国家产业政策的变化相应调整支持行业。[①]

2014 年《重组办法》修改,正式以规章形式将分道审核这一机制确立下来。只有上市公司分类评价结果、中介机构执业质量评价均为 A,且上市公司属于九大支持行业,交易方可进入豁免/快速通道。其中,不涉及发行股份的项目,豁免审核由中国证监会直接核准;涉及发行股份的,实行快速审核,取消预审环节,直接提请并购重组审核委员会(以下简称重组委)审议。上市公司分类评价结果为 D 的,或者中介机构执业质量评价为 C 的,进入审慎通道。对于审慎审核申请人提出的并购重组申请事项,必要时加大核查力度。其余项目,均进入正常审核通道,按照原有流程审核。分道制实施近两年以来,进入豁免/快速通道的项目非常少,占比约 1%。

2. 初审

中国证监会受理行政许可申请后,由相关部门根据《公司法》、《证券法》、《行政许可法》等法律法规和国资等部门的批文对上市公司申报材料进行初审。初审后如无需进一步反馈问题,则直接提交重组委审核;如有反馈意见,将以书面形式提供给上市公司。2014 年 12 月 26 日,中国证监会对外公布,自 2014 年 12 月 29 日起,中国证监会受理的并购重组申请,初审反馈意见将在证监会网站上市部专区"并购重组反馈意见"子栏目公开;公司完成反馈意见回复后按照临时公告要求披露后报证监会。[②]

---

① 参见"2013 年 9 月 13 日新闻发布会",最后查阅于 2015 年 8 月 13 日,http://www.csrc.gov.cn/pub/newsite/zjhxwfb/xwfbh/201309/t20130913_234878.html。

② 参见 2014 年 12 月 26 日公布的"证监会要闻"之"中国证监会公开上市公司并购重组反馈意见",最后查阅于 2015 年 8 月 13 日,http://www.csrc.gov.cn/pub/newsite/zjhxwfb/xwdd/201412/t20141226_265695.html。

3. 并购重组委审核

公司反馈回复后，初审针对披露不清晰的问题，可以再次发出书面反馈意见。如无进一步反馈意见，则通知公司停牌，并将交易方案提交重组委审核。2013 年 10 月，重组委审核意见开始通过证监会网站公示。公司于重组委审核次一工作日公告重组委审核结果并复牌。

4. 核准

对于重组委无条件通过的，或者有条件（以解决若干问题为条件）审议通过后上市公司解决问题并完善方案的，中国证监会向上市公司发出核准文件；对于重组委未审议通过的，中国证监会向上市公司发出不予核准的文件。

上市公司在收到中国证监会就其重大资产重组申请作出的予以核准或者不予核准的决定后，应当在次一工作日予以公告。中国证监会予以核准的，上市公司应该同时根据中国证监会的审核意见重新修订重组报告书及相关证券服务机构的报告或意见，并作出补充披露。上市公司及相关证券服务机构应当在修订的重组报告书及相关证券服务机构报告或意见的首页就补充或修改的内容作出特别提示。上市公司应当就重组报告书、相关证券服务机构的报告或意见的补充或修改内容在中国证监会指定的报刊公告，并在交易所网站全文披露修订后的重组报告书及相关证券服务机构的报告或意见。

中国证监会未予核准的，上市公司应当在 10 个工作日内决定是否终止或者重新报送重组方案并予以公告。上市公司继续推进的，应落实并购重组委否决意见。落实意见后，如不构成重大调整，可向证监会重新申报，重新申报的时间无限制，但须在股东大会决议有效期限内。如构成重大调整，视为新方案，需重新召开董事会、股东大会审议，涉及发行股份购买资产的，需重新锁价。

如前所述，为防止上市公司或相关利益方利用上市公司重大资产重组的信息炒作公司股价，上市公司因各种原因决定终止交易的，应当承诺自终止之日起 3 个月内不再筹划重大资产重组事项。但上市公司因证监会不予核准决定终止交易的，无须承诺自终止之日起 3 个月内不再筹划重大资产重组事项。

5. 审核过程中的挂钩制

挂钩制是一个俗称，主要指上市公司重大资产重组与股价异动监管之间的联动关系。

（1）旧机制：异动即暂停

2007 年 8 月，证监会颁布《关于规范上市公司信息披露及相关各方行为的通知》（证监公司字〔2007〕128 号），其中第五条对于因重大资产重组等重大信息在公布前导致上市公司股价异动，在上市公司提起并购重组行政许可时需履行的特别程序予以了明确。第五条规定："剔除大盘因素和同行业板块因素影响，上市公司股价在股价敏感重大信息公布前 20 个交易日内累计涨跌幅超过 20% 的，上市公司在向中国证监会提起行政许可申请时，应充分举证相关内幕信息知情人及直系亲属等不存在内幕交易行为。证券交易所应对公司股份敏感重大信息公布前股票交易是否存在进行专项分析，并报中国证监会。中国证监会可对上市公司股价异动行为进行调查，调查期间将暂缓审核上市公司的行政许可申请。"据此，实务中将该联动机制称为"异动即暂停"。

此外，2008 年 5 月证券交易所发布的《上市公司重大资产重组信息披露工作备忘录——第 1 号信息披露业务办理流程》第四条还进一步明确了相关问题的信息披露要求，其主要内容包括：第一，上市公司股票连续停牌前，股票价格波动达到《关于规范上市公司信息披露及相关各方行为的通知》第五条相关标准的，上市公司应当将上述情况及由此产生的风险在重组预案中予以披露，并在股票停牌后向证券交易所提交自查报告，即在股票连续停牌前 6 个月内，上市公司及其董事、监事、高级管理人员，交易对方及其董事、监事、高级管理人员（或主要负责人），相关专业机构及其他知悉本次重大资产交易内幕信息的法人和自然人，以及上述相关人员的直系亲属买卖该上市公司股票及其他相关证券情况的自查报告。若公司认为股票价格波动未达到上述标准的，应当在按本规则第五条向证券交易所提交重大资产重组预案时向证券交易所作出说明，并提交独立财务顾问的核查意见。第二，法人的自查报告中应当列明法人的名称、股票账户、有无买卖股票行为并盖章确认；自然人的自查报告应当列明自然人的姓名、职务、身份证号码、股票账户、有无买卖股票行为，并经本人签字确认。第三，前述法人及自然人存在买卖公司股票行为的，当事人应当书面说明其买卖股票行为是否利用了相关内幕消息；上市公司及相关方应当书面说明相关申请事项的动议时间，买卖股票人员是否参与决策，买卖行为与本次申请事项是否存在关联关系。

（2）新机制：立案才暂停

2012 年 11 月 6 日，证监会发布《关于加强与上市公司重大资产重组相关股票异常交易监管的暂行规定》（证监会公告〔2012〕33 号，以下简称《规定》）。

关于该《规定》的立法目的，证监会有关部门负责人指出，国务院高度重视内幕交易防控，2010 年《国务院办公厅转发证监会等部门关于依法打击和防控资本市场内幕交易意见的通知》（国办发〔2010〕55 号）提出要遏制资本市场内幕交易、完善防控制度、实施重点打击。《规定》作为落实国办发 55 号文，进一步防控和打击内幕交易的重要制度安排，自 2010 年开始酝酿出台。证监会在《规定》起草过程中，广泛调研，不断调整规范内容，并最终将落脚点确定在内幕交易防控的热点、难点以及中小投资者主要关注点——与上市公司重大资产重组相关的股票异常交易行为的监管上。《规定》将股票异常交易监管与重大资产重组行政许可挂钩，实际上就是要将重大资产重组相关主体的内幕信息管理与重大资产重组密切联系起来，切实提高其保密意识和内幕信息管理水平，遵纪守法，真正承担起各自应负的职责，并充分认识到做好自身内幕交易防控工作对促进企业发展和顺利推进公司重大资产重组的重要意义，从而在源头上做好遏制内幕交易的工作。

在制度设计过程中，证监会也充分考虑了公平与效率的综合平衡，一方面制定规则的出发点是要向市场发出明确信号，公平是效率的前提和基础，重大资产重组当事人、利益方和相关主体在进行重大资产重组时，必须真正承担起对相关内幕信息的管理职责，做好内幕信息的保密工作，否则，因内幕信息管理不善导致发生内幕交易，将直接影响公司重大资产重组的顺利推进。另一方面，认真处理好防控内幕交易与鼓励企业兼并重组、支持实体经济发展的关系。在规则设计中合理界定了打击范围，疏堵结合，综合把握公平与效率的平衡，一旦核查排除相关因素或者消除影响，将立即恢复重组进程。[①]

《规定》明确了重大资产重组暂停及恢复的情形。首先，核查程序。根据《规定》及沪深交易所配套起草的《关于加强与上市公司重大资产重组相关股票异常交易监管的通知》要求，上市公司停牌进入重大资产重组程序后，证券交易所立即启动股票异常交易核查程序，并及时将股票异常交易信息上报证监会。同时将存在异常交易的结论告知上市公司，由上市公司自主决定是否继续推进重组。如上市公司决定继续推进重组的，应同时作出股票异常交易的风险提示。其次，暂停程序。证监会对股票异常交易信息进行核查后，如认为涉嫌内幕交易决定立案稽查的，上市公司应暂停重组进程，并及时进行信息披露和风险提示。具体暂停程序为，上市公司向中国证监会提出重大资产重组行政许可申请，如该重大资产重组事项涉嫌内幕交易被中国证监会立案调查或者被司法机关立案侦查，尚未受理的，中国证监会不予受理；已经受理的，中国证监会暂停审

---

① 参见 2012 年 11 月 16 日发布的"证监会要闻"之"中国证监会发布《关于加强与上市公司重大资产重组相关股票异常交易监管的暂行规定》"，最后查阅于 2015 年 8 月 13 日，http://www.csrc.gov.cn/pub/newsite/zjhxwfb/xwdd/201211/t20121116_216997.html。

核。需要注意的是，只要重大资产重组事项涉嫌内幕交易被立案的，即暂停，不论被立案人员是否属于《规定》第八条规定的"两类人"。① 最后，恢复程序。重大资产重组进程暂停后，相关方可以根据涉嫌内幕交易的主体在重大资产重组中地位和角色的不同以及法人和自然人的区别进行分类处理，如果属于《规定》中可以通过撤换或退出重组交易达到"消除影响"的，上市公司可以恢复重组进程。如果属于"不可消除影响"的，上市公司应当终止重组进程。根据《规定》第八条，可以恢复的情形包括以下三种：第一，中国证监会或者司法机关经调查核实未发现上市公司、占本次重组总交易金额比例在 20% 以上的交易对方（如涉及多个交易对方违规的，交易金额合并计算），及上述主体的控股股东、实际控制人及其控制的机构（该类主体也被称为"第一类人"）存在内幕交易的。第二，中国证监会或者司法机关经调查核实未发现上市公司董事、监事、高级管理人员，上市公司控股股东、实际控制人的董事、监事、高级管理人员，交易对方的董事、监事、高级管理人员，占本次重组总交易金额比例在 20% 以下的交易对方及其控股股东、实际控制人及上述主体控制的机构，为本次重大资产重组提供服务的证券公司、证券服务机构及其经办人员，参与本次重大资产重组的其他主体等（该类主体也被称为"第二类人"）存在内幕交易的；或者上述主体虽涉嫌内幕交易，但已被撤换或者退出本次重大资产重组交易的。第三，被立案调查或者立案侦查的事项②未涉及前述"第一类人"和"第二类人"的。

部分项目可能因涉嫌内幕交易最终导致重组终止。③ 如上市公司主动终止重大资产重组进程的，上市公司应当同时承诺自公告之日起至少 3 个月内不再筹划重大资产重组，并予以披露；如因上市公司控股股东及其实际控制人存在内幕交易被中国证监会依照《规定》第十条终止审核的，上市公司应当同时承诺

---

① 2014 年版《重组办法》取消部分重大资产重组的行政许可后，无须履行行政许可程序的重大资产重组如何实施挂钩制，尚不明确。

② 此处强调的是"被立案调查或者立案侦查的事项"，而不是被立案的人。实践中，为严格执行"挂钩制"，被立案调查的事项不仅包括被立案对象，还包括涉嫌对象。即被立案调查对象或涉嫌对象属于《规定》第八条规定的"第一类人"，则需要等待调查结论明确其不存在内幕交易，方可恢复审核；被立案调查对象或涉嫌对象属于《规定》第八条规定的"第二类人"，在调查结论明确其不存在内幕交易，或主动消除影响后，可以恢复审核；被立案调查对象或涉嫌对象均不属于《规定》第八条规定的"第一类人"和"第二类人"，可以恢复审核。笔者统计，自《规定》出台至 2014 年 12 月 31 日，因立案被稽查暂停的重组项目占同期证监会审核项目的 20%，暂停后恢复的平均暂停时间为 3 个月。

③ 笔者统计，自《规定》出台至 2014 年 12 月 31 日，因立案被稽查暂停的重组项目中，约 5% 的项目主动终止交易，申请撤回行政许可申请。

自公告之日起至少 12 个月内不再筹划重大资产重组，并予以披露。

6. 审核过程中交易方案的重大调整

上市公司应在相关信息披露前审慎制定借壳上市方案，避免后续对交易方案的重大调整。

根据《重组办法》，中国证监会审核期间，上市公司拟对交易对象、交易标的、交易价格等作出变更，构成对原交易方案重大调整的，应当在董事会表决通过后，重新提交股东大会审议。因此一旦构成重大调整，须重新召开董事会、股东大会等程序，这就意味着需要重新锁价；借壳上市方案公告后，股价一般会出现大幅上涨，如果重新锁价，交易极有可能失败。

中国证监会 2011 年 11 月发布的"问题与解答"明确了构成方案重大调整的认定规则，[①] 主要包括交易对象和交易标的两个方面。

第一，关于交易对象。（1）上市公司在股东大会作出重大资产重组的决议后拟增加交易对象的，视为构成重组方案重大调整；（2）上市公司在股东大会作出重大资产重组的决议后拟减少交易对象的，如交易各方同意将该交易对象及其持有的标的资产份额剔除出重组方案，且剔除相关标的资产后按照下述第二条的规定不构成重组方案重大调整的，可以视为不构成重组方案重大调整。（3）拟调整交易对象所持标的资产份额的，如交易各方同意交易对象之间转让标的资产份额，且转让份额不超过交易作价 20% 的，可以视为不构成重大方案调整。

值得注意的是，根据原"问题与解答"，上市公司减少交易对象的，须连同其持有的标的资产一并剔除出重组方案，否则视为重大调整。即使交易对象未增加，也视为重大调整。如上市公司拟分别向 A、B、C 三人发行股份购买其持有的甲公司 50%、30%、20% 股权，上市公司股东大会通过后，C 急用钱，拟将其持有的甲公司 20% 股权现金转让给 A，交易方案变更为分别向 A、B 发行股份购买其持有的甲公司 70%、30% 股权，是否构成重大调整？根据原"问题与解答"，该情况属于减少交易对象，应将其持有的甲公司 20% 份额剔除出重组方案，将方案变更为购买甲公司 80% 股权才能不构成重大调整。但根据《上市公

---

① 中国证监会于 2011 年 11 月 23 日发布"上市公司拟对重大资产重组方案中的交易对象、交易标的等作出变更的，通常如何认定是否构成对重组方案的重大调整？"这一"问题与解答"，参见 http://www.csrc.gov.cn/pub/newsite/ssgsjgb/ssbssgsjgfgzc/ywzx/201111/t20111123_202222.html，已撤网。2015 年 9 月 18 日中国证监会发布《上市公司监管法律法规常见问题与解答修订汇编》，对"重大调整"的表述略做调整，参见 http://www.csrc.gov.cn/pub/newsite/ssgsjgb/ssbssgsjgfgzc/ywzx/201509/t20150918_284146.html，最后查询于 2015 年 9 月 20 日。

司监管法律法规常见问题与解答修订汇编》，不再将该种情形认定为构成重大调整。

第二，关于交易标的。上市公司在股东大会作出重大资产重组的决议后拟对交易标的进行变更，如同时满足以下条件，可视为不构成重组方案重大调整：（1）拟增加或减少的交易标的资产的资产总额、资产净额及营业收入占原标的资产相应指标总量的比例均不超过20%。根据《重组办法》规定的计算方法，此处的计算指标包含交易价格，即交易价格变动的比例超过20%的，构成重大调整；（2）变更标的资产对交易标的的生产经营不构成实质性影响，包括不影响交易标的资产及业务完整性等。

此外，上市公司公告预案后，对重组方案进行调整达到上述调整范围的，需重新履行相关程序。

随着实践的发展，新的问题总是不断出现。实务中，出现了如下两个问题：第一，配套融资的发行对方是否属于上述交易对象？第二，如果交易对象为有限合伙企业或资管计划等，普通合伙人或资管计划管理人的变更是否属于重大变更？有限合伙人或资管计划出资人的变更是否属于重大变更？

对于第一个问题，我们将在本章第七节募集配套资金部分予以说明。对于第二个问题，考虑到有限合伙与资管计划的控制权的特殊性，监管实践中的一般原则为：普通合伙人或资管计划管理人的变更属于重大变更，而个别的有限合伙人或资管计划出资人的变更不属于重大变更。

7. 审核过程中的重组委审议制度

（1）有关重组委制度的演进

为适应上市公司重大重组审核工作的需要，证监会于2002年5月成立了重组委，在《中国证监会股票发行审核委员会重大重组审核工作委员会工作程序》（证监公司字〔2002〕10号）中确定了重组委的法律地位和工作形式。当时重组委员全部由发审委员兼任；委员上会安排同上发审会一样，由证监会办公厅统一负责安排。重组委成立后，发挥了一定作用，但在专业审核中也发现了一些问题，其核心问题是审核IPO和再融资公司的重点与审核并购重组的重点并不一样——发行的目的是募集资金，所以审核工作是优中选优；而并购重组更多的涉及资产的定价、重组方的资质、现有股东权益的保护、上市公司的独立性和持续性等问题，加之发审委员发行审核工作繁忙，因此，发审委员审议需要上重组会的复杂并购重组事项的效果并没有完全达到预期效果。

为改进相关工作，完善重组委制度，2004年5月证监会发布《中国证监会上市公司重大重组审核工作委员会工作程序》（证监发〔2004〕41号），重新确定了重组委的组成人员和工作形式，其核心变化是：①重组委员同发审委员各自独立（少量人员可以重合），重组委专门负责审核并购重组申请；②并购重组审核部门为重组委的办事机构，负责组织重组委会议；③完善了工作底稿、签署承诺函和记名投票等工作制度。由于重组委员的工作是专门审核重组事项，自2004年以来，重组委发挥了重要的作用，也逐渐被市场所熟悉和接受。

2006年7月，证监会又结合《上市公司收购管理办法》的相关规定，发布了《中国证监会上市公司并购重组审核委员会工作规程》（证监发〔2006〕83号），主要变化体现在：明确了重组委不仅是重大重组审核，而且是并购重组审核；重组委委员由20人增加到25人；与2006年版《收购办法》的修订相一致，重组委职能增加了对重大疑难案件提供咨询意见。

2007年7月，证监会颁布《关于在发行审核委员会中设立上市公司并购重组审核委员会的决定》（证监发〔2007〕93号）和《中国证券监督管理委员会上市公司并购重组审核委员会工作规程》（证监发〔2007〕94号），明确上市公司并购重组审核委员会（以下简称并购重组委）是设立于发审委中的审核机构，专门负责对上市公司并购重组申请事项提出审核意见，这些事项包括：①根据中国证监会的相关规定构成上市公司重大资产重组的；②上市公司以新增股份向特定对象购买资产的；③上市公司实施合并、分立的；④中国证监会规定的其他并购重组事项。并购重组委的组成方式、会议程序和监督机制等从严执行了《发行审核委员会办法》的相关规定，其工作机制将充分透明化。并购重组委新的定位和运作机制更有助于贯彻《证券法》的相关规定。

为适应资本市场并购重组市场化改革的需要，完善并购重组行政审批工作，中国证监会根据2007年以来上市公司并购重组委的实践运行情况，结合并购重组委工作特点，于2011年12月颁布《中国证监会上市公司并购重组审核委员会工作规程》（证监会公告〔2011〕40号），对《中国证券监督管理委员会上市公司并购重组审核委员会工作规程》（证监发〔2007〕94号）进行了全面修订。本次修订旨在进一步增强并购重组委工作透明度，推行政务公开，维护并购重组审核的公开、公平和公正，提升并购重组委的独立性和公信力，为进一步提高上市公司并购重组工作的质量和效率提供制度保障，主要修订内容包括：①明确并购重组委委员产生机制；对并购重组委委员的分组、对外公示作出了明确规定；明确并购重组委会议参会委员确定原则等，进一步提高并购重组委工作的透明度和公正性。②健全并购重组委会议内部监督机制，强化委员自律作用；建立参会委员公示制度，强化外部监督机制；强化对委员的监督管理等，构建委员自我约束、社会共同监督和监管部门管理相结合的监督制约机制。③建立并购重组委会后申诉机制，强化权力制约；建立并购重组专家咨询委员会制度，促进并购重组委审核工作的科学化和专业化；建立并购重组委审核工作回访制度，完善审核工作机制。通过创新工作机制，增强并购重组委的社会公信力。

2014 年 5 月，中国证监会修订《中国证监会上市公司并购重组委审核委员会工作规程》（证监会公告〔2014〕15 号），对并购重组委委员的构成进行了一定调整。《中国证监会上市公司并购重组审核委员会工作规程》（证监会公告〔2011〕40 号）规定，并购重组委委员分为召集人组和专业组，其中专业组分为法律组、会计组、资产评估组和金融组。为提高并购重组委结构的均衡性和科学性，新的规程对委员结构进行了微调，新增部分市场买方的投资者代表。与之相应，专业组结构调整为法律组、会计组、金融组和机构投资人组，原金融组与资产评估组合并。

（2）并购重组委负责审核的重大资产重组事项

根据 2014 年版《重组办法》，需要提交并购重组委审议的交易包括以下两种：第一，构成借壳上市的行为；第二，发行股份购买资产的行为。

（五）实施阶段的监管规则

上市公司取得中国证监会核准文件后，应当及时实施重组方案，包括资产交割、工商登记变更等。自收到中国证监会核准文件之日起 60 日内未实施完毕重大资产重组的，上市公司应当于期满后次一工作日将实施进展情况报告中国证监会并公告；此后每 30 日应当公告一次，直至实施完毕。超过 12 个月未实施完毕的，核准文件失效。

上市公司在重组实施完毕之日起 3 个工作日内编制实施情况报告书，向中国证监会、交易所提交书面报告并公告。上市公司聘请的独立财务顾问和律师事务所应当对重大资产重组的实施过程、资产过户事宜和相关后续事项的合规性及风险性进行核查，发表明确的结论性意见。独立财务顾问和律师事务所出具的意见应当与实施情况报告书同时报告、公告。涉及发行股份的，上市公司在完成上述公告、报告义务后到交易所、证券登记结算公司办理发行股份、证券登记等手续。

独立财务顾问应当对实施重大资产重组的上市公司履行持续督导职责。持续督导的期限自中国证监会核准本次重大资产重组之日起，应当不少于一个会计年度。构成借壳上市的交易，持续督导的期限，不少于三个会计年度。

三、重大资产重组的实体性规范：原则要求

《重组办法》第十一条规定了上市公司重大资产重组应当符合的原则性要求，主要包括七项。

第一，符合国家产业政策和有关环境保护、土地管理、反垄断等法律和行政法规的规定。这是上市公司所有经营活动均应遵守的基本原则，上市公司作为公司法人，其行为应符合国家的政策、法律规定。在重大资产重组中，拟购买资产未来也将成为上市公司的一部分，因此根据该原则，拟购买资产也须符合国家产业政策、相关法律法规的规定。

第二，不会导致上市公司不符合股票上市条件。这也是重大资产重组的题中之义。上市公司重大资产重组的目的并非将公司退市，而是促使上市公司更好地发展，因此要求交易不会导致上市公司不符合上市条件①。

第三，重大资产重组所涉及的资产定价公允，不存在损害上市公司和股东合法权益的情形。该规定的目的是要明确上市公司作为一个公众公司，其利益并不仅仅限于上市公司和交易对方，还包括广大的上市公司中小投资者。上市公司重大资产重组所涉及的资产定价应当公允，不应存在"高买贱卖"损害上市公司和股东合法权益的情形。这是上市公司重大资产重组的一项重要原则。上市公司重大资产重组的若干具体规则均是围绕该项原则展开的。

第四，重大资产重组所涉及的资产权属清晰，资产过户或者转移不存在法律障碍，相关债权债务处理合法。该规定主要是针对拟购买资产而言的。权属的清晰性将直接影响上市公司对拟购买资产的所有权，债权债务处理的合法性将直接影响上市公司是否存在潜在纠纷及损失，故要求拟购买资产权属清晰，债权债务处理合法。

资产权属清晰一般包括以下内容：对于股权资产，必须明确披露是否合法拥有该项股权的全部权利，是否有出资不实或影响公司合法存续的情况，将有限责任公司相关股权注入上市公司是否已取得其他股东的同意或符合《公司章程》的特别规定，是否存在已被质押、抵押情形，是否存在限制转让的情形，是否存在诉讼、仲裁或其他形式的纠纷。对于非股权资产，必须明确披露是否需要办理相

---

① 根据《证券法》第五十条规定，不符合上市条件的情形是：（1）上市公司股本总额少于人民币3 000万元；（2）上市公司股本总额低于4亿股的，社会公众持股比例低于10%；上市公司股本总额高于4亿股的，社会公众持股比例低于25%。根据上海、深圳证券交易所发布的《股票上市规则》，社会公众是指除了以下股东之外的上市公司其他股东：（1）持有上市公司10%以上股份的股东及其一致行动人；（2）上市公司的董事、监事、高级管理人员及其关联人。

应的权属证明，是否已经办理了相应的权属证明，是否存在已被质押、抵押的情形，是否存在限制转让的情形，是否存在诉讼、仲裁或其他形式的纠纷。

相关债权债务处理合法包括以下内容：涉及转移债务的，应取得债权人书面同意并履行法定程序①；设计转让债权的，应履行通知债务人等法定程序；涉及承担他人债务的，应履行被承担债务是否已取得债权人同意等法定程序。②

第五，有利于上市公司增强持续经营能力，不存在可能导致上市公司重组后主要资产为现金或者无具体经营业务的情形。根据我国《证券法》规定，上市公司应具备持续盈利能力。③ 因此上市公司重大资产重组也应当有利于上市公司增强持续盈利能力。判断有利于上市公司增强持续盈利能力的标准有以下几个指标：重组目的与公司战略发展目标是否一致；购买资产是否有持续经营能力，出售资产是否导致公司用力能力下降；重组后主要资产是否为现金和流动资产；重组后有无确定的资产及业务；重组后是否需取得特许资格；交易安排是否导致购入资产不确定。要求重大资产重组增强持续盈利能力，并不意味着上市公司不能购买亏损资产。随着上市公司并购重组市场化改革的推进，上市公司如能充分披露购买亏损资产的原因，购买该资产能够增强上市公司持续盈利能力的理由等，同样认定符合该条原则。

第六，有利于上市公司在业务、资产、财务、人员、机构等方面与实际控制人及其关联人保持独立，符合中国证监会关于上市公司独立性的相关规定。判断独立性有以下几个指标：资产是否整体进入；关联交易是否合理、价格是否公允、比例是否较小或减少；采购、生产、销售及相关知识产权是否独立。

第七，有利于上市公司形成或者保持健全有效的法人治理结构。判断是否损害上市公司法人治理结构有以下几个标准：重组后上市公司是否资产完整、生产经营独立（在人员、资产、财务、采购、生产、销售、知识产权等方面保持独立）；商标权和专有技术使用权是否全部进入上市公司；本次交易是否导致

---

① 债务转移需要取得债权人同意，其法律要求是现行《合同法》的规定，即债务人转移债务应当取得债权人同意。因此，针对上市公司重大资产重组中的债务转让，均要求取得债权人的同意。如果债权人明确表示不同意债务转移的，则须解决该债务；如果有债务由于各种原因（例如债权人联系不上、债权人法人灭失或变更、债权人自然人死亡）无法取得债权人同意或债权人未回应，对于这部分债务，一般要求由有关方面（如重组方或第三方）承诺，未来若债权人行使债权，由其直接偿付或由其补偿上市公司。

② 债务重组往往是整个重大资产重组的核心和难点。重大资产重组能否成功，大多看债务重组是否成功。这也是为什么会出现上市公司破产重整的原因。上市公司破产重整的主要目的就是完成债务重组，为上市公司重大资产重组做好铺垫。

③ 如不具备持续盈利能力，将面临暂停上市、退市风险。

上市公司与控股股东之间存在同业竞争问题，是否已就原有的同业竞争问题作出合理安排；本次交易是否导致上市公司收入严重依赖于关联交易，关联交易收入及相应利润在上市公司收入和利润中所占比重是否合理；本次交易是否导致控股股东或交易对方侵害上市公司利益或增加侵害上市公司风险的情形；重组后是否会因产品质量、劳动安全等问题使上市公司陷入纠纷，从而损害利益相关者的合法权益；重组后"三会"制度能否有效发挥作用。

四、重大资产重组的实体性规范：具体监管要求

关于重大资产重组的具体监管规则，主要是针对重大资产购买中拟购买资产的监管要求，具体包括拟购买资产主体资格、交易作价、持续盈利能力、独立性、规范运作的监管规则；此外，还涉及对拟购买资产交易对方的监管要求。

借壳上市交易中，拟购买资产既要符合重大资产购买的监管规则，还须符合IPO的发行条件要求。《重组办法》与《首发办法》对拟购买资产的监管规则存在部分重合，以下笔者不做具体区分，并从拟购买资产主体资格、交易作价、持续盈利能力、独立性、规范运作以及拟借壳企业股东六个方面介绍借壳上市中拟购买资产的监管规则。

（一）关于主体资格的监管要求

在主体资格方面，针对拟借壳企业的监管规则主要包括企业形式，出资足额缴纳、权属清晰，持续经营3年以上三个方面。

1. 企业形式

一般重大资产购买中，拟购买资产并无企业形式的要求。其可以是资产，也可以是股权；既可以是境内资产，也可以是境外资产。但在借壳上市中，拟借壳企业须为我国公司。

首先，借壳上市中，拟借壳企业应是依法设立且合法存续的股份有限公司或有限责任公司。虽然借壳上市的标准等同于IPO的发行条件，但在拟借壳企业的企业形式上，《重组办法》第十三条规定，拟购买资产对应的经营实体应当是股份有限公司或者有限责任公司，且符合《首发办法》规定的其他发行条件。

借壳上市中拟购买资产要求是公司形式但不局限于股份有限公司的原因在于：第一，要求拟借壳企业为公司形式，是为了在一个稳定的经营实体中观察拟借壳企业历史上的运营业绩、公司治理、规范运作等情况，判断是否符合上市条件；第二，虽然借壳上市审核标准等同于IPO，但借壳上市是一项交易，上市公司作为交易完成后的存续主体，其已经是股份有限公司，因此无须强制要

求拟借壳企业为股份有限公司。

其次，拟借壳企业须是依照我国《公司法》设立的公司。在国际板未开通以前，境外公司不得在我国境内市场首发上市或借壳上市。原因在于《公司法》第二条规定："本法所称公司是指依照本法在中国境内设立的有限责任公司和股份有限公司。"《首发办法》和《重组办法》均依据《公司法》等法律行政法规制定，因此其中所称的公司应属于《公司法》规范下的公司，即依据我国《公司法》设立的公司。

最后，与IPO中发行人全部股权均上市不同，借壳上市中，上市公司可以仅购买拟借壳企业的控股权。①

2. 出资足额缴纳，权属清晰

在出资缴纳方面，一般重大资产购买中，并不强制要求拟购买资产足额缴纳出资，只要其符合《公司法》的一般规定即可②。而借壳上市中，拟借壳企业的注册资本须足额缴纳。③ 对出资瑕疵问题，一般来讲，要求出资瑕疵已解决；如存在可能导致拟购买资产损失的罚款或赔偿，需要有人承担赔偿责任。此外，如报告期内存在抽逃出资等行为，须结合公司抽逃出资时间、公司治理的有效性以及规范运作等问题综合判断是否符合借壳条件。

在权属清晰方面，一般重大资产购买④、借壳上市、IPO的要求基本一致，均要求拟购买资产权属清晰。权属清晰可以分为两个方面：第一，拟购买资产的主要资产权属清晰。这就要求用作出资的资产所有权已转移给拟借壳企业，拟借壳企业的主要资产不存在重大权属纠纷。第二，拟借壳企业股东的股权清晰，不存在重大或有纠纷，⑤ 资产过户或转移不存在法律障碍。⑥

---

① 一般重大资产重组中，上市公司可以购买参股权。但借壳上市中，拟购买资产为上市公司未来的主营业务收入来源，如果仅为参股权，上市公司将不具备独立性。

② 《公司法》允许股东认缴注册资本。

③ 《首发办法》第十条规定，发行人的注册资本已足额缴纳，发起人或者股东用作出资的资产的财产权转移手续已办理完毕，发行人的主要资产不存在重大权属纠纷。

④ 《重组办法》第十条规定，上市公司须充分说明并披露重大资产重组涉及的资产权属清晰，资产过户或者转移不存在法律障碍，相关债权债务处理合法。第四十三条规定，上市公司发行股份购买资产，应当充分说明并披露上市公司发行股份所购买的资产为权属清晰的经营性资产，并能在约定期限内办理完毕权属转移手续。

⑤ 《首发办法》第十三条规定，发行人的股权清晰，控股股东和受控股股东、实际控制人支配的股东持有的发行人股份不存在重大权属纠纷。

⑥ 审核中，监管部门重点关注拟借壳企业历史沿革中的股权转让、增减资行为，要求依法履行相应的内部程序以及外部的审批（如有）、备案（如有）、登记等程序，存在瑕疵的，须采取相应补救措施；要求依法披露转让事由、转让或增资价格等，尤其是报告期内的转让或增资价格，该价格与借壳上市交易价格的差异及合理性。

此外，须注意质押、担保对权属清晰的影响。第一，持有的拟借壳企业股权存在抵押、质押。鉴于该种情形直接影响拟购买资产的权属，可能影响交易完成后的过户，一般均要求解除。但在该部分股权为本次交易过桥融资提供担保时，可以不在上会前解除，而承诺在获得中国证监会批文后办理过户时无条件解除。最早见于蓝色光标收购博杰广告项目，最近见于美年大健康借壳江苏三友项目中。第二，拟借壳企业的资产存在抵押、质押。如属于拟购买资产自身经营融资所需，即为自身债务提供担保，依法披露即可；如属于为他人债务提供担保，一般要求解除。主要考虑为，如债务人不能偿债，拟购买企业未来可能面临重大损失，甚至影响其生产经营，不利于中小股东利益保护。当然要结合具体情况分析，如金额小，对公司生产经营无影响，且有人承诺承担未来可能给上市公司造成的损失的情况下，也可以不解除。

最后，借壳上市与 IPO 仍存在一定差异。如发行人股东持有的公司股权存在争议，需在纠纷解决后申请 IPO。但在借壳上市中，可以不用等待纠纷解决后再进行交易，上市公司可以购买无争议部分股权，只要构成控股权即可。剩余部分可待权属争议解决后再买入。[①]

3. 持续经营 3 年以上

一般重大资产购买中，拟购买资产并无经营时间的要求。其可以刚成立，也可以历史悠久。但在借壳上市中，拟借壳企业须为以公司形式持续经营 3 年以上[②]，且最近 3 年内主营业务和董事、高级管理人员没有发生重大变化，实际控制人没有发生变更。[③] 根据上述规定，发行人应满足三项条件：第一，以公司形式持续经营 3 年以上（国务院特批的除外）；第二，最近 3 年主营业务没有发生重大变化；第三，最近 3 年实际控制人、董事、高管未发生重大变化。该条规则的立法目的为，IPO 企业、拟借壳企业及其控股股东、实际控制人、高管层一般均首次登陆资本市场，投资者需要从公司的历史的经营活动中判断公司未来的持续盈利能力。[④] 而历史的经营活动主要取决于公司的主营业务及董事、高级管理人员，如果

---

① 仅在争议股权交易价格占拟购买资产交易价格 20% 以下的情形。此时交易方案不构成重大调整，无须重新履行董事会、股东大会程序，无须重新锁价。否则可能因发行价格的变化导致整个交易方案的重大调整。

② 《首发办法》第九条规定，发行人自股份有限公司成立后，持续经营时间应当在 3 年以上，但经国务院批准的除外。有限责任公司按原账面净资产值折股整体变更为股份有限公司的，持续经营时间可以从有限责任公司成立之日起计算。

③ 《首发办法》第十二条规定，发行人最近 3 年内主营业务和董事、高级管理人员没有发生重大变化，实际控制人没有发生变更。

④ 一般认为，公司主营业务及具备相应能力的董事、高级管理人员直接影响公司的盈利能力。

主营业务及董事、高级管理人员频繁变更，投资者将失去判断基础。以下简要分析主营业务、董事、高级管理人员未发生重大变化的判断标准。

（1）关于主营业务没有发生重大变化的理解

正常情况下较好判断。但如果拟借壳企业在上市前进行重组，如何判断？在 IPO 中，上市前重组就是在公司申报上市材料之前的重组；而在借壳上市中，上市前重组是指借壳预案披露前①的重组。上市前重组分为两种：一种是同一控制下重组，另一种是非同一控制下重组。

第一，关于同一控制下重组。对于同一控制人下的上市前资产重组，因为"有利于避免同业竞争、减少关联交易、优化公司治理、确保规范运作，对于提高上市公司质量，发挥资本市场优化资源配置功能，保护投资者特别是中小投资者的合法权益，促进资本市场健康稳定发展，具有积极作用"，所以被监管部门支持。为此监管部门发布《〈首次公开发行股票并上市管理办法〉第十二条发行人最近 3 年内主营业务没有发生重大变化的适用意见——证券期货法律适用意见第 3 号》（证监会公告〔2008〕22 号，以下简称《备忘录 3 号》），主要内容是：首先，规范对象为"同一控制权人下相同、类似或相关业务进行重组"，具体指：被重组方在报告期期初或成立之日起即为同一实际控制人所控制，且业务内容与拟发行主体具有相关性（相同、类似或同一产业链的上下游）。

其次，整合方式主要包括：发行人收购被重组方股权；发行人收购被重组方的经营性资产；发行人控制权人以被重组方股权或经营性资产对发行人进行增资；发行人吸收合并被重组方。不管采取何种方式进行重组，均应关注对拟发行主体资产总额、营业收入、利润总额的影响情况。

再次，整合资产规模与运营时间要求。如果被重组方重组前一个会计年度末的资产总额或前一个会计年度的营业收入或利润总额达到或超过重组前发行人相应项目100%的，为便于投资者了解重组后的整体运营情况，发行人重组后运行一个会计年度后方可申请发行。如果被重组方重组前一个会计年度末的资产总额或前一个会计年度的营业收入或利润总额达到或超过重组前发行人相应项目50%，但不超过100%的，保荐机构和发行人律师应按照相关法律法规对首次公开发行主体的要求，将被重组方纳入尽职调查范围并发表相关意见。发行

---

① 将时点确定为预案披露前，而不是借壳上市申报时，原因在于：借壳上市的披露要求与 IPO 不同，借壳上市是上市公司重大资产购买行为，须在达成预案时依法履行信息披露义务，披露后公司股票复牌。而复牌后交易方案将对公司股价产生重大影响，因此在披露预案时，拟借壳企业即应满足借壳条件。

申请文件还应按照《公开发行证券的公司信息披露内容与格式准则第9号——首次公开发行股票并上市申请文件》（证监发行字〔2006〕6号）附录第四章和第八章的要求，提交会计师关于被重组方的有关文件以及与财务会计资料相关的其他文件。如果被重组方重组前一个会计年度末的资产总额或前一个会计年度的营业收入或利润总额达到或超过重组前发行人相应项目20%的，申报财务报表至少须包含重组完成后的最近一期资产负债表。

最后，关于计算口径。如果被重组方重组前一会计年度与重组前发行人存在关联交易的，资产总额、营业收入或利润总额按照扣除该等交易后的口径计算；如果发行人提交首发申请文件前一个会计年度或一期内发生多次重组行为的，重组对发行人资产总额、营业收入或利润总额的影响应累计计算。借壳上市中，拟购买资产可能为多个主体，该多个主体除财务指标可以模拟计算外，均须单独符合其他发行要求。为避免借壳方将不符合借壳条件的资产通过增资等方式"挂"到符合条件的资产之下，在借壳审核标准趋同于IPO时，即按照《备忘录3号》执行，等同后同样执行该标准。

第二，关于非同一控制下重组。除同一控制下合并外，发行人尚存在非同一控制下企业合并，如报告期内发行人兼并同一行业公司。一方面，须避免发行人利用非同一控制下合并控制财务指标使之符合首发条件，同时非同一控制下合并如体量过大，将直接影响拟发行人的主营业务等；另一方面，完全禁止发行人上市前的重组，可能影响其发展。因此对于发行人报告期内存在非同一控制下合并的，既要允许，又要限制。实务中，按照表4-6所列标准执行[1]。

表4-6　　　　非同一控制下重组对最近3年主营业务是否变更的影响

非同一控制下重组	资产、收入、利润任何一个超过100%	在50%到100%之间	在20%到50%之间	小于20%
收购非同一控制下相同、相似产品或同一产业链的上下游企业或资产的	运营36个月	运营24个月	运营一个会计年度	不受影响
收购非同一控制下非相同、相似产品，非同一产业链的上下游企业或资产的	运营36个月		运营24个月	

关于实际控制人、董事、高管未发生重大变化的理解。实际控制人未发生

---

[1]　该标准并未以监管部门的名义正式发文，仅是在保荐代表人培训讲义中明确。

变化的判断。实际控制人的变更类型在前面收购人部分已介绍，一般情况下，该标准即可区分控制权是否发生变更。但如果拟借壳企业的实际控制人最近3年股权存在"代持"情况，如何认定其实际控制人未发生变化。一般来讲，对该种情形的认定必须非常谨慎，防止代持协议的倒签。实务中，如确能通过客观证据形成证据链证明确为代持，也被监管部门认可。如华夏视觉（北京）图像技术有限公司借壳远东实业股份有限公司（股票代码000681），合肥亿帆生物医药有限公司借壳浙江杭州鑫富药业股份有限公司（股票代码002019）。

（2）董事、高管未发生重大变化的判断

首先，高管包括公司的经理、副经理、财务负责人、董事会秘书和章程规定的其他人员；其次，何为重大变化，并无具体标准。因该条规则的立法目的在于，通过历史经营活动的持续性，让投资者判断上市公司未来的持续盈利能力等。监管中一般要求独立财务顾问及律师结合公司经营等对此问题发表肯定意见，并充分披露其认为不构成重大变化的理由。目前尚未发现监管部门主动判断构成重大变化予以否决的案例。

（二）关于交易作价公允性的监管要求

交易价格是并购重组方案最重要的构成要素，是交易利益博弈中首先需要面对和考量的。在借壳上市交易中，交易价格是交易各方博弈的最核心环节。交易价格的公允性则是监管规则应实现的重要立法目标。[①] 这是借壳上市相较IPO的独有监管规则。借壳上市是一项交易，须在交易初始即确定交易价格，而不是像IPO一样，待取得核准批文后询价确定发行价格。即与IPO通过询价发现发行人的价值不同，借壳上市中需要各方事先谈判确定拟借壳企业的交易价格。以下首先介绍影响交易价格的主要因素，其次结合上述影响因素说明确保交易价格公允性的监管规则。

1. 影响交易价格的主要因素

交易价格既包括静态的拟借壳企业的合理定价，也包括动态的支付作价，甚至要结合对赌协议等综合考量。对借壳方来讲，交易价格受多重因素影响，其中最重要的影响因素为拟借壳企业自身的估值水平和上市公司支付工具的作价水平。此外，对赌协议、过渡期损益安排等也对交易价格有较大影响。

首先，拟借壳企业估值对交易价格的影响。估值是影响交易价格的最重要因素。估值与作价的关系，相当于经济学上价值与价格的关系。即估值决定作

---

① 如有出售资产，同样关注出售资产交易价格的公允性。本处主要介绍拟借壳企业交易作价的公允性。

价，作价围绕估值上下波动，作价受供求关系等其他因素影响。鉴于估值对交易价格的决定性作用，有必要对上市公司交易中的估值的必要性、估值与评估的关系、估值方法等做简单介绍。

第一，估值的必要性。从交易双方的角度来讲，其关心的并不是具体交易价格的公允性，而是自我利益的最大化。公允价格的形成过程就是交易双方的博弈过程。如果交易双方均为理性人，交易能力相当，且无关联关系，博弈形成的价格即应当是公允的。举个简单例子，你去菜市场买白菜，可能一棵白菜最终成交价 2 元，也可能成交价 5 元。此时，不能简单判断 2 元就是公允的，5元就是不公允的，也没必要判断究竟几元是公允的。但在上市公司并购重组交易中，交易资产的公允性涉及上市公司中小股东的利益。因此，上市公司作为公众公司，其需要就其交易价格的公允性进行必要的说明。上市公司尚没有任性到用简单的"我愿意"三个字来陈述交易作价依据的地步。假设没有估值报告，那么交易的操作就会非常困难，上市公司管理层需要费心费力去解释交易作价的考虑，独立董事也不好发表意见，董事会也无法顺利表决，公众投资者如何理解交易没有利益输送等。另外，涉及行政许可，监管部门如何监管也是个重要问题。因此，上市公司重大资产重组交易需要对交易资产进行估值，作为论证价格公允性的重要支撑。

第二，估值与评估的关系。估值并不等于评估，广义的估值包括评估，评估是一种估值方法。但实践中差不多所有的上市公司重大资产重组交易都以评估值作为作价依据。笔者认为主要原因有两点：第一，规则的不明确。原《重组办法》第十八条规定，重大资产重组中相关资产以资产评估结果作为定价依据的，资产评估机构原则上应当采取两种以上评估方法进行评估。该条文并未规定重大资产重组交易必须要以评估报告为作价依据，但鉴于该条文未规定不以资产评估结果作价的程序，公司及中介机构为证明交易作价的公允性，出于谨慎性考虑一般均聘请评估机构出具评估结果。第二，国资监管的要求。从国资监管角度而言，涉及到国有资产交易的均涉及评估程序，且按照评估结果进行交易定价是国资相关监管法规的硬性要求。以评估机构的评估结果作价，在早期上市公司并购重组市场以借壳上市、整体上市为主导交易的情况下，很大程度上保证了上市公司购买资产作价的公允性，保护了中小投资者利益。

但随着并购重组市场的发展，产业并购逐渐成为交易的主流类型。此时，交易价格一般由交易双方经过多轮博弈和谈判得出，先有交易价格后根据交易价格套评估值的现象越发普遍。同时，随着互联网等新兴经济的发展，传统的评估方法无法满足交易的需要，很难评估出交易双方谈判的价格。实务中也开始出现不以评估报告作为定价依据的情况。

为推进并购重组市场化改革，促进上市公司通过并购重组实现产业并购、产业升级等，同时对实践中已存在的不以资产评估值作为资产定价依据的情况进行规范，2014 年版《重组办法》明确重大资产重组估值既可以以评估结果为作价依据，也可以以非评估结果的其他估值结果为作价依据。[①] 虽然目前大多数交易仍然选择评估机构出具的评估报告作为价格公允性支撑，但少数交易开始采用券商估值报告的方式。如游族网络股份有限公司（以下简称游族网络，证券代码 002174）并购广州掌淘网络科技有限公司（以下简称掌淘科技）项目中，上市公司委托估值机构华泰联合证券有限责任公司（同时担任本次交易的独立财务顾问，以下简称华泰证券）对掌淘科技的全部股东权益价值进行估值，为本次交易提供作价参考依据。[②]

第三，估值方法。根据《重组办法》规定，评估机构、估值机构原则上应当采取两种以上的方法进行评估或者估值。评估比较常用的是收益法、成本法和市场法三种方法。收益法是基于未来赚多少钱估值的，举个简单例子，用收益法来评估鸡的价值，就需要用未来能下多少蛋能卖多少钱来测算。成本法又称资产基础法，是按照资产的重置成本来计算企业价值的，用成本法来评估鸡的价值就要考量喂养其的饲料价值。而市场法就是需要考虑可比交易或者可比公司估值了，用市场法评估鸡的价值就必须去家禽市场遛弯询价了。

实务中，在交易谈判阶段通常用市场法沟通，因为简单明了且不需要对评估有专业性的认识，直接就谈交易的 PE 倍数是 10 倍还是 15 倍等。借壳上市中，交易双方还特别关注取得的上市公司股份及占比。当双方谈好 PE 倍数或股

---

① 《重组办法》第二十条规定：重大资产重组中相关资产以资产评估结果作为定价依据的，资产评估机构应当按照资产评估相关准则开展执业活动；上市公司董事会应当对评估机构的独立性、评估假设前提的合理性、评估方法与评估目的的相关性以及评估定价的公允性发表明确意见。相关资产不以资产评估结果作为定价依据的，上市公司应当在重大资产重组报告书中详细分析说明相关资产的估值方法、参数及其他影响估值结果的指标和因素。上市公司董事会应当对估值机构的独立性、估值假设前提的合理性、估值方法与估值目的的相关性发表明确意见，并结合相关资产的市场可比交易价格、同行业上市公司的市盈率或者市净率等通行指标，在重大资产重组报告书中详细分析本次交易定价的公允性。前两款情形中，评估机构、估值机构原则上应当采取两种以上的方法进行评估或者估值；上市公司独立董事应当出席董事会会议，对评估机构或者估值机构的独立性、评估或者估值假设前提的合理性和交易定价的公允性发表独立意见，并单独予以披露。

② 参见 2015 年 4 月 28 日公司公告的《发行股份及支付现金购买资产暨关联交易并募集配套资金报告书（草案）（修订稿）》，最后查阅于 2015 年 8 月 13 日，http：//www. cninfo. com. cn/finalpage/2015 - 04 - 07/1200789461. PDF。

份占比后，专业机构会将 PE 倍数或股份占比对应结果用收益法的形式来体现。为什么不用市场法评估呢？市场法操作实践中使用较少，其适用条件比较严格，必须有足够参考意义的样本才可以。比如用市场法评估鸡的价值就比较容易，因为家禽市场有很多鸡卖，若用市场法来评估天鹅就难度大，因为成交样本实在太少甚至根本无法选取。为什么用收益法评估呢？因为收益法体现的对上市公司预期较为直观，包括盈利预测对赌协议等操作比较方便安排。当然 PE 倍数与收益法也存在简单的勾稽关系，核心在于利润的成长性如何？PE 倍数越高在收益法估值下对于利润的成长性要求就越高。成本法较少用来作为作价依据，尤其是轻资产行业，成本法估值较低，因此通常都作为辅助方法验证评估结果，满足规则中关于两种评估或估值方法的监管要求。

鉴于价格谈判时通常采用市场法的 PE 倍数来进行谈判沟通，但最终信息披露及行政许可多采用收益法逻辑。而 PE 倍数与收益法是有大概的勾稽关系的，即 PE 倍数必须与净利润的成长性相匹配，才能保证谈判结果能够从收益法的逻辑上进行转换实现。故此，价格谈判博弈不能任由双方天马行空随便谈，达成商业条款若无法在技术上实现，则会出现因为技术而修订交易条款的情形，对于双方预期破坏可能会对并购造成颠覆性影响。

其次，支付方式对交易价格的影响。鉴于借壳上市后，上市公司股价一般均会出现多个涨停，因此借壳上市方案中，很少会有现金支付，主要为发行股份购买资产。此时的借壳上市交易中，拟借壳企业的交易价格既涉及拟借壳企业的估值，又涉及发行股份的发行价格，会出现两边跷跷板式的动态博弈。因此，发行股份价格的高低直接影响拟借壳企业的估值。在总股本固定的情况下，发行价格越高，上市公司的市值越大，壳成本越高。举个简单例子，上市公司为净壳，总股本 1 亿股，如果发行价格为 20 元/股，则上市公司市值 20 亿元。拟借壳企业的交易价格将直接决定其股东取得的上市公司的股份数量及占比，如果交易价格为 40 亿元，则新增股份 2 亿股，占上市公司交易完成后总股本的 2/3。也就是说，交易对方持有的拟借壳企业的 100% 股权在交易完成后变更为 66.7%，剩余 23.3% 即付出的壳成本。在谈判中，借壳方重点关注的是取得的上市公司股份比例，而不简单是拟借壳企业的交易价格。因此，发行价格是影响拟借壳企业估值的重要因素。

再次，对赌协议对交易价格的影响。一般来讲，风险与收益成正比。在借壳上市交易中，如果要求借壳方等交易对象保证拟借壳企业未来几年的盈利能力，则借壳方的风险加大，其可能会在交易价格上要求相应的补偿。因此，借壳上市交易中，关于拟借壳企业未来盈利能力的对赌协议将影响交易价格。

最后，交易对方取得上市公司股份的锁定期。锁定期对应股份的流动性。一般来讲，流动性越高，股份的价格越高；流动性越低，即锁定期越长，股份的价格越低。因此，借壳上市交易中，对交易对方取得股份的锁定期安排同样影响交易价格。

此外，过渡期的损益安排、税收负担、人员安排等均是影响交易价格的因素。交易中对于价格的谈判，首先是双方意愿达成与价格的合理性的兼顾与平衡，其次是要结合发行股份的价格、占比来全面看待资产交易价格，必要时还应结合其他因素，进行交易共赢的价格技术处理。[①]

2. 确保交易价格公允性的监管规则

既然拟借壳企业的交易价格主要由其估值决定，并受支付方式等其他因素的影响。为确保交易价格的公允性，保护上市公司中小股东的利益，监管部门在估值、支付方式等方面设计了一系列监管规则。

（1）拟借壳企业估值的监管规则

为确保交易作价的公允性，《重组办法》设计了一系列的监管规则。

首先，估值机构及估值方法。根据《重组办法》规定，重大资产重组中相关资产的作价可以评估结果为定价依据，也可以不以评估结果为定价依据。第一，以评估结果为定价依据的，上市公司应当聘请具有相关证券业务资格的资产评估机构出具资产评估报告，资产评估机构应当按照资产评估相关准则和规范开展执业活动。第二，不以评估结果为定价依据的，上市公司应当在重大资产重组报告书中详细分析说明相关资产的估值方法、参数及其他影响估值结果的指标和因素。无论是评估还是估值，评估机构、估值机构原则上均应采取两种以上估值方法。

其次，董事会的的职责。第一，相关资产以资产评估结果作为定价依据的，上市公司董事会应当对评估机构的独立性、评估假设前提的合理性、评估方法与评估目的的相关性以及评估定价的公允性发表明确意见。第二，相关资产不以资产评估结果作为定价依据的，上市公司董事会应当对估值机构的独立性、估值假设前提的合理性、估值方法与估值目的的相关性发表明确意见，并结合相关资产的市场可比交易价格、同行业上市公司的市盈率或者市净率等通行指

[①]　如前文游族网络并购掌淘科技项目中，陈钢强为掌淘科技的核心创始人，考虑到其对于公司经营的重要性等，其持有的掌淘科技每股交易价格高于其他交易对方。

标，在重大资产重组报告书中详细分析本次交易定价的公允性。

再次，独立董事的职责。上市公司独立董事应当出席董事会会议，对评估机构或者估值机构的独立性、评估或者估值假设前提的合理性和交易定价的公允性发表独立意见，并单独予以披露。

最后，中介机构的职责。第一，根据《重组办法》规定，独立财务顾问和律师事务所应当审慎核查重大资产重组是否构成关联交易，并依据核查确认的相关事实发表明确意见。重大资产重组涉及关联交易的，独立财务顾问应当就本次重组对上市公司非关联股东的影响发表明确意见。第二，证券服务机构在其出具的意见中采用其他证券服务机构或者人员的专业意见的，仍然应当进行尽职调查，审慎核查其采用的专业意见的内容，并对利用其他证券服务机构或者人员的专业意见所形成的结论负责。

上述监管规则并未区分估值与作价的区别。如前所述，估值与作价的关系相当于价值与价格的关系。估值更多地从第三方角度来对价值进行判断，作为交易各方的谈判基础，是给作价提供参考依据的。但作价应该是双方能够接受的交易价格。因此，无论是基于主观判断不同还是交易博弈地位差异，作价偏离估值应该是极为正常的，即我们通常说的折价或者溢价交易。在境外，估值通常是一个价格区间，交易双方参照此价格区间进行谈判，并得出最终交易作价。但在我国上市公司并购重组实务中，并购交易中拟购买资产的估值与作价几乎是等同的，估值差不多成了作价的最直接有效的支撑。笔者认为，主要原因在于：国内证券监管或国资监管体系下，出于保护中小股东利益或防范国有资产流失，对并购重组的价格公允性给予了较高关注，作价师出有名是交易操作可行的前提。因此，境内上市公司并购重组的估值报告一般均能估出一个具体的数，交易双方要么接受估值结果作价，要么调整估值靠向作价，而不是就折价或者溢价的合理性进行解释。

（2）支付方式作价的监管规则

从我国资本市场并购发展史来看，支付方式和支付工具呈现出单一化向多样化的发展趋势：最初上市公司的并购主要以现金支付为主；股权分置改革完成后，随着《重组办法》、《收购办法》等规章和配套文件的相继出台，发行股份购买资产逐渐成为上市公司并购支付方式的主流。

如前所述，拟借壳企业的交易价格与发行价格会出现两边跷跷板式的动态博弈。比如双方经过谈判同意，拟借壳企业的股东取得的上市公司新增股份占交易完成后总股本的70%。如确定发股价格为10元，则对应拟借壳企业交易价格 30 亿元；如确定发行价格是 7 元，则对应拟借壳企业交易价格 25 亿元。此时，拟借壳企业的交易价格将因发行价格的不同而发生相应变化。因此，理想状态下，应允许交易各方在股票公允价值的基础上，协商确定发行价格。在发行价格更加灵活的情形下，完全可以采用"两头拧干"的方式，将发股价和交易价格同比例下调，在保证发股数不变的商业条件实质前提下，降低拟借壳企业的交易价格。一来可以降低盈利预测减少盈利预测补偿的压力，二来可以节省交易对方所得税负，提高交易的成功系数。

但实务中，种种原因导致上市公司并购重组的博弈机制不健全，尤其是借壳上市交易中，博弈机制的失灵导致监管部门制定规则时不敢将发行价格完全放开。在新《重组办法》出台以前，上市公司发行股份购买资产属于非公开发行的一种，原《重组办法》参照《上市公司证券发行管理办法》中非公开发行的定价准则，将发行股份购买资产的定价原则确定为"不低于首次董事会决议公告前 20 个交易日的股票交易均价"。为适应并购重组交易的市场化改革，新《重组办法》给予发行股份价格更多的空间，定价原则确定为"不低于首次董事会决议公告前 20 个交易日、60 个交易日、120 个交易日中任意一个价格的九折"，且可以根据约定的价格调整机制，有一次调价的机会。这在一定程度上解决了发行价格高估导致标的资产交易价格偏高的问题。但在壳资源紧缺，壳资源被炒作的市场环境下，壳公司的股价仍然较大程度偏离其公司价值，存在很大程度的高估，定价窗口的放宽并不能解决拟借壳企业的高估问题。因此，监管规则在对估值机构、估值方法、发股价格等作出规定后，并未就此结束，而需要继续就对赌协议、锁定期等进行进一步的强制性规定。

（3）对赌协议的监管规则

强制盈利预测补偿的核心思想是要遏制资产重组中通过操纵评估实现对资产"高买低卖"的恶劣现象。通过要求上市公司与交易对方签署盈利预测补偿协议（又称业绩对赌协议），降低交易对方的高估值动机。如前所述，上市公司发行股份购买资产的交易中，拟购买资产的作价通常以收益法的评估结果为参考依据。在借壳上市交易中，尤为如此。即使部分交易总体采用的是资产基础法，但其中一般均包含了现金流量折现法等基于未来收益预期的评估方法。基于收益法本身的特点和监管实践的需要，为保证交易价格的公允性，《重组办法》规定，如果对拟购买资产采取收益现值法、假设开发法等基于未来收益预期的方法进行评估或者估值并作为定价参考依据的，交易对方应当与上市公司就相关资产实际盈利数不足利润预测数的情况签订明确可行的补偿协议。

根据《重组办法》第三十五条①及其配套规定，盈利预测补偿协议的适用规则主要包括以下几个方面。首先，适用情形。拟购买资产采用现值法、假设开发法等基于未来收益预期的方法进行评估或者估值并作为定价参考依据的。其次，补偿期限。业绩补偿期限一般为重组实施完毕后的三年，对于标的资产作价较账面值溢价过高的，视情况延长业绩补偿期限。部分重组案例从项目申报至资产过户出现跨年度，实际业绩补偿承诺年限为4年，即申报当年及资产过户后的3年。再次，补偿方式。第一，上市公司以现金为支付对价购买资产的，交易对方以现金补偿；第二，上市公司以股份为支付对价购买资产的，交易对方是否强制以股份补偿？补偿金额是未实现差额还是差额部分对应的评估值？对该问题，《重组办法》没有明确规定，仅要求签订明确可行的补偿协议。那么何为"明确可行"呢？2010年8月2日监管部门发布"问题与解答"②，其中明确了股份补偿数量的计算方法、补偿期限。2015年监管部门对此前发布的"问题与解答"进行整理，发布《上市公司监管法律法规常见问题与解答修订汇编》③，对此前问题与解答内容稍做修改。但对于何种情形下须以股份补偿均未

① 《重组办法》第三十五条规定："采取收益现值法、假设开发法等基于未来收益预期的方法对拟购买资产进行评估或者估值并作为定价参考依据的，上市公司应当在重大资产重组实施完毕后3年内的年度报告中单独披露相关资产的实际盈利数与利润预测数的差异情况，并由会计师事务所对此出具专项审核意见；交易对方应当与上市公司就相关资产实际盈利数不足利润预测数的情况签订明确可行的补偿协议。

预计本次重大资产重组将摊薄上市公司当年每股收益的，上市公司应当提出填补每股收益的具体措施，并将相关议案提交董事会和股东大会进行表决。负责落实该等具体措施的相关责任主体应当公开承诺，保证切实履行其义务和责任。

上市公司向控股股东、实际控制人或者其控制的关联人之外的特定对象购买资产且未导致控制权发生变更的，不适用本条前两款规定，上市公司与交易对方可以根据市场化原则，自主协商是否采取业绩补偿和每股收益填补措施及相关具体安排。"

② 2010年8月2日中国证监会发布"问题与解答"之"重组方以股份方式对上市公司进行业绩补偿，通常如何计算补偿股份的数量？补偿的期限一般是几年？"，参见http：//www.csrc.gov.cn/pub/newsite/ssgsjgb/ssbssgsjgfgzc/ywzx/201008/t20100802_ 183214.html，已撤网。

③ 参见http：//www.csrc.gov.cn/pub/newsite/ssgsjgb/ssbssgsjgfgzc/ywzx/201509/t20150918_ 284146.html，最后查询于2015年9月20日。

加以明确。实务案例中，对不强制签订盈利预测补偿协议的交易[1]，既可以不补偿，也可以补偿；既可以现金补偿，也可以股份补偿。具体是否补偿及补偿方式均由交易双方协商确定。对强制签订盈利预测补偿协议的交易，如支付方式为股份，则补偿协议约定的补偿方式应先以股份补偿，不足部分以现金补偿；如为借壳上市，应当以拟借壳企业的交易价格计算业绩补偿金额，且股份补偿金额不低于本次借壳交易发行股份数量的90%。[2]

最后，股份补偿的计算公式。第一，以收益现值法、假设开发法等基于未来收益预期的估值方法对购买资产进行评估成估值的，当期补偿金额＝（截至当期期末累积预测净利润数－截至当期期末累积实际净利润数）÷补偿期限内各年的预测净利润数总和×拟购买资产交易作价－累积已补偿金额；当期补偿股份数量＝当期补偿金额/本次股份的发行价格。采用现金流量法对购买资产进行评估的，重组方计算出现金流量对应的税后净利润数，并据此计算补偿股份数量。此外，在补偿期限届满时，上市公司对购买资产进行减值测试，如：期末减值额/标的资产作价＞补偿期限内已补偿股份总数/认购股份总数，则重组方将另行补偿股份。另需补偿的股份数量为：期末减值额/每股发行价格－补偿期限内已补偿股份总数。第二，以市场法对购买资产进行评估的，每年补偿的股份数量为：期末减值额/每股发行价格－已补偿股份数量。第三，按照前述公式计算补偿股份数量时，遵照下列原则：前述净利润数均应当以购买资产扣除非经常性损益后的利润数确定，前述减值额为购买资产作价减去期末购买资产的评估值并扣除补偿期限内购买资产股东增资、减资、接受赠与以及利润分配的影响。会计师对减值测试出具专项审核意见，上市公司董事会及独立董事对此发表意见。第四，补偿股份数量不超过认购股份的总量。在逐年补偿的情况下，在各年计算的补偿股份数量小于0时，按0取值，即已经补偿的股份不冲

---

① 《重组办法》第三十五条第三款规定，上市公司向控股股东、实际控制人或者其控制的关联人之外的特定对象购买资产且未导致控制权发生变更的，不适用第三十五条第一款的规定，即不强制对赌，由上市公司与交易对方根据市场化原则，自主协商是否采取业绩补偿及相关具体安排。新《重组办法》如此修改的原因在于：在上市公司向控股股东、实际控制人或者其控制的关联人之外的特定对象购买资产的交易中，交易价格以及交易的各项关键性条款均为双方在不断博弈和谈判中达成。而盈利预测补偿协议为谈判的一项重要内容，交易双方会根据交易实际情况进行约定，强制规定反而阻碍了交易的达成；同时，该类交易主要为产业化并购，交易完成后相关资产会进行整合，强制业绩对赌一来无法剥离计算，二来会阻碍整合进程。

② 《上市公司监管法律法规常见问题与解答修订汇编》第八问明确，交易对方为上市公司控股股东、实际控制人或者其控制的关联人，应当以其获得的股份和现金进行业绩补偿。如构成借壳上市的，应当以拟购买资产的价格进行行业绩补偿的计算，且股份补偿不低于本次交易发行股份数量的90%。业绩补偿应先以股份补偿，不足部分以现金补偿。

回。第五，标的资产为非股权资产的，补偿股份数量比照前述原则处理。第六，拟购买资产为房地产公司或房地产类资产的，上市公司董事会可以在补偿期限届满时，一次确定补偿股份数量，无需逐年计算。第七，上市公司董事会及独立董事关注标的资产折现率、预测期收益分布等其他评估参数取值的合理性，防止重组方利用降低折现率、调整预测期收益分布等方式减轻股份补偿义务，并对此发表意见。独立财务顾问进行核查并发表意见。

（4）锁定期的监管规则

借壳上市交易中，拟借壳企业的控股股东、实际控制人交易完成后成为上市公司的控股股东、实际控制人。为保持与 IPO 监管规则、非公开发行监管规则的一致性[①]，防止控股股东、实际控制人掏空上市公司，规则规定新的控股股东、实际控制人取得的上市公司新增股份锁定期为 36 个月。如果其原来持有上市公司部分股份或通过存量股转让取得上市公司部分股份，鉴于借壳交易同时构成上市公司收购，该部分股份锁定期为 12 个月，不因构成借壳上市而全部强制锁定 36 个月。如北京完美影视传媒股份有限公司（以下简称完美影视）借壳浙江金磊高温材料股份有限公司（以下简称金磊股份，证券代码002624）项目中，完美影视的股东取得的金磊股份原实际控制人的部分股份，即锁定 12 个月。

除法定的锁定期以外，交易双方可以就锁定期作出其他特别约定。如为保证盈利预测补偿义务的可实现性，可约定其他交易对方，尤其是作为董事、高级管理人员的股东持有的股份在法定锁定期满（一般为 12 个月）后分期解锁。

（5）其他监管规则

其他监管规则主要包括过渡期安排，税收负担、人员安排等。首先，关于过渡期安排。上市公司初步确定启动项目后，须经历停牌、审计评估、董事会审议、股东大会审议、证监会审核、资产交割等多个环节才能实施完成。对于借壳上市方案而言，自审计评估基准日到相关资产交割进入上市公司一般需要 6～10 月的时间甚至更长。在此期间（过渡期）拟置出资产和拟置入资产发生的变化，包括因损益等因素导致的净资产变化、资产变化和业务变化将对交易价格产生重要影响，交易双方须将过渡期安排作为交易方案的重要方面予以考虑。

---

① IPO 中，发行人的控股股东、实际控制人须承诺，上市后其持有的上市公司股份锁定期为 36 个月；在非公开发行中，如为定向定价发行（锁价发行），同样要求取得的股份锁定 36 个月。发行股份购买资产即为定向定价发行，但考虑交易中的博弈，为促进并购重组交易，如果交易对方不是上市公司的控股股东、实际控制人或潜在的控股股东、实际控制人，则仅强制锁定 12 个月。

在过渡期安排方案中，过渡期损益的归属是核心，也是交易方案和协议中的必备条款。在过渡期内，由于拟置出资产尚未转移给资产承接方，拟购买资产尚未过渡到上市公司，其经营活动会产生损益，既可能盈利也可能亏损。过渡期损益的归属通常为上市公司与交易对方谈判的结果，谈判中会基于理性考虑风险与收益均衡、合同执行、倾向保护等因素。过渡期损益通常有以下几种安排，归属于股权转让方、归属于股权购买方、过渡期亏损和盈利由不同方承担等。

首先，每种评估方法对于确定评估基准日目标资产股权价值的原则不同，因此对过渡期损益的归属也有影响。第一，收益法。企业价值评估中的收益法，是指通过估算被评估企业在未来的预期收益，并采用适当的折现率现成基准日的现值，求得被评估企业在基准日时点的公允价值。收益法会确定一个收益期，通常为评估基准日到未来几年内，由于过渡期包含在收益期内，在评估标的资产基准日的公允价值时，过渡期损益已经考虑在预期收益中进行折现。因此，如果上市公司拟购买资产采用收益法评估，其付出的股权对价已经包含了过渡期损益，因此过渡期收益应该归属于股权购买方，即上市公司；至于过渡期的亏损，一般不会发生，即使发生，一般也包含在盈利预测补偿里。因此实务中，上市公司拟购买资产过渡期损益的安排一般为收益归上市公司、亏损归交易对方。如果上市公司拟置出资产采用收益法评估，则过渡期损益同样归属资产承接方。如约定归上市公司所有，则审核中关注是否可能亏损，如存在，可能损害上市公司利益，由谁补偿。

第二，成本法，又称资产基础法。资产基础法是指在合理评估企业各项资产和负债价值的基础上，加总得出企业可辨认净资产的市场价值，通常包括重置成本法和账面成本加成法。评估基准目标的公司的资产和负债价值会通过资产折旧、计提费用等方式影响过渡期损益。如为购买资产，由于过渡期内，标的资产是由交易对方实际控制的，上市公司不拥有控制权，不承担经营责任，不应承担过渡期经营的风险和收益，且过渡期损益未包括在评估基准目标的资产的价值内，因此过渡期损益一般应归属交易对方。当然，如果交易双方约定过渡期收益归属上市公司，也完全可以，总体原则为不损害上市公司利益即可。如为出售资产，则由上市公司承担过渡期损益。交易双方也可作出其他约定，只要比上市公司承担过渡期损益更有利于上市公司即可。

第三，市场法。市场法是通过比较同一行业的公司的公允价值来确定被评估企业公允市场价的方法。在市场法下，由于标的资产评估价格是按照市场价值规律确定的，过渡期估值的变动只要受市场供求关系的影响，并不受过渡损益的影响。因而过渡期损益的归属应由股权转让双方协商确定。

其次，关于税收负担。在交易方案设计中，须综合考虑企业所得税与个人所得税的区别、考虑不同支付方式纳税义务的不同等，设计出税务负担最轻的交易方案，防止交易各方因无法缴纳相应税收而导致交易失败。对于税收负担，中国证监会没有强制性规则。

最后，关于置出资产。部分方案中存在原有资产的置出，如置出方式为出售，则不影响交易对方获得的上市公司股份数量；如置出方式为资产置换，则减少交易对方获得的上市公司股份数量。因此，原有资产及负债是否置出，是以出售方式置出还是以置换方式置出，置出价格如何，均可能对拟借壳企业的交易价格构成影响。

此外，资产交割和人员安置的便利程度。借壳上市中，拟购买资产为有限责任公司或股份有限公司，一般不涉及资产交割和人员安置，主要是包含资产置出方案的借壳交易中，尤其是资产置换后再出售给原控股股东的方案中，须考虑如何最优化设计资产交割和人员安置方案，保证交易进程的快速推进。

综上所述，为确保拟借壳企业交易价格的公允性，监管规则就估值、对赌协议、锁定期等影响因素均强制规定了最低监管要求。上述监管要求将直接影响借壳上市交易方案的设计。

（三）关于持续盈利能力的监管要求

在监管转型的背景下，上市公司并购重组的监管正逐步转为以信息披露为中心，加强事中事后监管。在持续盈利能力问题上，以信息披露为中心并不意味着拟购买资产持续盈利能力就不重要。① 而是监管部门由对拟购买资产持续盈利能力的实质判断转为要求相关信息披露义务人对影响持续盈利能力的信息进行充分披露，由投资者判断投资价值。持续盈利能力也是投资者最为关心的问题，因此，借壳上市审核中，除合规性问题以外，拟借壳企业的持续盈利能力是重点披露内容。持续盈利能力的判断依据，主要包括拟借壳企业的历史财务数据、内控制度、经营模式、核心竞争力、经营风险等。同时，拟借壳企业须为经营性资产，不存在重大不利变化、重大信息披露问题等。

首先，关于历史财务数据。现行规则对于发行人及拟借壳企业仍有历史盈利指标的要求。根据《首发办法》的规定，拟购买资产的财务数据需满足以下

---

① 可以说，除合规性以外，对发行人或拟借壳企业最重要的要求即具备持续盈利能力。细细推敲所有相关规则，无不是围绕持续盈利能力进行的。如规范运作、独立性等均是为了保证发行人未来的持续盈利能力。

要求①。第一，总体要求。资产质量良好，资产负债结构合理，盈利能力较强，现金流量正常。第二，股本要求。交易前股本总额不少于人民币3 000万元。第三，主要财务指标。（1）净资产指标。最近一期期末无形资产（扣除土地使用权、水面养殖权和采矿权等后）占净资产的比例不高于20%。（2）营业收入指标。最近一个会计年度的营业收入或净利润对关联方或者存在重大不确定性的客户存在重大依赖。（3）净利润指标。最近三个会计年度净利润均为正数且累计超过人民币3 000万元，净利润以扣除非经常性损益前后较低者为计算依据；最近一个会计年度的净利润主要来自合并财务报表范围以外的投资收益；最近一期期末不存在未弥补亏损。（4）现金流量指标。最近三个会计年度经营活动产生的现金流量净额累计超过人民币5 000万元；或者最近三个会计年度营业收入累计超过人民币3亿元。（5）关联交易指标。关联交易价格公允，不存在通过关联交易操纵利润的情形。（6）其他指标。经营成果对税收优惠不存在严重依赖；不存在重大偿债风险，不存在影响持续经营的担保、诉讼以及仲裁等重大或有事项。

其次，关于历史经营信息中的非财务数据。财务指标主要是从历史经营记录来判断拟购买资产是否具备盈利能力，但财务数据毕竟只是历史数据，未来上市公司是否具备持续盈利能力还要关注公司内控制度、会计制度等是否有效，是否能够保证公司持续现在的经营状态，公司的经营模式、行业环境等是否可能发生重大不利变化等。因此，在财务指标外，拟购买资产的需满足以下要求。第一，内控制度、会计制度有效。（1）发行人的内部控制在所有重大方面是有效的，并由注册会计师出具了无保留结论的内部控制鉴证报告。（2）发行人会计基础工作规范，财务报表的编制符合企业会计准则和相关会计制度的规定，在所有重大方面公允地反映了发行人的财务状况、经营成果和现金流量，并由注册会计师出具了无保留意见的审计报告。（3）发行人编制财务报表应以实际发生的交易或者事项为依据；在进行会计确认、计量和报告时应当保持应有的谨慎；对相同或者相似的经济业务，应选用一致的会计政策，不得随意变更。第二，不存在重大不利变化。根据《首发办法》的规定，发行人不得存在以下各种情形：（1）发行人的经营模式、产品或服务的品种结构已经或者将发生重大变化，并对发行人的持续盈利能力构成重大不利影响；（2）发行人的行业地

---

① 借壳上市等同于IPO以前，对拟购买资产有自己的财务指标要求，但略低于IPO的财务指标要求；借壳上市等同于IPO以后，IPO的财务指标要求可以覆盖原借壳上市的财务指标要求，因此借壳上市的拟购买资产符合《首发办法》的财务指标即可。

位或发行人所处行业的经营环境已经或者将发生重大变化，并对发行人的持续盈利能力构成重大不利影响；（3）发行人在用的商标、专利、专有技术以及特许经营权等重要资产或技术的取得或者使用存在重大不利变化的风险；（4）其他可能对发行人持续盈利能力构成重大不利影响的情形。第三，不存在重大信息披露问题。发行人申报文件中不得有下列情形：（1）故意遗漏或虚构交易、事项或者其他重要信息；（2）滥用会计政策或者会计估计；（3）操纵、伪造或篡改编制财务报表所依据的会计记录或者相关凭证。此外，拟借壳企业的主要资产须为经营性资产，不属于债权、现金等。根据《重组办法》规定，上市公司须充分说明并披露重大资产重组有利于上市公司增强持续经营能力，不存在可能导致上市公司重组后主要资产为现金或者无具体经营业务的情形。

最后，关于拟购买资产的经营模式、核心竞争力、经营风险等的披露。清晰地披露经营模式是披露核心竞争力的前提，是投资者判断发行人是否具备持续盈利能力的最基本要求。核心竞争力与持续盈利能力经常是一个意思，持续盈利能力是企业具备核心竞争力的证据和结果。在此意义上，讨论持续盈利能力就是讨论核心竞争力，且持续盈利能力的范围大于核心竞争力。持续盈利能力与风险是一个问题的两个方面，此消彼长：风险如发生，持续盈利能力就受损；风险如降低，持续盈利能力就增强。因此讨论风险也就是讨论盈利能力，即通过讨论风险的方式讨论影响持续盈利能力的因素。

鉴于拟借壳企业的千差万别，不同企业所处的行业、经营模式、核心竞争力和风险各不相同，需要结合具体情况分析。因此对于拟借壳企业的行业地位、经营模式、核心竞争力、风险的披露并无具体的规则。审核要求也是充分披露，无硬性指标要求，关注重点主要在于：行业情况及拟购买资产的行业地位是否真实准确地披露；拟购买资产的经营模式、核心竞争力的披露是否准确、有效，风险提示的披露是否充分。目前，沪深交易所正在推出分行业的信息披露指引，上市公司并购重组中拟购买资产的行业信息及特定行业的特殊指标的披露要求将参照前述信息披露指引。如手游行业，需要充分披露每款游戏的总玩家数量、付费玩家数量、活跃用户数、付费玩家报告期内每月人均消费值、充值消费比等区别于其他行业的特殊指标。

（四）关于独立性的监管要求

独立性要求其实可以分为两类：一类为对内独立性。表现为对主要股东的依赖或主要日常管理完全受制于控股股东，双方存在大量关联交易，交易价格也有失公允，这些其实可以通过资产重组解决。对于这类独立性问题，如存在共用商标、主要经营场所、存在不公允或必要性不足的关联交易等，一般要求予以解决。另一类为对外独立性。表现为在技术和业务上对其他公司的依赖、对单一客户或供应商的依赖，这是由公司的实力决定的，也是短时间内难以解决的，只能通过公司发展、增强实力，同时加强信息披露、风险提示等解决。对外缺乏独立性其实是公司缺乏核心竞争力和持续盈利能力的问题，本章所述的独立性指的是对内独立性。

根据《首发办法》①及《重组办法》的规定②，拟借壳企业应当具有完整的业务体系和直接面向市场独立经营的能力，即具体独立性。独立性主要包括资产、人员、财务、机构、业务五个方面的独立。

第一，资产完整。拟借壳企业资产完整。生产型企业应当具备与生产经营有关的生产系统、辅助生产系统和配套设施，合法拥有与生产经营有关的土地、厂房、机器设备以及商标、专利、非专利技术的所有权或者使用权，具有独立的原料采购和产品销售系统；非生产型企业应当具备与经营有关的业务体系及相关资产。

第二，人员独立。发行人的总经理、副总经理、财务负责人和董事会秘书等高级管理人员不得在控股股东、实际控制人及其控制的其他企业中担任除董事、监事以外的其他职务，不得在控股股东、实际控制人及其控制的其他企业领薪；发行人的财务人员不得在控股股东、实际控制人及其控制的其他企业中兼职。

第三，财务独立。发行人应当建立独立的财务核算体系，能够独立作出财务决策，具有规范的财务会计制度和对分公司、子公司的财务管理制度；发行人不得与控股股东、实际控制人及其控制的其他企业共用银行账户。

第四，机构独立。发行人应当建立健全内部经营管理机构，独立行使经营管理职权，与控股股东、实际控制人及其控制的其他企业间不得有机构混同的情形。

第五，业务独立。发行人的业务应当独立于控股股东、实际控制人及其控制的其他企业，与控股股东、实际控制人及其控制的其他企业间不得有同业竞争或者显失公平的关联交易。如发行人在生产、采购、销售的任一环节，对控

---

① 《首发办法》第十四条至第二十条，具体内容见下文。
② 《重组办法》第十条规定，上市公司须充分说明并披露重大资产重组有利于上市公司在业务、资产、财务、人员、机构等方面与实际控制人及其关联人保持独立，符合中国证监会关于上市公司独立性的相关规定。

股股东或其他第三方存在重大依赖（如主要原材料或大部分商品由第三方代为采购销售等），则属于不具备独立经营的能力，不符合首发条件。

关于关联交易①，借壳上市对关联交易的监管要求与一般重大资产购买基本一致。对于经常性关联交易，总的监管原则即必要、公允、规范。②（1）必要性。应该是公司正常经营需要，不能涉嫌利益输送，不能存在商业以外的目的和动机。（2）公允性。有足够的证据证明交易价格和条件公允，不能缺少市场价格和市场标准。（3）规范性。核心要点在于：须严格遵循公司章程和相应制度的规定；在数量和质量上不能影响公司的独立性。总体而言，对于经常性关联交易，没有强制量化指标，只要满足必要性、公允性、规范性，且不影响独立性，并充分披露即可。

对于非经常性关联交易，如在交易完成后不再发生，且不影响上市公司未来生产经营，则对独立性无影响。如对独立性存在影响，则需作出相应安排，并充分披露。如控股股东及其关联方对拟借壳资产存在非经营性资金占用，交易完成后将影响上市公司的独立性，因此，拟借壳企业须在交易前解决该非经营性资金占用，并充分披露未来是否可能存在独立性不足，被控股股东及其关联方资金占用的风险及解决措施。

关于同业竞争，原则上，上市公司与控股股东及其关联方不存在同业竞争。如确因资产不符合注入条件等原因导致存在同业竞争的，应有合理明确的解决方案。（1）同业竞争的认定标准。同业竞争有两层意思，即期的和未来的。即现实存在的同业竞争和潜在的同业竞争。目前，监管部门并未出台具体的同业竞争的认定标准。实务中，IPO审核中对同业竞争的监管要求与借壳上市存在一定的差异。首先，借壳上市中，只有拟购买资产与其控股股东、实际控制人及其控制的其他企业之间存在的业务竞争才叫同业竞争。拟购买资产与其控股股东、实际控制人参股的企业存在的业务竞争不属于此处规范的同业竞争；拟购买资产与其第二大股东及其控制的企业之间存在的业务竞争不属于此处规范的

---

① 根据《上海证券交易所股票上市规则》第10.1.1条的规定：上市公司的关联交易，是指上市公司或者其控股子公司与上市公司关联人之间发生的转移资源或者义务的事项，包括以下交易：（1）第9.1条规定的交易事项；（2）购买原材料、燃料、动力；（3）销售产品、商品；（4）提供或者接受劳务；（5）委托或者受托销售；（6）在关联人财务公司存贷款；（7）与关联人共同投资；（8）其他通过约定可能引致资源或者义务转移的事项。

② 关联交易具有两面性，从消极的角度来看，可能导致利润转移、粉饰业绩、侵害中小股份权利、影响公司独立性；从积极角度来看，具有高效、优质、持续和稳定的优点。因此监管部门对同业竞争和关联交易持有不同的态度，对前者是"禁止"，对后者是"规范"。

同业竞争。其次，借壳上市中，同业竞争的认定一般结合业务性质、产品类别、消费群体构成、市场的地域性等进行综合判断。具体操作方式为，由独立财务顾问和律师对是否构成同业竞争及其理由发表明确意见。

（2）同业竞争的解决方案。借壳重组审核与IPO审核对同业竞争监管的原则和目标是一致的，均为保证上市公司的独立性，避免上市公司及中小股东利益受损。但实务中，IPO对同业竞争的审核标准与借壳上市对同业竞争的审核标准存在略微的差异。首先，在IPO审核中，监管部门一般会要求拟上市企业在上市前解决同业竞争问题。解决方案一般包括以下三种。第一，拿进来。收购竞争业务，或收购竞争业务公司股权。第二，送出去。向非关联方转让竞争公司业务或股权。第三，停业。竞争方改变经营范围，放弃竞争义务。但这一处理方式也并非"一刀切"，具体审核时也会考虑企业的实际情况，允许通过承诺等方式逐步解决。其次，在借壳上市审核时，监管部门并不强制要求公司在交易前解决同业竞争，而是根据实际情况判断构成同业竞争的业务不置入上市公司的原因；如原因合理，且公司有明确可行的解决同业竞争方案即可。该标准与日常监管对于同业竞争的监管要求基本一致。①

之所以存在上述细微差别，主要原因在于：第一，重组过程本身存在上市公司股东大会决策机制，且涉及多方主体，在审核时允许上市公司在相关信息充分披露、履行程序完备、承诺或解决措施完善的前提下，在明确的过渡期内，从事相同或者相近业务，逐步对同业竞争问题予以解决，能够保证上市公司重组完成后的业务独立性；而IPO是拟上市企业这一单一主体从非上市企业成为上市企业的过程，缺乏股东大会的自主决策程序和交易各方的博弈制约，在上市前消除同业竞争也有其合理性。第二，侧重考虑上市公司客观实际的处理方法，可以防止为了重组成功而人为解决同业竞争问题，导致注入上市公司资产质量低下从而损害投资者利益的情形发生。而IPO在上市前不存在中小投资者

---

① 相较绝对禁止的监管标准，日常监管对于同业竞争监管的放松主要原因在于两个方面。第一，市场环境的变化。随着国有企业集团整体上市的不断推进，上市公司与控股股东之间的同业竞争问题已基本清理完毕。同业竞争不再是上市公司监管的主要矛盾。第二，监管理念的变化。监管部门对上市公司同业竞争的认识和监管理念、监管政策是随着市场的发展逐步深化、不断完善的。随着实践的发展，监管部门发现，同业竞争也不必然损害上市公司利益，如控股股东购买亏损资产，培育成熟后出售给上市公司，反而有利于上市公司避免高风险投资。因此监管理念由早期的简单禁止到一定程度的允许。2013年中国证监会和国资委联合发布的《关于推动国有股东与所控股上市公司解决同业竞争规范关联交易的指导意见》（国资发产权〔2013〕202号）即是证明。该意见明确要按"一企一策、成熟一家、推进一家"的原则，研究提出解决同业竞争的总体思路，并通过适当方式最终将存在同业竞争的业务纳入同一平台。

的保护问题。

实务中，在借壳上市交易中，如果借壳方拟通过托管和承诺方式解决同业竞争问题，相关主体出具的承诺须符合《上市公司监管指引第4号——上市公司实际控制人、股东、关联方、收购人以及上市公司承诺及履行》的规定①。同时，为保障投资者尤其是中小投资者的利益，审核中一般会要求上市公司及借壳方完善信息披露，更为详尽地披露同业竞争产生的原因，存在同业竞争企业的详细情况，解决同业竞争的具体措施等信息，从而提高上市公司决策时信息的有效性。独立财务顾问和律师应当比照上述规定，对履行程序的完备性和解决同业竞争具体措施的可行性进行核查并发表明确意见。如中安消技术有限公司（以下简称中安消）借壳上海飞乐股份有限公司（以下简称飞乐股份，证券代码600654）项目中，中安消的实际控制人涂国身控制的12家企业与中安消同属于安防板块，存在同业竞争。其提出的解决方案为：第一，出售。将存在现实同业竞争的3家企业转产、出售。第二，托管。将存在潜在同业竞争的9家正在进行业务整顿或经营尚未达成规模，不具备置入上市公司条件的企业托管给中安消，委托期限为2年，未来通过注入上市公司、出售无关联第三方或转产等方法彻底解决同业竞争。

（五）关于规范运作的监管要求

拟借壳企业应具备规范运作的能力。具备规范运作的最主要因素即具备健全有效的法人治理结构、切实有效的内部控制制度。此外，为验证拟借壳企业确实具备规范运作能力，其在近几年不应存在重大违法行为。

第一，关于公司治理结构。首先，根据《首发办法》规定，拟借壳企业应已经依法建立健全股东大会、董事会、监事会、独立董事、董事会秘书制度，相关机构和人员能够依法履行职责。

鉴于借壳上市中拟购买资产可以是有限责任公司，而《公司法》对有限责任公司的公司治理结构要求较股份有限公司宽松得多，因此如拟借壳标的为有限责任公司，其经常无法完全符合《首发办法》中已依法设立股东大会、董事会、监事会、独立董事、董事会秘书制度的要求。实务中对该种情形，一般要求该有限责任符合《公司法》规定，建立有效的法人治理结构即可。如福建省

---

① 根据《上市公司监管指引第4号——上市公司实际控制人、股东、关联方、收购人以及上市公司承诺及履行》（证监会公告〔2013〕55号）规定，上市公司实际控制人、股东、关联方、收购人以及上市公司作出的解决同业竞争、资产注入等各项承诺事项，必须有明确的履约时限，不得使用"尽快"、"时机成熟时"等模糊性词语，承诺履行涉及行业政策限制的，应当在政策允许的基础上明确履约时限。

鸿山热电有限责任公司等三个公司借壳福建南纺股份有限公司（以下简称福建南纺，证券代码600483）项目中，拟借壳企业为三个有限责任公司，并没有完全建立董事会、监事会制度，仅是设立执行董事和监事1名，更没有设立独立董事和董事会秘书，在充分披露3个拟借壳企产法人治理结构有效，并就未来上市公司的公司治理结构作出初步安排后，该交易方案获得监管部门认可，取得核准批文。

其次，拟借壳企业的董事、监事和高级管理人员了解与股票发行上市有关的法律法规，知悉上市公司及其董事、监事和高级管理人员的法定义务和责任。应按照《公司法》的规定履行忠实、勤勉义务，不得存在违反禁业竞止的规定。

最后，拟借壳企业的董事、监事和高级管理人员应符合法律、行政法规和规章规定的任职资格。一方面，根据《首发办法》规定，不得存在下列情形：被中国证监会采取证券市场禁入措施尚在禁入期的；最近36个月内受到中国证监会行政处罚，或者最近12个月内受到证券交易所公开谴责；因涉嫌犯罪被司法机关立案侦查或者涉嫌违法违规被中国证监会立案调查，尚未有明确结论意见的。另一方面，根据沪深交易所的上市规则，董事、监事、高级管理人员的任职限制还包括：被交易所公开认定不适合担任上市公司董事、监事、高级管理人员。此外，对于独立董事，其任职资格须符合《关于在上市公司建立独立董事制度的指导意见》及交易所的自律规则中关于独立董事任职资格的更严格要求。

第二，关于内部控制制度。根据《首发办法》规定，拟借壳企业应具备健全的内部控制制度且被有效执行；内部控制制度能够合理保证财务报告的可靠性、生产经营的合法性、营运的效率与效果。鉴于规范对外担保及防范资金占用制度的重要性，《首发办法》在内控制度的基础上，要求拟借壳企业的公司章程中已明确对外担保的审批权限和审议程序，不存在为控股股东、实际控制人及其控制的其他企业进行违规担保的情形；要求拟借壳企业有严格的资金管理制度，不得有资金被控股股东、实际控制人及其控制的其他企业以借款、代偿债务、代垫款项或者以其他方式占用的情形。

如拟借壳企业历史上存在资金占用，根据《〈上市公司重大资产重组管理办法〉第三条有关拟购买资产存在资金占用问题的适用意见——证券期货法律适用意见第10号》的规定，上市公司重大资产重组时，拟购买资产存在被其股东及其关联方、资产所有人及其关联方非经营性资金占用的，前述有关各方应当在中国证监会受理重大资产重组申报材料前，解决对拟购买资产的非经营性资金占用问题；上市公司应当在《上市公司重大资产重组报告书》中对拟购买资产的股东及其关联方、资产所有人及其关联方是否存在对拟购买资产非经营性资金占用问题进行特别说明。独立财务顾问应当对此进行核查并发表意见。审核中独立财务顾问还须结合历史上的资金占用情况充分披露拟借壳企业公司治理结构及内部控制制度的有效性。

第三，报告期内不存在重大违法行为。首先，重大违法行为的范围。根据《首发办法》规定，拟借壳企业不得有下列情形：（1）最近 36 个月内未经法定机关核准，擅自公开或者变相公开发行过证券；或者有关违法行为虽然发生在 36 个月前，但目前仍处于持续状态。（2）最近 36 个月内违反工商、税收、土地、环保、海关以及其他法律、行政法规，受到行政处罚，且情节严重。（3）最近 36 个月内曾向中国证监会提出发行申请，但报送的发行申请文件有虚假记载、误导性陈述或重大遗漏；或者不符合发行条件以欺骗手段骗取发行核准；或者以不正当手段干扰中国证监会及其发行审核委员会审核工作；或者伪造、变造发行人或其董事、监事、高级管理人员的签字、盖章。（4）本次报送的发行申请文件有虚假记载、误导性陈述或者重大遗漏。（5）涉嫌犯罪被司法机关立案侦查，尚未有明确结论意见。（6）严重损害投资者合法权益和社会公共利益的其他情形。概括来讲，拟借壳企业最近 36 个月内不存在受到行政处罚且情节严重或未经法定机关核准，擅自公开或变相公开发行过证券等情形。如存在上述情形的，需在上述情况结束后 36 个月再申请 IPO 或借壳上市。

其次，重大违法行为的认定。上述六种情形除了第二种情形以外，都比较容易认定。第二种情形认定的难度在于对"情节严重"的判断。何为"情节严重"，目前尚无明确定义。实务中，一般根据如下标准确认违法行为是否属于"情节严重"。（1）如果行政机关作为处罚依据的法律规定中有明确的"情节严重"的界定，一般以该界定为准。（2）如果该法律规定中没有直接界定，但是规定了"情节严重"的处罚区间，则看实际发生的行政处罚是否在此区间。如是，则构成情节严重。（3）凡被行政机关处以罚款以上行政处罚的行为，均须对是否为重大违法行为作出说明，并说明理由。具体理由包括行政机关依法认定不属于重大违法行为的文件、律师根据处罚依据进行的分析等。（4）作出处罚机关对该行为性质的认定证明。严格地说，作出处罚的机关是否有权作出此认定和作出此认定的法律依据和法律标准都是存疑的问题，但是该机关的认定具有重要的参考意义。不过有的此类证明涉嫌"不靠谱"，明显的情节严重，仍证明为"情节轻微"，此时一般要求独立财务顾问和律师充分结合处罚依据进行充分的分析，部分情况下会要求提供上级主管机关（一般为市级、省级）的证明文件。

最后，近三年重大违法行为的起算点。法律、行政法规或规章有规定的从其规定；无规定的，从行为发生之日起计算；行为有连续或继续状态的，从终了之日起计算。如违法发行股票，从改正完成后开始计算。此外，关于行政处罚两年时效问题。《行政处罚法》第二十九条规定，违法行为在两年内未被发现的，不再给予行政处罚。法律另有规定的除外。前款规定的期限，从违法行为发生之日起计算；违法行为有连续或继续状态的，从行为终了之日起计算。因此，如果发行人历史上存在违法行为，且违法行为发生时间已经超过两年，则应进一步关注该违法行为是否属于"有连续或者继续状态"的情况，如果不属于，则可以得出"违法行为已经超过追责时效期限，不应再被追究行政法律责任"的初步结论。

（六）关于拟借壳企业股东的监管要求

借壳上市的监管规则主要针对拟购买资产，对不构成收购人的交易对方并无特殊的监管要求，因此，拟借壳企业的股东只要符合一般合规性要求即可。对于公司股东的一般合规性要求，笔者不再赘述，以下主要介绍监管实践中常见的几种特殊类型的拟借壳企业股东的监管规则。

1. 不适格股东问题

股东是公司存在的基础，是公司的核心要素之一。从一般意义上来说，股东是指持有公司股份或向公司出资者，但并不是所有的主体都可以成为公司股东，以下主要介绍几种常见的不适格股东。

第一，公务员。根据《公务员法》的相关规定，公务员不得从事或参与营利性活动。此处的公务员包括一般公务员和参照公务员管理的人员。在合肥国轩高科动力能源股份公司（以下简称国轩高科）借壳江苏东源电器集团股份有限公司（证券代码002074）项目中，拟借壳企业国轩高科的一个股东为公务员，持股比例不足1%。后上市公司调整交易方案，未购买该部分股权。

第二，法人的投资限制。首先，外商投资企业。外商投资企业不能投资外资禁止类的企业；涉及限制类的需经主管部门批准。具体禁止类和限制类行业见发改委和商务部联合发布的《外商投资产业指导目录》（2015年修订）。[1] 其

---

[1] 根据《外商投资产业指导目录》（2015年修订），《内地与香港关于建立更紧密经贸关系的安排》及其补充协议、《内地与澳门关于建立更紧密经贸关系的安排》及其补充协议、《海峡两岸经济合作框架协议》及其后续协议、我国与有关国家签订的自由贸易区协议、投资协定另有规定的，从其规定。

次，被吊销营业执照的企业。企业法人被吊销营业执照后，应当依法清算，并在清算后注销。这就意味着被吊销营业执照的企业随时可能面临法律主体资格灭失，导致拟购买资产股权的权属存在潜在纠纷或不确定性，可能无法按时办理过户。因此借壳上市中拟购买资产的股东不能为被吊销营业执照的企业。如有该类情形，交易中不能包含该部分股权。

第三，职工持股会和工会。根据中国证监会法律部2002年下发的《关于职工持股会及工会持股有关问题的法律意见》规定，证监会在受理发行申请时要求发行人的股东和实际控制人不属于职工持股会或工会持股。

第四，事业单位。首先，具有社会公益性的事业单位法人，如高校、图书馆等，一般禁止兴办企业，按中央和地方各级政府的具体规定办理。其次，党政机关所属具有行政管理和执法监督职能的事业单位，以及党政机关各部门所办后勤性、保障性经济实体和培训中心，不得投资兴办企业。

2. 股东人数超过200人问题

根据《证券法》规定，非公开发行不能超过200人。那么2006年《公司法》出台以前股东人数超过200人的公司能否成为拟借壳企业？或成为拟借壳企业的股东？对于股东人数超过200人的问题，2013年以前，必须采取股权转让等方式将拟借壳企业的股东人数降到200人以下。但鉴于该类公司历史上成立时符合相关规定，强制清理易侵犯小股东利益，同时造成股权权属纠纷等问题。2013年12月26日中国证监会发布《非上市公众公司监管指引第4号——股东人数超过200人的未上市股份有限公司申请行政许可有关问题的审核指引》（证监会公告〔2013〕54号，以下简称《审核指引》），明确该种情形依法规范后将不影响拟借壳企业及其股东的合规性。

根据《审核指引》的规定，其适用范围、规范程序、审核标准等要求如下：

（1）适用范围。第一，股东人数已经超过200人的未上市股份有限公司（以下简称200人公司），应当按照该指引规范，规范后可申请上市或挂牌；第二，申请行政许可的200人公司的控股股东、实际控制人或者重要控股子公司也属于200人公司的，依照本指引的要求进行规范。

（2）审核方式。对200人公司合规性的审核纳入行政许可过程中一并审核，不再单独审核。

（3）审核标准。第一，公司依法设立且合法存续。首先，这就要求200人公司的设立、增资等行为不违反当时法律明确的禁止性规定，目前处于合法存续状态。如200人公司为城市商业银行、农村商业银行等银行业股份公司，还应当符合《关于规范金融企业内部职工持股的通知》（财金〔2010〕97号）。其次，200人公司的设立、历次增资依法需要批准的，应当经过有权部门的批准。存在不规范情形的，应当经过规范整改，并经当地省级人民政府确认。最后，200人公司在股份形成及转让过程中不存在虚假陈述、出资不实、股权管理混乱等情形，不存在重大诉讼、纠纷以及重大风险隐患。第二，公司股权清晰。股权清晰是指股权形成真实、有效，权属清晰及股权结构清晰。首先，股权权属明确。200人公司应当设置股东名册并进行有序管理，股东、公司及相关方对股份归属、股份数量及持股比例无异议。股权结构中存在工会或职工持股会代持、委托持股、信托持股以及通过"持股平台"① 间接持股等情形的，应当按照指引的相关规定进行规范。其次，股东与公司之间、股东之间、股东与第三方之间不存在重大股份权属争议、纠纷或潜在纠纷。最后，股东出资行为真实，不存在重大法律瑕疵，或者相关行为已经得到有效规范，不存在风险隐患。申请行政许可的200人公司应当对股份进行确权，通过公证、律师见证等方式明确股份的权属。申请公开发行并在证券交易所上市的，经过确权的股份数量应当达到股份总数的90%以上（含90%）；申请在全国股份转让系统挂牌公开转让的，经过确权的股份数量应当达到股份总数的80%以上（含80%）。未确权的部分应当设立股份托管账户，专户管理，并明确披露有关责任的承担主体。第三，公司经营规范。200人公司持续规范经营，不存在资不抵债或者明显缺乏清偿能力等破产风险的情形。第四，公司治理与信息披露制度健全。200人公司按照中国证监会的相关规定，已经建立健全了公司治理机制和履行信息披露义务的各项制度。

（4）申请文件。首先，200人公司申请行政许可，应当提交下列文件：企业法人营业执照；公司关于股权形成过程的专项说明；设立、历次增资的批准文件；证券公司出具的专项核查报告；律师事务所出具的专项法律意见书，或者在提交行政许可的法律意见书中出具专项法律意见。以上各项文件如已在申请公开发行并在证券交易所上市或者在全国股份转让系统挂牌公开转让的申请文件中提交，可不用重复提交。其次，存在下列情形之一的，须额外提供省级人民政府出具的确认函。第一，1994年7月1日《公司法》实施前，经过体改部门批准设立，但存在内部职工股超范围或超比例发行、法人股向社会个人发行等不规范情形的定向募集公司。第二，1994年7月1日《公司法》实施前，

---

① 《审核指引》中所称"持股平台"是指单纯以持股为目的的合伙企业、公司等持股主体。

依法批准向社会公开发行股票的公司。第三，按照《国务院办公厅转发证监会关于清理整顿场外非法股票交易方案的通知》（国办发〔1998〕10号），清理整顿证券交易场所后"下柜"形成的股东超过200人的公司。第四，中国证监会认为需要省级人民政府出具确认函的其他情形。省级人民政府出具的确认函应当说明公司股份形成、规范的过程以及存在的问题，并明确承担相应责任。再次，股份已经委托股份托管机构进行集中托管的，应当由股份托管机构出具股份托管情况的证明。股份未进行集中托管的，应当按照前款规定提供省级人民政府的确认函。最后，属于200人公司的城市商业银行、农村商业银行等银行业股份公司应当提供中国银行业监督管理机构出具的监管意见。

（5）关于股份代持及间接持股的处理。第一，股份公司股权结构中存在工会代持、职工持股会代持、委托持股或信托持股等股份代持关系，或者存在通过"持股平台"间接持股的安排以致实际股东超过200人的，在依据本指引申请行政许可时，应当已经将代持股份还原至实际股东、将间接持股转为直接持股，并依法履行了相应的法律程序。第二，以私募股权基金、资产管理计划以及其他金融计划进行持股的，如果该金融计划是依据相关法律法规设立并规范运作，且已经接受证券监督管理机构监管的，可不进行股份还原或转为直接持股。关于股东人数超过200人的问题，典型案例见绿地控股集团有限公司借壳上海金丰投资股份有限公司（证券代码600606）项目。

3. 突击入股的问题

为防止拟借壳企业存在代持、利益输送等情形，对于报告期内的新增股东，审核中一般重点关注其持股时间、持股数量及变化情况、价格及定价依据；对于自然人股东，关注其履历；对于法人股东，关注其主要股东和实际控制人。

如果突击入股时间较近，审核中重点关注内容为：第一，增资及股权转让的基本情况，包括但不限于增资或转让原因、定价依据及资金来源、新增股东的情况、引入该股东的原因。第二，增资和股权转让价格。首先，须考虑报告期内低价的增资或股权转让是否构成股份支付，如构成，按照股份支付处理后，拟借壳企业是否仍符合借壳上市的财务指标；其次，须比较其时拟购买资产的估值与本次借壳上市公司交易中拟购买资产的估值差异，如存在较大差异，是否能够合理解释。第三，是否存在股份代持情况，包括委托持股和信托持股等。新增股东与发行人及其实际控制人，发行人董事、监事、高级管理人员之间是否存在关联关系，是否为代持；新增股东与本次发行相关中介机构及其签字人员是否存在关联关系，是否存在不正当利益输送。

4. 对赌协议的问题

对赌协议又称价值调整协议，是一种带有附加条件的价值评估方式。对赌协议是投资方与融资方在达成协议时，双方对于未来不确定情况进行的约定。如果约定的条件出现，企业未来的获利能力达到某一标准，融资方可以行使一种权利，用于补偿企业被低估的损失；如果约定的条件不出现，则投资方行使另外一种权利，用以补偿高估企业价值的损失。可见，对赌协议的评判标准是企业未来的价值，而赌注大多为股权、期权认购权或投资额等。其本质是投资者就企业经营中"执行层面的不确定性"进行风险补偿。问题在于这种特殊性质的赌注可能导致企业股权结构、经营方式、人事任免甚至企业控制权发生重大变化，对企业影响深远。

国外对赌协议通常涉及财务绩效、非财务绩效、赎回补偿、企业行为、股票发行和管理层去向六个方面的条款。与国外对赌协议不同，国内企业通常只采用财务绩效条款，且经常将标的资产在一定期限内能否上市（具体含义有各方约定）作为赎回条款。因此，国内对赌协议主要涉及的是股权转让方面的限制及可能对交易的影响。对赌协议是借壳上市审核的重点内容。一般来讲，上市时间对赌、股权对赌协议、业绩对赌协议、董事会一票否决权安排、企业清算优先受偿协议等可能有损拟购买资产权属清晰及经营稳定性的对赌协议一般均要求解除。解除时间原则上最晚应在反馈意见回复前解除。部分案例中，各方约定对赌协议中止执行，如中国证监会核准，立即无条件解除，如不能获得核准，则效力恢复。如此安排也不损害交易完成后上市公司的利益，为监管部门所接受。

5. 交叉持股的问题

交叉持股是指两个公司直接或者变相直接相互持有对方的股权，继而相互成为对方股东的情形。对交叉持股问题，我国法律规则领域还是空白。

在法定资本制下，交叉持股因可能造成虚增资本而受到质疑。此外，交叉持股因尚存在易诱发内幕交易和关联交易等问题。2014年《公司法》修改，改法定资本制为认缴资本制，解决了交叉持股可能造成虚增注册资本的问题，但对于交叉持股的问题，法律态度仍然没有明确。

目前，实务中交叉持股的案例较少。2015年，江苏亚威机床股份有限公司（以下简称江苏亚威，证券代码002559）购买无锡创科源激光装备有限公司（以下简称无锡创科源）交易中，交易完成后即存在交叉持股情形。根据公司披露的交易方案，交易对方之一为淮安平衡股权投资基金中心（有限合伙，以下简称平衡基金），亚威股份为其有限合伙人，持有其 33.5% 的出资份额。交易完成后，平衡基金持有亚威股份 0.54% 股权。从公司公告的中国证监会反馈意见来看，[①] 审核中重点关注上述情况是否构成交叉持股，是否合规。从公司公告的回复意见来看，其认为交叉持股未违反法律规定；同时，平衡基金放弃对亚威股份的表决权，交叉持股未影响公司治理结构。该方案于 2015 年 8 月 3 日获中国证监会核准，该方案中关于交叉持股的论证及解决方案为类似方案提供了可供借鉴的范例。

根据公司公告的回复意见，其具体的论证理由如下：第一，平衡基金与亚威股份之间的相互持股行为，未违反《公司法》及其他相关法律法规的禁止性规定，不构成本次交易的实质性法律障碍。首先，平衡基金与亚威股份之间的相互持股系亚威股份、平衡基金因生产经营需要，对无锡创科源的收购、投资形成，形成原因合理。其次，我国现行法律法规未禁止相互持股。[②] 最后，参照其他国家和地区对于相互持股的法律规定。德国股份公司法规定，如果两公司之间相互持股的，则一公司对另一公司所持有的股份，其股权的行使，不得超过另一公司股份总额的 25%；如果一个公司持有另一公司 50% 以上的股份或以其他方法控制另一公司的经营者，则另一公司为从属公司，从属公司原则上不能取得控制公司股份，即便例外情形下可以取得，也不享有表决权。法国公司法规定，一公司持有另一公司 10% 以上的股份时，则另一公司不得持有前者的股份；若一公司持有另一公司股份达到 10% 以上时，另一公司之前也持有前者的股份，则由持股份额较小的一方转让其投资；如相互投资的数额相等，则每一相互参股的公司均应减少在对方的投资，以使这种投资不超过对方公司资本的 10%。在未转让期间，公司不得行使这些股份的表决权。日本公司法规定，当一股份公司持有另一公司全部具表决权股份 1/4 以上，以及依照法务省之规定，以其他方式实质控制另一公司经营权者，则另一公司所持有之此一公司股份无表决权。美国《模范商业公司法》明文禁止被母公司持有过半数股份的子公司行使其所持母公司股份的表决权，但并未禁止被母公司持有低于半数股份

---

① 根据公司 2015 年 6 月 6 日披露的公告，二次反馈意见第一个问题为："反馈回复显示，平衡基金与亚威股份之间存在的相互持股行为，未违反《公司法》及其他相关法律法规的禁止性规定，不构成本次交易的实质性法律障碍。请申请人补充披露：（1）作出上述结论的理由。（2）相互持股对亚威股份公司治理结构的影响。（3）交易完成后平衡基金所持亚威股份表决权的安排。"

② 《公司法》第二十六条规定，有限责任公司的注册资本为在公司登记机关登记的全体股东认缴的出资额。第八十条规定，股份有限公司采取发起设立方式设立的，注册资本为在公司登记机关登记的全体发起人认购的股本总额。据此，我国公司注册资本已由实缴登记制改为认缴登记制。

的子公司行使其所持母公司股份的表决权。我国台湾地区公司法规定，相互投资公司知道存在相互投资之事实者，其得行使之表决权，不得超过被投资公司已发行有表决权股份总数或资本总额之1/3。但以盈余或公积增资配股所得之股份，仍得行使表决权。上述各国及地区对于相互持股的法律规定虽然存在差异，但均未直接禁止相互持股，而是限制了相互持股公司的表决权。

第二，相互持股对亚威股份公司治理结构无影响。首先，平衡基金放弃持有亚威股份的表决权。其次，不影响公司治理结构。亚威股份已建立起完善的公司治理结构，建立健全了股东大会、董事会、监事会制度。鉴于平衡基金持股比例小，且已承诺放弃该部分股份的表决权，本次交易完成后平衡基金对于亚威股份的股东大会、董事会、监事会等决策机构的决策将不能施加影响。因此，平衡基金与亚威股份相互持股对亚威股份公司治理结构不存在影响。

6. 外资股东的问题

外资是一个宏观的概念，有时既包括外国投资者，又包括中外合资企业、中外合作企业、外商独资企业。本书中的外资是指外国投资者，即2005年商务部、中国证监会、国家外汇管理局、国家工商总局等五部委联合发布的《外国投资者对上市公司战略投资管理办法》（商务部令〔2005〕28号，以下简称《战投办法》）中界定的外资。

《战投办法》明确规定了外国投资者的资格条件、进行战略投资应遵循的原则和基本要求、投资程序及其他相关义务，对外国投资者参股或控股境内上市公司予以全面规范。《战投办法》本身并不是本书的介绍重点，因此笔者主要结合对拟借壳企业股东的监管要求，介绍借壳上市交易中中国证监会的审核与商务部对外资股东的战略投资者批文之间的关系。根据《战投办法》的规定，外国投资者参股或控股上市公司的基本要求之一为，投资可分期进行，首次投资完成后取得的股份比例一般不低于该公司已发行股份的10%。据此，实务中出现两大问题：一是持股不满10%的外资股东是否属于战略投资者，是否需要取得战略投资者批文。二是中国证监会的审核是否以商务部的战略投资者批文为前置条件。

第一，关于持股不满10%的外资股东是否可以通过定向发行成为上市公司股东，是否需要取得战略投资者批文这一问题，《战投办法》没有明确规定。实务操作中的做法也在发生变更。案例一为2013年神州数码信息服务股份有限公司（以下简称神州信息）借壳深圳市太光电信股份有限公司（以下简称 *ST太光，证券代码000555）的项目，神州信息的股东之一华亿投资是一家注册在以色列的有限合伙企业，持有神州信息 2.93% 的股份。由于外资股东的存在，涉及到外国战略投资者问题。① 本次交易最终以华亿投资取得商务部原则同意其战略投资 *ST 太光的批复告终。2013 年 8 月 16 日，商务部外国投资管理司出具〔2013〕商资服便 231 号函，明确界定神州信息与 *ST 太光进行的重组上市适用现行《外国投资者对上市公司战略投资管理办法》。2013 年 11 月 5 日，*ST 太光取得商务部关于原则同意华亿投资战略投资 *ST 太光的批复。2013 年 11 月 5 日，*ST 太光取得《商务部关于原则同意华亿投资战略投资深圳市太光电信股份有限公司的批复》（商资批〔2013〕1180 号），原则同意本次吸收合并方案。

案例二为 2014 年青岛中天能源股份有限公司（以下简称中天能源）借壳长春百货大楼集团股份有限公司（以下简称长百集团，证券代码 600856）的项目，长百集团发行股份购买资产的交易对方中有三个为外资股东，公司披露文件说明，本次重大资产重组须取得商务部核准长百集团向 3 家外国投资者发行股份的批复文件。2015 年 1 月 14 日，公司收到《商务部关于原则同意长春百货大楼集团股份有限公司重组变更为外商投资股份公司的批复》（商资批〔2015〕17 号），具体内容如下：原则同意 3 家外资投资者以其各自持有的中天能源股权认购长百集团股份，认购股份占长百集团增发后总股本的 10.64%、2.81% 和 0.59%。

案例三为 2015 年湖北凯乐科技股份有限公司（以下简称凯乐科技，证券代码 600260）发行股份及支付现金购买上海凡卓通讯科技有限公司（以下简称上海凡卓）100% 股权的项目，发行对象中 Blue Gold Limited（以下简称香港蓝金）为注册地在中国香港的外资公司，其在交易完成后取得上市公司的 3.04% 股份。根据公开披露的独立财务顾问和律师意见，独立财务顾问和律师就本次交易是否需要履行《战投办法》的相关审批一事，两次咨询了商务部外国投资管理司受理处窗口，得到的回复均为："由于本次交易完成后香港蓝金持有凯乐科技的股份不足 10%，因此不需要商务部的审批，受理窗口不接受此文件的申报"。此外，律师于 2014 年 12 月 18 日和 19 日就本次交易情况咨询湖北省商务厅审批处，得到的回复均为：上市公司通过定向增发方式向外国投资者定向发行 A 股上市公司股票，比例不超过本次交易完成后上市公司股本总额 10% 的，只需通过证监会相关审批程序即可，无需经商务厅审批，也无需申领外商投资股份有

---

① 当然，方案设计中，也可以通过现金支付该外资股东的交易对价而避开外国战略投资者的问题。但本方案中，外资股东华亿投资可能更倾向于持有重组后上市公司的股份，因此该方案涉及持股不满 10% 的外资股东是否可以通过定向发行成为上市公司股东，是否需要取得战略投资者批文这一问题。

限公司批准证书。据此，公司及中介机构认为，本次交易不构成《战投办法》项下的外国投资者对上市公司的战略投资行为，不需要履行商务部关于外国投资者对上市公司进行战略投资的相关审批。本项目最终取得中国证监会的核准批文。

综上所述，关于持股不满 10% 的外资股东是否可以通过定向发行成为上市公司股东，是否需要取得战略投资者批文这一问题，实务中对该问题的理解也在发生变化。从案例的发展轨迹来看，此前，监管部门一直要求外资股东须持股 10% 以上，并取得商务部战投批文；或持股比例虽不足 10%，但也须取得商务部相关批文，如长百集团。但随着简政放权的不断推进，监管部门的要求也在发生变化。商务部对于外国投资者取得 A 股 10% 以下股份的行为监管逐步放松，根据凯乐科技项目中中介机构的走访，已不再接受该项审批的申报；中国证监会也不再强制要求公司取得商务部批文，而是由中介机构对是否适用《战投办法》、是否需要取得商务部同意发表明确意见。这样一方面降低企业并购重组的难度和负担，另一方面充分尊重中介机构的"看门人"作用，由其对发表的意见承担责任，符合并购重组市场化改革的方向。

第二，关于中国证监会审核与商务部战略投资者批文之间的关系。在《战投办法》修改前，商务部战略投资者批文仍为中国证监会审核的前置条件。在《战投办法》修改后，商务部与中国证监会的审核程序可同时进行，不互为前置条件。[①]

第四节　借壳上市中发行股份购买资产的特殊监管要求

如前所述，借壳上市中，上市公司将向借壳方购买资产。如果购买资产的支付工具为股份，则在满足一般重大资产购买规则的基础上，还须满足非公开发行股份购买资产的监管规则。本节我们继续借壳上市组合监管规则的第二部分——上市公司购买资产的监管规则中发行股份购买资产的特殊监管要求。

上市公司发行股份购买资产是指上市公司作为交易的一方，向特定的对象（即交易对方）发行股份购买资产或向发行对象募集现金进行周转、再用现金购

[①]　参见 2014 年 10 月 24 日发布的"证监会要闻"之"上市公司并购重组实行并联审批"，其中写到，根据实际情况，不再将商务部实施的外国投资者战略投资上市公司核准作为中国证监会上市公司并购重组行政许可审批的前置条件，改为并联式审批。关于该项并联审批，证监会正配合相关部门修改《战投办法》，并于颁布后实施。最后查阅于 2015 年 8 月 13 日，http://www.csrc.gov.cn/pub/newsite/zjhxwfb/xwdd/201410/t20141024_ 262331. html。

买该发行对象的资产。发行股份购买资产的基本法律性质是一种私募或非公开发行性质的证券发行方式，是一种面向少数特定投资人发行证券的发行方式。以下我们首先从发行股份购买资产与发行股份再融资、重大资产重组的关系了解发行股份购买资产在整个上市公司重大资产重组监管规则体系中的定位，其次介绍发行股份购买资产制度对上市公司重大资产重组方式的影响，尤其是借壳上市交易方式的影响，最后再介绍发行股份购买资产的具体监管规则。

一、发行股份购买资产与其他制度关系

（一）发行股份购买资产与发行股份募集资金

上市公司发行股份购买资产与上市公司公开增发、定向增发再融资均存在差异。

第一，发行股份购买资产和公开增发的区别。发行股份购买资产和公开增发都是新股的增量发行，对原股东的权益有摊薄效应，但两者有很大区别。首先，发行股份购买资产的目的是为了进行重组和并购，而不是从公众投资者手中筹资；其次，发行股份购买资产的对象限于拟购买资产的股东，而不是广大社会公众投资者；再次，由于特定人不同于社会公众投资者，不需要监管部门予以特殊保护，发行股份购买资产的条件可不受盈利及发行时间间隔的限制；最后，上市公司通过发行股份购买资产取得的主要是有盈利能力的实物资产或实现债务重组，现金只是辅助和补充，而公开增发必须以现金认购。此外，发行股份购买资产不需要承销，成本和费用相对较低。

第二，发行股份购买资产与定向增发再融资的区别。发行股份购买资产和定向增发再融资都是新股的增量发行，都属于向不特定对象发行股份，对原股东的权益有摊薄效应，但两者存在如下区别。首先，发行股份购买资产的交易对方为拟购买资产的股东，拟购买资产股东以资产认购上市公司股份；而定向增发再融资的交易对方以现金认购上市公司股份。其次，发行股份购买资产涉及拟购买资产的估值定价问题；而定向增发再融资是以现金认购上市公司股份，一般不涉及估值问题。最后，发行股份购买资产的交易对方不超过200人即可；而定向增发再融资的发行对象不超过10人，创业板不超过5人。

第三，视同发行股份购买资产的定向发行再融资行为。根据《重组办法》第四十三条，特定对象以现金或者资产认购上市公司非公开发行的股份后，上市公司用同一次非公开发行所募集的资金向该特定对象购买资产的，视同上市公司发行股份购买资产。

对于"该特定对象"的理解并不限于同一主体。属于同一控制下的任一主体均属于"该特定对象"的范围。具体分析可见后面博盈投资的案例分析。

（二）发行股份购买资产与重大资产重组

发行股份购买资产的基本概念很好理解，就是用股份作为支付对价的方式来购买资产。但发行股份购买资产与重大资产重组之间的关系，很多人搞不清楚。发行股份购买资产不同于普通的重大资产重组。发行股份购买资产不论是否构成重大，均适用《重组办法》。一般情况下，拟购买资产的资产总额、营业收入、净资产指标占上市公司相应指标的比例需要达到50%及以上，方构成重大资产重组，适用《重组办法》。但上市公司发行股份购买资产，无论是否构成重大，均适用《重组办法》。

（三）发行股份购买资产、定向增发再融资与重大资产重组

一般情况下，定向增发再融资用于收购资产不属于发行股份购买资产，不适用《重组办法》。①

但对于视同发行股份购买资产的定向增发再融资交易，应遵照发行股份购买资产的监管原则，适用《重组办法》。

二、发行股份购买资产对上市公司交易方式的影响

上市公司重大资产重组可以分为不同类型，发行股份购买资产对于不同类型交易方式的影响不同。因此，笔者先对重大资产重组的分类、发行股份购买资产的作用做简单介绍，在此基础上，分析发行股份购买资产对不同交易方式的影响。

（一）重大资产重组的分类

不同类型的上市公司重大资产重组背后的驱动力大有不同，很长时间内无论是监管还是市场对资产重组均有不同的分类，希望能够给予科学的区分，这样无论从监管还是业务实践对资产重组认识能够更进一步。

2011年《重组办法》修订前，实务中通常将上市公司重大资产重组分为三类：借壳上市、整体上市和产业并购。② 尽管这种分类并不科学、严谨，但通俗易通，相对贴近实践，因此成为市场和监管部门接受程度最高的分类方法。

第一，借壳上市是以取得上市公司控制权和进行资产注入进而实现借壳方

---

① 《重组办法》第二条规定，上市公司按照经证监会核准的发行证券文件披露的募集资金用途，使用募集资金购买资产、对外投资的行为不属于发行股份购买资产，不适用《重组办法》。

② 借壳上市和整体上市是现行发行制度的补充，以完成资产的证券化和实现再融资为首要目标。当时的交易，除借壳上市和整体上市以外的上市公司资产重组行为基本均可归属于产业并购。

资产证券化的操作形式。

第二，整体上市又称"大股东注资"，表现形式跟借壳上市有些相同，都是股东驱动的关联交易行为，把自己资产往上市公司里注入，这样会增加上市公司的资产量和提高股东权益比例，但跟借壳上市有所区别的是控制权不变。

整体上市跟借壳上市都是发行制度的补充，且整体上市更多的是原有 IPO 额度体制的纠偏。因为额度制下无论企业多大上市的盘子大小是固定的，对于规模较大的企业上市只能实现部分资产或业务上市，会有相当体量的资产在体外即股东旗下。早期国有股东也不在意，即使上了市，实现了 IPO 也就是无非获得融资平台而已，只要能进行融资就可以了，持有股份不能转让流通。股权分置改革之后整个中国资本市场的估值体系发生了变化，国有股东发现体外资产可以注入上市公司，而且是左手倒右手但股票市值比原来净资产翻了几倍，国有资产的评价体系考核指标也由原来的净资产转向了股票市值。因此股权分置改革后迎来了国有企业整体上市热潮，但到现在基本能上都上了，上不了也可能就上不了了。

第三，产业并购又称产业整合，是从上市公司与并购标的的主营业务来说的，与借壳上市、整体上市并不在一个分类标准下。产业并购通常指除借壳上市、整体上市以外的上市公司产业并购行为，上市公司与并购标的属于同一行业或产业链上下游。

2011 年《重组办法》修订时明确规定"第三方发行"制度①，即在控制权不变的前提下，为促进行业或产业整合、增强协同效应，上市公司向控股股东、实际控制人以外的特定对象发行股份购买资产，即属于"第三方发行"。此后，上市公司重大资产重组更常使用的分类为：借壳上市、整体上市或大股东注资、第三方发行、其他。不同类型的交易，监管规则不同。

2008 年版《重组办法》出台后，发行股份购买资产成为上市公司进行资产重组最常用的一种方式。鉴于本节主要讨论非公开发行股份购买资产，根据上述分类方式，我们将发行股份购买资产分为借壳类发行股份购买资产和注资类发行股份购买资产。注资类发行股份购买资产又可分为原有股东资产整体上市和向第三方发行。

---

① 2011 年修订的《重组办法》第四十二条规定，上市公司为促进行业或者产业整合，增强与现有主营业务的协同效应，在其控制权不发生变更的情况下，可以向控股股东、实际控制人或者其控制的关联人之外的特定对象发行股份购买资产，发行股份数量不低于发行后上市公司总股本的5%；发行股份数量低于发行后上市公司总股本的5%的，主板、中小板上市公司拟购买资产的交易金额不低于1亿元人民币，创业板上市公司拟购买资产的交易金额不低于5 000万元人民币。

（二）发行股份购买资产的主要作用

通过向特定对象发行股份认购资产，分别可以实现整体上市、引入战略投资者、挽救财务危机公司、增强控股权、借壳上市等目的。

首先，实现整体上市。整体上市是提高上市公司质量的一种重要方式。上市公司可通过向控股股东定向发行股票，收购大股东相关经营性资产，从而达到上市公司控股股东整体上市的目的。整体上市一般对上市公司净资产和每股收益有明显的增厚作用；能够减少关联交易与同业竞争等不规范行为，增强公司业务与经营的透明度，逐步控制核心资产，促使产业链更加完备，提升公司内在价值。

其次，引入战略投资者。引入战略投资者是上市公司提高质量的另一种重要方式。战略投资者的行业地位、资金优势、市场控制、特定背景、合作潜力、特殊资源等，都将对上市公司大有裨益。上市公司可通过向特定对象发行股份认购资产的方式引入特定的投资者，可实现与战略投资者资源共享，吸收先进的管理经验以及技术，提升企业效率。除此以外，可同时调整股权比例。

再次，挽救财务危机公司。注入盈利性资产是提高绩差上市公司质量的最现实的方式。对于资产质量差的上市公司，可通过向重组方发行股份认购资产，置入具有连续盈利能力的经营性资产，从而挽救陷入困境的上市公司。这与常规的先收购股权再置入资产的方式相比，具有周期短、成本低、见效快、风险小的特点，更有利于重组方实施重组，也有利于公司甄别重组方的实力。

最后，增强控股权。相对稳定的控股权对提高上市公司质量是非常有必要的，正是认识到这一点，股权结构较为分散的上市公司，或是经过股改之后股权份额大幅减少的上市公司，出于避免控股权被抢夺以及保证公司未来经营连续性的考虑，大股东需要增持上市公司股份。向特定对象发行股份认购资产，给这类大股东提供了既能向上市公司注入优良资产，又能提高持股比例"一箭双雕"的途径。

（三）发行股份购买资产对注资类交易的影响

注资类发行股份购买资产又可分为原有股东资产整体上市和向第三方发行。

第一，整体上市。关于整体上市，在发行股份购买资产方式出现之前，传统的并购重组的方式主要有以下几种：协议受让股份，协议受让股份的同时进行上市公司资产置换或上市公司购买、出售资产，上市公司购买或出售资产。这里面的主要交易方式是现金，由于不可能支付过多的现金，所以，原有股东整体上市案例很少。发行股份购买资产方式出现后，由于不用现金交易或不需要过多的现金交易，整体上市的交易对价问题得以解决，只要股东（主要是第一大股东）认为发行价合适，就可以启动此项工作。这也是股权分置改革中和改革后国有企业热衷于整体上市的原因之一。

第二，第三方发行。发行股份购买资产方式出现前，没有出现过新股东注资且不成为控股股东的案例；发行股份购买资产方式出现后，才出现上市公司向特定的投资者发行股份购买资产，该投资者本身不是上市公司的股东，发行股份购买资产后，成为上市公司的非控股股东的情况，这种情况俗称为第三方发行。

早期的第三方发行类交易中，上市公司发行股份购买的资产，一般是与上市公司的主营相同或与上市公司的主营业务为上下游产业的资产。其中最典型的即是同行业横向并购，这种横向联合是 2007 年北方地区一家中小板上市公司率先这么做的，然后有不少中小板上市公司效仿。这种第三方发行能够非常有效地解决产业并购的支付工具问题。在这种制度下，上市公司可以多次横向并购，很快成长起来。同时，第三方发行类交易的交易方案一般由交易双方经过激烈博弈达成，是市场化程度最高的上市公司并购重组方式，这种第三方发行类交易一般从机制安排上比较好。一个上市公司，如拟进行重大资产购买，必须做好风险控制。首先，对于拟购买资产，须做好尽职调查；其次，关于拟购买资产的预计收益率。上市公司按照盈利预测对应的交易价格支付交易对方股份，未来目标资产的收益率能不能达到预期，达不到怎么办，因为评估肯定是有溢价，达不到的话，可能就得有一个退股的过程，有一个回购注销的问题。对此，在市场化的谈判基础上，交易双方能够有一个比较好的利益安排。

2011 年《重组办法》修订时明确规定第三方发行制度，即在控制权不变的前提下，为促进行业或产业整合、增强协同效应，向控股股东、实际控制人以外的特定对象发行股份购买资产。但随着上市公司产业并购交易不断增多，市场化程度不断加强，各种新的产业并购、跨行业并购案例不断涌现，交易各方对于支付方式等的谈判也越发多样化。为鼓励市场参与主体自我协商和博弈，肯定上市公司通过跨行业并购转型升级的实践[①]，2014 年《重组办法》修订时，

---

① 最早的不具备协同效应的第三方发行案例为 2012 年科学城发行股份购买玉龙矿业，此案例媒体也有质疑其规避借壳上市。科学城主要资产为银泰酒店，主营业务为提供餐饮住宿的酒店经营业务；玉龙矿业主营银铅锌等有色金属的开采业务。根据交易方案，科学城将银泰酒店全部出售给原控股股东银泰集团，同时发行股份购买玉龙矿业约 69% 股权，交易金额占上市公司前一个会计年度总资产的比例超过 100%，但由于控制权未发生变化，因此不构成借壳上市。审核中，争议焦点即在于本次交易方案是否符合当时《重组办法》第四十二条第三方发行对于增强协同效应的要求。最终，科学城于 2012 年 12 月取得中国证监会的核准批文。此后，上市公司跨行业的第三方发行不断增多，监管部门也不再禁止，而是要求上市公司充分披露发展战略、整合风险等。

放松了控制权不变情形下跨行业并购交易中增强协同效应的监管要求。① 根据该条规定，上市公司所购买资产与现有主营业务没有显著协同效应的，应当充分说明并披露本次交易后的经营发展战略和业务管理模式，以及业务转型升级可能面临的风险和应对措施。

（四）发行股份购买资产对借壳类交易的影响

1. 降低了规避借壳上市的难度

《重组办法》关于第三方发行监管的放松，一方面鼓励了上市公司产业转型，促进了上市公司市场化并购交易，但也在一定程度上为交易各方规避借壳上市提供了通道。具体见第五章。

2. 提高了借壳上市交易的成功率

在发行股份购买资产方式出现之前，存在由于壳"少"而重组方"大"，重组后大量资产留在上市公司体外、上市公司质量不高或上市公司与新大股东关联交易过多的问题。在发行股份购买资产方式出现之后，从借壳上市的案例来看，资产注入环节基本均通过上市公司发行股份购买资产完成。

第一，发行股份购买资产可以较为有效地解决大资产借"小壳"的问题。前面已经谈到，如果一个将被重组的上市公司总股本相对偏小（即"壳小"），在没有发行股份购买资产的情况下，重组方一般是放一部分资产进上市公司，大概等额置出上市公司的资产，资产置入的多少取决于被重组的上市公司有多少资产能被置换出来。在这种情况下，如果重组方与上市公司股本大小差不多，那么重组后的上市公司规模与重组前相差不会太大，提升规模、业绩的效果不会太大；如果重组方规模远大于上市公司股本规模，那么由于进入上市公司的资产只是一小部分，关联交易的问题和同业竞争的问题将很难解决。

当发行股份购买资产方式出现后，相关问题可以有效解决，"净壳上市"过程中，可以实施差额部分向重组方发行股份购买资产，解决大资产借"小壳"的问题。如果从数学计算的角度来说，在理论上，发行股份购买资产注入重组可以换成的股份最大将可以是上市公司重组前股本总额的 9 倍。上市公司的规模可以通过此种方式得到大幅度提升。

同时，发行股份购买资产出现后，不但借壳大资产借"小壳"的问题，而

---

① 2014 年版《重组办法》第四十三条规定，上市公司为促进行业的整合、转型升级，在其控制权不发生变更的情况下，可以向控股股东、实际控制人或者其控制的关联人之外的特定对象发行股份购买资产。所购买资产与现有主营业务没有显著协同效应的，应当充分说明并披露本次交易后的经营发展战略和业务管理模式，以及业务转型升级可能面临的风险和应对措施。

且使得壳越小越抢手。目前，借壳重组的主流操作方式都是通过非公开发行股份来实现的，即我们通常说的存量不动而做增量。在拟借壳企业估值确定的前提下，上市公司市值越小重组后持股比例就越高，在后续公司资本市场总估值中占比就越高，所以借壳重组后股权比例结构是最根本的商业利益安排，也是借壳交易中需要博弈的最重要条件，这也是市值小的壳公司在市场比较抢手的原因。

第二，发行股份购买资产可以推动上市公司及作为"卖壳方"的上市公司控股股东自身遴选重组方。2007 年之后，股改后原非流通股股东持有的限售股逐渐转入流通期，一些上市公司"卖壳方"对卖壳设定了自己的新标准——卖壳不涉及现有股份的转让；作为买壳方的重组方须通过发行股份购买资产成为第一大股东；发行股份购买资产后上市公司的每股收益需要达到一个标准。买壳方可能需要卖壳方在发行股份购买资产方案公告后逐步实施减持最终退出上市公司。这些商业谈判条款，实际上是对重组方设定了一个比较高的标准，注定了重组方注入的资产要比上市公司现有质量好、规模大且可以在一定程度上抑制高评估，因为即使通过评估将注入资产规模提升了，还有重组后每股收益的要求。而正常情况下，由于方案好，公布后股价将持续上涨，作为卖壳方的上市公司控股股东还将在二级市场的减持中获利。

三、发行股份购买资产的监管规则解析

（一）发行股份购买资产的发行条件

2008 年《重组办法》出台后，借壳上市中资产注入环节基本均通过上市公司非公开发行新股购买资产完成。因此，对上市公司的要求主要在于上市公司须符合发行条件。

根据 2014 年《重组办法》第四十三条规定，上市公司发行股份购买资产，上市公司须满足如下要求。

第一，上市公司最近一年及一期财务会计报告被注册会计师出具无保留意见审计报告；被出具保留意见、否定意见或者无法表示意见的审计报告的，须经注册会计师专项核查确认，该保留意见、否定意见或者无法表示意见所涉及事项的重大影响已经消除或者将通过本次交易予以消除。

第二，上市公司及其现任董事、高级管理人员不存在因涉嫌犯罪正被司法机关立案侦查或涉嫌违法违规正被中国证监会立案调查的情形，但是涉嫌犯罪或违法违规的行为已经终止满 3 年，交易方案有助于消除该行为可能造成的不

良后果，且不影响对相关行为人追究责任的除外。

第三，中国证监会规定的其他条件。

鉴于上市公司发行股份购买资产属于上市公司非公开发行股票，因此上市公司须满足《上市公司证券发行管理办法》中非公开发行的条件。本款原来主要指向《上市公司证券发行管理办法》第三十七条非公开发行交易对方个数的限制和第三十九条不得非公开发行股票情形。

一方面，关于非公开发行股份的交易对象个数的限制。非公开发行股份购买资产的交易对方个数，经历了从原来的不超过 10 人到后来的不超过 200 人。《上市公司证券发行管理办法》第三十七条规定，非公开发行股票的特定对象应当符合下列规定：（1）特定对象符合股东大会决议规定的条件；（2）发行对象不超过十名；（3）发行对象为境外战略投资者的，应当经国务院相关部门事先批准。① 据此，非公开发行的对象不能超过 10 名。②

鉴于上市公司发行股份购买资产的发行对象即标的资产的股东。根据《公司法》的规定，有限责任公司的股东不超过 50 人；非经过公开发行的股份有限公司的股东不超过 200 人。而非公开发行对象只能不超过 10 名，这就导致标的资产须在交易前通过股权转让、设立壳公司使部分股东由直接持股变为间接持股等手段将股东减少到 10 名以内，这种处理方式不仅耗时，且易引起各种股权纠纷，没有起到监管应有的作用。因此，2012 年 7 月 16 日，中国证监会发布"问题与解答"③，该"问题与解答"中写道：根据《证券法》规定，向特定对象发行证券累计超过 200 人的，为公开发行。《上市公司证券发行管理办法》规定非公开发行对象不超过 10 名。《上市公司重大资产重组管理办法》并未对发行股份购买资产的对象予以明确规定。非公开发行股票募集资金与发行股份购买资产存在差异：一是发行对象的确定方式不同。在作出非公开发行股票募集

---

① 主要规定见《外国投资者对上市公司战略投资管理办法》（商务部令〔2005〕28 号）。根据中国证监会 2014 年 10 月 24 日在网站上发布的"上市公司并购重组实行并联审批"规定："根据实际情况，不再将发改委实施的境外投资项目核准和备案、商务部实施的外国投资者战略投资上市公司核准、经营者集中审查等三项审批事项，作为中国证监会上市公司并购重组行政许可审批的前置条件，改为并联式审批。其中，关于与境外投资项目核准和备案、经营者集中申报审查两项行政许可的并联审批，立即实施；关于与外国投资者战略投资上市公司的核准的并联审批，证监会正配合相关部门修改《外国投资者对上市公司战略投资管理办法》，颁布后实施。"

② 创业板上市公司发行管理办法规定，非公开发行对象不超过 5 名，鉴于创业板不能借壳上市，因此本书如无特别说明，均仅介绍非创业板上市公司借壳上市的各种要求。

③ 具体标题为"上市公司实施并购重组中，向特定对象发行股份购买资产的发行对象数量是不超过 10 名还是不超过 200 名？"最后查阅于 2015 年 8 月 13 日，http：//www. csrc. gov. cn/pub/newsite/ssg-sjgb/ssbssgsjgfgzc/ywzx/201207/t20120716_ 212647. html。

资金行政许可决定时，发行对象通常是不确定的，需通过询价确定；发行股份购买资产的交易目的主要是购买发行对象持有的标的资产，在首次公告发行方案时，发行对象就是明确确定的。二是发行股份购买资产通常是向有限责任公司或股份有限公司的股东，购买其所持有的标的公司股权。根据《公司法》的规定，有限责任公司的股东要求是 50 名以下，非上市的股份有限公司股东一般是 200 名以下。如果要求发行对象不超过 10 名，发行股份购买资产往往就不能一次性买入标的公司的全部股权或控股权，会对上市公司并购重组效率产生影响。实践中已经出现了许多上市公司换股吸收合并非上市公司发股对象超过 10 名但不超过 200 名的案例。因此，上市公司实施并购重组中向特定对象发行股份购买资产的发行对象数量限制原则上不超过 200 名。

另一方面，关于不得非公开发行股票的情形。根据《上市公司证券发行管理办法》第三十九条规定，上市公司存在下列情形之一的，不得非公开发行股票。（1）本次发行申请文件有虚假记载、误导性陈述或重大遗漏；（2）上市公司的权益被控股股东或实际控制人严重损害且尚未消除；（3）上市公司及其附属公司违规对外提供担保且尚未解除；①（4）现任董事、高级管理人员最近三十六个月内受到过中国证监会的行政处罚，或者最近十二个月内受到过证券交易所公开谴责；（5）上市公司或其现任董事、高级管理人员因涉嫌犯罪正被司法

---

① 对于此规定，2009 年 7 月证监会发布了《证券期货法律适用意见第 5 号》（证监会公告〔2009〕16 号）其中明确，第一，"上市公司及其附属公司"是指上市公司及其合并报表的控股子公司。第二，违规担保包括：未按照相关法律规定履行董事会或股东大会表决程序；董事会或股东大会作出对外担保事项决议时，关联董事或股东未按照相关法律规定回避表决；董事会或股东大会批准的公司对外担保总额或单项担保的数额超过中国证监会或者公司章程规定的限额；董事会或股东大会批准对外担保事项后，未按照中国证监会规定的内容在指定媒体及时披露信息；独立董事未按规定在年度报告中对对外担保事项进行专项说明，并发表独立意见；其他违反相关法律规定的对外担保行为。第三，"尚未解除"是指上市公司递交非公开发行股票申请文件时，上市公司及其附属公司违规担保尚未解除或其风险隐患尚未消除，上市公司及其股东的利益安全存在重大不确定性，而不局限于《合同法》中"合同解除"的概念。担保责任解除主要指上市公司及其附属公司违规担保状态的停止、担保责任的消灭，或者上市公司及其附属公司已经采取有效措施消除了违规担保对上市公司及股东带来的重大风险隐患等。第四，实施重大资产重组的上市公司，对于重组前遗留的违规担保，除适用前条规定外，保荐机构和发行人律师经核查存在下列情形之一的，可出具意见认定违规担保对上市公司的风险隐患已经消除。情形一，实施重大资产重组前，重组方已经知晓违规担保的事实，虽然递交非公开发行股票申请文件前违规担保尚未解除，但上市公司及其附属公司已按企业会计准则的要求对因违规担保而承担的付款义务确认预计负债，且自律组织、行政监管部门或司法机关已依法追究违规单位及相关人员的法律责任（包括立案调查或立案侦查），相关信息已及时披露；情形二，相关当事方已签署有效的法律文件，约定控股股东、实际控制人或重组方全部承担上市公司及其附属公司因违规担保可能产生的债务本息，且控股股东、实际控制人或重组方切实具备履约能力。

机关立案侦查或涉嫌违法违规正被中国证监会立案调查;① （6）最近一年及一期财务报表被注册会计师出具保留意见、否定意见或无法表示意见的审计报告。保留意见、否定意见或无法表示意见所涉及事项的重大影响已经消除或者本次发行涉及重大重组的除外; （7）严重损害投资者合法权益和社会公共利益的其他情形。

（二） 发行股份购买资产的定价原则

1. 原来的定价机制

（1） 常规公司发行股份购买资产的定价机制

根据 2011 年《重组办法》的规定，上市公司发行股份的价格不得低于本次发行股份购买资产的董事会决议公告日前 20 个交易日公司股票交易均价。

20 日均价定价机制的来源是借鉴 2006 年发布的《上市公司证券发行管理办法》的第二十二条"转股价格应不低于募集说明书公告日前二十个交易日该公司股票交易均价和前一交易日的均价"的规定和第三十八条非公开发行"发行价格不低于定价基准日前二十个交易日公司股票均价的百分之九十"的规定。

这种定价原则制度设计主要是要使发行股份的价格成本不低于流通股股东的 20 日平均持股成本，初衷是防止公众股东权益被过度摊薄，在制度推出初期具有积极意义。第一，明确了定价的标准和原则，使重组双方能够结合自身实际，根据股价运行情况，确定启动时机。第二，标准统一，监管风险小。但随着实践发展，这种定价模式的缺陷逐渐显现：一是行政色彩较浓，未充分体现市场化的要求。二是发行价是董事会公告日前 20 个交易日的均价，并不是交易双方对交易的真实价格反映。在市场发生波动时，尤其是股价下行时，交易一方违约的概率很大。三是绩差公司的股价相对其价值偏高，按此标准确定的发行价不利于重组方，会影响重组方的积极性，为了寻求一定的补偿，会同时伴

---

① 实践中的情况是有的上市公司被稽查立案后，由于种种原因，处罚结果或调查结论要间隔很长一段时间才能出来，按照上述规定，在此期间，公司不能发行股份购买资产。为妥善解决时间长短和规章适用的问题，在 2006 年一家北方地区上市公司发行股份购买资产解决高风险公司风险处置实践的基础上，证监会于 2007 年 8 月发布了《关于上市公司立案稽查及信息披露有关事项的通知》（证监发〔2007〕111 号，以下简称 111 号文），其中明确，为了最大限度地保护中小股东的利益，本着"惩前毖后、治病救企"的原则，如果重组方提出切实可行的重组方案，使公司经营管理等方面将发生实质性改变，即"脱胎换骨，更名改姓"，重组完成有助于减轻或消除违法违规行为造成的不良后果，在立案调查期间，经履行相关程序，并购重组可以同时进行。但鉴于 111 号文效力层级较低，实践中也出现了部分问题。

2014 年《重组办法》修订时，吸纳了 111 号文的立法精神，第四十三条对立案上市公司发行股份的问题予以明确，同时 111 号文废止。据此，上市公司及其董事、高级管理人员涉嫌犯罪或违法违规的，上市公司可以发行股份购买资产，但须满足涉嫌犯罪或违法违规的行为已经终止满 3 年，交易方案有助于消除该行为可能造成的不良后果，且不影响对相关行为人追究责任。

生注入资产高评估问题。四是在单边下跌市场中，由于市价往往会低于发行价，国资管理部门的积极性会下降，甚至会出现"国有资产流失"的观点。

（2）破产重整公司发行股份购买资产的定价机制

为解决暂停上市的上市公司的股权分置改革问题，证监会于2008年11月发布《关于破产重整上市公司重大资产重组股份发行定价的补充规定》（证监会公告〔2008〕44号，以下简称《补充规定》），作为《重组办法》第四十二条第二款。该款规定上市公司破产重组，涉及公司重大资产重组拟发行股份购买资产的，其发行价格由相关各方协商确定后，提交股东大会作出决议，决议须经出席会议的股东所持表决权的2/3以上通过，且经出席会议的社会公众股东所持表决权的2/3以上通过，关联股东应当回避表决。

2. 现在的定价机制

2014年《重组办法》修订时，考虑到资本市场并购重组的市场化需要以承认市场定价为基础，为此，在充分听取市场意见和总结实践经验的基础上，对原有发行股份购买资产的定价机制进行了调整①。本次修订旨在进一步完善市场化的发行定价机制，相关规定既不过于刚性，也不是毫无约束。

具体内容为：第一，拓宽定价区间，增大选择面，并允许适当折扣。定价区间从董事会决议公告日前20个交易日均价拓宽为：可以在公告日前20个交易日、60个交易日或120个交易日的公司股票交易均价中任选其一，并允许打九折。第二，引入可以根据股票市价重大变化调整发行价的机制，但要求在首次董事会决议的第一时间披露，给投资者明确预期。具体而言，发行股份购买资产的首次董事会决议可以明确规定，在交易获得证监会核准前，上市公司股票价格相比发行价发生重大变化的，董事会可以根据已设定的调整方案对发行价进行一次调整；该调整方案应当明确具体，并提交股东大会审议通过后，董事

---

① 《重组办法》第四十五条规定：上市公司发行股份的价格不得低于市场参考价的90%。市场参考价为本次发行股份购买资产的董事会决议公告日前20个交易日、60个交易日或者120个交易日的公司股票交易均价之一。本次发行股份购买资产的董事会决议应当说明市场参考价的选择依据。

前款所称交易均价的计算公式为：董事会决议公告日前若干个交易日公司股票交易均价＝决议公告日前若干个交易日公司股票交易总额/决议公告日前若干个交易日公司股票交易总量。

本次发行股份购买资产的董事会决议可以明确，在中国证监会核准前，上市公司的股票价格相比最初确定的发行价格发生重大变化的，董事会可以按照已经设定的调整方案对发行价格进行一次调整。

前款规定的发行价格调整方案应当明确、具体、可操作，详细说明是否相应调整拟购买资产的定价、发行股份数量及其理由，在首次董事会决议公告时充分披露，并按照规定提交股东大会审议。股东大会作出决议后，董事会按照已经设定的方案调整发行价格的，上市公司无需按照本办法第二十八条的规定向中国证监会重新提出申请。

会即可按该方案适时调整发行价，且无须因此次调价而重新提出申请。第三，废除破产重组公司协商定价的规定。

3. 定价基准日的变更

《重组办法》并未规定发行价格定价基准日的变更机制。总结现有规则，定价基准日的变更可以分为两种情形。

第一，被动变更。根据《关于规范上市公司重大资产重组若干问题的规定》第三条的规定，发行股份购买资产的首次董事会决议公告后，董事会在 6 个月内未发布召开股东大会通知的，上市公司应当重新召开董事会审议发行股份购买资产事项，并以该次董事会决议公告日作为发行股份的定价基准日。发行股份购买资产事项提交股东大会审议未获批准的，上市公司董事会如再次作出发行股份购买资产的决议，应当以该次董事会决议公告日作为发行股份的定价基准日。

第二，主动变更。主动变更的情形主要包括两种：（1）如上所述，事先约定调整机制，明确调整情形，并经股东大会表决通过。（2）主动终止交易。重组方如果认为股票价格单边下跌严重，不太想继续该重组方案，可以根据交易所颁布的相关规则，公告放弃该方案，同时按相关规定承诺 3 个月内不再商议重组方案，满 3 个月后可再行启动。

（三）发行股份购买资产的股份锁定期

根据《重组办法》规定，交易对方的锁定期分为 36 个月和 12 个月两类。其中锁定 36 个月的情形包括以下两种：第一，上市公司控股股东、实际控制人或者其控制的关联人的特定对象和通过认购本次发行的股份取得上市公司的实际控制权的特定对象锁定期为 36 个月；第二，特定对象取得本次发行的股份时，对其用于认购股份的资产持续拥有权益的时间不足 12 个月的，锁定期为 36 个月。[①]

1. 关于拥有权益时间不足 12 个月的理解

首先，关于特定对象拥有权益不足 12 个月的认定问题。该问题存在争议，主要争议点在于特定对象是否特指交易对方。具体包括以下两种情形：

（1）交易对方持有拟购买资产股权的时间不满 12 个月，但其实际控制人控

---

① 《重组办法》第四十六条规定："特定对象以资产认购而取得的上市公司股份，自股份发行结束之日起 12 个月内不得转让；属于下列情形之一的，36 个月内不得转让：（一）特定对象为上市公司控股股东、实际控制人或者其控制的关联人；（二）特定对象通过认购本次发行的股份取得上市公司的实际控制权；（三）特定对象取得本次发行的股份时，对其用于认购股份的资产持续拥有权益的时间不足 12 个月。"

制该资产的时间超过 12 个月。举例说明：上市公司发行股份购买 A 公司 100%
股权，甲原持有 A 公司 52% 股权，持有时间为 3 年，现甲将其持有的 A 公司
52% 股权出资设立 B 公司，B 公司作为交易对方持有 A 公司股权不满 1 年。

问题：B 公司交易完成后持有的上市公司股份锁定期为 12 个月，还是 36
个月？

如果认定甲为特定对象，甲拥有拟购买资产 A 公司权益的时间超过 12 个
月，其通过 B 公司取得的上市公司股份应锁定 12 个月；如果将特定对象限于交
易对方，则 B 公司持有 A 公司股权不满 12 个月，其取得的上市公司股份应锁定
36 个月。

对于该问题，笔者认为，B 公司并非突击入股，其股东甲持有的 A 公司股
权早就超过 12 个月。从立法目的来看，拥有权益不满 12 个月锁定 36 个月是为
防止重组前突击入股拟购买资产。而本案例并不属于立法防范的突击入股情形，
因此强制锁定期应限于 12 个月。但从实务操作的角度来看，很难在间接股东层
面上实现上市公司股份的锁定，因此有观点认为，特定对象即指交易对方，据
此上述案例中 B 公司持有的上市公司股份应锁定 36 个月。从实务案例来看，一
般均承诺锁定 36 个月。

（2）交易对方持有拟购买资产股权的时间已满 12 个月，但其实际控制人控
制该资产的时间不足 12 个月。举例说明：上市公司发行股份购买 A 公司 100%
股权，B 公司持有 A 公司 52% 股权，持有时间为 3 年，现 B 公司的控股股东变
更为甲，不满 1 年。

问题：B 公司交易完成后持有的上市公司股份锁定期为 12 个月，还是 36
个月？

对于该问题，笔者认为，甲其实是突击入股，其拥有 A 公司的权益其实不
满 12 个月，从立法目的来看，其应锁定 36 个月。但从实务操作的角度来看，与
上述理由相同，很难监管间接股东层面上上市公司股份的锁定，因此实务中该
种情况并无强制锁定 36 个月。例如，万好万家发行股份购买资产中，其中一个
交易对方为有限合伙，新进入的有限合伙人持有该合伙份额不满 12 个月，但该
有限合伙的锁定期仍为 12 个月。

其次，关于同一股东持有的同一标的资产的股份，部分持有时间满 12 个
月，部分持有时间不满 12 个月的问题。举例说明：上市公司发行股份购买 A 公
司 100% 股权，交易价格 10 亿元。如甲持有的拟购买资产 A 公司 30% 股权，其
中 25% 股权持有时间超过 12 个月，5% 持有时间不满 12 个月，则分别计算锁

期。此时，若交易对价为股份＋现金，上市公司支付价值 2.5 亿元股份，5 000 万元现金给甲，甲能否认为价值 2.5 亿元的股份对应持股时间已满 12 个月的 25％股权，5 000 万元现金对应持股时间不满 12 个月的 5％股权。

鉴于该问题没有明确规定，甲也不属于突击入股的 PE，因此实务中监管部门并未强制要求甲交易完成后持有上市公司的部分股份锁定 36 个月，即甲取得的上市公司股份可以全部只锁定 12 个月，具体案例可见河南汉威电子股份有限公司（证券代码 300007）并购河南汉威电子股份有限公司项目。

最后，特定对象对用于认购股份的资产持有拥有权益的时间计算方法。第一，起算点为该特定对象取得该资产股权时（一般为工商变更登记日）；第二，结束点不是预案披露时，或证监会核准时等，而是该特定对象取得上市公司股份时，即在中登公司登记过户时。根据《重组办法》规定，上市公司重大资产重组的核准批文有效期为 12 个月，因此，实务中如交易各方协商一致，可采取延迟股份过户的方法避免 36 个月的锁定期。

2. 锁定期的例外情形

在锁定期内，有一种情况是可以转让的。根据证监会公告〔2009〕11 号所公布的《〈上市公司收购管理办法〉第六十二条及〈上市公司重大资产重组管理办法〉第四十三条有关限制股份转让的适用意见——证券期货法律适用意见第 4 号》的规定，上市公司股东在适用《收购办法》第六十二条第一款第二项、第三项及《重组办法》第四十三条规定①时，在控制关系清晰明确，易于判断的情况下，同一实际控制人控制之下不同主体之间可以转让上市公司股份。但上市公司的实际控制人、控股股东及相关市场主体不得通过持股结构调整进行利益输送等损害上市公司及投资者利益的行为；在同一实际控制人控制之下不同主体之间转让上市公司股份行为完成后，受让方或实际控制人仍应当按照诚实信用原则忠实履行相关承诺义务，不得擅自变更、解除承诺义务。

第五节　借壳上市中吸收合并的监管要求

如前所述，如果借壳上市的交易方式为吸收合并，则须满足吸收合并或分立的特殊规则。本节我们继续借壳上市组合监管规则的第二部分——上市公司购买资产的监管规则中吸收合并的特殊监管要求。

---

① 即 2014 年版《重组办法》第四十六条的规定。

关于合并的规定，主要见于《公司法》的规定。现行《公司法》设专章第九章，规范公司合并、分立、增资、减资行为。合并是指两个或两个以上的公司依照法定的条件和程序，通过订立合并协议，共同组成一个公司的法律行为。涉及上市公司的吸收合并主要包括三种类型：第一类为上市公司吸收合并上市公司，第二类为上市公司吸收合并非上市公司，第三类为非上市公司吸收合并上市公司。

其中第一类和第二类属于上市公司购买资产，如果支付方式为现金，且构成重大资产重组，就按照重大资产重组的规则监管；如果支付方式为股份，根据2014年版《重组办法》第五十条，换股吸收合并涉及上市公司的，上市公司的股份定价及发行按照发行股份购买资产的规定执行。

第三类较为特殊，由于我国壳资源有较高的经济价值，此处的非上市公司吸收合并上市公司，一般指的是非上市公司公开发行股份换股吸收合并上市公司，非上市公司实现上市，原上市公司退市的交易。此类交易中，由于非上市主体公开发行股票，因此须符合《首发办法》的发行条件。典型案例如美的集团吸收合并美的电器、申银万国吸收合并宏源证券。

一、关于换股吸收合并的发行定价

以换股的方式从事吸收合并时，换股比例的确定，即换股价格是关键。

（1）在上市公司吸收合并上市公司中，由于两者均存在市场价，只要满足《重组办法》中关于发行股份购买资产的定价原则，即不低于定价基准日前20日、60日、120日交易均价的九折中最低的一个即可。在此基础上，交易双方可就溢价、换股比例等作出约定。

（2）在上市公司吸收合并非上市公司中，上市公司新发股份定价须满足《重组办法》中关于发行股份购买资产的定价原则；非上市公司定价同普通的重大资产重组中拟购买资产一样。

（3）在非上市公司吸收合并上市公司中，上市公司的定价原则同发行股份购买资产的定价原则；非上市公司一般采取市盈率、市净率等定价方法，也可采用评估等估值方法确定交易价格后计算换股比例。

二、吸收合并的现行程序

现行的吸收合并程序主要包括以下内容：上市公司启动董事会审议程序；董事会决议作出后，可以发出关于审议吸收合并方案的股东大会通知；在吸收合并方案取得股东大会批准后，公司应当自作出合并决议之日起 10 日内通知债权人，同时将申报材料报送中国证监会，在提交重组委审议通过后，中国证监会核准其申请。相关具体要求如下：

吸收合并各方应在提请召开股东大会的董事会的当日或者前一日签订正式的书面吸收合并协议。吸收合并协议至少包括下列事项：（1）吸收合并各方的基本情况；（2）换股价格、折股比例及其计算原则；（3）因吸收合并新发行股份及换股的数量；（4）存续公司的章程变更注意事项；（5）保护股东权益和相关投资者权益的安排；（6）债权债务的处理计划；（7）终止和变更吸收合并的条件；（8）各方的承诺和保证；（9）保密义务和违约责任等；（10）过渡期的安排；（11）其他。

非上市公司为吸收合并一方的，在上市公司公告吸收合并决议之前，非上市公司应当依法履行内部审议程序，对吸收合并方案作出有效决议，并对债权人和其他投资者以为进行通知、公告。但是，其发出通知、公告的时间不得早于上市公司就吸收合并事项作出提示性公告的时间。上市公司股东大会就吸收合并作出的决议，至少应当包括下列事项：（1）本次吸收合并的方式、交易标的和交易对方；（2）换股价格和折股比例及其计算方法；（3）吸收合并协议的主要条款；（4）决议的有效期；（5）对董事会办理本次吸收合并事宜的具体授权；（6）其他需要明确的事项。

在股东大会表决程序方面，上市公司股东大会就吸收合并事项作出决议，须经出席会议的股东和公众股所持表决权的 2/3 以上分别表决通过，公司章程有较高之规定者，从其规定。吸收合并事宜与上市公司股东或者其关联人存在关联关系的，股东大会就吸收合并事项进行表决时，关联股东应当回避表决，其所持有表决权不计入出席股东大会的表决权总数。交易对方已经与上市公司股东就受让上市公司股权或者向上市公司推荐董事达成协议或者默契，可能导致公司实际控制权发生变化的，上市公司控股股东及其关联人应当回避表决。上市公司就吸收合并事宜召开股东大会，应当以现场会议形式召开，并应当提供网络投票为股东参加股东大会提供便利。

在债权人保护方面，上市公司董事会批准吸收合并议案之日起 10 日内，上市公司应通知债权人，并于 30 日内在中国证监会指定的报纸上公告。债权人自接到通知书之日起 30 日内，未接到通知书的自公告之日起 45 日内，可以要求公司清偿债务或者提供相应的担保。

三、关于异议股东保护制度

异议股东保护制度主要是指异议股东卖出制度和异议股东股份回购请求权。异议股东卖出制度好理解，就是指相应出资、股权或股份能够在市场上实施交易退出，这是一种最低限度的保护，上市公司一般都能做到这样的保护，这里不多阐述。

异议股东股份回购请求权，是英美法系国家的称谓，大陆法系国家则多称其为股份回购请求权、反对股东股份售卖请求权等，是指公司给予公司合并、分立等资本多数的重大行动作出决议后，反对公司这些重大变化的少数股东，有权表示异议，并享有请求公司以公平价格回赎其股份，从而退出公司的权利。以异议股东回购请求权方式对吸收合并交易各方的中小股东提供保护是美国、英国、欧盟以及我国香港等海外成熟市场的通行做法。

我国《公司法》第七十五条、第一百四十三条规定了异议股东回购请求权制度，授予对股东大会（或股东会）作出的公司合并、分立等决议持异议的股东请求公司按照合理价格收购其股份（或股权）的权利。《上市公司章程指引》和《到境外上市公司章程必备条款》也规定了上市公司股东在公司合并、分立等特定条件下要求上市公司收购其股份的权利。

我国《公司法》规定的异议股东股份回购请求权制度具有以下几个特点：（1）就适用的公司类型而言，异议股东股份回购请求权既适用于有限责任公司，又适用于股份有限公司；（2）就适用的股东范围而言，在有限责任公司，只有具有表决权的股东且股东会投反对票的股东才可以行使异议股东股份回购请求权，而在股份有限公司中，则只予以明确是异议股东。

关于异议股东回购请求权的价格，按照《重组办法》对于上市公司发行股份购买资产的定价原则确定，不低于定价基准日前 20 日、60 日、120 日交易均价的九折中最低的一个即可。

四、关于吸收合并与股权转让的关系

一般情况下，在讨论吸收合并时，很少有人关注它与股权转让的关系，因为正常情况，被合并的公司法人主体灭失，换股吸收合并完成，大家很少会关注这一行为是否构成被合并公司的股权转让。但在上市公司层面，会关注这一问题，为什么，因为上市公司的股份在一定情况下会存在限售期，例如，IPO 的上市公司控股股东股权 3 年内不能转让。如果被吸收合并的公司是上市公司，

且该上市公司有股东持有的股份处在上述"锁定期",是否允许被吸收合并?也就是说,合并的过程视不视为股权转让?

学术界和市场人士目前对此问题持两种观点:观点一认为,合并的过程是股权转让的过程,因为判断转让的标准是股权是否从原持有人手中转出。观点二认为,合并的过程不是股权转让,理由如下:(1)《公司法》第五章是"股份有限公司的股份发行和转让",第九章是"公司合并、分立、增资、减资",《公司法》在立法是就将股份转让与合并行为区分开,合并、分立均是独立行为。(2)该公司股权标的最终不以该公司股权的形式存在且该公司最终解散了。笔者个人支持观点二。事实上,在实践中,西南地区一家 IPO 不久的上市公司在 2008 年下半年就曾公告拟被另一家上市公司吸收合并。

第六节　关于借壳上市中置出资产的监管要求

上市公司置出资产,如构成重大资产重组,须符合重大资产重组的相关要求。此外,借壳上市中,对于置出资产,一般关注五个方面。

第一,置出资产的承接方。一般情况下,置出资产的承接方为原控股股东或其指定的第三人,此时其应回避表决。部分情况下,交易方案为资产置换,置换后置出资产归属交易对方,此时,须关注交易对方与原控股股东是否约定该置出资产赠与或低价转让给原控股股东。如果是,应予以披露,且原控股股东在股东大会上应回避表决。

第二,员工安置。一般情况下,置出资产的员工均遵循"人随资产走"的原则;同时,对于可能存在的员工安置相关费用,须明确承担主体。如为上市公司承担,则须测算相关数额,并说明超额部分的兜底承担主体。此外,员工安置方案应经过职工代表大会表决通过。

第三,债权债务处理。根据《合同法》等相关规定,债务的转移须取得债权人同意。上市公司置出全部资产与负债,须取得其债务人同意,或提前偿还债务。实务中债权人众多,可能存在部分债权人联系不上从而无法取得同意函的情况。对该种情况,一般由资产承接方或相关方承诺由其承担该等债务,如债权人向上市公司主张权利,其在上市公司支付后几日内补偿上市公司,从而保障上市公司的利益不受损害。

第四,是否存在转让限制等问题。首先,若置出资产为有限责任公司,其他股东是否放弃优先购买权。如未明确放弃,是否履行相关通知程序,按照

《公司法》视为放弃。其次，若置出资产存在抵押等，相关合同是否约定资产的转移须取得其同意。如是，须偿还该债务或取得同意函，否则转让存在障碍。

第五，置出资产交易作价的公允性。鉴于借壳方案一般为借壳方与上市公司原大股东谈判达成初步意向后，由公司董事会具体操作。借壳方案中一般存在"壳费"，且通过置出资产低估或置入资产高估来实现。因此，置出资产交易作价的公允性是财务审核对置出资产的重点关注问题。

第七节　关于借壳上市中募集配套资金的监管要求

2011 年 8 月 1 日，中国证监会发布《关于修改上市公司重大资产重组与配套融资相关规定的决定》（证监会令〔2011〕73 号，以下简称《决定》）。《决定》明确规定，上市公司发行股份购买资产的，可以同时募集部分配套资金，其定价方式按照现行相关规定办理。

根据《决定》的"答记者问"，允许上市公司发行股份购买资产与通过定向发行股份募集配套资金同步操作，可以实现一次受理、一次核准，有利于上市公司拓宽兼并重组融资渠道，有利于减少并购重组审核环节，有利于提高并购重组的市场效率。为进一步拓宽并购融资渠道，不断创新和丰富并购融资工具进行了有益的探索。

据此，上市公司发行股份购买资产构成借壳上市的，也可以同时配套融资，即通过非公开发行股票募集资金。

一、募集配套资金的金额

（一）一般规定

2015 年 4 月，证监会发布修订的《〈上市公司重大资产重组管理办法〉第十四条、第四十四条的适用意见——证券期货法律适用意见第 12 号》，扩大募集配套资金比例，将募集配套资金比例从 25%[①]扩大至不超过拟购买资产交易价格的 100%，即上市公司发行股份购买资产同时募集配套资金比例不超过拟购买资产交易价格 100% 的，一并由并购重组审核委员会予以审核；超过 100% 的，

---

① 根据证监会于 2011 年 8 月发布的《〈上市公司重大资产重组管理办法〉第十三条、第四十三条的适用意见——证券期货法律适用意见第 12 号》，上市公司发行股份购买资产同时募集的部分配套资金，主要用于提高重组项目整合绩效，所配套资金比例不超过交易总金额 25% 的，一并由并购重组审核委员会予以审核；超过 25% 的，一并由发行审核委员会予以审核。即配套融资的金额不超过交易总金额的 25%。

一并由发行审核委员会予以审核。做这样的调整，主要是便利企业报审募集配套资金，过去对配套资金超过 25% 的，需由发行审核委员会审核，现在由并购重组审核委员会一并审核。

综上所述，募集配套资金的金额为不超过拟购买资产交易价格的 100%。注意计算基数，不再是交易总金额，而是拟购买资产的交易价格；注意计算基数为拟购买资产的交易价格，而不是发行股份购买资产的价格。

举个例子：上市公司拟发行股份和支付现金购买 A 公司 100% 股权，交易价格 30 亿元。其中 10 亿元以现金支付，20 亿元以股份支付。可以募集配套资金最高数额为 20 亿元还是 30 亿元？答案是 30 亿元，因为拟购买资产的交易价格为 30 亿元。

再比如，上市公司拟与交易对方资产置换，并发行股份 A 公司 100% 股权。置出资产 10 亿元，置入资产 30 亿元，差额部分 20 亿元发行股份支付。可以募集配套资金最高数额为 20 亿元还是 30 亿元？答案是 30 亿元。因为资产置换可以视为资产出售和资产购买两个行为，因此拟购买资产交易价格仍为 30 亿元。

（二）特殊限制

根据中国证监会 2015 年 4 月 24 日发布的"问题与解答——关于上市公司发行股份购买资产同时募集配套资金用途等问题与解答"，[①] 并购重组方案构成借壳上市的，募集配套资金的比例不超过拟购买资产交易金额的 30%。

（三）配套融资金额提高对借壳上市方案设计的影响

借壳上市的构成要件为控制权变更为收购人，且向收购人购买超过上市公司资产总额 100% 的资产。

配套融资比例提高到拟购买资产交易价格的 100% 以后，借壳上市的方案设计中，可以充分利用上市公司发行股份募集配套资金来达到相应的交易目的。

特别明显的影响即通过原控股股东认购配套融资、通过配套融资支付部分交易对价等方式使得控制权不发生变化，从而使得整个方案不构成借壳上市。具体将在下一章中以案例方式进行介绍。

二、募集资金的用途

根据中国证监会 2015 年 4 月 24 日发布的"问题与解答——关于上市公司发

---

① 已纳入 2015 年 9 月 18 日发布的《上市公司监管法律法规常见问题与解答修订汇编》，见 http：//www. csrc. gov. cn/pub/newsite/ssgsjgb/ssbssgsjgfgzc/ywzx/201509/t20150918_ 284146. html，最后查询于 2015 年 9 月 20 日。

行股份购买资产同时募集配套资金用途等问题与解答"，① 募集资金的用途为：

第一，《上市公司证券发行管理办法》规定的用途，如募投项目、补充流动资金或偿还银行贷款、用于收购资产。

第二，考虑到并购重组的特殊性，募集配套资金还可用于：支付本次并购交易中的现金对价；支付本次并购交易税费、人员安置费用等并购整合费用；标的资产在建项目建设等。

第三，募集配套资金用途的限制：募集配套资金用于补充流动资金的比例不超过募集配套资金的50%。

三、募集资金的定价方法、锁定期、聘请中介机构要求

募集配套资金部分与购买资产部分应当分别定价，视为两次发行。募集资金的定价方法、锁定期、聘请中介机构等应当按照《上市公司证券发行管理办法》、《证券发行上市保荐业务管理办法》等相关规定执行。具有保荐人资格的独立财务顾问可以兼任保荐机构。

四、募集配套资金的必要性

上市公司在披露募集配套资金的必要性时，应结合以下方面进行说明：上市公司前次募集资金金额、使用进度、效益及剩余资金安排；上市公司、标的资产报告期末货币资金金额及用途；上市公司资产负债率等财务状况与同行业的比较；本次募集配套资金金额是否与上市公司及标的资产现有生产经营规模、财务状况相匹配等。

募集配套资金采取锁价方式发行的，上市公司还应披露选取锁价方式的原因，锁价发行对象与上市公司、标的资产之间的关系，锁价发行对象认购本次募集配套资金的资金来源。

五、募集配套资金方案的重大调整

（一）募集配套资金的金额变动是否属于重大调整

根据2013年2月5日证监会上市部发布的"问题与解答——配套募集资金

---

① 已纳入2015年9月18日发布的《上市公司监管法律法规常见问题与解答修订汇编》，见 http：//www. csrc. gov. cn/pub/newsite/ssgsjgb/ssbssgsjgfgzc/ywzx/201509/t20150918_ 284146. html，最后查询于2015年9月20日。

方案调整是否构成原重组方案的重大调整"①：

（1）调减和取消配套融资不构成重组方案的重大调整，因此无需重新召开董事会、股东大会，无需重新锁价。

（2）新增配套融资构成重组方案的重大调整，需要重新召开董事会、股东大会，重新锁价。

主要原因在于：新增配套融资，同原重组方案相比，股份数量的增加将造成每股收益等指标的变动，这与前次重组股东大会表决时的数据已不一样，且定价基准日也不同。因此，如有新增配套融资，应视为新重组方案，应重新确立定价基准日，并履行股东大会审议程序。

（二）配套融资发行对象的调整是否属于重大调整

1. 配套融资的发行对方是否属于交易对象

根据现行监管规则，发行股份购买资产与募集配套资金存在的主要差异如表4-7所示。

表4-7　　　　发行股份购买资产与发行股份募集配套资金的差异

项目	发行股份购买资产	配套融资（主板、中小板）
法律依据	《重组办法》	《上市公司证券发行管理办法》、《非公开发行股票实施细则》
定价基准日	以董事会决议公告日为基准日	以董事会决议公告日、股东大会决议公告日或发行期的首日为定价基准日
定价原则	定价基准日前20日、60日、90日交易均价的九折以上，可以调价一次	定价基准日前20日交易均价的90%
发行对象	发行对象不超过200人	发行对象不超过10人
发行价格	发行价格固定	锁价或询价

可以发现，监管部门对于发行股份购买资产和发行股份募集配套资金适用的不是同一套规则，发行股份购买资产主要适用《重组办法》，发行股份募集配套资金主要适用《上市公司证券发行管理办法》。

按照这个逻辑，《重组办法》第二十八条中的交易对象指的应该是发行股份购买资产的交易对象，对应的"问题与解答"中的交易对象指的应该也是发行股份购买资产的交易对象。而发行股份募集配套资金的特定对象称为发行对象。

①　已纳入2015年9月18日发布的《上市公司监管法律法规常见问题与解答修订汇编》，见ht-tp：//www. csrc. gov. cn/pub/newsite/ssgsjgb/ssbssgsjgfgzc/ywzx/201509/t20150918_ 284146. html，最后查询于2015年9月20日。

2. 发行对象的调整是否属于重大调整

募集配套资金的发行方式可以是询价，也可以是锁价。如果是询价，发行对象尚未确定，不存在变更发行对象构成重大调整的问题；如果是锁价，如何确定发行对象的调整是否构成重大调整呢？

根据《上市公司证券发行管理办法》，非公开发行股票的董事会决议公告后，出现以下情况需要重新召开董事会的，应当由董事会重新确定本次发行的定价基准日：第一，本次非公开发行股票股东大会决议的有效期已过；第二，本次发行方案发生变化；第三，其他对本次发行定价具有重大影响的事项。该条文未明确规定发行对象的调整是否属于重大调整，监管部门也没有出台配套的规则予以明确。从实务案例来看，发行对象内部认购份额的调整（即不增加新的发行对象）不构成重大调整。如广州东凌粮油股份有限公司（以下简称东凌粮油，证券代码000893）发行股份购买中农国际钾盐开发有限公司项目中，募集配套资金减少一个发行对象，由其他发行对象认购其份额。[①] 该变更未被认定为重大调整，公司未被要求公司重新履行董事会、股东大会程序，未重新锁价。

六、发行股份购买资产并募集配套资金 VS 发行股份募集资金用于购买资产

按照证监会现行的机构设置，上市公司非公开发行募集资金（以下简称再融资）由发行部审核；上市公司非公开发行股份购买资产由上市部审核。

但由于发行股份购买资产的同时也可以配套融资；再融资的资金用途也可以购买资产。因此造成实践中很多人的理解困难。梳理一下《重组办法》，其实也很明确：

第一，上市公司向 A 发行股份募集资金，资金部分或全部用途为购买 B 持有的资产。此时，募集资金的发行对象与购买资产的交易对象不存在重合（重合包括同一控制下不同主体），该类方案属于典型的再融资方案，由发行部审核。

第二，上市公司向 A 发行股份购买资产，同时发行股份募集配套资金，配套资金金额不超过拟购买资产交易价格的 100%，此时由上市部审核。

---

① 具体情况见东凌粮油获得中国证监会核准后于 2015 年 7 月 21 日公告的《发行股份购买资产并募集配套资金暨关联交易报告书摘要（修订稿）》第 34 ~ 37 页。巨潮资讯网，最后查阅于 2015 年 8 月 13 日。

第三，上市公司向 A 发行股份募集资金，资金用途为购买 A 的资产，该种方案即典型的"现金过桥"。此时，募集资金的发行对象与购买资产的交易对象完全重合，实践中基本不存在这类方案。

第四，上市公司向 A、B 等人发行股份募集资金，资金用途为购买 A、C 的资产。此时，募集资金的发行对象与购买资产的交易对象部分重合，即部分构成"现金过桥"。该类方案总体上属于再融资，但其中又包含发行股份购买资产行为。因此，整体交易方案要满足《上市公司证券发行管理办法》等规定，构成发行股份购买资产部分的拟购买资产要满足《重组办法》等规定。具体审核部门可能是发行部单独审核，也可能是发行部和上市部联合审核。

本章介绍了借壳上市的主要监管规则。较之一般的重大资产重组，借壳上市交易对拟购买资产的条件要严格得多；较之 IPO，借壳上市是一项交易，除拟借壳企业符合 IPO 的发行条件外，尚需要交易各方进行谈判，在交易价格、盈利预测补偿协议等方面达成一致并符合监管规则。借壳上市交易行为的多样性和复杂性决定了其监管规则必然是一个综合监管、组合监管的规则体系，较之 IPO 要复杂得多。而综合监管、组合监管的规则体系客观上就要求各分散的监管规则之间形成有机联系的整体。从这个角度来看，我国借壳上市监管规则的体系性略显不足，导致类似行为监管规则不一[①]，一定程度上影响了公平监管、统一监管原则的实现。

案例解析：美年大健康借壳江苏三友

一、上市公司

江苏三友集团股份有限公司（以下简称江苏三友，证券代码 002044）于 2005 年 5 月在深交所中小板上市。本次交易前，公司主营各式服装、服饰的设计、生产、销售业务。2015 年 6 月上市公司分红后的注册资本为 27 807 万元，控股股东为南通友谊实业有限公司（以下简称南通友谊）。陆尔穗 2012 年通过收购南通友谊股权成为上市公司实际控制人。

交易前，公司的股权结构如图 4-1 所示。

交易前，公司的主要财务数据如表 4-8 所示。

---

① 具体见第五章第一节。

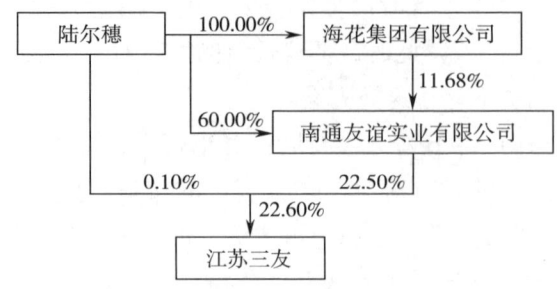

图 4 - 1　江苏三友交易前的股权结构

表 4 - 8　　　　　　　　江苏三友交易前的主要财务数据　　　　　单位：万元

项目	2014 - 12 - 31	2013 - 12 - 31	2012 - 12 - 31
资产总额	68 360. 39	78 003. 37	84 939. 69
负债总额	23 549. 09	35 321. 69	24 726. 02
所有者权益合计	44 811. 30	42 681. 68	60 213. 66
项目	2014 年	2013 年	2012 年
营业收入	71 606. 02	76 923. 33	70 053. 34
营业利润	6 822. 56	- 1 843. 21	8 935. 01
利润总额	6 772. 30	- 1 925. 48	9 024. 64
净利润	4 509. 35	- 4 516. 95	6 704. 38
归属于母公司股东的净利润	4 951. 31	- 623. 47	6 588. 30

二、交易标的

（一）置出资产

本次交易拟置出资产为江苏三友拥有的全部资产和全部负债（包括或有负债）。

（二）置入资产

1. 基本情况

拟注入资产为美年大健康 100% 股份。美年大健康成立于 2004 年 6 月，现注册资本 66 977. 53 万元，主营业务为健康体检。公司业务以健康体检服务为核心，并集健康咨询、健康评估、健康干预于一体。

交易时，美年大健康的主要财务数据如表 4 - 9 所示。

表 4 - 9　　　　　　　　　美年大健康的主要财务数据　　　　　　单位：元

项目	2014 - 12 - 31	2013 - 12 - 31	2012 - 12 - 31
资产总计	2 128 953 021.94	1 328 948 163.24	877 821 336.71
负债总计	634 662 358.72	331 923 642.03	277 189 104.99
所有者权益总计	1 494 290 663.22	997 024 521.21	600 632 231.72
项目	2014 - 12 - 31	2013 - 12 - 31	2012 - 12 - 31
营业收入	1 430 687 178.54	978 597 673.95	630 262 131.79
营业利润	174 226 553.41	72 719 064.47	101 078 371.96
利润总额	178 206 337.75	72 290 708.53	104 589 181.22
净利润	145 622 497.31	45 245 865.76	80 178 480.94

2. 收购慈铭体检情况

2014 年 11 月 20 日，慈铭体检的全体股东、慈铭体检、美年大健康签订《关于慈铭健康体检管理集团股份有限公司之股份转让协议》，交易各方在协议中明确了美年大健康收购慈铭体检股权的股份数量、价格、转让方式等事项，具体如下：

（1）股份转让数量

慈铭体检全体股东拟向美年大健康及/或美年大健康指定的第三方转让其持有的慈铭体检 100% 的股份。本次交易分为两次完成。

①第一次转让的股份数为 33 333 333 股（以下简称目标股份一），约占慈铭体检总股本的 27.78%。

在具体操作中，由深圳前海瑞联二号投资中心（有限合伙）（以下简称瑞联二号）作为美年大健康指定的第三方先行收购慈铭体检 27.78% 股权，交易价格 10 亿元。2015 年 2 月，美年大健康增资获取资金 10.3 亿元，并从瑞联二号支付 102 951.5 万元取得该部分股权。

目标股份一转让时，各股东分别出售的股份数额如表 4 - 10 所示。

表 4 - 10　　　　　　美年大健康股东出售其股权的数量及比较

序号	股东名称	拟出售股份（股）	股份比例（%）
1	鹰潭健之康业投资咨询有限公司	8 432 994	7.03
2	北京鼎晖创业投资中心（有限合伙）	9 027 849	7.54
3	深圳市天图兴瑞创业投资有限公司	2 199 795	1.83
4	王强	2 067 770	1.72
5	天津鼎晖股权投资一期基金（有限合伙）	1 715 840	1.43

序号	股东名称	拟出售股份（股）	股份比例（%）
6	李昭	1 319 877	1.10
7	韩圣群	4 032 151	3.36
8	深圳市平安创新资本投资有限公司	879 918	0.73
9	天津宝鼎投资中心（有限合伙）	879 918	0.73
10	张伟	879 918	0.73
11	北京东胜康业投资咨询有限公司	0	0
12	天津鼎晖元博股权投资基金（有限合伙）	483 955	0.40
13	王再可	472 215	0.39
14	北京中技富坤创业投资中心（有限合伙）	356 037	0.30
15	李世海	229 058	0.19
16	重庆富坤创业投资中心（有限合伙）	178 019	0.15
17	深圳一德集团有限公司	178 019	0.15
	合计	33 333 333	27.78

目标股份一转让后，北京健之康业投资咨询有限公司持有慈铭体检29%股份，慈铭体检实际控制人为胡波、韩小红夫妇。美年大健康持有慈铭体检27.78%股份，成为其第二大股东。

该部分交易已完成，因此本次交易中，慈铭体检27.78%股权作为美年大健康的参股子公司一并注入上市公司，实现市场所谓的"一壳两卖"。

②第二次转让的股份数为86 666 667股（以下简称目标股份二），约占慈铭体检总股本的72.22%。上述两次股份转让完成后，美年大健康及/或其指定的第三方共计持有慈铭体检100%的股份。

（2）转让价格、支付方式

经各方协商，慈铭体检100%股份作价36亿元。目标股份一转让的交易对价为10亿元，全部以现金支付；目标股份二转让的交易对价为26亿元，美年大健康以现金、股份或现金加股份的方式支付，具体支付方式由各个卖方独立决定。

对于采用货币资金方式支付的股份转让，美年大健康应在目标股份一交割日（2014年12月19日）后的12个月内完成；对于以股份或股份与货币资金的结合作为转让对价的，由选择该等支付方式的慈铭体检股东与美年大健康于交割日后的12个月内协商确定有关的进度及支付安排。

三、交易方案

（一）交易方案简介

本次重大资产重组方案包括：（1）重大资产置换；（2）发行股份购买资产；（3）发行股份募集配套资金。本次重大资产置换和发行股份购买资产两部分同时生效、互为前提条件；募集配套资金以资产置换、发行股份购买资产的实施为前提条件，但募集配套资金成功与否不影响资产置换和发行股份购买资产的实施。具体交易方案如下：

（1）资产置换：江苏三友以全部资产及负债（包括或有负债）与天亿投资等24家企业及俞熔、徐可、朱玉华等79名自然人持有的美年大健康100%股份中的等值部分进行置换。

（2）发行股份收购资产：重大资产置换双方交易标的作价的差额部分由江苏三友依据美年大健康全体股东各自持有的美年大健康股份比例向交易对方非公开发行股份购买。

（3）募集配套资金：江苏三友拟采用询价发行方式向不超过10名符合条件的特定对象非公开发行股份募集配套资金，总金额不超过40 000万元。

江苏三友本次重大资产重组中涉及的拟注入资产为美年大健康100%股份，成交金额为554 270.06万元，江苏三友2014年12月31日资产总额为68 360.39万元，上市公司购买资产成交金额占控制权发生变更的前一个会计年度经审计的合并财务会计报告期末资产总额的比例超过100%；本次交易完成后，江苏三友实际控制人变更为俞熔。按照《重组管理办法》第十三条的规定，本次交易构成借壳上市。

（二）估值、定价

（1）截至评估基准日2014年12月31日，置出资产的收益法评估值48 587.02万元，增值率为28.01%。鉴于2015年6月3日上市公司向全体股东每10股送红股2.4股、派0.8元人民币，调整后置出资产作价 = 调整前置出资产作价 − 本次现金分红总额 = 48 587.02万元 − 22 425.00 × 0.08万元 = 46 793.02万元。

（2）置入资产：美年大健康100%股权的收益法评估值451 270.06万元，增值率239.38%。鉴于评估基准日后公司增资103 000万元，交易作价554 270.06万元。

（三）支付方式

1. 购买资产发行价格、发行数量

按照定价基准日前120个交易日公司股票交易均价的90%确定为6.92元/

股，分红后调整为 5.52 元/股。置出资产与置入资产差额 507 477.04 万元，据此计算的发行数量为 919 342 463 股。不考虑配套融资，交易对方取得了交易完成后上市公司总股本的 77.9%。

2. 募集配套资金的发行价格、发行数量

按照不低于定价基准日前 20 个交易日公司股票交易均价的 90% 确定为不低于 8.22 元/股，分红后调整为 6.56 元/股，发行数量不超过 60 975 609 股。

3. 股权/资产、资金流向

（1）实物流（股权/资产）

①瑞联二号收购慈铭体检股东所持慈铭体检 27.78% 的股权；

②美年大健康收购瑞联二号所持慈铭体检 27.78% 的股权；

③江苏三友获得美年大健康 100% 股权，美年大健康股东取得江苏三友 730 755 838 股。

（2）资金流

①瑞联二号向慈铭体检股东支付收购股权款 100 000 万元；

②美年大健康股东增资 103 000 万元；

③美年大健康向瑞联二号支付股权款 102 951.5 万元。

（四）交易对上市公司的影响

1. 主营业务

本次交易完成后，上市公司主营业务变更为健康体检。

2. 控股股东及实际控制人

本次交易完成后，上市公司股权结构如表 4-11 所示。

表 4-11　　　　　　本次交易前后上市公司的股权结构

股东名称	本次交易前		发行股份购买资产后		募集配套资金后（以发行上限计算）	
	股份数（万股）	占比（%）	股份数（万股）	占比（%）	股份数（万股）	占比（%）
天亿投资	—	—	13 588.87	11.35	13 588.87	10.80
天亿资管	—	—	9 375.28	7.83	9 375.28	7.45
美馨投资	—	—	8 737.23	7.30	8 737.23	6.94
凯雷投资	—	—	8 457.46	7.06	8 457.46	6.72
世纪长河	—	—	7 734.95	6.46	7 734.95	6.15
南通友谊	6 255.35	22.50	6 255.35	5.22	6 255.35	4.97

续表

股东名称	本次交易前		发行股份购买资产后		募集配套资金后 （以发行上限计算）	
	股份数 （万股）	占比 （％）	股份数 （万股）	占比 （％）	股份数 （万股）	占比 （％）
大中咨询	—	—	3 586.52	3.00	3 586.52	2.85
平安投资	—	—	3 412.03	2.85	3 412.03	2.71
和途投资	—	—	3 141.91	2.62	3 141.91	2.50
发行股份购买资产其他交易对方	—	—	33 900.00	28.31	33 900.00	26.94
重组前江苏三友其他股东	21 551.65	77.50	21 551.65	18.00	21 551.65	17.13
募集配套资金交易对方	—	—	—	—	6 097.56	4.85
合计	27 807.00	100.00	119 741.2463	100.00	125 838.8072	100.00

注：本次交易前后股权结构变化系以 2015 年 5 月 31 日股东持股情况根据 6 月 3 日权益分派实施情况进行除权除息后的情况为基础，仅考虑本次交易对股东持股数量、比例的影响。

　　按照上述股权结构，美年大健康实际控制人俞熔及其控制的天亿投资、天亿资管、美馨投资、和途投资和中卫成长将合计拥有上市公司已发行股份中 363 995 356 股，持股比例为 30.40％；俞熔及其一致行动人将合计拥有上市公司已发行股份中 561 889 540 股，持股比例为 46.93％。本次重大资产重组完成后，俞熔将成为上市公司的实际控制人。

　　3. 财务数据

表 4 - 12　　　　　本次交易前后上市公司的财务数据

项目	本次交易前 2014 - 12 - 31	发行股份 购买资产后 2014 - 12 - 31	募集配套资金之后 （以配套融资发行 股份上限计算） 2014 - 12 - 31
资产总额（元）	683 603 868.39	3 158 953 021.94	3 558 953 021.94①
负债总额（元）	235 490 886.99	634 662 358.72	634 662 358.72
所有者权益合计（元）	448 112 981.40	2 524 290 663.22	2 924 290 663.22②
归属于母公司的所有者权益（元）	387 299 713.76	2 452 112 738.43	2 852 112 738.43
归属于母公司股东每股净资产（元/股）	1.39	2.05	2.27

----

　　① 资产总额＝瑞华专审字〔2015〕01620003 号《备考审计报告》中备考资产负债表资产总额＋募集配套资金（上限）＝3 158 953 021.94＋400 000 000.00＝3 558 953 021.94（元）。

　　② 计算方法同①。

项目	本次交易前	发行股份购买资产后	募集配套资金之后（以配套融资发行股份上限计算）
	2014 年	2014 年	2014 年
营业收入（元）	716 060 234.61	1 430 687 178.54	1 430 687 178.54
营业利润（元）	68 225 589.49	174 226 553.41	174 226 553.41
利润总额（元）	67 723 015.87	178 206 337.75	178 206 337.75
归属于母公司股东的净利润（元）	49 513 142.68	140 110 161.65	140 110 161.65
基本每股收益（元/股）	0.18	0.12	0.11

四、交易过程

2014 年 10 月 9 日，公司公告重大事项停牌。

2014 年 11 月 5 日，公司公告策划重大资产重组，继续停牌。

2015 年 1 月 27 日，江苏三友职工代表大会审议通过了本次重大资产重组有关的职工安置方案。

2015 年 3 月 26 日，江苏三友公告第五届董事会第十八次会议审议通过的《关于江苏三友集团股份有限公司重大资产重组方案的议案》等议案，并复牌。

2015 年 4 月 10 日，江苏三友召开了 2015 年第一次临时股东大会，审议通过了《关于江苏三友集团股份有限公司重大资产重组方案的议案》、《关于提请公司股东大会批准美年大健康产业（集团）股份有限公司股东俞熔及其一致行动人免于以要约方式增持公司股份的议案》等议案。

2015 年 4 月 20 日，中国证监会受理公司行政许可申请。

2015 年 5 月 21 日，公司收到了反馈意见回复。

2015 年 7 月 1 日，并购重组委审核通过本次交易。

2015 年 7 月 24 日，公司公告获得中国证监会核准批文。

五、分析点评

这是首例"一壳二卖"的案例，看点颇多，以下挑重点简要介绍：

（一）交易结构设计考虑因素简析

1. 慈铭体检原股东出售 27.78% 股权的主要考虑因素

慈铭体检控股股东北京健之康业投资咨询有限公司持股比例 36.02%，实际控制人为胡波、韩小红夫妇，原股东除北京健之康业投资咨询有限公司出售所持股权的20%、韩圣群将所持股权全部出售、北京东胜康业投资咨询有限公司未出售股权外，其他股东均出售所持股权的30%，合计将慈铭体检27.78%的股权出售给瑞联二号，瑞联二号晋升为慈铭体检第二大股东。此种股权出售的方案保证北京健之康业投资咨询有限公司仍能持有29%的股权（略高于第二大瑞联二号所持股权比例1.22个点，若出售股权比例提高，慈铭体检原实际控制人很可能失去控股地位），胡波、韩小红夫妇实际控制人地位得以保全，降低借壳失败造成的风险。

2. 增资103 000万元主要考虑的因素

选择等额增资的方案实际是以美年大健康100%股权及慈铭体检27.78%股权合计作价参与此次借壳重组。

此次增资主要参与者为美年大健康实际控制人俞熔控制的企业、俞熔一致行动人，强化控股权。

3. 一致行动人约定的主要考虑因素

本次重大资产重组完成后，美年大健康实际控制人俞熔及其控制企业合计拥有上市公司已发行股份中289 328 235股，持股比例为30.30%；俞熔及其一致行动人将合计拥有上市公司已发行股份中446 627 976股，持股比例为46.77%。若无其他一致行动人（俞熔及其控制企业以外的其他一致行动人合计持股16.47%），实际控制人控股权较弱，不利于借壳后实施并购扩张（并购扩张可能稀释实际控制人股权，如收购慈铭体检剩余股权，若慈铭体检股东选择股权收购时稀释控股权）。一致行动人的约定保证借壳后实际控制人控股地位。

（二）相关方的风险与收益相对应

1. 江苏三友原全部股东

江苏三友置出资产估值48 587.02万元，置入资产估值554 270.06万元，资产置换发行股票收购资产后，原股东合计持有江苏三友股份比例23.48%。按持股比例计算的资产价值130 151.11万元，从资产价值考虑，增值81 564.09万元。

从股票价值考虑，原股东持有22 425股，股票价格涨至50～60元/股，市值超过百亿元。

2. 美年大健康股东

在交易完成后持股73 075.58万股，持股比例76.52%，按目前股价50～60元/股计算，市值超过300亿元。

江苏三友原股东、美年大健康原股东作为此次借壳的风险主要承担者，收获颇丰。

3. 慈铭体检股东

慈铭体检作价 36 亿元，除实际控制人胡波增资美年大健康后换取上市公司股票，取得股票增值带来的收益，其他股东并未获取股票溢价收益。在《关于慈铭健康体检管理集团股份有限公司之股份转让协议》中约定回购条款已锁定风险，在此次借壳中承担风险较小。

（三）后续收购慈铭体检剩余股权的几种方式简析

（1）发行股份购买资产，江苏三友获取慈铭体检剩余 72.22% 股权。

江苏三友向慈铭体检股东发行股票，取得慈铭体检原股东持有的剩余 72.22% 股权，慈铭体检原股东获取上市公司发行股票。

（2）引入过桥资金，非公开发行股票偿还借款，美年大健康获取慈铭体检剩余 72.22% 股权。

由美年大健康引入过桥资金 26 亿元，向慈铭体检原股东支付剩余股权收购款 26 亿元，后由江苏三友向慈铭体检原股东（剩余 72.22% 股权出售方）非公开发行股票 26 亿元偿还子公司美年大健康借入的过桥资金 26 亿元。

（3）非公开发行股票募集资金，购买慈铭体检剩余股权，慈铭体检原股东取得现金。

（4）其他：股份＋现金混合交易方式。

在选择以上几种收购方式时，需基于成本（如过桥资金成本）、税费、收购资产发行股票时发行价格等多种因素进行综合考虑。

（四）金融资本的力量

江苏三友于 2015 年 3 月 25 日晚发布了重组方案，公司拟通过资产置换、发行股份收购资产的方式将美年大健康 100% 的股份注入上市公司，实现美年大健康借壳上市。这次资本运作圆了同行业两家公司的上市梦：一是美年大健康，二是慈铭体检，借壳的同时迅速完成了行业内部整合。这一交易的结构设计巧妙，是 A 股市场上一次并购整合加上市的经典范例。

在筹划借壳的过程中，美年大健康已完成对慈铭体检 27.78% 股权的收购，曾经的竞争对手成为同盟军，同时在未来 12 个月内拟收购慈铭体检剩余股权，完成美年大健康及慈铭体检的强强联合。细读江苏三友的重大资产重组报告书草案可以发现，美年大健康对慈铭的收购并不是直接购买股权，而是委派第三方收购慈铭体检 27.78% 的股份，由美年大健康通过增资方式取得收购资金后，再从第三方购买该部分股份。

为什么要委派第三方先行收购股份？查看美年大健康的财务情况可以发现，截至 2013 年 12 月 31 日，美年大健康自有资金 3.2 亿元，与慈铭体检股东转让目标股份对应的全部出售价格 36 亿元相距较远。为抓住这次千载难逢的机会，美年大健康必须快速完成交易。而产业整合所需的现金对价从何而来？这便是第三方出现的意义。根据江苏三友的公告，2014 年末，瑞联二号斥资 10 亿元价格收购慈铭体检 27.78% 的股权，成为慈铭体检第二大股东。2015 年 2 月，天亿资管、中卫成长、胡波等股东向美年大健康大额增资约 10 亿元。2015 年 2 月 12 日，美年大健康又以约 10.3 亿元向瑞联二号现金收购了慈铭体检 27.78% 的股权。

短短两个多月，3 个 10 亿元的交易实现了几个目的：第一，瑞联二号作为美年大健康指定的第三方，扮演了过桥股东的角色，替资金不足的美年大健康完成了快速入股慈铭体检的目标。同时，瑞联二号 10 亿本金 2 个月实现约 3 000 万元利润。第二，胡波作为慈铭体检的实际控制人，也入股了美年大健康，进一步锁定了交易双方之间的关系。第三，天亿资管、京瑞投资等金融资本通过注资美年大健康的方式参与到了行业整合的资本运作过程中。

而在这个交易结构设计的背后是一家证券服务机构的名字——华泰证券。在蓝色光标收购博杰广告项目中，华泰证券下属子公司华泰紫金提供过桥融资，成为上市公司并购重组市场上第一单独立财务顾问提供过桥融资的案例。本次交易方案中，华泰证券通过下属瑞联二号提供过桥融资锁定交易，参股美年大健康；同时为避免独立性问题，不再担任独立财务顾问，转为担任主承销商，通过担任募集配套资金的主承销商，华泰证券及其子公司以金融资本助力产业整合，自有资金参与产业整合，并提供融资中介服务，完成了一整套交易结构的设计安排。

过去十年是第三方体检高速发展的十年，成就了美年大健康、慈铭体检、爱康国宾三大龙头。2015 年初，市场上的消息是美年大健康和爱康国宾都在争取收购慈铭体检，最终美年大健康拿下了这桩交易。从江苏三友停牌和美年大健康入股慈铭体检的时间先后上来看，借壳江苏三友的筹划过程中，出现了产业整合的机会，耽误任何一个机会，都会对美年大健康未来的业务发展产生重大不利影响。现在回过头看，能够迅速拿出 10 亿元的现金锁定交易，是美年大健康完成产业整合的关键之一。这其中，金融资本的作用不可忽视。在金融资本的助力下，借壳与产业并购同步进行，一次借壳实现两家公司上市，在完成进入资本市场的同时也奠定了未来行业竞争的格局。

这一借壳上市案例体现了中国资本市场上交易结构的不断创新，以及金融资本在助力行业整合方面发挥的重要作用，未来必将对投行、PE 等金融机构业务模式的丰富和发展产生深远的影响。

六、主要反馈意见分析

根据上市公司公告的初审反馈意见内容，主要涉及以下几个方面。

（一）涉及相关批文

上市公司并购重组活动可能涉及国家产业政策、行业准入等事项需要取得相关主管部门的批准文件。该类批准文件可分为四类。第一类是公司在提交股东大会前就应该取得的相关审批，如依法需要国资等部门批准交易方案、备案评估结果的，须取得相关同意后方可召开股东大会表决。第二类是相关法律法规明文规定为前置审批的，如目前的战略投资者批文；或者虽未明文规定为前置审批，但属于公司持续经营必要条件的，如特许经营权证、医药行业的 GMP 认证证书、稀土行业的工信部名单等，为提高并购重组效率，现一般要求公司在反馈意见回复时提供。第三类是可以并联审批的，如发改委实施的境外投资项目核准和备案、商务部实施的经营者集中审查等。该类批文为交易的必要条件，为进一步提高并购重组效率，中国证监会通过与其他部委协调，明确该类审批与并购重组行政许可同步进行，但均取得后方可实施。此外，商务部实施的外国投资者战略投资上市公司核准在《战投办法》修订后也将纳入并联审批。第四类是一些程序性事项。如工商变更登记等，原则上即应该在取得行政许可批文后方可进行。

并购重组市场化改革，需要中介机构切实履行职责，起到"看门人"作用。考虑到各部门、各条线均在推进市场化改革，简政放权，同时各类审批备案事项种类繁多且不断变化，因此，审核实务中，是否需要某项批文，该项批文是否为前置审批，一般由中介机构核查并发表明确意见。具体到本项目，可能涉及的相关批文如下。

1. 行业准入问题（对应反馈问题 1）

申请材料显示，江苏三友系中外合资经营企业。根据《外商投资产业指导目录（2015 年修订）》的规定，美年大健康所在的医疗行业属于外资限制类企业。根据《外商投资企业境内投资的暂行规定》，外商投资企业投资限制类企业的，应当取得被投资公司所在地省级外经贸主管部门的批准。

落实情况：公司说明，根据公司股权结构，外国投资者合计持有的上市公司股份比例为 9.12%，低于 10%。根据《商务部、中国证券监督管理委员会关于上市公司股权分置改革涉及外资管理有关问题的通知》（商资发〔2005〕第565 号）的规定，上市公司外资股比低于 10% 的，上市公司应到商务部和工商管理部门等相关单位依法办理相关变更手续，上市公司不再持有外商投资企业批准证书。上市公司已向商务部门递交变更企业类型及缴销批准证书的申请。

由于江苏三友的外资股东持股比例已低于 10%，本次交易后将进一步降低，江苏三友已不符合外商投资企业资格，且江苏三友正在办理其企业类型变更及缴销其外商投资企业批准证书的手续，本次交易不属于外商投资企业投资于限制类领域的情形，不需要依据《外商投资企业境内投资的暂行规定》取得省级商务部门的批准。

2. 国资转让程序（对应反馈问题 2）

申请材料显示，交易对方凯雷投资的主要出资人为北京国有资产经营管理中心（有限合伙）（以下简称北京国管中心）。关注本次交易是否需要取得国有资产监督管理部门的批准。

落实情况：公司说明：

（1）合伙协议的约定

凯雷投资的有限合伙人北京国管中心为 2008 年 12 月 30 日设立的全民所有制企业，其出资人为北京市国有资产监督管理委员会。

根据凯雷投资的《合伙协议》第 4.2 条"普通合伙人的权利"第（b）款第（iii）项约定，普通合伙人凯雷（北京）投资咨询中心（有限合伙）被授权代表合伙企业（即凯雷投资）并以合伙企业的名义"购买、持有、出售、转让、置换、质押以及处置投资，并且行使有关投资的全部权利、权力、特权以及其他所有或持有权，包括但不限于，行使投资有关的投票权、批准投资重组、参加与债权人的安排、提起诉讼和行政程序以及其他类似事件以及就此达成和解或妥协……"《合伙协议》第 4.1 条规定，"合伙企业已经实际投资的权益和被许可的债务投资或者作为股息的权益、重新分类或者交换而发行的权益，在本协议项下均为'投资'"。根据上述《合伙协议》约定以及与北京国管中心的访谈，北京国管中心在合伙企业担任有限合伙人，依据《合伙协议》不得参与执行合伙事务，也不享有投资相关事项的决策权，且北京国管中心作为有限合伙人认缴凯雷投资的出资时，已履行了所需的审批程序，因此，凯雷投资于 2015 年 2 月 28 日由执行事务合伙人书面同意参与本次交易符合《合伙协议》的相关规定，已履行了其参与本次投资所需的程序，本次交易无需额外再取得国有资产监督管理部门的批准。

（2）认定凯雷投资为国有企业缺乏法律依据

根据《企业国有资产法》第五条规定，"本法所称国家出资企业，是指国家出资的国有独资企业、国有独资公司，以及国有资本控股公司、国有资本参股公司。"

根据《国务院国有资产监督管理委员会关于施行〈上市公司国有股东标识管理暂行规定〉有关问题的函》（国资厅产权〔2008〕80 号，以下简称 80 号文），上市公司的股东是否被标识为国有股东，主要依据如下四项标准："1. 政府机构、部门、事业单位、国有独资企业或出资人全部为国有独资企业的有限责任公司或股份有限公司。2. 上述单位或企业独家持股比例达到或超过 50% 的公司制企业；上述单位或企业合计持股比例达到或超过 50%，且其中之一为第一大股东的公司制企业。3. 上述'2'中所述企业连续保持绝对控股关系的各级子企业。4. 以上所有单位或企业的所属单位或全资子企业。"

由于 80 号文是国有资产管理部门认定国有股东的判断依据，且 80 号文对国有股东的认定针对的是公司制企业，对于"合伙企业"的认定并无明文的法律规定，因此，将凯雷投资认定为国有企业或国有股东缺乏法律依据。

因此，凯雷投资无须就本次交易取得国有资产监督管理部门的批准。

（二）置出资产相关问题

如前所述，对于置出资产，一般关注置出资产的承接方、员工安置、债权债务处理、股权转让限制、作价公允性五个方面。具体到本案，关注的也是此类问题。①

1. 置出资产的承接安排（对应反馈问题 4）

《资产置换协议》约定，置出资产将由俞熔和陆尔穗共同协商确定的第三方（资产承接方）承接，由江苏三友直接向资产承接方交付。置出资产的人员由资产承接方接收，具体范围由上市公司与资产承接方协商确定。关注该方案安排对职工、债权人利益的保护。

2. 担保的附条件同意（对应反馈问题 5、7）

申请材料显示，上市公司目前有一项对外担保尚未解除，主债务人为能源公司，担保金额为 2 000 万元。主债权人中国农业银行南通崇川支行同意江苏三

---

① 鉴于篇幅问题，部分问题的回复不再一一列明。

友进行重大资产重组，并确认江苏三友上述担保责任待该行对资产承接方的担保准入、担保资格进行评估、审查、确认并同意后由资产承接方予以承继，该等担保事项承继后，江苏三友可不再承担担保责任。关注该附条件同意函对本次交易的影响。

落实情况：上市公司可能存在履行担保责任的法律风险。对此，陆尔穗承诺，若届时无法取得同意函，其将在 2015 年 6 月 18 日之前将等值于上述担保金额 2 200 万元的现金及相关利息（如有）存放于上市公司指定的银行账户，作为江苏三友不再承担担保义务的保障，直至担保期限届满或担保责任完成转移。此外，陆尔穗具备履行承诺的能力。因此，该情况不会对本次交易带来重大不利影响。

3. 债权人同意（对应反馈问题 6）

申请材料显示，本次交易已经取得债务总金额 89% 以上的债权人同意函。关注债权人同意情况。

4. 拟置出资产作价公允性（对应反馈问题 45）

申请材料显示，本次评估采用收益法和成本法对拟置出资产的价值进行评估，并采用收益法的评估值作为评估结论。收益法评估中，预测服装销量仅维持 2015 年的水平，预测服装价格每年 1.5% 的增长幅度。关注拟置出资产营业收入预测的合理性。

（三）置入资产的方案问题

1. 募集配套资金（对应反馈问题 8）

募集配套资金的金额及用途等是交易方案设计的重要内容。审核中一般关注配套募集资金的合规性、必要性、管理及使用制度、失败的补救措施。按照相关规定，借壳上市募集配套资金的比例不超过 30%。

本次交易方案中，募集资金不超过 4 亿元，约占拟置入资产交易价格的 7.23%，未超过 30%，符合相关规定。因此反馈问题 8 主要关注的是必要性问题。必要性问题一般须结合上市公司的货币资金、拟置入资产评估中的溢余货币资金、上市公司及标的资产的负债率等综合判断。

2. 盈利预测补偿问题（对应反馈问题 9）

申请材料显示，天亿投资等 55 名交易对方作为盈利预测补偿承诺人。未达到承诺业绩的，优先以股份进行补偿，股份不足以现金进行补偿，其中股份补偿上限为本次交易发行股份总数。鉴于本次交易包含资产置换，股份补偿上限对应的交易价格小于拟购买资产的交易价格。

落实情况：

（1）公司调整了盈利预测补偿方案，具体为：盈利预测补偿承诺人将以本次重大资产重组标的资产（即美年大健康100%股份）作价为限对上市公司进行补偿，补偿方式为优先以本次重大资产重组交易对方通过所持美年大健康股份认购取得的上市公司非公开发行股份总数（即交易对方本次认购股份总数）补偿，不足的部分再由盈利预测补偿承诺人以现金方式对上市公司进行补偿。

（2）如盈利预测补偿承诺人当年应补偿股份数量大于其届时持有的股份数量时，差额部分由其自补偿义务发生之日起10个工作日内通过二级市场购买等任何合法方式增持上市公司的股份并以该等新增股份一并向上市公司履行股份补偿义务。

（3）盈利预测补偿承诺人应承担的补偿总额不超过本次重大资产重组中拟注入资产的价值（即554 270.06万元），其中：盈利预测补偿应补偿股份的总数不超过本次重大资产重组交易对方以其持有的美年大健康股份所认购取得的上市公司非公开发行股份总数。但在本次重大资产重组实施完毕至四个会计年度内各年盈利预测补偿实施完毕之间，如上市公司股份总数因公司送股、配股、增发或资本公积转增股本等除权、除息事项做相应调整时，本次重大资产重组交易对方以其持有的美年大健康股份所认购取得的上市公司股票总数亦将做相应调整。盈利预测补偿承诺人以股份方式进行补偿后，股份不足补偿的部分，由其以现金方式补偿，应承担的现金补偿总额不超过本次重大资产重组中置出资产的价值。

注意：存在资产置换的交易方案中，交易对方取得的股份数与拟购买资产的交易价格之间存在一个差额。对该部分的补偿，可以用现金补偿。实务中部分公司主动承诺全部以股份补偿，不足从二级市场购买是超过了法规最低要求的。本交易方案中调整后的盈利预测补偿方式是目前法规要求下的标准补偿方案。

3. 美年大健康收购慈铭体检相关问题（对方反馈问题10、11、12）

美年大健康在借壳的同时，收购同行业慈铭体检进行产业整合，是该借壳方案的独特之处。相关问题也是本借壳方案独有的问题。具体问题为：

（1）申请材料显示，慈铭体检正在进行72.22%股权的转让，美年大健康以现金支付转让款的，应在交割日（2014年12月19日）后的12个月内完成，以股份或股份与现金组合的方式支付转让款的，应在交割日后的12个月内协商确定有关的进度及支付安排。请你公司：①补充披露涉及以股份支付的，该股份的来源。②补充披露慈铭体检72.22%股权转让的进展情况，目前已明确以现金支付转让款的交易金额。③结合美年大健康财务状况、现金流状况、可利用的融资渠道、授信额度等，补充披露后续股权转让款的资金来源，是否存在不能按期支付的风险。④补充披露美年大健康收购慈铭体检的交易是否适用《〈上市公司重大资产重组管理办法〉第十四条、第四十四条的适用意见——证券期货法律适用意见第12号》关于首次累计计算、预期合并计算原则，如适用，本次交易是否符合《首次公开发行股票并上市管理办法》的相关规定。

（2）申请材料显示，美年大健康收购慈铭体检27.78%股权的资金来源为京瑞投资等于2015年2月缴纳的现金增资款。申请材料同时显示，京瑞投资于2014年12月2日成立，成立时的出资总额为20 000万元，截至2014年12月31日，京瑞投资各出资人尚未进行出资。请你公司补充披露：①瑞联二号及其关联方及美年大健康之间关于收购慈铭体检相关协议安排主要内容。②京瑞投资的各出资人是否已实缴出资。如不是，其以现金增资美年大健康的资金来源。

（3）申请材料显示，慈铭体检目前在北京、上海等国内主要城市拥有42家体检中心。美年大健康在北京、上海等城市拥有94家控股体检中心。请你公司结合慈铭体检与美年大健康的城市布局、相同城市内的地段布局、业务定位等方面，补充披露收购完成后的发展战略、整合计划、整合风险及对本次交易的影响。

具体答复详见公司公告，本处仅分析收购慈铭体检剩余股权是否适用首次累计计算、预期合并计算原则，是否符合《首发办法》规定。

首先，胡波、韩小红夫妇是慈铭体检的实际控制人，不是本次交易上市公司的收购人；美年大健康持有慈铭体检27.78%股份，为其第二大股东，但美年大健康及上市公司收购人均未向慈铭体检提名董事候选人，也未参与慈铭体检的经营管理活动。同时，上市公司的收购人除了通过美年大健康持有慈铭体检的股份外，未通过任何方式持有或实际控制慈铭体检的其他股份，因此，不存在上市公司在重大资产重组中累计向收购人购买资产的情形，亦不存在对于收购人解决同业竞争和关联交易问题涉及未来向上市公司注入资产的情形。综上，本次交易不适用《〈上市公司重大资产重组管理办法〉第十四条、第四十四条的适用意见——证券期货法律适用意见第12号》关于首次累计计算、预期合并计算原则。

既然不适用首次累计计算、预期合并计算原则，慈铭体检剩余股权并非本次交易标的，也非美年大健康报告期内的重组的行为，因此符合《首发办法》

的规定。

（四）置入资产的主体资格——最近三年主营业务未发生变更问题（对应反馈问题14）

按照《重组办法》，借壳上市方案中，拟置入资产须为股份有限公司或有限责任公司，且符合《首发办法》的发行条件。在主体资格方面，本次交易的方案的主要问题为，美年大健康报告期内进行了多次收购，是否符合《首发办法》第十二条"最近三年主营业务未发生变更"的规定。

对于发行人最近三年主营业务没有发生重大变化的适用问题，2008年5月证监会发布《证券期货法律适用意见第3号》（证监会公告〔2008〕22号，以下简称适用意见第3号）。适用意见第3号对发行人报告期内同一控制下的重组情况进行了规定：对于被重组方前一个会计年度末的资产总额或前一个会计年度的营业收入或利润总额达到或超过重组前发行人相应项目的100%，重组后须运行一个会计年度，方可申请发行。

但适用意见第3号仅规定了同一控制下的合并情况，未涉及非同一控制下的合并问题。一般来讲，非同一控制下重组的整合难度更高，对发行人整合后运营时间的要求也应更严格。实务中，具体要求为：（1）业务相关：超过100%的，发行人重组后须运行36个月以上方可申请发行；超过50%但不超过100%的，发行人重组后须运行24个月以上方可申请发行；超过20%但不超过50%的，发行人重组后须运行一个完整的会计年度，方可申请发行。（2）业务不相关：超过50%的，发行人重组后须运行36个月以上方可申请发行；超过20%但不超过50%的，发行人重组后须运行24个月以上方可申请发行。低于20%的，不论业务是否相关，对发行人均无重组后运行期限的要求。

具体到本项目，（1）2012年收购的深圳瑞格尔与美年大健康的主营业务相同，并且收购前一个会计年度末的利润总额占收购前一个会计年度合并报表利润总额比率达92.66%，2012年度美年大健康非同一控制下主营业务相同的收购，被收购方合计收购前一个会计年度末的利润总额占美年大健康收购前一个会计年度合并报表利润总额比率达97.91%，超过50%但不超过100%。该等收购至今，美年大健康已完整运行2013年度和2014年度两个会计年度。

（2）除此之外，其余收购（包括2013年度、2014年度收购）的体检中心合计被重组方重组前一个会计年度末的资产总额或前一个会计年度的营业收入或利润总额均未超过20%。综上，美年大健康符合《首发办法》等规定，近三年主营业务未发生变化。

（五）置入资产的股东（即交易对方）问题（对应反馈问题13）

置入资产的股东即交易对方。审核中，主要关注置入资产的控股股东及实际控制人，因为其属于收购人，须符合《收购办法》的相关规定。

本项目中，申请材料显示，交易完成后俞熔及其控制的天亿投资，天亿资管、美馨投资、和途投资和中卫成长将合计持有上市公司30.3%的股份；俞熔及一致行动人合计持股比例为46.77%。本次重组完成后，俞熔将成为上市公司的实际控制人。关注美年大健康最近三年实际控制人是否发生变更。

公司说明，认定世纪长河等构成俞熔的一致行动人系根据《收购管理办法》第八十三条所作出的行动，主要目的是说明上市公司的收购及相关股份权益变动活动中存在一致行动情形的投资者，是指本次交易收购人的一致行动人，与《首发办法》及其相关适用意见中所规定的"多人共同拥有公司控制权"存在不同。因此，一致行动人的认定不影响将俞熔认定为本次交易完成后上市公司的实际控制人，自2012年以来，美年大健康的实际控制人一直为俞熔，未曾发生变化。

（六）置入资产的独立性问题

根据《首发办法》对发行人独立性的要求，发行人须资产完整，人员、财务、机构、业务等方面独立，具有完整的业务体系和直接面向市场独立经营的能力。

1. 发行人股权被质押问题（对应反馈问题17）

该质权形成的原因为：（1）2015年2月，美年大健康增资10.3亿元。其中天亿资管出资58 433.4678万元，认购6 830.2437万股。（2）天亿资管为筹集该增资款，与南方资本管理有限公司（以下简称南方资本）签署《南方资本管理有限公司与上海天亿资产管理有限公司之股权收益权转让暨回购合同》。根据该合同，南方资本管理的专项资产管理计划以6.1亿元的价格购买天亿资管持有的美年大健康6 830.2437万股股份的收益权；天亿资管在合同约定的转让日起12个月内按照约定的价格回购上述6 830.2437万股股份收益权。通过该方式，天亿资管获得增资资金。（3）应南方资本要求，天亿投资、天亿资管、美馨投资、俞熔、徐可将其所持美年大健康36.27%的股份质押给南方资本，对《股权收益权转让暨回购合同》项下南方资本享有的对天亿资管的相应权利做担保。

《重组办法》第四十三条第一款第（四）项规定：上市公司发行股份购买的资产，应当为权属清晰的经营性资产，并能在约定期限内办理完毕权属转移手续。

保证该方案符合《重组办法》第四十三条第一款第（四）项规定的解决措施为：（1）《股份质押合同》中对质押解除作出约定："质权人同意，目标股份质押期内，若美年大健康与某上市公司实施重大资产重组借壳上市已经取得中国证券监督管理委员会的核准批复或类似文件且根据相关文件需要进行涉及目标股份的财产交割时，则质权人同意协助解除目标股份的质押，无论出质人是否已经完全履行《主债权合同》项下约定的给付/偿付义务。"（2）南方资本承诺，上述同意协助解除目标股份质押的内容是南方资本所作出的承诺，该等承诺不可撤销。即除约定条件取得中国证监会核准外，不存在协助解除股份质押的其他条件；协助解除质押的承诺不可撤销。

据此，中介机构认为，美年大健康控制权被质押这一事项符合《上市公司重大资产重组管理办法》第四十三条第一款第（四）项规定。

2. 发行人资产完整性问题（对应反馈问题 18）

美年大健康及其子公司共租赁 157 项物业。其中：79 处未办理备案登记；6 处租赁物业未能提供房屋产权证书、建设工程规划许可证或其他权属证明文件；11 处租赁房屋对应的土地使用权为划拨性质。法律意见书同时显示，已提供房屋产权证书的租赁物业中，有 11 处租赁房屋的产权人与租赁合同的出租方不一致。关注发行人是否具备与生产经营有关的生产系统、辅助生产系统和配套设施。

（七）置入资产的规范运作问题

1. 重大违法违规的认定（对应反馈问题 15）

根据《首发办法》第二十五条，发行人不得存在"最近 36 个月内违反工商、税收、土地、环保、海关以及其他法律、行政法规，受到行政处罚，且情节严重"的情形。对是否构成情节严重的行政处罚这一问题，实务中一般由处罚部门出具相应不构成情节严重行政处罚的证明。如处罚金额确实极小，或处罚部门为境外机关无法取得证明文件等情形，可由中介机构结合相关法规的违规情形及相应处罚幅度，分析具体行政处罚是否构成重大违法违规。

本项目中，美年大健康报告期内受到的行政处罚涉及卫生、工商、质监、物价、税务等部门。除 2 起行政处罚外，其余行政处罚均已取得相关行政主管部门出具的证明文件。上述 2 起行政处罚虽未取得行政主管部门出具的书面文件确认，但经核查相关法律法规的规定，该等处罚不属于相关法律法规中所述之"情节严重"的情形。因此，该等行政处罚不属于情节重大的行政处罚。

2. 独立董事的任职资格（对应反馈问题16）

申请材料显示，李俊德担任美年大健康独立董事不符合《关于进一步规范党政领导干部在企业兼职（任职）问题的意见》相关规定，美年大健康实际控制人俞熔承诺在本次重组完成后，将提名符合独立董事任职资格的人员担任上市公司的独立董事。关注该情形是否符合《首发办法》第二十一条关于发行人已经依法建立健全董事会制度、相关机构和人员能够依法履行职责的规定；是否符合《重组办法》第十一条关于本次交易有利于上市公司形成或者保持健全有效的法人治理结构的规定；李俊德在担任美年大健康独立董事期间董事会所做决议是否有效。

公司说明，（1）李俊德因个人原因已于2015年5月22日辞去美年大健康独立董事职务。2015年6月1日，美年大健康股东大会选举刘晓为美年大健康独立董事。（2）李俊德履行独立董事职务存在法律瑕疵。鉴于李俊德已辞去独立董事职务，美年大健康股东大会已选举刘晓担任独立董事，刘晓不存在不适合担任美年大健康独立董事的情形，上述法律瑕疵已得到纠正。因此，美年大健康目前已建立健全的董事会制度，相关机构和人员能够依法履行职责，本次交易符合《首发办法》第二十一条、《重组办法》第十一条的有关规定。（3）李俊德担任独立董事期间（2014年6月30日至2015年5月22日）美年大健康共召开董事会5次。该5次会议，刨除李俊德的投票，表决人数及程序也均符合美年大健康的《公司章程》、《董事会议事规则》以及相关法律法规的规定。因此李俊德的任职资格瑕疵不影响其任职期间董事会决议的合法有效性。

（八）置入资产的作价公允问题（对应反馈问题19）

主要关注置入资产报告期内的增资及股权转让价格，是否与本次交易价格差异较大。如是，是否有合理的理由。

置入资产作价的公允性还在评估的相关问题中结合未来盈利能力一起关注。

（九）置入资产的持续盈利能力问题（对应反馈问题20—44）

主要关注置入资产的经营模式（包括但不限于合规性、核心竞争力、市场份额等），经营风险，相关财务指标，评估预测等。

（十）承销商的适格性（对应反馈问题3）

申请材料显示，齐鲁证券担任本次交易的独立财务顾问，华泰联合担任本次交易的主承销商。关注：（1）承销商的安排是否符合《证券发行上市保荐业务管理办法》第六条的规定。（2）结合主承销商与京瑞投资的关系，补充披露华泰联合担任本次交易的主承销商是否符合《证券发行上市保荐业务管理办法》

第四十三条的规定。

落实情况：公司说明：

（1）《保荐办法》第六条规定"同次发行的证券，其发行保荐和上市保荐应当由同一保荐机构承担。保荐机构依法对发行人申请文件、证券发行募集文件进行核查，向中国证监会、证券交易所出具保荐意见。保荐机构应当保证所出具的文件真实、准确、完整。证券发行规模达到一定数量的，可以采用联合保荐，但参与联合保荐的保荐机构不得超过2家。证券发行的主承销商可以由该保荐机构担任，也可以由其他具有保荐机构资格的证券公司与该保荐机构共同担任。"

本次交易由齐鲁证券作为保荐机构，并由齐鲁证券及华泰联合证券共同担任主承销商的安排符合《证券发行上市保荐业务管理办法》第六条的规定。

（2）华泰联合与京瑞投资的关系如图4-2所示。

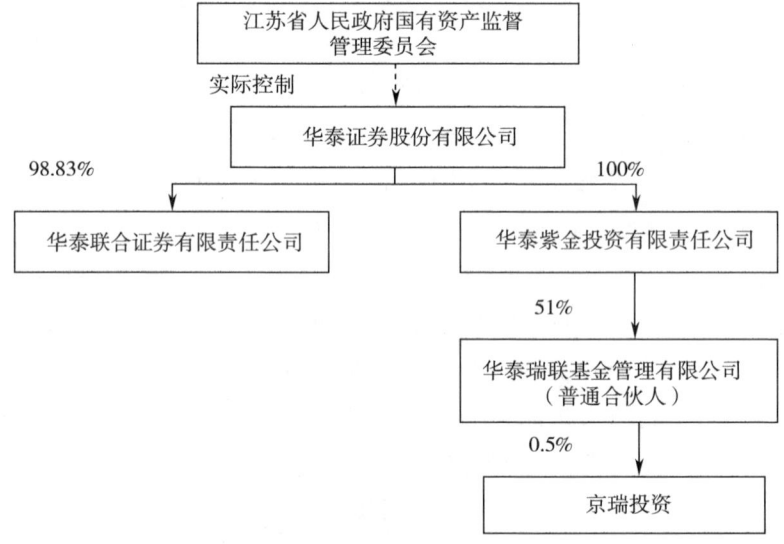

图4-2 华泰联合与京瑞投资的股权关系

经核查，京瑞投资目前持有美年大健康1.7452%的股份，按照本次交易非公开发行股份方案计算，不考虑非公开发行股票募集配套资金的因素，本次发行完成后，京瑞投资将持有上市公司1.3399%股份，未超过7%，且华泰联合证券未担任本次交易的保荐机构。因此，华泰联合担任主承销商之一符合《证券发行上市保荐业务管理办法》第六条、第四十三条的规定。

附件：反馈意见

1. 申请材料显示，江苏三友系中外合资经营企业。请你公司结合《外商投资产业指导目录（2015 年修订）》中关于美年大健康所属行业的规定，补充披露本次交易是否需要依据《外商投资企业境内投资的暂行规定》取得省级主管部门的批准。请独立财务顾问和律师核查并发表明确意见。

2. 申请材料显示，交易对方凯雷投资的主要出资人为北京国有资产经营管理中心（有限合伙）。请你公司结合凯雷投资的股权结构和投资授权，补充披露本次交易是否需要取得国有资产监督管理部门的批准。请独立财务顾问和律师核查并发表明确意见。

3. 申请材料显示，齐鲁证券有限公司担任本次交易的独立财务顾问，华泰联合证券有限责任公司担任本次交易的主承销商。请你公司：（1）补充披露本次交易关于承销商的安排是否符合《证券发行上市保荐业务管理办法》第六条的规定。（2）在重组报告书和概况表中补充披露主承销商的相关信息。（3）结合主承销商与京瑞投资的关系，补充披露华泰联合证券有限责任公司担任本次交易的主承销商是否符合《证券发行上市保荐业务管理办法》第四十三条的规定。请独立财务顾问和律师核查并发表明确意见。

4. 申请材料显示，《资产置换协议》约定，置出资产将由俞熔和陆尔穗共同协商确定的第三方（资产承接方）承接，由江苏三友直接向资产承接方交付。置出资产的人员由资产承接方接收，具体范围由上市公司与资产承接方协商确定。请你公司补充披露：江苏三友审议本次重组职工安置方案的职工代表大会、江苏三友债权人是否知悉上述资产置出安排。请独立财务顾问和律师核查并发表明确意见。

5. 申请材料显示，上市公司目前有一项对外担保尚未解除，主债务人为能源公司，担保金额为 2 000 万元。主债权人中国农业银行南通崇川支行同意江苏三友进行重大资产重组，并确认江苏三友上述担保责任待该行对资产承接方的担保准入、担保资格进行评估、审查、确认并同意后由资产承接方予以承继，该等担保事项承继后，江苏三友可不再承担担保责任。请你公司补充披露：（1）主债务人能源公司的基本情况。（2）该银行出具附条件同意函是否具有足够的效力。（3）如资产承接方不符合该银行的要求导致担保责任无法解除对本次交易的影响，有无应对措施。请独立财务顾问和律师核查并发表明确意见。

6. 申请材料显示，本次交易已经取得债务总金额 89% 以上的债权人同意函。请你公司补充披露：（1）上述未取得同意函的债务中，是否存在明确表示不同意本次重组的债权人，如有，其对应的债务是否在合理期限内偿还完毕。（2）银行等特殊债权人出具的同意函是否具有足够的效力。请独立财务顾问和律师核查并发表明确意见。

7. 申请材料显示，江苏三友控股股东南通友谊对房屋建筑物无法置出风险作出兜底承诺，实际控制人陆尔穗对本次交易的债权债务处理、置出资产的抵押担保等事项作出兜底承诺。请你公司补充披露南通友谊、陆尔穗是否具有履约能力。请独立财务顾问核查并发表明确意见。

8. 申请材料显示，本次交易拟募集配套资金不超过 4 亿元，其中不超过 1.90 亿元用于医疗服务管理信息化系统建设项目，不超过 1.80 亿元投入产业并购项目，用于未来支付收购体检中心的价款。截至评估基准日，美年大健康共有货币资金 57 738.61 万元，正常经营所需的留存货币资金约为 19 400.37 万元，其余 38 338.23 万元为溢余货币资金。请你公司：（1）结合美年大健康现有货币资金用途、未来支出安排及收益法评估中溢余资金确认情况，补充披露募集配套资金的必要性。（2）补充披露募集资金管理和使用制度、募集资金失败的补救措施。（3）补充披露美年大健康收益法评估是否考虑了募集资金投入带来的效益。请独立财务顾问和评估师核查并发表明确意见。

9. 申请材料显示，本次交易方案包括重大资产置换和发行股份购买资产。业绩补偿方式为优先以股份进行补偿，股份不足以现金进行补偿，其中股份补偿上限为本次交易发行股份总数。请你公司补充披露上述股份补偿安排是否符合我会相关规定。请独立财务顾问核查并发表明确意见。

10. 申请材料显示，慈铭体检正在进行 72.22% 股权的转让，美年大健康以现金支付转让款的，应在交割日（2014 年 12 月 19 日）后的 12 个月内完成，以股份或股份与现金组合的方式支付转让款的，应在交割日后的 12 个月内协商确定有关的进度及支付安排。请你公司：（1）补充披露涉及以股份支付的，该股份的来源。（2）补充披露慈铭体检 72.22% 股权转让的进展情况，目前已明确以现金支付转让款的交易金额。（3）结合美年大健康财务状况、现金流状况、可利用的融资渠道、授信额度等，补充披露后续股权转让款的资金来源，是否存在不能按期支付的风险。（4）补充披露美年大健康收购慈铭体检的交易是否适用《〈上市公司重大资产重组管理办法〉第十四条、第四十四条的适用意见——证券期货法律适用意见第 12 号》关于首次累计计算、预期合并计算原则，如适用，本次交易是否符合《首次公开发行股票并上市管理办法》的相关规定。请独立财务顾问和律师核查并发表明确意见。

11. 申请材料显示，美年大健康收购慈铭体检27.78%股权的资金来源为京瑞投资等于2015年2月缴纳的现金增资款。申请材料同时显示，京瑞投资于2014年12月2日成立，成立时的出资总额为20 000.00万元，截至2014年12月31日，京瑞投资各出资人尚未进行出资。请你公司补充披露：（1）深圳前海瑞联二号投资中心（有限合伙）及其关联方及美年大健康之间关于收购慈铭体检相关协议安排主要内容。（2）京瑞投资的各出资人是否已实缴出资。如不是，其以现金增资美年大健康的资金来源。请独立财务顾问和律师核查并发表明确意见。

12. 申请材料显示，慈铭体检目前在北京、上海等国内主要城市拥有42家体检中心。美年大健康在北京、上海等城市拥有94家控股体检中心。请你公司结合慈铭体检与美年大健康的城市布局、相同城市内的地段布局、业务定位等方面，补充披露收购完成后的发展战略、整合计划、整合风险及对本次交易的影响。请独立财务顾问核查并发表明确意见。

13. 申请材料显示，交易完成后俞熔及其控制的天亿投资、天亿资管、美馨投资、和途投资和中卫成长将合计持有上市公司30.30%的股份；俞熔及一致行动人合计持股比例为46.77%。本次重组完成后，俞熔将成为上市公司的实际控制人。请你公司：（1）补充披露本次交易完成后上市公司的实际控制人披露是否准确。（2）补充披露俞熔及一致行动人构成一致行动的依据。（3）补充披露美年大健康最近三年实际控制人未发生变更的依据。请独立财务顾问和律师核查并发表明确意见。

14. 申请材料显示，美年大健康采取"自建＋并购"的经营模式和理念，2012—2014年增加控股体检中心21家、23家、19家；截至2014年末，拥有控股体检中心94家，体检网络遍布39个主要城市。请你公司：（1）以列表形式补充披露报告期因收购增加的控股体检中心情况，包括但不限于收购资产的名称、所处城市、收购时点、收购对价及支付方式、入账价值及损益确认，是否属于同一控制下的企业合并。（2）分别汇总披露报告期各期自建和收购的控股体检中心对美年大健康营业收入、总资产、净利润的影响，属于同一实际控制人的合并计算。（3）结合报告期控股体检中心收购情况及运行情况，补充披露美年大健康近三年主营业务是否发生变化，是否符合《首次公开发行股票并上市管理办法》第十二条等相关规定。请独立财务顾问、会计师和律师核查并发表明确意见。

15. 申请材料显示，美年大健康报告期内受到的行政处罚涉及卫生、工商、质监、物价、税务等部门。法律意见书披露了行政处罚的事由、内容，并认为上述行政处罚不属于情节重大的行政处罚。请你公司补充披露：（1）美年大健康报告期内行政处罚的具体内容，包括但不限于作出处罚决定的主体、处罚事由、处罚内容、情节是否严重。（2）本次交易符合《首次公开发行股票并上市管理办法》第二十五条第一款第（二）项规定的依据。（3）本次交易完成后针对上市公司合法合规运营的制度保障措施。（4）美年大健康及其医务人员违规执业的法律风险。请独立财务顾问和律师核查并发表明确意见。

16. 申请材料显示，李俊德担任美年大健康独立董事不符合《关于进一步规范党政领导干部在企业兼职（任职）问题的意见》相关规定，美年大健康实际控制人俞熔承诺在本次重组完成后，将提名符合独立董事任职资格的人员担任上市公司的独立董事。请你公司补充披露：（1）本次交易是否符合《首次公开发行股票并上市管理办法》第二十一条关于发行人已经依法建立健全董事会制度、相关机构和人员能够依法履行职责的规定。（2）本次交易是否符合《上市公司重大资产重组管理办法》第十一条关于本次交易有利于上市公司形成或者保持健全有效的法人治理结构的规定。（3）李俊德在担任美年大健康独立董事期间董事会所做决议是否有效。请独立财务顾问和律师核查并发表明确意见。

17. 申请材料显示，交易对方天亿投资、天亿资管、美馨投资、俞熔、徐可将其所持美年大健康36.27%的股份质押给南方资本管理有限公司，南方资本管理有限公司同意在涉及上述质押股份的资产交割时，协助解除质押。请你公司补充披露：（1）上述质押担保形成的原因，主债权种类、数额、用途，债务人履行债务的期限，并提供《股权质押合同》原件。（2）南方资本管理有限公司协助解除质押是否附条件，是否可撤销。（3）该控制权被质押事项是否符合《上市公司重大资产重组管理办法》第四十三条第一款第（四）项规定。请独立财务顾问和律师核查并发表明确意见。

18. 申请材料显示，美年大健康及其子公司共租赁157项物业。其中：79处未办理备案登记；6处租赁物业未能提供房屋产权证书、建设工程规划许可证或其他权属证明文件；11处租赁房屋对应的土地使用权为划拨性质。法律意见书同时显示，已提供房屋产权证书的租赁物业中，有11处租赁房屋的产权人与租赁合同的出租方不一致。请你公司补充披露：（1）租赁房屋的产权人与租赁合同的出租方不一致的具体情况，承租超过一年产权人未提出异议因而续租风险较小的法律依据。（2）租赁物业瑕疵是否违反卫生部门关于医疗机构选址的相关规定。（3）如因租赁物业瑕疵或到期后不能续租而重新选址的，是否需要重新履行审批程序，及对上市公司持续经营的影响。请独立财务顾问和律师核查并发表明确意见。

19. 申请材料显示，最近三年美年大健康历经 12 次增资或股权转让。请你公司补充披露：（1）2013 年 7 月、2015 年 2 月股权转让价格差异原因。（2）2014 年 3 月和 2014 年 6 月增资时美年大健康整体估值差异的原因及合理性。（3）2013 年 7 月增资时，不同主体增资价格不同，是否符合《公司法》相关规定。请独立财务顾问、评估师和律师核查并发表明确意见。

20. 申请材料显示，美年大健康 2012—2013 年在全国体检市场份额占比分别为 0.6%、0.89%，但在专业健康体检市场占有率较高。请你公司：（1）补充披露美年大健康在专业健康体检市场的市场占有率较高的依据。（2）分别补充披露美年大健康相对于医院附属体检中心、专业健康体检机构和其他医疗机构的竞争优势和劣势。请独立财务顾问核查并发表明确意见。

21. 申请材料显示，美年大健康的业务包括专家门诊与医疗服务、二次诊断、外派就医服务等就医服务，预约电话咨询和专家面对面咨询服务。请你公司：（1）以列表的形式补充披露美年大健康及其子公司医疗机构服务许可证的诊疗科目。（2）结合证载诊疗科目，补充披露专家面对面咨询、就医服务、24 小时热线电话提供医学及生理、心理健康问题解答服务等服务的业务开展主体，相关主体是否均取得相应资质。请独立财务顾问和律师核查并发表明确意见。

22. 申请材料显示，美年大健康部分医疗机构服务许可证即将到期或已经到期。请你公司补充披露上述批准证书到期后的续展安排，是否存在法律障碍。请独立财务顾问和律师核查并发表明确意见。

23. 申请材料显示，美年大健康将体检过程中采集的部分属于专业细分领域内的医学检验、病理样本集中送到外部专业检验机构进行检测。请你公司补充披露：（1）美年大健康是否向客户告知外送检测事项。（2）外送检测单位是否具备相应资质。（3）外送检测产生质量纠纷的责任承担主体及纠纷处理机制。请独立财务顾问和律师核查并发表明确意见。

24. 申请材料显示，经客户许可，美年大健康将少量超出服务能力的订单交由具有合格的医疗机构完成。请你公司补充披露美年大健康委外体检产生质量纠纷的责任承担主体及纠纷处理机制。请独立财务顾问和律师核查并发表明确意见。

25. 申请材料显示，美年大健康拥有 1 952 名医师、2 001 名分院保障、648 名其他人员。请你公司补充披露：（1）美年大健康医师的雇佣模式，是否均签订劳动合同。（2）分院保障的含义、具体职能。（3）其他人员的具体职能。请独立财务顾问和律师核查并发表明确意见。

26. 申请材料显示，美年大健康 2012—2014 年投诉次数分别为 56 次、170 次、206 次。请你公司补充披露：（1）报告期内质量性投诉涉及的主要内容、后续处理方式。（2）报告期内是否发生因质量纠纷产生的诉讼、仲裁。请独立财务顾问和律师核查并发表明确意见。

27. 申请材料显示，随着业务量的不断增加，美年大健康可能会由于医务人员疏忽、检测设备故障、体检客户个体差异、疾病本身的复杂性等原因，在体检过程中出现漏检或误检的情况。请你公司补充披露：（1）如出现漏检、误检，上市公司可能承担的法律责任，并提示风险。（2）美年大健康防范漏检、误检风险的制度安排及执行情况。请独立财务顾问和律师核查并发表明确意见。

28. 申请材料显示，由于部分地区经济发展水平较低，居民健康意识较弱，美年大健康还采用参股形式建立体检中心以逐步培育市场，降低经营风险。请你公司补充披露：（1）美年大健康对参股体检中心的管控措施，授权参股体检中心使用商号、商标对美年大健康经营的影响。（2）对参股体检中心的后续整合安排。请独立财务顾问和律师核查并发表明确意见。

29. 申请材料显示，美年大健康 80% 为团体客户，包括世界 500 强企业、大型央企、国企和事业单位。同时，评估报告书显示，美年大健康团体客户占比约 60%。请你公司：（1）补充披露产生上述差异的原因。（2）补充披露美年大健康客户结构，世界 500 强企业、大型央企、国企和事业单位各类客户占比及其前五大客户。（3）结合与团体客户合同签订情况，补充披露美年大健康与客户合作的稳定性及主要客户流失的影响。请独立财务顾问和评估师核查并发表明确意见。

30. 请你公司：（1）按照美年大健康体检套餐类别补充披露相关的体检项目、标价、实际执行价格等。（2）补充披露美年大健康体检中心增值服务种类、收入金额及占比，是否存在诊疗、销售药品（含处方药）、保健品等行为。请独立财务顾问和会计师核查并发表明确意见。

31. 申请材料显示，报告期美年大健康年体检数量分别为 238.67 万人次、381.92 万人次、528.4 万人次，上述数量不包括入职体检、职业体检数据。请你公司补充披露上述年体检数量统计未包括入职体检、职业体检数据的原因及对申请材料相关数据准确性的影响。请独立财务顾问和会计师核查并发表明确意见。

32. 请你公司补充披露美年大健康报告期各项经营指标变化情况（包括但不限于体检中心数量、营业面积、客户结构、体检人次、客户单价等）、新增自建或收购体检中心业绩与营业收入增长的匹配性。请独立财务顾问和会计师核查并发表明确意见。

33. 申请材料显示，美年大健康设置八个大区，分别为直属区、华东区、华南区、西北区、西南区、北 A 区、北 B 区、北 C 区。请你公司：（1）按照上述区域补充披露美年大健康报告期营业收入、毛利率、净利润等情况。（2）补充披露报告期美年大健康重要子公司的分部信息。请独立财务顾问和会计师核查并发表明确意见。

34. 申请材料显示，美年大健康报告期的毛利率分别为 51.33%、48.10%、48.06%，行业平均水平约 44%。同时，美年大健康各地区毛利率报告期存在波动。请你公司补充披露：（1）美年大健康报告期毛利率高于行业平均水平的原因及合理性。（2）各地区毛利率报告期存在波动的原因。请独立财务顾问和会计师核查并发表明确意见。

35. 申请材料显示，美年大健康报告期的净利率分别为 12.17%、10.53%、10.18%。请你公司结合美年大健康实际经营业绩及主要竞争对手情况，补充披露报告期净利率逐年下降的原因。请独立财务顾问和会计师核查并发表明确意见。

36. 申请材料显示，近三年美年大健康采用融资租赁方式集中招标采购核磁共振设备。请你公司：（1）补充披露融资租赁合同条款的主要内容，包括但不限于出租方和承租方、签订时间、租赁金额、租赁期限、利率及影响固定资产权属的条款。（2）补充披露融资租赁核磁共振设备的会计处理原则，报告期融资租赁相关会计计量、确认、列报情况，财务报表相关科目的勾稽关系。（3）结合融资租赁设备在经营过程中的作用及美年大健康资金状况，补充披露无法按期支付租金的可能性及对美年大健康生产经营的影响。请独立财务顾问和会计师核查并发表明确意见。

37. 申请材料显示，报告期美年大健康长期应收款主要为售后回租业务保证金。请你公司补充披露售后回租业务主要内容、合同或协议约定条款、采用售后回租方式的原因、相关会计处理及财务报表相关科目的勾稽关系。请独立财务顾问和会计师核查并发表明确意见。

38. 申请材料显示，截至资产负债表日，美年大健康存在不可撤销的经营租赁合约，金额共 12.82 亿元。请你公司补充披露：（1）经营租赁合约的主要内容，包括但不限于承租方和出租方、租赁对象、合同签订时间、租赁金额、租赁期限、利率、每期支付金额等。（2）经营租赁相关会计处理原则、资金支付情况，是否存在无法按期支付租金的可能性及对美年大健康生产经营的影响。请独立财务顾问和会计师核查并发表明确意见。

39. 请你公司：（1）补充披露美年大健康报告期应收账款前五名情况，包括但不限于金额、占比、账龄、是否为关联方等。（2）结合应收账款应收方情况、期后回款情况、向客户提供的信用政策以及同行业情况，补充披露美年大健康应收账款坏账准备计提的充分性。请独立财务顾问和会计师核查并发表意见。

40. 请你公司补充披露报告期美年大健康及其下属子公司关联销售/采购/租赁的必要性，占同类交易的比例，并结合对第三方交易、可比市场交易情况，补充披露关联交易价格的公允性。请独立财务顾问和会计师核查并发表意见。

41. 请你公司补充披露美年大健康收益法评估中净利润相关参数的评估过程、具体评估金额。请独立财务顾问和评估师核查并发表明确意见。

42. 申请材料显示，美年大健康收益法评估值为 451 270.06 万元，增值 318 300.43 万元，增值率 239.38%。请你公司：（1）量化并补充披露美年大健康收益法评估增值的原因及合理性。（2）结合体检中心接待能力、体检中心数量、营业面积、客户结构、客户单价及主要竞争对手情况，补充披露美年大健康收益法评估中预测营业收入、毛利率的合理性。（3）补充披露美年大健康收益法评估中财务费用、资本支出、营运资金的预测依据及合理性。请独立财务顾问和评估师核查并发表明确意见。

43. 请你公司结合已有合同或协议、业务拓展情况等，补充披露美年大健康2015 年业绩预测的可实现性。请独立财务顾问和会计师核查并发表明确意见。

44. 申请材料显示，评估基准日美年大健康持有深圳市鸿康杰科技有限公司49% 的股权，本次评估将其纳入收益法的未来现金流预测，不作为非经营资产。请你公司补充披露上述做法的依据及合理性。请独立财务顾问和评估师核查并发表明确意见。

45. 请你公司结合服装加工行业景气度、出口市场竞争与市场需求、主要客户的稳定性、已有订单等情况，补充披露置出资产收益法评估中营业收入预测的合理性。请独立财务顾问和评估师核查并发表明确意见。

46. 申请材料显示，报告期美年大健康长期待摊费用逐年增长，主要来源于体检中心装修支出和房租费用，以及支付的广告宣传费用。请你公司补充披露长期待摊费用摊销方法、受益期的确认原则，是否符合《企业会计准则》相关规定。请独立财务顾问和会计师核查并发表明确意见。

47. 申请材料显示，截至评估基准日，美年大健康共有货币资金 57 738.61万元，其中 38 338.23 万元为溢余资金，收益法评估中作为非经营性资产。请你公司补充披露上述溢余货币资金的确认依据及合理性。请独立财务顾问和评估师核查并发表明确意见。

48. 申请材料显示，报告期内，美年大健康及其子公司部分员工未按规定缴纳社保及公积金，其中因入职离职在当月而未缴纳的人数分别为 498 人、460人。请你公司补充披露：（1）美年大健康及其子公司未按规定缴纳社保及公积金是否符合国家劳动保障法律法规的有关规定。如被政府部门处罚或追缴，需补缴的金额及罚款对美年大健康业绩和评估的影响。（2）未来年度社保及公积金预测依据及合理性。（3）未缴纳社保的原因为入职离职在当月的含义，美年大健康及其子公司的员工是否具有稳定性。请独立财务顾问、律师、会计师和评估师核查并发表明确意见。

49. 请你公司：（1）将配套融资发行股份数量的上限精确至个位。（2）根据配套融资发行数量的上限，补充披露本次交易对上市公司股权结构、财务指标的影响。请独立财务顾问、律师和会计师核查并发表明确意见。

50. 申请材料显示，交易对方徐可、付桂珍均拥有加拿大居留权，交易对方胡显光、刘伊在清华大学任职，滕娆担任大连理工大学医院院长。请你公司补充披露：（1）本次交易是否需要取得外资主管部门的批准。（2）胡显光、刘伊、滕娆参与本次重组的合规性。请独立财务顾问和律师核查并发表明确意见。

51. 请你公司按照《公开发行证券的公司信息披露内容与格式准则第 26 号》第十五条的规定，补充披露机构交易对方的控制关系、主要股东及其他关联人的基本情况。请独立财务顾问和律师核查并发表明确意见。

52. 申请材料显示，美年大健康董事、监事、高级管理人员的对外投资与美年大健康不存在利益冲突。请你公司补充披露：（1）美年大健康董事、监事、高级管理人员对外投资企业的经营范围。（2）上述对外投资与美年大健康不存在利益冲突的依据。请独立财务顾问和律师核查并发表明确意见。

53. 请你公司补充披露本次交易的 24 家机构交易对方是否应当履行私募基金备案程序，如是，补充披露履行上述备案程序的进展情况。请独立财务顾问和律师核查并发表明确意见。

第五章　借壳监管与规避借壳的博弈

借壳上市监管规则的不断趋严，有利于遏制市场绩差股投机炒作和内幕交易等问题，有利于统筹平衡借壳上市与 IPO 的监管效率，有利于市场化退市机制改革的推进和出台。然而，如前所述，我国借壳上市监管规则的体系性略显不足，造成类似行为监管规则不一。如第一章第一节所述，这种监管规则不一表现在"对部分交易方案监管过严"、"对部分交易监管不足"两方面。本章主要介绍"对部分交易监管不足"导致的规避借壳上市行为。通过分析不同的规避借壳上市手法，展现借壳监管与规避借壳的博弈，探讨不同规避手法下中小股东权益保护与促进并购重组市场发展之间的平衡之道。简单来讲，即实现公平与效率的平衡。

第一节　规避借壳上市的原因

在 IPO 渠道仍然不畅、借壳上市审核标准不断提高，从与 IPO 趋同再到等同的大背景下，为实现资产上市，众多资本玩家"八仙过海，各显神通"。任何规则的不完善均将成为整个监管规则体系的薄弱环节，并被市场充分利用和放大。

这其中最令人印象深刻的莫过于博盈投资重组案，从某种意义上来讲，正是博盈投资重组各方通过对重组方案的精心设计并成功获得中国证监会的审批，打开了规避借壳上市的"潘多拉魔盒"。自从博盈投资重组案打开绕道借壳上市监管的"潘多拉魔盒"后，A 股市场上类似的交易方案接踵而至，各种变形、升级版本层出不穷，这些精心设计的交易方案中，防止控制权转移、化整为零等常规手法应有尽有，将操盘者规避借壳审批的意图彰显无遗。

总结迄今为止的规避借壳上市方案，我们发现，规避的主要原因有以下五个。

第一，拟置入资产不满足借壳上市的条件。如前所述，拟借壳公司在主体资格、交易作价公允性、持续盈利能力、独立性、规范运作等方面均有更严格的要求，而部分资产不符合上述条件中的一项或多项，但又有上市的需求，这是规避借壳上市监管的根本原因。

第二，交易对方将大额全新业务资产注入上市公司，可以换取上市公司新增的发行股份，实现资产的证券化。新的资产如果"概念"或财务指标良好，一般被投资者认定为优质资产而备受市场的青睐，交易对方既可以获得资产的流动性溢价，又可以获得股票在二级市场增值的资本收益，且注入上市公司的资产在未来可通过资产市场实现再融资，成本低，速度快。从监管套利以及成本收益分析均可得知，当交易标的不满足借壳条件时，交易对方有着极强的规避借壳监管的动机。

第三，如果新的资产"概念"好，上市公司控股股东能够获得高额的存量股增值收益；如果可以低价将上市公司原有全部资产或部分资产低价出售给上市公司控股股东，则其还可以获得额外的卖壳费用。因此上市公司控股股东也有充足的动机配合交易对方共同规避借壳监管。

第四，我国资本市场的投资者结构以散户为主，热衷于短线炒作，如果新的资产"概念"好，股价能涨，中小投资者并不会考虑是否公平公正，是否有利于公司的长远发展。因此，大多数侵害中小股东利益的规避借壳监管行为并不会被股东大会否决。

第五，规避难度不高。构成借壳上市需要同时满足三大要件，缺一不可，交易各方可选择控制任一指标使交易方案不构成借壳上市；且监管部门没有根据交易实质进行裁量的权力。定义的不周延及监管部门自由裁量权的限制降低了规避的难度，使得借壳规避成为可能。

第二节　规避借壳上市监管的主要手法

结合借壳上市认定的三个构成要件，规避借壳监管的各类手法可以分为三类：第一类是围绕上市公司控制权不变的规避手法；第二类是围绕收购人与资产控制权差异的规避手法；第三类是围绕资产比例的规避手法。除此以外，还有个别其他类型的。为更好地说明问题，以下通过案例①逐一介绍上述手法，并通过对案例的分析说明该类交易中中小股东利益保护存在的问题。

---

　　①　本章中所有案例事实部分均来源于上市公司对外的信息披露，具体查阅于巨潮资讯网，以下将不再一一赘述。

一、围绕上市公司控制权不变的规避借壳手法

借壳上市认定标准的第一构成要件为上市公司控制权发生变更。因此，第一类规避手法即通过各种方式，保证上市公司控制权不发生变更。

（一）该类规避方案的特征

围绕上市公司控制权进行的方案设计，有时很难区分是否属于规避借壳监管，损害中小股东利益。原因在于无法准确判断交易各方内心的真实意图。有时确实是原控股股东不愿意出让控制权，为发展壮大而进行的"蛇吞象"式的同行业并购或者为转型升级而进行的跨行业并购；有时确实是因为拟置入资产不符合借壳条件，为规避监管作出的暂时性的控制权不变更的安排。

鉴于交易各方的主观动机难以判断，我们从实务案例观察规避借壳监管交易的特征。总结来讲，围绕上市公司控制权不变设计的规避借壳监管方案主要具备以下四个方面特征。

第一，拟购买资产不符合借壳上市条件。这是一个很重要的标准，如果拟购买资产符合借壳条件，不存在规避动机和套利空间。因此，规避借壳监管的第一个重要特征即是，拟购买资产不符合借壳条件。

第二，拟购买资产的体量大于上市公司，其资产总额或交易价格经常远远超过上市公司交易前一个会计年度资产总额的100%。如果属于小额并购，对上市公司影响不是非常重大，根据借壳上市监管的必要性，该类交易无须按照借壳上市类交易监管。因此，规避借壳监管的第二个重要特征即是，拟购买资产的体量大于上市公司。

第三，拟购买资产的业务与上市公司原有业务差异较大，上市公司现控股股东完全没有运营该类新资产的经验。如为同行业的并购，虽然交易金额大，属于"蛇吞象"式的交易，符合借壳上市的资产规模要件，但因该类交易为上市公司与交易对方的产业整合，只要上市公司控制权不发生变更，各方利益的博弈一般就不会出现过于明显的失衡。根据借壳监管的监管理念和监管必要性，该类交易本也不属于借壳上市的监管目标，自然无须认定其为规避借壳监管。因此，规避借壳监管的第三个重要特征即是，拟购买资产的业务与上市公司原有业务差异较大。

第四，上市公司控制权不变，拟购买资产的控股股东成为上市公司第二大股东，且与原控股股东股东在股权比例上差异不大。或者虽存在一定差异，但拟购买资产的控股股东在本次交易前一段时间进行股权转让，以降低交易完成

后的持股比例。① 如上市公司原控股股东与拟购买资产的控股股东在交易完成后股权比例差异过大，则很难通过私下协议方式实现控制权的实质变更，因此，规避借壳监管的第四个重要特征即是，交易完成后上市公司原控股股东的股权略高于拟购买资产控股股东②持有的上市公司股权。

（二）该类规避方案的具体原因

该种规避方式是目前上市公司并购重组市场最为普遍的一种，直接起因主要在于，监管层对第三方发行类交易协同效应要求放宽。如前所述，上市公司重大资产重组分为借壳上市、整体上市、第三方发行。规则制定之初，第三方发行要求上市公司与拟购买资产之间行业相同或属于上下游，具备协同效应。如此，将控制权不变，向控股股东、实际控制人及其控制的关联人以外的特定对象购买没有协同效应的标的资产的行为排除在外，也就防范了绝大多数围绕控制权做文章的规避借壳上市方案。但协同效应的要求同时阻碍上市公司发行股份进行跨行业并购的交易行为，阻碍了上市公司通过跨行业并购实现自我转型和升级的行为。为此，监管部门放松了对协同效应的监管要求，解决了上市公司发行股份进行跨行业并购的障碍问题。但也因此给规避借壳上市的行为留下了制度空间。

该种规避方式也是监管部门宽容度较高的一种规避监管方案。主要原因在于，如上所述，该类方案经常难以区分是为规避借壳监管，还是上市公司转型升级需要。如果死板地将该类交易全部界定为借壳上市，可能阻碍上市公司的产业并购和转型升级，不符合促进上市公司并购重组市场健康发展、促进上市公司利用并购重组做大做强的初衷。因此，2014年修订《重组办法》时，部分观点认为应严格借壳上市的认定标准，将资产规模超过100%的交易原则上均界定为借壳上市，在此基础上再制定同行业并购的例外条款；而相反观点则认为仅考虑资产规模，将导致上市公司购买资产规模超过自身资产规模的产业转型构成借壳上市，不利于处于行业低谷期的上市公司的发展。鉴于对借壳上市的认定标准仍存在较大争议，最终《重组办法》对借壳上市的认定规则基本未做修改，维持原状。鉴于该类方案是出于规避监管的目的还是上市公司产业转型的需要难以判断，因此监管部门对于该类交易宽容度相对较高，只要中介机构

---

① 受让方与转让方表面无关联关系，但实际上受让方可能是代转让方持有该部分股份。

② 参照收购人是指收购人及其一致行动人的规定，如无特别说明，控股股东是指控股股东及其一致行动人。

能够给出一个合理的解释和防止构成借壳上市的相关协议安排①。

最后，该类规避方案存在的第三个重要原因在于，相较清晰的资产变动规模标准而言，控制权是否发生变化的标准相对模糊并难以判断。控制权变更的判断涉及到股权比例、一致行动人的判断、董事会的构成等具体情况。控制权认定的模糊性，给规避借壳监管的交易方案留下了的空间。

（三）该类规避方案的不同手法

保持上市公司控制权唯有两条途径：第一，提高原控股股东或实际控制人及其一致行动人（以下简称原控制权人）的控制权；第二，减少拟购买资产的控股股东、实际控制人及其一致行动人（以下简称潜在控制权人）对上市公司的控制权。

1. 提高原控制权人的控制权

提高原控制权人的控制权主要通过增加原控制权人的持股数量来实现。② 提高原控制权人持股数量的方式主要包括两种。

第一种是原控制权人在交易方案外主动增持上市公司股份，如原控制权人通过二级市场增持、部分要约收购等方式在停牌前增加持股比例。采用该种手法须注意防止构成内幕交易。

第二种是原控制权人在本次交易方案中，通过取得新发的部分股份，保证持股数量仍为第一大股东。具体采取的手法包括：（1）原控制权人在停牌期间现金受让交易对方的部分股权，并通过上市公司发行股份购买该部分股权获得上市公司股份。（2）通过认购配套融资，获得上市公司新发股份；（3）通过一致行动协议、表决权委托等提高实际控制的持股比例。此时须注意30%持股比例的限制，否则可能导致强制要约收购。

2. 降低潜在控制权人的控制权

降低潜在控制权人控制权的方式包括降低其在交易完成后持有的上市公司股份数量或降低其拥有表决权股份的数量两种。

第一种是降低潜在控制权人持股数量。具体方式主要又包括两类：第一类是股权转让或增资。（1）股权转让。在停牌期间，潜在控制权人转让部分购买资产的股权。该种方式下潜在控制权人可实现部分套现需要。（2）非等比例增资。拟购买资产非等比例增资，降低潜在控制权人在拟购买资产中的持股比例，

---

① 如拟购买资产的控股股东承诺交易完成后不谋求上市公司控制权，或者放弃部分表决权等。

② 虽然原控制权人也可以通过与其他股东签订一致行动协议或表决权委托协议等扩大表决权比例，但因为拥有权益的股份比例达到30%将触发要约收购义务，因此该方式适用范围较窄。

该种方式拟购买资产可以用于增资的现金或资产，扩大再发展。有时，股权转让与增资会同时进行。不管是股权转让还是增资，须注意的是转让价格与增资价格，如与本次交易价格差异交易，对两次交易的公允性解释就成为一个绕不过去的重要问题。第二类是减少股份支付比例。在交易对价的支付上，通过资产置换、现金支付等手段，减少拟购买资产潜在控制权人取得的上市公司的股份数量。

第二种是不减少潜在控制权人的持股数量，而是降低其拥有的表决权股份数量。在正常情况下，普通股均是同股同权，每股对应的表决权相等。但既为权利，自然可以放弃。为避免构成借壳上市，潜在控制权人可以对其持有的部分股份放弃表决权。

在通常情况下，围绕控制权不变的规避借壳方案的设计会同时运用上述手法，如在停牌期间上市公司原控制权人现金购买资产方控股股东的股权；再如上市公司控股股东参与配套融资，再用该资金支付拟购买资产控股股东的部分交易对价，既提高交易后上市公司原控制权人的持股比例，又降低潜在控制权人持有上市公司的股权比例。比较典型的案例有海隆软件、泰亚股份。两案例有诸多相通之处，却又各有特色，一个顺利通过，一个终止交易。以下逐一分析。

案例解析：海隆软件并购二三四五

一、上市公司

上海海隆软件股份有限公司（以下简称海隆软件，证券代码002195）于2007年12月在深圳证券交易所中小板上市，主营软件外包服务。本次交易前，公司实际控制人包叔平控制公司47.42%的股份；其中，直接持股24.39%，通过一致行动人控制公司23.03%的股份。

本次交易前，上市公司的主要财务数据如表5-1所示。

表5-1 　　　　　　　海隆软件的主要财务数据　　　　　　　单位：万元

项目	2013年12月31日	2012年12月31日	2011年12月31日
资产总额	48 813.66	48 581.74	42 401.84
负债总额	2 178.11	2 684.29	4 074.87
所有者权益总额	46 635.55	45 897.45	38 326.97

续表

项目	2013 年	2012 年	2011 年
营业收入	39 849.38	41 032.49	39 069.94
营业利润	2 292.18	6 458.77	7 223.83
利润总额	2 970.43	7 536.29	7 918.93
净利润	2 921.18	6 792.72	6 609.44

二、交易标的

上海二三四五网络科技股份有限公司（以下简称二三四五）成立于 2012 年 3 月，注册资本 5 000 万元，主营 2345 网址导航的研发和运营业务。

二三四五的业务前身来自于瑞创网络。瑞创网络成立于 2006 年 1 月，其实际控制人为庞升东，其他主要股东与二三四五基本相同。瑞创网络成立以来一直专注于 2345 网址导航的研发和运营，其运营模式和主要盈利方式与二三四五基本相同，相当于二三四五目前主营业务的前身。鉴于瑞创网络运营中出现的侵权等问题，股东将主要业务及人员转移至新设公司二三四五。瑞创网络于 2014 年 4 月 17 日完成注销登记。

二三四五的股权结构如图 5 - 1 所示。

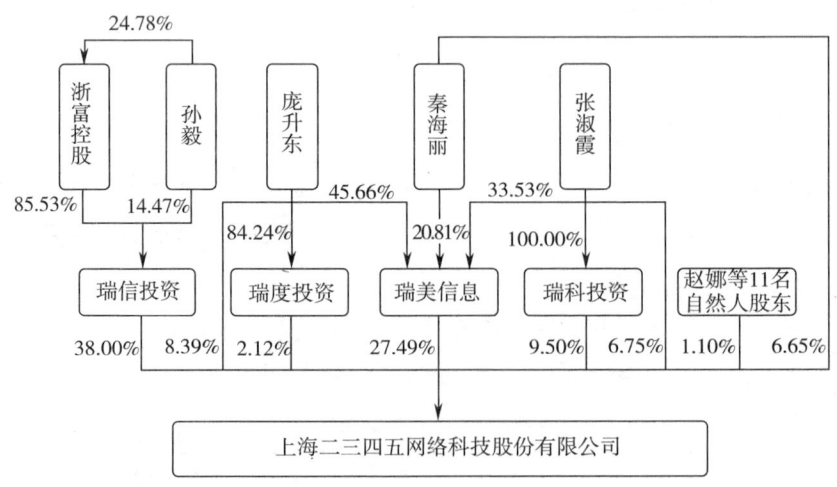

图 5 - 1　二三四五的股权结构

二三四五的主要财务数据如表 5 - 2 所示。

表 5 - 2　　　　　　　　　二三四五的主要财务数据　　　　　　　单位：万元

项目	2013 年 12 月 31 日	2012 年 12 月 31 日
资产总计	18 771. 83	10 750. 77
负债合计	7 921. 54	7 824. 91
股东权益合计	10 850. 28	2 925. 86
项目	2013 年	2012 年
营业收入	49 713. 26	13 895. 04
营业利润	11 274. 95	1 925. 86
利润总额	11 153. 38	1 925. 86
净利润	11 174. 43	1 925. 86

三、本次交易方案

（一）交易方案简述

本次交易由发行股份购买资产和募集配套资金两部分组成。

海隆软件拟向浙富控股、瑞科投资、瑞度投资 3 名法人以及庞升东、张淑霞、秦海丽、孙毅等 15 名自然人发行股份购买瑞信投资 100% 股权、瑞美信息 100% 股权、二三四五 34. 51% 股权，即直接和间接购买二三四五 100% 权益；同时向信佳科技、动景科技（UC）、秦海丽、李春志 4 名特定对象非公开发行股份募集配套资金 88 300 万元。其中信佳科技拟认缴配套募集资金 81 300 万元，其系海隆软件实际控制人包叔平控制的企业。

本次发行股份购买资产与配套募集资金方案互为条件，同时实施，均为本次重大资产重组不可分割的组成部分。

（二）交易价格、发行数量

本次交易价格为 265 000 万元，发行价格为 14. 96 元/股，具体发行数量如表 5 -3 所示。

表 5 -3　　　　本次交易海隆软件发行股份购买资产的发行数量

1. 二三四五 34. 51% 股权交易情况			
序号	名称	拟出让所持二三四五股份数量（股）	出让股权比例（%）	海隆软件拟向其发行股份数（股）
1	瑞科投资	4 750 000	9. 50	16 779 374
2	庞升东	4 194 321	8. 39	14 816 438
3	张淑霞	3 375 377	6. 75	11 923 518
4	秦海丽	3 325 449	6. 65	11 747 148

续表

序号	名称	拟出让所持二三四五股份数量（股）	出让股权比例（%）	海隆软件拟向其发行股份数（股）
5	瑞度投资	1 060 779	2.12	3 747 201
6	赵娜、李春志等 11 名自然人	549 174	1.10	1 939 951
合计		17 255 100	34.51	60 953 630
2. 瑞信投资 100.00% 股权交易情况				
1	浙富控股	855.30	85.53	57 405 569
2	孙毅	144.70	14.47	9 711 897
合计		1 000.00	100.00	67 117 466
3. 瑞美信息 100.00% 股权交易情况				
1	庞升东	228.30	45.66	22 404 417
2	张淑霞	167.65	33.53	16 452 477
3	秦海丽	104.05	20.81	10 211 036
合计		500.00	100.00	49 067 930

本次募集配套资金 81 300 万元，发行价格 14.96 元/股，具体发行数量如表 5 - 4 所示。

表 5 - 4　　　　　　本次交易发行股份募集配套资金的发行数量

发行对象	发行数量（股）	认购金额（万元）
信佳科技	54 344 919	81 300
秦海丽	2 673 796	4 000
动景科技（UC）	1 336 898	2 000
李春志	668 449	1 000
合计	59 024 062	88 300

（三）对上市公司的影响

本次交易前公司的总股本为 11 333 万股，本次发行股份购买资产并募集配套资金后，公司的总股本将达到 34 949.31 万股，股本结构变化情况如表 5 - 5 所示。

表 5 - 5　　　　本次交易前后海隆软件的股权结构（包含募集配套资金）

股东名称	本次交易前		本次发行股数（万股）	本次交易后	
	持股数量（万股）	持股比例（%）		持股数量（万股）	持股比例（%）
包叔平及其行使表决权的股东和信佳科技	5 373.65	47.42	5 434.49	10 808.15	30.93

续表

股东名称	本次交易前		本次发行股数（万股）	本次交易后	
	持股数量（万股）	持股比例（%）		持股数量（万股）	持股比例（%）
孙毅及其控制的浙富控股	—	—	6 711.75	6 711.75	19.20
张淑霞及其控制的瑞科投资	—	—	4 515.54	4 515.54	12.92
庞升东及其控制的瑞度投资	—	—	4 096.81	4 096.81	11.72
秦海丽	—	—	2 463.20	2 463.20	7.05
慧盛创业	276.94	2.44	—	276.94	0.79
赵娜等10名自然人	—	—	189.79	189.79	0.54
动景科技（UC）	—	—	133.69	133.69	0.38
李春志	—	—	71.05	71.05	0.20
其他股东	5 682.40	50.14	—	5 682.40	16.26
合计	11 333.00	100.00	23 616.31	34 949.31	100.00

本次交易前，包叔平持有及协议控制上市公司 5 373.65 万股股票，实际控制公司 47.42% 股权，系公司实际控制人。包叔平为巩固实际控制人地位，在本次交易的募集配套资金中拟通过其控制的信佳科技以现金 81 300 万元认购本次非公开发行的 5 434.49 万股股票。本次交易完成后，包叔平持有及协议控制海隆软件 10 808.15 万股股票，包叔平实际控制公司 30.93% 股权，仍拥有上市公司的控制权。因此，本次交易前后，上市公司实际控制权未发生变化。

四、分析点评

（一）本次交易前的要约收购

本次交易前，包叔平向上市公司全体股东主动发出部分收购要约。具体情况如下。

1. 要约收购前公司的股权结构

要约收购前，公司实际控制人包叔平直接持有海隆软件 3.79% 的股份，通过其一致行动人合计控制海隆软件 26.82% 的股份。

表 5 - 6　　要约收购前海隆软件的股权结构

序号	股东名称	持股数（股）	持股比例（%）
1	欧姆龙（中国）有限公司	17 945 174	15.83
2	上海古德投资咨询有限公司	9 325 327	8.23
3	上海慧盛创业投资有限公司	8 169 436	7.21

续表

序号	股东名称	持股数（股）	持股比例（%）
4	包叔平	4 290 000	3.79
5	唐长钧	2 652 438	2.34
6	姚 钢	1 951 950	1.72
7	潘世雷	858 000	0.76
8	陆 庆	858 000	0.76
9	周 诚	745 020	0.66
10	李 坚	688 100	0.61
11	其他投资者	65 846 555	58.09
合 计		113 330 000	100.00

2. 要约收购的过程及内容

2013 年 11 月 1 日，公司筹划重大事项，股票停牌。

2013 年 12 月 20 日，公司公告要约收购报告书摘要，同时继续停牌，筹划重大资产重组。根据要约收购报告书摘要，要约收购的主要内容如下：

（1）收购人为投资者包叔平及其一致行动人，收购主体为投资者包叔平，包叔平要约收购的目的旨在进一步加强对海隆软件的控制力，不以终止海隆软件上市地位为目的。

（2）本次要约收购股份数量为 48 939 636 股，占海隆软件股份比例为 43.18%，要约收购价格为 15.06 元/股。

（3）本次要约收购为部分要约收购，不以终止海隆软件上市地位为目的。

（4）预受要约情况

①2013 年 12 月 12 日，包叔平已与欧姆龙签订《预受要约意向协议》，欧姆龙承诺在投资者包叔平对海隆软件股东发出要约收购后，将在要约收购报告书中载明的期限内以其目前持有的海隆软件 17 945 174 股股份委托证券公司办理预受要约，并确保在要约收购期限内不撤回其前述预受要约，以实现在要约收购期限完成后向包叔平转让其所持全部或按照要约收购相关规则所确定数额的海隆软件股份。

②2013 年 12 月 12 日，包叔平已与慧盛创业签订《预受要约意向协议》，慧盛创业承诺经国有资产监督管理部门批准按协议约定条件转让标的股份后，在包叔平对海隆软件股东发出要约收购后，将在要约收购报告书中载明的期限内以其目前持有的海隆软件 5 400 000 股股份申报预受要约，并确保在要约收购期

限内不撤回该等预受要约，以实现在要约收购期限完成后向包叔平转让其所持标的股份或按照要约收购相关规则所确定数额的海隆软件股份。

2014 年 1 月 16 日，公司公告董事会审议通过的重大资产重组预案，并复牌。2014 年 2 月 13 日，公司公告包叔平取得中国证监会要约收购的核准批文；同时公告要约收购报告书。本次要约收购期限自 2014 年 4 月 8 日开始，至 2014 年 5 月 7 日，共 30 个自然日。

鉴于公司公告重组预案后股价上涨幅度较大，要约期限届满后，仅有欧姆龙、慧盛创业按照《预受要约意向协议》接受包叔平的要约收购。要约收购股份数量合计 23 345 174 股，要约收购完成后，包叔平控制公司 47.42% 的股份；其中，直接持股 24.39%，通过一致行动人控制公司 23.03% 的股份。

3. 本次要约收购值得关注的内容

（1）通过主动部分要约收购避免触发全面强制要约收购义务

首先，包叔平需要增强对上市公司的控制权。要约收购前，包叔平控制公司 26.82% 的股份，但其本人仅持有 3.79% 股权；其他一致行动人大多数为公司高管层，其持有的股份已过 3 年解锁期。如果作为一致行动人的高管减持，将可能影响包叔平的控制地位。因此包叔平需要巩固控制权。

其次，包叔平拟收购公司第一大股东欧姆龙及第二大股东慧盛创业的股份。要约收购前，包叔平控制公司 26.82% 股权；欧姆龙持有公司 15.83% 股权，慧盛创业持有公司 7.21% 股权。欧姆龙拟将持有公司的全部 15.83% 股权出售，慧盛创业拟将持有的公司 4.76% 股权出售。包叔平拟购买上述股权，但如果采取协议受让的方式，将触发全面强制要约收购义务。如此，可能导致公司不符合上市条件；同时，包叔平也没有这个资金实力。[1] 为解决该问题，包叔平采取主动发出部分要约的方式进行收购，并与欧姆龙、慧盛创业达成不可撤销的预受协议。[2]

（2）通过先后公告要约收购报告书摘要、重大资产重组方案，以要约方式实质完成协议收购目的

根据要约收购报告书摘要，要约价格为 15.06 元/股。但要约收购报告书摘要公告后，公司并未复牌，而是继续停牌筹划重大资产重组。重大资产重组方

---

① 从公司披露的收购报告来看，包叔平部分要约收购的资金一部分来源于借款。

② 欧姆龙、慧盛创业拟出售股份合计 20.59%，为何部分要约的比例为 43.18%？笔者预计原因为欧姆龙的需求是转让全部股份，如果部分要约比例为 20.59%，可能导致按比例收购，届时欧姆龙将无法一次性将其股份全部转让。

案公告后，公司股价大幅上涨，稳定在要约价格的 2 倍，即 30 元以上。因此，除欧姆龙、慧盛创业外，没有其他股东接受要约。如此，包叔平以主动发起部分要约的方式实现了协议收购上市公司股权的目的。

4. 分析

疑惑在于：上述操作方式是否存在合规性问题？《收购办法》第三十三条规定，收购人作出提示性公告后至要约收购完成前，被收购公司除继续从事正常的经营活动或者执行股东大会已经作出的决议外，未经股东大会批准，被收购公司董事会不得通过处置公司资产、对外投资、调整公司主要业务、担保、贷款等方式，对公司的资产、负债、权益或者经营成果造成重大影响。据此，海隆软件在收购人包叔平作出提示性公告后至要约收购完成前，是否可以筹划重大资产重组？

笔者认为，单纯从《收购办法》第三十三条来看，公司可以筹划重大资产重组。理由在于：从《收购办法》第三十三条的立法目的来看，其是为防止恶意收购中公司董事会为自身利益采取"毒丸"等措施损害股东利益，因此规定未经股东大会批准，董事会不得实施对公司的资产、负债、权益或者经营成果造成重大影响的活动。该条的立法目的并不是防止收购人利用重大资产重组推高股价，实现既履行法定要约收购义务但又不需要实际履行要约收购义务（因为基本没有投资者愿意以低于二级市场的价格接受要约）的目的。

但从监管实践来看，此问题存在两难境地。一方面，在实际控制人控制公司董事会的情况下，如果允许公司同时履行要约收购义务和进行重大资产重组，将导致要约收购制度名存实亡。主要原因在于：在我国当前的 A 股市场环境下，重大资产重组方案一般被认定为重大利好，股价上涨。如果收购人被动触发全面强制要约收购义务，但又不想实际履行该义务，只需要在提示性公告后至要约收购完成前，公告重大资产重组方案即可。另一方面，如果禁止公司公告重大资产重组方案，则可能导致事实上筹划重大资产重组但无法公告导致内幕交易问题。

对上述问题，笔者认为：如果《收购办法》继续保留强制要约收购制度，应明确规定上述情形的处理方式。如果禁止，则公司事先了解，其将依法不进行重大资产重组的筹划工作；如果施以一定条件限制，也应明确限制条件。在未作出明确规定前，目前实践中是允许在要约提示公告发布后筹划重大资产重组的。

（二）重大资产重组的方案设计

除上述主动要约收购外，该次重大资产重组的方案设计还有其他与众不同之处，尤其是其不构成借壳上市的原因及操作手法。

根据本次交易标的资产总额、资产净额占上市公司的比例，[①] 拟购买资产的交易价格占上市公司资产总额的542.88%，远超过100%。本次交易方案是否构成借壳上市的关键在于上市公司控制权是否发生变更。[②]

从整个方案设计来讲，防止控制权变更的主要方法包括：

1. 主动要约收购巩固控制权

在本次重大资产重组之前，包叔平发出主动要约收购，巩固控制权，将控制权比例由26.82%提高至47.42%。

2. 表决权的委托及取消

如不考虑配套融资，本次交易前后上市公司的股权结构如表5－7所示。

表5－7　　本次交易前后海隆软件的股权结构（不包含募集配套资金）

股东名称	本次交易前		本次发行股数（万股）	本次交易后	
	持股数量（万股）	持股比例（%）		持股数量（万股）	持股比例（%）
包叔平及一致行动人	5 373.65	47.42	0	5 373.65	18.50
孙毅及其控制的浙富控股	—	—	6 711.75	6 711.75	23.11
张淑霞及其控制的瑞科投资	—	—	4 515.54	4 515.54	15.55
庞升东及其控制的瑞度投资	—	—	4 096.81	4 096.81	14.10
秦海丽	—	—	2 195.82	2 195.82	7.56
慧盛创业	276.94	2.44	—	276.94	0.95
赵娜、李春志等11名自然人	—	—	194.00	194.00	0.67
其他股东	5 682.40	50.14	—	5 682.40	19.56
合计	11 333.00	100.00	17 713.90	29 046.90	100.00

从表5－7来看，交易完成后包叔平及其一致行动人持股比例仅为18.5%，低于孙毅及其一致行动人的持股比例。为此，原交易方案中，孙毅拟将其持有

---

① 具体比例如下：

指标	交易标的	上市公司	交易标的占比（%）
资产总额（万元）	265 000.00	48 813.66	542.88
资产净额（万元）	265 000.00	46 635.55	568.24
营业收入（万元）	49 713.26	39 849.38	124.75

② 对于该问题，申请人说明，本次重组前后上市公司实际控制人均为包叔平，本次交易不构成借壳上市。

的海隆软件 964.74 万股股票（不考虑配套融资，该部分股份占总股份比例为 3.32%）对应的除收益权和处分权之外的全部股东权利，包括股东大会的投票权、提案权、董事、独立董事及监事候选人的提名权、临时股东大会的召集权委托包叔平行使。如此，包叔平控制的表决权比例为 21.82%，孙毅及其一致行动人控制的表决权比例下降至 19.79%。本次交易未导致控制权发生变更，不构成借壳上市。

但若考虑配套融资，本次交易前后上市公司的股权结构如表 5-8 所示。

表 5-8　　本次交易前后海隆软件的股权结构（包含募集配套资金）

股东名称	本次交易前		本次发行股数（万股）	本次交易后	
	持股数量（万股）	持股比例（%）		持股数量（万股）	持股比例（%）
包叔平及其行使表决权的股东和信佳科技	5 373.65	47.42	5 434.49	10 808.15	30.93
孙毅及其控制的浙富控股	—	—	6 711.75	6 711.75	19.20
张淑霞及其控制的瑞科投资	—	—	4 515.54	4 515.54	12.92
庞升东及其控制的瑞度投资	—	—	4 096.81	4 096.81	11.72
秦海丽	—	—	2 463.20	2 463.20	7.05
慧盛创业	276.94	2.44	—	276.94	0.79
赵娜等 10 名自然人	—	—	189.79	189.79	0.54
动景科技（UC）	—	—	133.69	133.69	0.38
李春志	—	—	71.05	71.05	0.20
其他股东	5 682.40	50.14	—	5 682.40	16.26
合计	11 333.00	100.00	23 616.31	34 949.31	100.00

在此股权结构下，若孙毅将其持有的海隆软件 964.74 万股股票（考虑配套融资，该部分股份占总股份比例为 2.76%）对应的除收益权和处分权之外的全部股东权利委托给包叔平行使，则包叔平将触发强制全面要约收购义务，且无豁免条款。

为防止触发全面要约收购义务，公司修改了交易方案。经包叔平同意，孙毅于 2014 年 5 月 21 日出具了《关于股东权利委托事项解除的声明》，自以上声明出具之日起，孙毅原出具的《承诺函》中约定的股东权利委托事项的相关义务终止。

3. 认购募集配套资金巩固控制权

包叔平为巩固实际控制人地位，在本次交易的募集配套资金中通过其控制的信佳科技以现金81 300万元认购本次非公开发行的5 398.41万股股票。如无配套融资，包叔平控制的表决权比例将低于孙毅控制的表决权比例。

4. 募集配套资金与发行股份购买资产互为前提

本次交易方案原未披露发行股份购买资产与募集配套资金之间的关系。① 但交易方案后来修改为发行股份购买资产与募集配套资金互为前提条件。原因在于：解除表决权委托后，如果发行股份购买资产不以募集配套资金的成功为前提，则认定本次交易方案是否构成借壳上市时将不考虑配套融资，如此包叔平控制的表决权比例低于孙毅控制的表决权比例，本次交易构成借壳上市。为防止交易方案性质的变化，公司必须明确：本次交易方案中，发行股份购买资产与募集配套资金互为前提条件。

这也是上市公司发行股份购买资产与募集配套资金互为前提的第一单，是利用募集配套资金保持控制权不变的第一单，当时争议较大。在采取多种措施后最终为监管部门认可，打开了利用募集配套资金进行方案设计，使之不构成借壳上市的先河。配套募集资金比例上升至拟购买资产交易金额的100%以后，利用配套募集资金进行方案设计的空间大大增加。可以说，只要交易双方愿意，不管购买多大规模的资产，均可以利用募集配套资金使交易方案不构成借壳上市。

5. 其他方承诺放弃表决权或不谋求控制权

（1）张淑霞、秦海丽放弃表决权

根据发行股份及募集资金交易均完成后公司的股权结构，标的资产原实际控制人庞升东控制的表决权比例为11.72%。张淑霞、秦海丽为二三四五前身瑞创网络高管的家属，其控制的表决权比例分别为12.92%、7.05%。如其与庞升东为一致行动人，庞升东控制的表决权比例将高于包叔平。本次交易同样构成借壳上市。

为此，张淑霞、秦海丽于2014年7月9日出具放弃股东权利的声明，承诺在本次交易完成后36个月内，放弃其直接持有及间接持有的海隆软件股份所对应的股东大会上的全部表决权、提名权、提案权，且不向上市公司提名、推荐

---

① 一般交易方案中，募集配套资金以发行股份购买资产成功为前提条件，但募集配套资金的成功与否不影响发行股份购买资产的实施。即募集配套资金以发行股份购买资产为前提条件，但发行股份购买资产不以募集配套资金为前提条件。

任何董事、高级管理人员人选，亦不以任何形式直接或间接增持上市公司股份（包括但不限于在二级市场增持上市公司股份、协议受让上市公司股份、认购上市公司新增股份等），也不通过任何方式谋求对上市公司的控制地位，不与上市公司其他任何股东采取一致行动，不通过协议、其他安排与上市公司其他股东共同扩大其所能够支配的上市公司股份表决权。

（2）孙毅承诺不谋求控制权

本次重组完成后，孙毅直接和间接持有海隆软件 6 711.75 万股股票，占总股本的 19.2%。孙毅承诺，本次重组完成后，其不会通过直接和间接持有的海隆软件股份对应的股东权益谋求海隆软件实际控制人地位。

综上所述，该方案的设计颇为精巧，既包含主动要约收购，又包含被动触发要约收购义务；既包含要约收购，又包含重大资产重组；既包含通过募集配套资金巩固控制权；又包含通过交易对方放弃表决权巩固原控股股东控制权等安排。通过复杂的设计及安排，本次交易方案不构成借壳上市最终被监管部门认可，公司取得核准批文。

（三）本次交易中各方利益博弈简析

并购重组交易中的博弈各方主要包括：上市公司控制权人、其他中小股东、交易对方。前文已介绍借壳上市中上述主体之间的利益博弈情况，本处则介绍同行业并购及跨行业并购中的利益博弈情况。[①]

在同行业并购中，如果上市公司本身属于"热门"行业，通过收购同类资产抬升股价的动机不强；如果上市公司本身不属于"热门"行业，其购买的资产也是业务相似或构成上下游的，无法通过收购同类资产抬升股价。此外，同行业并购中，上市公司控股股东更了解并购资产的行业状况，对拟购买资产对于上市公司的价值有更准确的认识；并购后整合拟购买资产的成功率也更高，因此同行业并购中股东的博弈机制较为充分。

而在跨行业并购中，上市公司一般均不属于"热门"行业，其跨行业收购的目的主要包括三种。第一种是比较谨慎的，选择控制权人比较熟悉的其他领域，实现双主业发展或逐步的主业转变；第二种是纯财务的收购，仅是为了合并报表；第三种是收购"热门"资产，抬升股价，通过二级市场实现收益。对于第一种，应属于谨慎鼓励的交易，虽然该类交易存在转型风险，但其有利于公司产业转型，提高抗风险能力；对于第二种，基本应保持中立的监管态度，

---

① 假设均为非关联交易。在关联交易的情形下，各方利益和需求又将发生变化，本处不详细讨论。

在保持上市地位仍有持续盈利指标的要求下，其存在有其合理性；对于第三种，笔者认为，不利于资本市场的长期发展，不利于中小股东利益的保护，应严格监管。

本次交易中，拟购买资产为互联网平台公司，属于资本市场的热点，这一点在方案公告后充分体现，股价连续多个涨停。

首先，对于交易方案设计中的主导方之一包叔平来讲，其动机可能是促进上市公司转型升级，也可能是为抬升股价，通过本次交易使得此前低价收购的股权实现大幅度增值。当然，更可能两者兼有。

其次，对于交易方案设计中的另外一个主导方二三四五的股东来讲，二三四五不符合 IPO 条件[①]，而借壳上市条件等同于 IPO，规避借壳监管实现上市，是最佳路径。对于二三四五的控股股东庞升东来讲，其动机可能是取得上市公司控制权，也可能同其他股东一样，达到上市目的即可。

再次，对于不能主导交易方案设计的中小股东来讲，其只有三种选择：接受该方案，拒绝该方案，无所谓。该交易方案公告后，股价大幅上涨。对于看好该方案的，其可以继续持有公司股票，并在股东大会上投赞成票；对于不看好该方案的，其无须等到股东大会行使否决权，直接"用脚投票"，高价卖出公司股票即可；对于无所谓的，其一般也不可能在股东大会上形成对控股股东的制约。

最后，从监管的角度来讲，无法判断包叔平和庞升东的真实意图，只能从现有规则出发，通过促使交易双方达成关于控制权的明确安排，保障本次交易的合规性。

但从本次交易方案的博弈机制来讲，其与前文分析的同行业并购并不相同或类似。本次交易中，拟购买资产的交易价格超过上市公司前一年资产规模的500%，公司的主营业务发生根本变更，其股东的博弈机制更类似于跨行业并购。因此，简单地在控制权上做要求并不能有效地保护中小股东的利益。如要在保护中小股东利益与公司业务转型之间达成平衡，更稳妥的方法应该是区分上市公司小规模的跨行业并购交易与大规模的跨行业并购交易。对于前者，符合一般监管要求即可；但对于后者，为防止控股股东道德风险，保护中小股东利益，建议适用更严格的监管规则。

---

① 成立不满三年，不符合 IPO 的基本条件，且由于瑞创网络历史沿革中的侵权问题，即使满三年，IPO 也可能比较困难。

案例解析：泰亚股份并购欢瑞世纪

一、上市公司

泰亚鞋业股份有限公司（以下简称泰亚股份，证券代码002517）于2010年12月在深交所上市，主要从事运动鞋底制造业务，总股本为17 680万股。林松柏、林诗奕父子直接和间接持有公司5 200万股股份，占比29.41%，为泰亚股份的实际控制人。

预案披露时，上市公司的主要财务数据如表5－9所示。

表5－9　　　　　　　　泰亚股份的主要财务数据　　　　　　单位：万元

项目	2013年12月31日	2012年12月31日	2011年12月31日
资产总额	84 506.17	69 176.23	63 420.56
负债总额	19 216.76	4 344.66	3 394.71
股东权益	65 289.40	64 831.57	60 025.84
归属于母公司股东权益	65 289.40	64 831.57	60 025.84
项目	2013年	2012年	2011年
营业收入	34 839.03	33 928.42	39 215.70
营业利润	555.54	3 004.17	4 906.56
利润总额	822.59	8 646.39	5 346.71
净利润	457.84	6 573.73	3 968.38
归属于母公司所有者的净利润	457.84	6 573.73	3 968.38

二、交易标的

（一）置出资产

拟置出资产为上市公司所持的全部资产和负债。

（二）置入资产

拟置入资产为欢瑞世纪影视传媒股份有限公司（以下简称欢瑞世纪）100%股权。欢瑞世纪成立于2006年9月，注册资本10 798.67万元。控股股东陈援、钟君艳及其一致行动人（以下简称陈氏家族）合计持有29.82%股权；PE、管理层、合作艺人等其他股东合计持有80.18%股权。

欢瑞世纪主营业务为影视剧的投资制作与发行，以及演艺经纪及影视周边衍生业务，旗下有杨幂、贾乃亮等众多艺人，出品了《画皮之真爱无悔》、《少年神探狄仁杰》以及玄幻剧《古剑奇谭》等电视剧，并拥有《盗墓笔记》、《诛仙》等热门文学作品的电视剧（电影）改编权。

预案披露时，欢瑞世纪的主要财务数据如表 5-10 所示。

表 5-10　　　　　　　　　　欢瑞世纪的主要财务数据　　　　　　　　　单位：元

项目	2013 年 12 月 31 日	2012 年 12 月 31 日
资产合计	910 376 539.56	767 884 956.04
负债合计	402 878 873.67	301 930 148.75
归属于母公司所有者权益合计	507 348 864.88	465 954 807.29
项目	2013 年	2012 年
营业收入	200 912 564.86	258 814 259.76
营业利润	47 855 923.01	105 432 507.14
归属于母公司所有者净利润	51 254 057.59	83 847 995.46

三、交易方案

（一）交易方案简介

本次交易包括重大资产置换、发行股份及支付现金购买资产、非公开发行股份募集配套资金以及拟置出资产转让四个部分，具体如下：

1. 重大资产置换

上市公司将所持的全部资产和负债与欢瑞世纪全体股东所持的欢瑞世纪股权的等值部分进行置换。

2. 发行股份及支付现金购买资产

欢瑞世纪 100% 股权评估值与拟置出资产评估值的差额部分，拟由上市公司向欢瑞世纪全体股东发行股份及支付现金购买。其中，上市公司以 2.2 亿元现金购买钟君艳持有的欢瑞世纪股份的等值部分，以发行股份的方式购买欢瑞世纪剩余股权。

3. 募集配套资金

上市公司拟向林松柏非公开发行股份募集 2.2 亿元配套资金，发行价格为定价基准日前 20 个交易日公司股票交易均价，即 7.95 元/股。

4. 拟置出资产转让

泰亚股份现有股东林清波及丁昆明向欢瑞世纪全体股东按各自持有欢瑞世纪的股权比例合计转让 3 000 万股上市公司股份，欢瑞世纪全体股东以与上市公司进行资产置换取得的置出资产作为本次股份转让的对价。

前述四项交易同时生效、互为前提。任何一项内容因未获得中国政府部门或监管机构批准而无法付诸实施，则四项交易均不予实施。

（二）估值、定价

以 2014 年 6 月 30 日为评估基准日，拟置出资产的预估值约为 70 000 万元；欢瑞世纪净资产 50 734.89 万元，100% 股权的预估值约为 273 800 万元，增值率 440%。

鉴于评估报告尚未完成，上述交易价格仅为预估值，最终交易价格须以具有证券、期货业务资格的资产评估机构出具的评估报告的评估结果为依据。一般来讲，预估值与最终估值之间差异不大。

（三）支付方式

1. 资产置换

上市公司以全部资产和负债与交易对方所持的欢瑞世纪股权的等值部分进行置换。按照预估值，差额 203 800 万元。

2. 置换后差额部分，以现金及新发股份支付

上市公司以 2.2 亿元现金购买钟君艳持有的欢瑞世纪股份的等值部分；扣除 2.2 亿元现金对价支付部分，剩余 18.18 亿元以股份支付。发行价按照定价基准日前 20 个交易日均价确定为 7.95 元/股，发行数量 22 867.92 万股。

3. 林清波及丁昆明转让部分老股

林清波及丁昆明以持有的上市公司 3 000 万股向交易对方购买拟置出资产。

（四）交易对上市公司的影响

1. 主营业务

交易完成后，本公司主营业务将由鞋底的生产与销售转变为影视剧制作发行及相关衍生业务。

2. 控股股东及实际控制人

上市公司控股股东和实际控制人不变。

四、交易过程

2014 年 1 月 21 日，公司停牌筹划重大资产重组。

2014 年 1 月 25 日召开了第二届董事会第十二次会议，董事会同意公司筹划本次重大资产重组事项。

2014 年 7 月 16 日，公司召开了第二届董事会第十六次会议，审议通过了

《泰亚鞋业股份有限公司重大资产置换及发行股份购买资产并募集配套资金暨关联交易预案》等议案。

2014年7月18日，公司公告了交易预案等相关文件并复牌。

2014年7月23日，公司公告股价异动停牌自查。

2014年9月10日，公司召开第二届董事会第二十次会议，决定终止本次重大资产重组。

2014年9月11日，公司公告终止重大资产重组并复牌，同时承诺3个月不筹划重大资产重组事项。

五、分析点评

欢瑞世纪预计作价27.38亿元，是上市公司2013年资产总额8.45亿元的324%；是泰亚股份停牌前市值的1.7倍。为将如此庞大的资产注入上市公司，并规避借壳上市，此次重组的操盘手可谓花费颇多心思在其方案设计上，步步为营，环环相扣。泰亚股份的重组方案，其复杂程度不输于此前任一方案。上市公司原大股东、新大股东、标的资产控制人等多方利益在此博弈；控制权变更、"蛇吞象"式收购，通过精密设计最终共存于一个不构成借壳上市的交易方案中。

（一）规避手法

泰亚股份是一起非常典型的围绕上市公司控制权不变而进行的规避借壳方案。交易分为五步：

第一步：在重组前分拆泰亚股份实际控制人股权。

泰亚股份重组停牌前的控股股东是注册在香港地区的泰亚国际贸易有限公司（以下简称香港泰亚国际），持股53.17%，香港泰亚国际由林祥伟、王燕娥夫妇二人全资拥有。而林祥伟又与泰亚股份第二大股东泉州市泰亚投资有限责任公司（以下简称泉州泰亚投资）三位自然人股东关系密切。根据泰亚股份披露的信息，林祥伟与泉州泰亚投资的三位股东林松柏、林祥加、林祥伟、林祥炎行序分别为伯、仲、叔、季兄弟关系（见图5-2）。林氏兄弟控制的两家公司合计持有泰亚股份63.35%股份，为泰亚股份的实际控制人。

泰亚股份中外合资企业的身份，为其正常的生产经营带来诸多好处，但在重组欢瑞世纪时却成为必须克服的第一道障碍。根据现行的《外商投资产业指导目录》，影视剧的制作属于外商禁止类项目，欢瑞世纪的资产和业务要注入泰亚股份，就必须先把泰亚股份中外合资企业的身份解除。

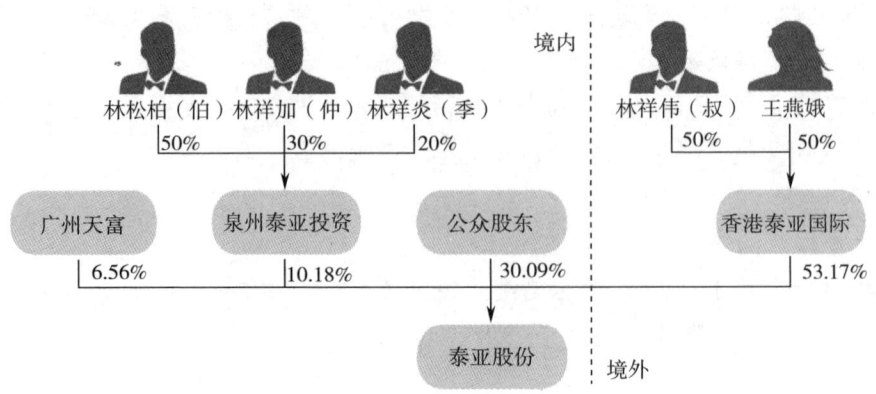

图5-2　泰亚股份停牌前股权结构

为此，泰亚股份开始了重组的第一个动作，将香港泰亚国际所持的股权向境内自然人进行转移。根据泰亚股份公告，2014年3月（停牌期间）香港泰亚国际将所持全部9 400万股分成了五块进行转让：转让3 400万股给林松柏的儿子林诗奕，转让2 000万股给自然人丁昆明，转让1 600万股给林清波，转让1 400万股给林健康，转让1 000万股给林建国。

根据公司及中介机构核查，这5名受让人，除了林诗奕与林松柏为一致行动人外，其他人与林氏兄弟不构成一致行动人关系。

从股权转让比例来看，香港泰亚国际股权切割得刚刚好。林诗奕受让股份后，持有泰亚股份19.23%股权，与其父控制的泉州泰亚投资合计持有泰亚股份29.41%股份，没有超过30%，这使得林氏家族在继续保持泰亚股份实际控制人地位的同时，避免了触发全面要约收购义务。

第二步：通过增资及股权转让降低陈氏家族在欢瑞世纪的持股比例，减少其交易完成后持有的上市公司股份数量。

2014年1月6日欢瑞世纪总股本9 860万元，陈氏家族持有约54.14%股权（约5 338万股）。

2014年1月21日泰亚股份停牌。

2014年2月，陈氏家族以25.35元/股价格转让出欢瑞世纪12.24%股份（约1 206.4万股），持股比例降至41.9%。

2014年3月，欢瑞世纪以25.35元/股的价格增资938.67万元，增资完成后陈氏家族持股比例下降至37.34%。

2014年6月，陈氏家族继续减持811.14万股，持股比例降至29.82%（约3 220.46万股）。

通过上述股权转让及增资，陈氏家族持有的欢瑞世纪股权从54.14%下降至29.82%，从而使得上市公司发行股份购买资产时陈氏家族可换取股份的比例大大降低。同时，陈氏家族套现约5亿元。

第三步：置出所有资产和债务，泰亚股份净壳化。

具体操作方式是，欢瑞世纪所有61名股东以其持有的欢瑞世纪股权为对价，置换出泰亚股份所有资产和负债，将泰亚股份变成一个干净的壳。通俗一点儿讲，就是欢瑞世纪的股东收购泰亚股份的净资产。这部分净资产的价值为7亿元，较6.53亿元账面净资产溢价约5 000万元。按照欢瑞世纪27.38亿元股权评估值，完成业务剥离后，泰亚股份将持有欢瑞世纪25.57%股权资产，其他所有的资产和债务则被转移到欢瑞世纪众多股东名下（见图5-3）。

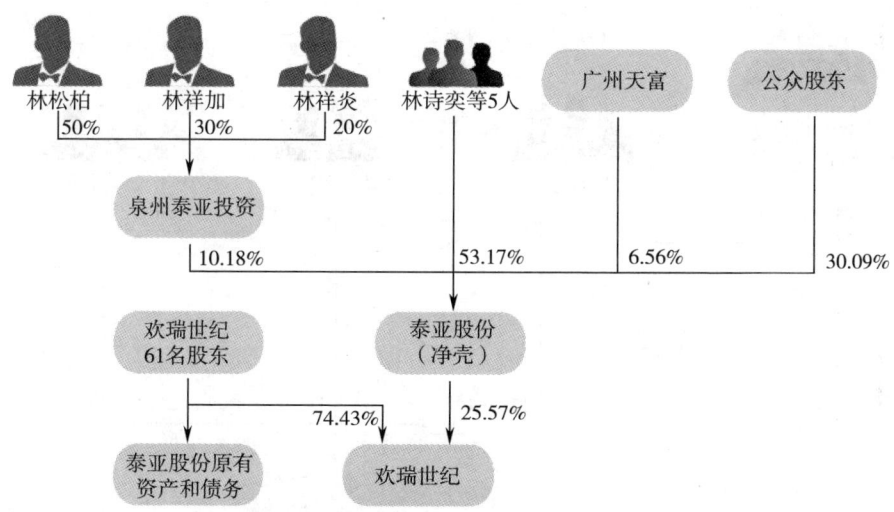

图5-3　泰亚股份净壳后的股权架构

经过这样一番折腾，泰亚股份得以变身成为内资企业并成为一个净壳。这意味着可以顺利将欢瑞世纪的资产和业务注入上市平台。

第四步：通过配套融资提高林松柏的持股比例，融资用于支付陈氏家族部分交易对价，进一步降低陈氏家族交易后持有的上市公司股权比例。

在完成第二步的稀释股权后，欢瑞世纪总股本为10 798.67万股，陈氏家族持股约3 220.46万股，持股比例29.82%。

由于第三步的资产置换行为，陈氏家族持有的股份比例由29.82%再次下降到22.2%（对应约2 397万股）。按欢瑞世纪预估值27.38亿元来算，陈氏家族持有欢瑞世纪的股权价值约为6亿元；如果全部换取上市公司股份，则可取得约 7 547.17 万股上市公司股份。而此时林氏家族持有泰亚股份 5 200 万股。显然，如果直接采取发行股份购买将会改变上市公司实际控制人，触发借壳上市。

为解决这一 "核心问题"，泰亚股份又采取了以下行动：以 7.95 元/股的价格向林松柏增发 2 767.3 万股新股，融资 2.2 亿元用于收购钟君艳所持 867 万股欢瑞世纪股份，剩余部分发行股份购买。这样做有两方面效果：

（1）使得林氏家族在泰亚股份的持股数增加到 7 967 万余股；

（2）使得陈氏家族持有的欢瑞世纪股份数下降到 1 531 万股，按照预估值计算，价格约 3.89 亿元。如果换成上市公司股份，约 4 893 万股。

两大家族所持股份市值一增一减，保证了上市公司的控制权不变，规避借壳上市的问题迎刃而解（见图 5 - 4）。

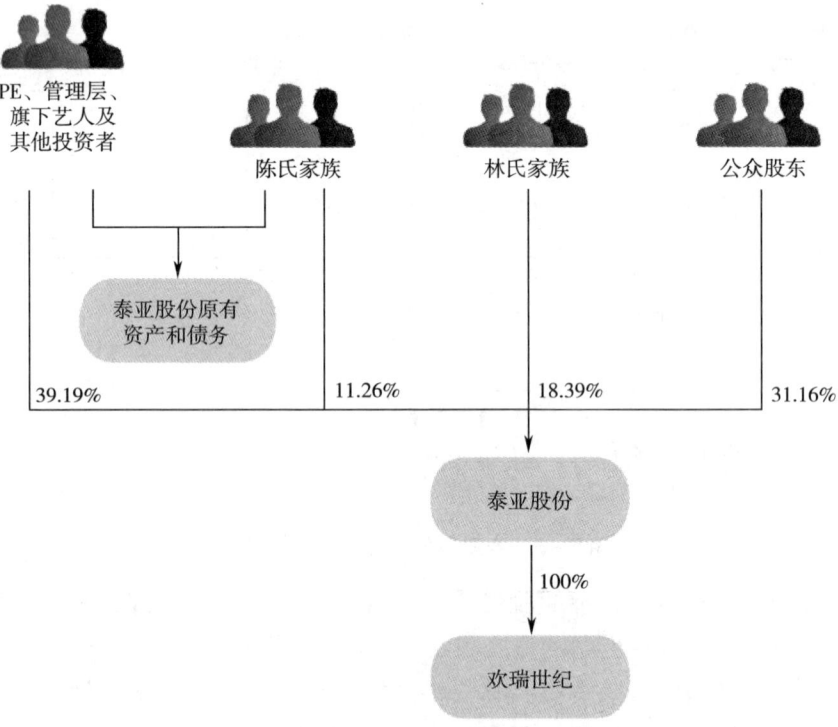

图 5 - 4　欢瑞世纪注入泰亚股份

值得留意的是，这一步非公开发行完成后，林氏家族持有泰亚股份的股比将超过 30%，将会触发要约收购。但林氏家族已是泰亚股份实际控制人，只要泰亚股份无关联股东在股东会上同意豁免林氏家族的要约收购义务，监管部门也不会要求林氏家族提交豁免要约收购的申请。

此前香港泰亚国际转让所持泰亚股份股权时，设法确保林氏家族持股比例控制在30%以下，而如今非公开发行又设法确保其所持股权超过30%，两个行为均规避了强制要约收购义务，可见交易方案经过周详考虑。

第五步：欢瑞世纪原股东处置泰亚股份原有的资产和债务。

欢瑞世纪原股东大多是从事影视剧制作的公司或人物，无经验去做运动鞋垫，自然要把其受让的泰亚股份原资产和业务处置出去，而此时的接盘方则是在第一步泰亚股份控股股东所持股权分割时，共计获得3 600万股的丁昆明和林清波二人。二人向欢瑞世纪所有原股东按各自持有泰亚股份的比例合计转让了泰亚股份3 000万股股票，用于支付收购此等资产的对价。经过此番动作，陈氏家族持有泰亚股份的股份数上升到5 770万股，占比13.33%，但仍低于林氏家族18.39%的持股比例，相差5.06%，整个交易方案设计工作到此也得以画上休止符（见图5-5）。

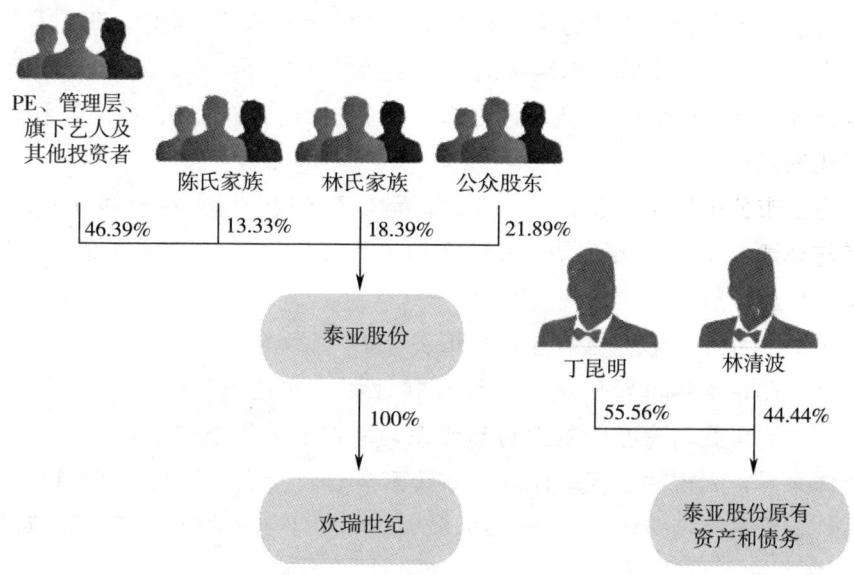

图5-5　泰亚股份重组完成图

纵观整个交易方案，将股权分割、资产置换、资产注入、配套融资等诸多行为融为一体，在股权比例设置、资产估值、支付方式上的"恰到好处"使其成功规避借壳监管。

（二）本次交易的疑点分析

1. 林松柏、林诗奕与丁昆明、林清波、林健康、林建国是否为一致行动人

根据公司及中介机构核查，林松柏、林诗奕与丁昆明、林清波、林健康、

林建国不构成一致行动关系。但该问题疑点重重。

（1）泰亚股份停牌后，香港泰亚国际转让 3 400 万股给林松柏的儿子林诗奕，转让 2 000 万股给自然人丁昆明，转让 1 600 万股给林清波，转让 1 400 万股给林健康，转让 1 000 万股给林建国。

转让给林诗奕每股是 4.2 元，转让给其他 4 人是 6.45 元。而上市公司停牌前 20 日股票交易均价是每股 7.95 元，且不论此方案公告后正常预期的股价上涨因素，在停牌筹划如此重大资产重组期间，却低价转让股份，如非关联人之间的转让，单纯以避税理由实在难以解释。

（2）查阅权益变动报告书发现，林建国、林健康、林清波、丁昆明 4 人的住所和通信地址十分相似，5 人均出自晋江市陈埭镇，其中林氏 4 人均来自桂林村。

同时，重组过程中的"礼尚往来"更显示几人之间不同寻常的关系。重组预案显示，上市公司拟以所持的全部资产和负债与欢瑞世纪 100% 股权的等值部分进行置换。随后，这笔估值 7 亿元的资产由林清波及丁昆明以 3 000 万股上市公司股份向欢瑞世纪全体股东购买。本次发行价 7.95 元/股，3 000 万股市值约 23 850 万元。以该部分股权换得评估值 7 亿元的经营性资产，林清波和丁昆明的交易实在划算。

作为上市公司的实际控制人，在处置置出资产的问题上拥有很高的话语权，如果其与林清波和丁昆明不存在一致行动关系或代持等私下利益安排，为何愿以低价将置出资产拱手让与他人？

2. 欢瑞世纪的股权是否存在代持情况

停牌以后，欢瑞世纪历经三次股权转让和一次增资，引入包括掌趣科技、海通开元、明星贾乃亮在内的大量新股东，将控制人钟君艳的持股比例大大稀释。具体来看，大规模股权转让前，陈氏家族合计持有欢瑞世纪 54.14% 股权；转让后，陈氏家族持股比例下降至 29.82%。一年不到的时间，陈氏家族就稀释约 25% 的股权。

从转让价格来看，除 1 月初为每股 20 元外，大部分稳定在 25.35 元/股，相当于欢瑞世纪本次收购估值。一方面是钟君艳的套现需求，但另一方面也不排除陈氏家族找了一些人来代持以稀释持股比例。从预案中可以看出，突击入股的股东有许多为无职业或退休的自然人。

（三）本次交易的结局点评

1. 本次交易的结局——交易终止

停牌自查 40 余天后，尽管公司依然咬定交易方之间不存在一致行动人关系，也不存在利益输送，且不构成借壳，但结果却颇为蹊跷。公司决定终止重组，理由是交易各方最终仍未就重组的细化交易方案达成一致意见。既然泰亚股份咬定既不构成借壳上市，又不涉及利益输送，同时还不存在一致行动人关系，那么为什么放着送上门的肥肉不要？终止的理由显然无法让人信服。

股价异动停牌核查，一般不需要如此漫长的时间。我们注意到，9 月 11 日，公司同时公告了英大证券关于林松柏、林诗奕与林清波、林健康、林建国、丁昆明不存在一致行动关系的核查意见。可以推断，在这段时间，监管部门高度关注不构成一致行动人的真实性问题，以及泰亚股份本次规避借壳监管的交易方案。鉴于该方案从规则本身来讲，确实不构成借壳上市，但方案设计的痕迹异常明显，部分细节不符合商业逻辑，经不起推敲。最终公司主动终止交易结束了该事项，一场"猫鼠游戏"最终以类似和解的方式终结。

2. 关于"壳"的思考

本次借壳中，按照发行价计算泰亚股份市值不过 16 亿元左右，是名副其实的中小盘股。盘子小、市值适中、债务轻、无重大诉讼和仲裁事项、经营出现颓势等，使得泰亚股份成为一个非常理想的"壳"。

9 月 11 日公司股票复牌并承诺 3 个月不策划重大资产重组后，股价并未出现跌停，相反，股价继续上涨，并稳定在每股 14 元左右，市值约 25 亿元。考虑到当时修订中的《重组办法》，已明确发行股份购买资产的发行价可由原来 20 日均价调整为 20 日、60 日、120 日交易均价中任一价格，且可以打九折。如此算来，泰亚股份仍然是一个 20 亿元以下的干净的"壳"资源。

2015 年 1 月 20 日，泰亚股份再次停牌策划重大资产重组。4 月 17 日，公司公告重组预案。本次交易构成借壳上市，借壳标的为上海恺英网络科技有限公司，主营网络游戏及互联网平台。泰亚股份搭上"互联网＋"的时代潮流，复牌后股价再次连续涨停。正应了那句老话："塞翁失马，焉知非福"。因此，对于中小股东来讲，基本没有对交易方案投反对票的动机和理由，无法形成对控股股东的制约。同时，本次交易中上市公司控制权人与交易对方之间，因利益构成及分配的复杂性，博弈机制更没有发挥作用，保护潜在中小股东利益。

二、围绕收购人与资产控制权差异的规避借壳手法

在上市公司控制权发生变更的基础上，借壳上市认定标准的第二构成要件为向收购人购买资产。因此，第二类规避手法即围绕上市公司控制权人与资产

控制权的差异展开，即向收购人以外的对象购买资产。

（一）该类规避方案的特征

总结该类规避方案，其基本特征为：

第一，上市公司控制权发生变更，收购人取得控制权；

第二，上市公司发行股份或支付现金购买资产，拟购买资产的资产总额或交易价格（孰高）占上市公司控制权变更前一个会计年度资产总额的100%以上；

第三，也是最关键的一点，上市公司购买的资产不属于收购人，或购买的收购人资产较小，不足100%。

（二）该类规避方案的具体原因

该类规避方案大行其道的原因在于制度内部及制度之间的差异。简单来讲，即监管套利。监管套利的存在源于制度内部以及制度之间的差异，净监管负担是指监管给市场主体所带来的成本与收益之差。一种经济目的可以通过多种交易策略实现。如果对于任意两种监管制度，净监管负担之差小于制度转换的交易成本，便会出现从净监管负担较高的交易策略向净监管负担较低的交易策略的转换。具体到借壳上市来讲，即从构成借壳上市向规避借壳监管转换，从规避借壳监管较难通过的方案向规避借壳监管较易通过的方案转换。

从理论上讲，上市公司发股再融资与发股购买资产均属于上市公司非公开股份的行为，对该类行为的规制应分为两个部分：第一，对上市公司的监管要求。鉴于均属于非公开发行，发行条件等应该一致。第二，对用途的监管要求。不管是再融资还是配套融资，如果资金用途为补充流动资金、用于募投项目等的，监管要求应该一致；不管是发股买资产，还是再融资资金用途为购买资产，对拟购买资产的要求应该一致。

但在现行监管机制和体制下，上市公司非公开发行股票再融资适用《上市公司证券发行管理办法》，由中国证监会发行部审核，审核重点为上市公司是否符合发行条件，募集资金的必要性、测算依据，募集资金投资的项目是否符合相关规定等。而上市公司非公开发行股票购买资产主要适用《重组办法》，由中国证监会上市部审核，审核重点为拟购买资产的合规性、作价公允性等。按照最初的规则体系和监管逻辑，发行部审核再融资，资金用途与IPO类似，主要为募投项目；上市部主要审核发行股份购买资产，可以同时配套募集25%以下资金，主要用于提高整合绩效。同时，为防止监管套利，规定"现金过桥"视为发行股份购买资产。

该机制最初运行比较顺畅，并未因适用规则和审核部门的不同产生严重的监管套利，一方面源于市场不够活跃，另一方面更是因为没有太多套利的空间。

监管套利行为从某一角度看，是市场主体对监管政策的反馈行为。2011年《重组办法》修订时明确借壳上市的认定标准及监管要求，并在其后不断修改监管规则，提高监管要求。上市公司再融资购买资产由于不适用《重组办法》，套利空间逐步出现并不断扩大，是否构成借壳上市将直接影响部分交易方案的可行性。在此背景下，市场开始出现各类规避借壳上市的方案，同时兼具试探监管态度的功效。该类规避方式的源头，应该说非博盈投资莫属。

案例解析：博盈投资再融资购买资产

一、上市公司

湖北博盈投资股份有限公司（以下简称博盈投资，证券代码000760）于1997年在深交所上市。交易前，公司主营业务为汽车配件制造及销售，总股本为23 685.23万股，控股股东荆州市恒丰制动系统有限公司（以下简称荆州恒丰）持有公司1 700.00万股股份（占比7.18%），实际控制人为罗小峰、卢娅妮。

（1）交易时，博盈投资的股权结构如图5-6所示。

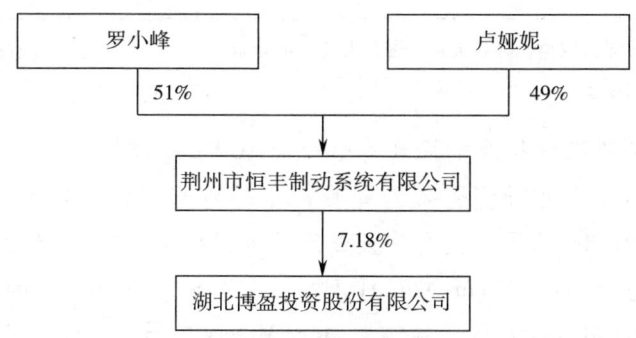

图5-6 博盈投资交易前的股权结构

（2）交易时，博盈投资的主要财务数据如表5-11所示。

表 5 - 11 博盈投资主要财务数据 单位：万元

项目	2012 年 9 月 30 日	2011 年 12 月 31 日
资产总额	75 331.12	68 668.38
负债总额	58 076.52	50 482.74
归属于母公司所有者权益	17 254.60	18 185.64
项目	2012 年 1 月至 9 月	2012 年
营业收入	12 975.58	44 709.28
净利润	-782.02	618.36
基本每股收益（元/股）	-0.03	0.02

二、交易标的

本次非公开发行募集资金主要用于以下项目，如表 5 - 12 所示。

表 5 - 12 博盈投资非公开发行募集资金用途 单位：万元

项目名称	项目投资总额	拟用募集资金投入金额
购买武汉梧桐硅谷天堂投资有限公司 100% 股权	50 000	50 000
Steyr Motors 增资扩产项目	30 000	30 000
公司技术研发项目	30 000	30 000
补充流动资金	39 999.9481	39 999.9481
合计	149 999.9481	149 999.9481

注：Steyr Motors 是武汉梧桐硅谷天堂投资有限公司的全资子公司，是博盈投资本次非公开发行股票募集资金运用的目标企业。

（一）武汉梧桐硅谷天堂投资有限公司 100% 股权

武汉梧桐硅谷天堂投资有限公司（以下简称武汉梧桐）成立于 2012 年 3 月，注册资本 30 000 万元，公司是天津硅谷天堂桐盈科技有限公司（以下简称天津桐盈）为收购 Steyr Motors GmbH（以下简称 Steyr Motors）而设立的收购主体，除持有 Steyr Motors 股权，并作为 Steyr Motors 的母公司履行正常职责，规划和统筹 Steyr Motors 的经营业务和国产化生产事宜外，公司无其他实质经营业务。

（1）交易时，武汉梧桐的股权结构如图 5 - 7 所示。

（2）交易时，武汉梧桐的主要财务数据如表 5 - 13 所示。

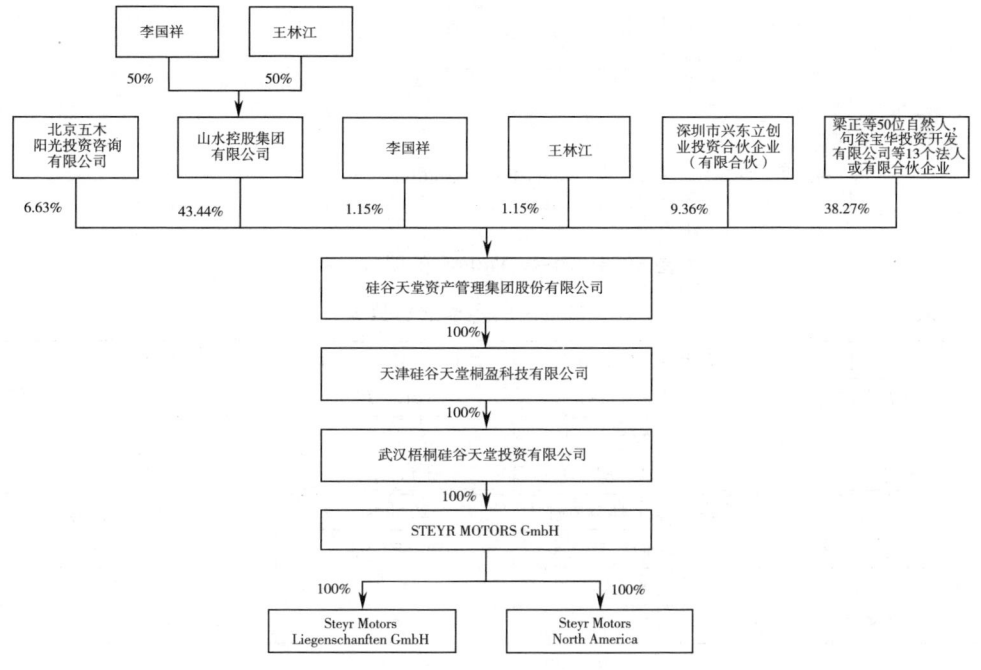

图 5 - 7　武汉梧桐的股权结构

表 5 - 13　　　　　　　　武汉梧桐的主要财务数据　　　　　　单位：万元

项目	2012 年 9 月 30 日
总资产	48 611.33
负债	19 660.99
所有者权益	28 950.34
项目	2012 年 1 月至 9 月
营业总收入	—
利润总额	- 1 399.54
净利润	- 1 049.66

（二）Steyr Motors

Steyr Motors 成立于 1864 年，实收资本 167.02 万欧元，公司主营业务为提供引擎设计、咨询、生产及安装的全方位解决方案。

（1）交易时，Steyr Motors 的股权结构如图 5 - 8 所示。

（2）交易时，Steyr Motors 的主要财务数据如表 5 - 14 所示。

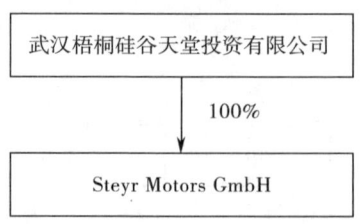

图 5 – 8　Steyr Motors 的股权结构

表 5 – 14　　　　　　　Steyr Motors 的主要财务数据　　　　　　单位：万元

项目	2012 年 9 月 30 日	2011 年 12 月 31 日	2010 年 12 月 31 日
总资产	22 824.18	20 187.02	19 786.01
负债	17 536.37	15 069.92	15 018.96
所有者权益	5 287.81	5 117.10	4 767.05
项目	2012 年 1 月至 9 月	2011 年	2010 年
营业总收入	14 815.71	26 492.95	19 819.80
利润总额	298.66	776.43	797.13
净利润	188.55	687.66	687.23

三、交易方案

（一）交易方案简介

公司通过向特定对象东营市英达钢结构有限公司、长沙泽瑞创业投资合伙企业（有限合伙）、长沙泽瑞创业投资有限公司（有限合伙）、宁波贝鑫股权投资合伙企业（有限合伙）、宁波理瑞股权投资合伙企业（有限合伙）、天津硅谷天堂恒丰股权投资基金合伙企业（有限合伙）非公开发行募集资金（总额 1 499 999 481元人民币，发行价 4.77 元/股），募集资金扣除发行费用后全部用于收购武汉梧桐100% 股权、Steyr Motors 增资扩产项目、公司技术研发项目、补充流动资金等。

表 5 – 15　　博盈投资非公开发行股份的认购对象、认购金额及认购数量

序号	发行对象	认购金额（元）	认购股份数量（股）	占上市公司总股本比例（%）
1	英达钢构	399 999 798.00	83 857 400	15.21
2	长沙泽瑞	249 999 993.00	52 410 900	9.51
3	长沙泽瑞	249 999 993.00	52 410 900	9.51
4	宁波贝鑫	199 999 899.00	41 928 700	7.61
5	宁波理瑞	199 999 899.00	41 928 700	7.61
6	天津恒丰	199 999 899.00	41 928 700	7.61
合计		1 499 999 481.00	314 465 300	57.06

（二）发行对象简介

1. 英达钢构

新的控股股东和实际控制人英达钢构认购 83 875 400 股股份，认购金额约 4 亿元。

2. 天津恒丰

天津恒丰认购 41 928 700 股股份，认购金额约 2 亿元。

天津恒丰的合伙人为天津硅谷天堂股权投资基金管理有限公司和硅谷天堂资产管理集团股份有限公司。硅谷天堂资产管理集团股份有限公司持有天津硅谷天堂股权投资基金管理有限公司 100% 的股权，持有天津桐盈 100% 的股权。天津桐盈持有武汉梧桐 100% 的股权，因此，天津恒丰与武汉梧桐属于同一实际控制人所有。

3. 长沙泽瑞与长沙泽瑞

长沙泽瑞与长沙泽瑞的执行事务合伙人同为湖南瑞庆科技发展有限公司，实际控制人为江发明。长沙泽瑞与长沙泽瑞合计认购 104 821 400 股股份，认购金额约 5 亿元。

4. 宁波贝鑫与宁波理瑞

宁波贝鑫与宁波理瑞的执行事务合伙人同为上海四创投资管理有限公司，实际控制人为张银花。合计认购 83 857 400 股股份，认购金额约 4 亿元。

（三）交易对上市公司的影响

1. 主营业务

交易完成后，公司主营业务构成由原单主业调整为双主业，上市公司在原主营业务板块"汽车配件制造及销售（传统车桥业务）"基础上主营业务增加"柴油发动机、柴电混合动力系统研发和生产业务"板块。

2. 控制权情况

本次非公开发行股票数量 314 465 300 股，发行后原控股股东荆州恒丰持股比例下降为 3.08%，英达钢构持股比例为 15.21%。同时鉴于长沙泽瑞、长沙泽瑞、宁波贝鑫、宁波理瑞、天津恒丰均放弃本次非公开完成发行后的持股期间的提案权和表决权，因此交易完成后，上市公司控股股东变更为英达钢构，实际控制人变更为冯文杰。

四、交易流程

（1）2012 年 7 月 6 日停牌，策划重大资产重组；

（2）2012 年 11 月 5 日复牌，公告八届董事会第三次会议决议及非公开发行预案；

（3）2013 年 1 月 15 日，上市公司第八届董事会第四次会议审议通过了本次非公开发行预案（修改版）及其相关议案；

（4）2013 年 1 月 31 日，上市公司召开 2013 年度第一次临时股东大会，审议通过了本次非公开发行方案及相关议案；

（5）2013 年 9 月 25 日，公司收到中国证监会通知，中国证监会发行审核委员会定于 2013 年 9 月 27 日对公司非公开发行方案进行审核；

（6）2013 年 9 月 27 日，公司非公开发行股票申请获中国证监会发行审核委员会审核通过；

（7）2013 年 11 月 7 日，公司收到中国证监会《关于核准湖北博盈投资股份有限公司非公开发行股票的批复》（证监许可〔2013〕1409 号）。

五、分析点评

通过定向增发，博盈投资控股股东更迭、主要资产变化，斯太尔实现上市。本次交易方案在当时存在较大争议。

（一）本次交易方案是否适用《重组办法》①

（1）根据公司披露的非公开发行股票预案，公司认为本次交易不构成重大资产重组。理由为，《重组办法》第二条规定："上市公司按照经中国证券监督管理委员会核准的发行证券文件披露的募集资金用途，使用募集资金购买资产、对外投资的行为，不适用本办法。"因此本次交易不构成重大资产重组。

（2）根据公司披露的非公开发行股票预案，公司认为本次交易不属于现金过桥。理由为：博盈投资本次非公开发行募集资金的总额约 15 亿元，其投向包括收购武汉梧桐 100% 股权项目、Steyr Motors 增资扩产项目、公司技术研发项目和补充流动资金四个项目。本次非公开发行募集资金用途并非特别针对收购标的公司 100% 股权项目。天津恒丰以现金约 2 亿元认购本次非公开发行的股份，仅占本次募集资金总额的 13.33%，且本次用于收购标的公司的资金仅占募集资金总额 33.33%，因此，天津恒丰实际认购标的公司股权项目的资金为募集资金总额的 13.33% × 33.33% = 4.44%。博盈投资本次购买的标的公司 100% 股权

① 此时《重组办法》为 2011 年修改后的《重组办法》，非 2014 年版《重组办法》。因此本案例中的《重组办法》指 2011 年版的《重组办法》。除条文序号不同，本案中相关的条文在 2014 年版《重组办法》中并未修改。

的价值为人民币 5 亿元，大部分来源于其他认购人的现金。同时，天津恒丰与武汉梧桐虽属于同一实际控制人所有，但天津恒丰与武汉梧桐的股东非同一主体。

因此，公司认为天津恒丰的认购行为不适用《重组办法》第四十二条"特定对象以现金或者资产认购上市公司非公开发行的股份后，上市公司用同一次非公开发行所募集的资金向该特定对象购买资产的，视同上市公司发行股份购买资产"规定之情形。

（3）监管部门意见——本次交易适用《重组办法》。根据《重组办法》第二条第三款规定，上市公司按照经证监会核准的发行证券文件披露的募集资金用途，使用募集资金购买资产、对外投资的行为不属于发行股份购买资产。更通俗地讲，以募集资金为目的的增发、配股，募集资金时资金投向已经经过行政许可审核，那么在实施时，就不再需要适用《重组办法》再履行一遍行政许可程序，这是一个普遍要求。

根据《重组办法》第四十二条第三款规定，特定对象以现金或者资产认购上市公司非公开发行的股份后，上市公司用同一次非公开发行所募集的资金向该特定对象购买资产的，视同上市公司发行股份购买资产。这是一个特殊要求，更通俗地理解，那就是规范现金过桥的行为，发行对象用现金先认购非公开发行的股份，上市公司再用募集资金购买该发行对象持有的资产，那么此交易应被认定为该发行对象直接发行股份购买资产。

根据《重组办法》第二条第二款规定，上市公司发行股份购买资产应当符合本办法的规定。据此，上市公司发行股份购买资产的行为均适用《重组办法》的规定，不论其是否构成重大的标准。因此，如交易方案构成《重组办法》第四十二条第三款规定的现金过桥即发行股份购买资产行为，则应适用《重组办法》。

此外，对于"该特定对象"的理解并不限于同一主体。属于同一控制下的任一主体均属于"该特定对象"的范围。因此博盈投资本次交易方案属于《重组办法》第四十二条规定的行为，构成发行股份购买资产，应适用《重组办法》。

（二）本次交易方案的审核机制

按照证监会现行的机构设置，上市公司非公开发行募集资金（以下简称再融资）由发行部审核；上市公司非公开发行股份购买资产由上市部审核。但再融资的资金用途也可以购买资产，发行股份购买资产的同时也可以配套融资，因此造成实践中很多人的理解困难。

以下简要介绍不同方案的具体审核程序：

（1）上市公司向 A 发行股份募集资金，资金部分或全部用途为购买 B 持有的资产。此方案属于典型的再融资方案，由发行部审核。

（2）上市公司向 A 发行股份购买资产，同时发行股份募集配套资金，由上市部审核。但要注意配套资金规模不能超过拟购买资产交易价格的 100%。

（3）上市公司向 A 发行股份募集资金，资金用途为购买 A 的资产。实践中基本不存在这样的方案。

（4）上市公司向 A、B 等人发行股份募集资金，资金用途为购买 A 的资产，则既属于再融资，又属于发行股份购买资产。可能由发行部单独审核，也可能由发行部主审，上市部配合审核。具体如何判断？

以博盈投资为例，上市公司共募集资金 14 亿元，其中 2 亿元来自天津恒丰；同时募集资金中 5 亿元用于购买与天津恒丰属于同一控制下的资产武汉梧桐，3亿元用于其子公司 Steyr Motors 增资扩产项目，按照《重组办法》第十四条增资实质上构成购买来计算，则募集资金用于购买该特定对象资产的金额为 8 亿元。根据《重组办法》第四十二条第三款，重合部分 2 亿元属于发行股份购买资产。如果天津恒丰认购 10 亿元募集资金，则重合部分 8 亿元属于发行股份购买资产。

回到审核部分的问题，既然 2 亿元构成发行股份购买资产，则肯定应当适用《重组办法》。但鉴于便利企业的原则，如果重合部分金额较小，对上市公司影响较小，则由发行部单独审核，由保荐机构对是否符合《重组办法》进行核查并发表意见即可，上市部不进行审核。如果重合部分金额较大，对上市公司影响较大，则发行部联合上市部进行审核。什么是"金额较大、影响较大"，实务中的把握尺度一般为：重合部分构成"重大"，即营业收入、总资产、净资产占上市公司对应指标的 50%，计算方法同正常的重大资产重组指标计算方法。

"联审"的具体操作方法为：受理后转发行部，发行部根据上述指标判断是否需要联合上市部审核。如果需要，将相关申请材料的复印件转上市部；上市部审核后将反馈意见提供给发行部，由发行部统一反馈给上市公司。上市公司回复后，如不需要经过二次反馈，则由发行部安排初审会。上市部如有关注问题，发行部将一并提交初审会讨论。

具体到本项目，鉴于上市公司前一个会计年度（2011 年）的净资产约 1.82亿元，构成发行股份购买资产的部分 2 亿元达到重大标准。因此该次申请由发行部主审，上市部协助审核，实现"一站式"对外的审核机制。

（三）本次交易方案为何不构成借壳上市

本次募集资金 15 亿元，其中 5 亿元用于购买资产武汉梧桐，3 亿元用于增资武汉梧桐子公司 Steyr Motors。即募集资金中 8 亿元为购买资产。较上市公司前一年度 7.5 亿元的总资产，超过 100%。但本次收购人为英达钢构，而出售资产方为天津桐盈，因此本次交易不属于"向收购人购买资产"，故而不构成借壳上市。

（四）本次交易方案的疑点

1. 各方的交易动机、交易目的

硅谷天堂 4 月用 2.8 亿元完成并购，7 月上市公司就停牌开始讨论此事，11 月欲 5 亿元卖给上市公司，短时间估值差异巨大，合理性存疑。谁是获益者?①

（1）硅谷天堂：成功收回成本，并在几个月内实现了 76% 的增值收益，又利用 5 亿元变现资金中的 2 亿元参与博盈投资定向增发，进一步分享上市公司未来的增值空间，从而成为了此次并购中的最大赢家。

（2）2 个 PE（4 个基金）：获得无风险投资机会，初始投资 9 亿元的股权回报可观。

（3）博盈投资实际控制人：股权流动性增强（持股比例降低到 5% 以下，且非实际控制人，减持不再受关注），且可能置出资产另有安排。

（4）博盈投资其他投资者：股票早已全流通，借机股价大幅拉升，所有交易前持有公司股票的股东均获益。

（5）英达钢构：主营业务为钢结构加工、安装，与汽车零部件风马牛不相及，更不用提对拥有世界先进技术水平的 Steyr Motors 公司有多少了解，怎么就敢掏出 4 亿元去做一个千里之外的上市公司的大股东，并作出巨额承诺呢？若盈利预测无法实现，英达钢构可能损失惨重。英达钢构 2011 年末净资产仅 3.59 亿元，净利润仅 7 400 万元，如何能出资 4 亿元做总计 11.8 亿元的业绩承诺？即便在 2012 年 8 月紧急增资 1 亿元，依然难消除质疑。

看似交易中的各方均已获利，但我们忽略了一个重要的主体：上市公司潜在的中小股东。交易方案公告后因股价上涨而购买公司股票的中小股东，在公司业绩无法支撑公司股价后，将遭受投资损失。

---

① 整个方案的背后推手是谁？目的是什么？是产业资本利用产业并购做大做强上市公司？是硅谷天堂巧妙设计运作一把成功退出的过桥并购＋无风险高增值股权回报？还是另有幕后资本玩家利用规则玩的一场逐利的游戏？有人说："这是一场完美的资本局，方案设计的巧妙和诸多不合理的投资决策相对应，不到最终操盘人浮出水面那一刻，谁都无法猜测到这个方案背后隐藏的利益分配。"

2. Steyr Motors 业绩预测的可实现性

Steyr Motors 公司之前连续多年业绩平平，为何中国人收购之后投 3 亿元人民币，就会出现预测业绩的暴涨？这个投资故事的可信度有多大？

2011 年度，该公司净利润仅 76.51 万欧元，2012 年 1 月至 9 月实现净利润仅 34.42 万欧元，就算 2012 年全年利润和 2011 年度相同，折合人民币也不过 600 万元左右净利润。然而本次交易中，预计 Steyr Motors 公司 2013 年的净利润将达到 2.3 亿元，38 倍的业绩暴增真的能实现？在评估报告中，预测 Steyr Motors 公司业绩 2013 年约 1 亿元，即按照《重组办法》的要求，业绩补偿协议仅需承诺约 1 亿元。

如果确为市场的谈判，确是真的产业并购，意图做大做强上市公司，为何业绩承诺如此不谨慎，与正常的商业逻辑相悖？是真的如此有信心，还是另有所图？事件的后续发展将告诉我们答案。

3. 本次交易方案中为何未包含资产置出

本次交易上市公司原控股股东实质上出让了控制权，但交易方案中并未发现壳费的踪影，荆州恒丰为何愿意出让控制权？为何原有资产未置出？是原有资产与新进入资产存在协同效应？抑或是拟双主业发展？非公开发行预案并未披露。

2014 年 1 月 16 日公司公告武汉梧桐完成过户。4 月 1 日公司停牌筹划重大事项，4 月 22 日转为筹划重大资产重组继续停牌。6 月 27 日公司公告重大资产出售方案。上市公司将原有资产出售给荆州恒丰，交易价格参照资产基础法评估值确定，约 1.72 亿元，增值率约 2%，相当于净资产的价格。

至此，我们将两笔交易连在一起看，荆州恒丰出让控制权的同时，低价取得了上市公司原有资产。而前次交易方案不置出上市公司原有资产，既不是因为存在协同效应或拟双主业发展，也不是因为交易双方不想置出。而是因为为规避借壳上市做成的非公开发行方案无法实现资产置出；同时，笔者推测，公司及中介机构应该是考虑到如果置出原有全部资产、负债，更无法解释不构成借壳上市这一问题，交易方案能否成功通过审批的不确定性进一步加大。

（五）本次交易方案中的盈利预测补偿方案

这是本次交易方案除方案设计外，最值得研究的一个问题。

1. 原盈利预测补偿方案

本次募集资金购买的资产武汉梧桐交易作价 5 亿元。作价依据为：武汉梧桐截至 2012 年 9 月 30 日的收益法评估值为 54 731.17 万元，增值率 89.05%。

既然本次交易方案适用《重组办法》，武汉梧桐又是以收益法进行估值，那么资产出售方应与上市公司签订明确可行的盈利预测补偿协议。

根据资产评估报告，武汉梧桐 2013 年度、2014 年度、2015 年度、2016 年度预测净利润分别为 10 656.39 万元、12 114.42 万元、13 748.18 万元、13 748.18 万元。

交易各方经协商确定的补偿方案为：（1）补偿主体：英达钢构。（2）补偿数额：武汉梧桐 2013 年度、2014 年度、2015 年度（以下统称为补偿期限）每年实现的经审计扣除非经常性损益后的净利润分别不低于 2.3 亿元、3.4 亿元和 6.1 亿元。若每期实际扣除非经常性损益后净利润数未达到上述的净利润承诺数，英达钢构承诺将按承诺利润数与实际盈利之间的差额对博盈投资进行补偿。如果博盈投资未能在当年完成本次非公开发行，则英达钢构将对上述业绩补偿期限进行顺延。（3）补偿方式：英达钢构以本次非公开发行取得的博盈投资的股份优先进行补偿；对于股份不足以补偿的余额，英达钢构以现金进行补偿。

问题在于：上市公司购买资产并非英达钢构出售，为何英达钢构愿意承担盈利预测补偿义务，而且是远远高于法定最低要求的补偿要求。

2. 盈利预测补偿的后续发展

（1）盈利预测补偿的第一次变更

我们把时间轴往后拉，拉到 2014 年初，根据上市公司公告：

①鉴于公司非公开发行在 2014 年实施完毕，因此将盈利预测补偿期顺延至 2014 年度、2015 年度、2016 年度，补偿金额分别不低于 2.3 亿元、3.4 亿元和 6.1 亿元。

仔细观察一下，我们发现，公司竟然只是顺延了补偿时间，却没有相应顺延补偿金额。比如，按照原承诺，2014 年预测利润为 3.4 亿元，这么一顺延只剩下 2.3 亿元了。

按照正常理解，顺延自然是指盈利预测补偿时间和补偿数额同步顺延。上市公司并购重组市场上这么多年发行股份购买资产的盈利预测补偿方案中，从未出现过这样"顺延"的。这算文字游戏吗？

②Steyr Motors 2013 年净利润约 7.76 万元。英达钢构并未就 2013 年业绩未完成部分向上市公司补偿。难道顺延了，2013 年的净利润就可以不补偿了？如果不补偿，是否构成出资不实？

对此，监管部门在后续监管中要求相关中介机构核查并出具核查意见。中介机构核查后认为：

首先，根据评估报告出具时的基础和依据，评估结果不存在高估。评估对象 2013 年实现利润 7.76 万元，低于原评估报告中预测的 10 656 万元，低约 1 亿元，未实现原因主要在于国产化进度大大推迟。基于原有的评估模型和评估假设，如果上述推迟不对 2014 年及后续年度的国产化采购代工计划的实施造成影响，估值结果会由 54 731 万元降低约 1 亿元。基于上述前提，截至 2013 年 12 月 31 日，按 4.4 亿元定价①可以弥补因国产化进度推迟、2013 年未达到预计值对资产定价的影响。2014 年 1 月 14 日，公司支付天津桐盈 4.4 亿元作为股权转让款，已对过渡期内武汉梧桐实现利润未达盈利预测利润数进行了调减，不存在损害上市公司利益的情况，不存在出资不实。

其次，顺延后的每年承诺的利润数仍高于评估报告预测数，不存在不合规的情况。

（2）盈利预测补偿的第二次变更

我们把时间轴再往后拉，拉到 2015 年初，根据上市公司公告：武汉梧桐 2014 年经审计扣除非经常性损益后净利润为 74 065 691.75 元，未能实现承诺利润 2.3 亿元，与上述承诺利润数差额为 15 593 万元。

根据原公告，股份补偿公式为：[标的资产交易价格÷本次发行价格×（截至当期期末累计净利润预测数－截至当期期末累计净利润实现数）÷补偿期限内的净利润预测数总和]－已补偿股份数。即利润对应估值的比例补偿。

根据该公式，英达钢构应补偿股份数为 12 159 834 股股份。

公司于 5 月 20 日公告控股股东拟变更业绩承诺的公告。拟将股份补偿方式由股份变更为现金，且补偿公式变更为：各年应补偿现金金额＝各年承诺利润数－各年实现的经审计扣除非经常性损益后的净利润数。即仅补差额。

以上述数据来说，如果股份补偿，按照 2015 年 4 月 24 日的收盘价 17.94 元/股计算，应注销股份价值 2.18 亿元，远高于现金差额 1.56 亿元；且如果公司股票继续增值，英达钢构将享有这些增值收益。换句话说，业绩承诺未实现，英达钢构却能因此收益。如果股价上涨幅度大到一定程度，完全可以不用实现任何业绩，仅需在二级市场高价减持股份，同时将其中一部分现金补偿给上市公司即可。如此，在上市公司发行股份购买资产中，如果交易双方达成共识，可尽量做高评估值和交易价格，未来即使不实现，也可以从二级市场的减持中获利。

最不可思议的是，6 月 10 日，公司的股东大会竟然以 2/3 以上多数表决通

---

① 本次交易中武汉梧桐作价 5 亿元，最终上市公司仅支付 4.4 亿元股权转让款。

过了控股股东变更承诺的议案。这不得不引起我们对于该类交易博弈机制有效性的反思。此外，作为重大资产重组方案重要组成部分的盈利预测补偿协议，在交易方案经中国证监会审核后，通过股东大会直接变更的效力应如何认定？

（六）市场影响

博盈投资方案公告后，市场高度关注。不只是关注方案本身，更关注的是监管部门的态度。博盈投资最终获得核准批文，意味着通过再融资绕道借壳上市的方案可行，可以效仿。因此博盈投资的该次方案又被称作"潘多拉魔盒"。

（七）该类规避方案的不同结果

博盈投资之后，A股市场上类似的重组方案接踵而至，各种变形、升级版本层出不穷，这些精心设计的重组案例中，防止控制权转移、化整为零等常规手法应有尽有。但对于围绕收购人与控制权差异的规避借壳手法，证监会发行部和上市部的态度似乎存在一定的差异。从万好万家和松辽汽车这两个项目可以窥见端倪。

案例解析：万好万家并购兆讯传媒等三个标的资产

一、上市公司

浙江万好万家实业股份有限公司（以下简称万好万家，证券代码 600576）于 2003 年 2 月在上海证券交易所上市。截至交易前，上市公司总股本 21 809.31 万元，主营业务包括房地产业务、采矿加工业务、钢材销售业务等。控股股东万好万家集团有限公司（以下简称万好万家集团）持有 40.4% 股份，实际控制人为孔德永。

公司交易前的主要财务数据如表 5 – 16 所示。

表 5 – 16　　　　　万好万家的主要财务数据　　　　　单位：万元

项目	2014 年 6 月 30 日	2013 年 12 月 31 日	2012 年 12 月 31 日
资产	65 718.97	71 818.55	89 739.99
负债	12 746.96	17 654.92	31 657.91
股东权益	52 972.01	54 163.62	58 082.08
项目	2014 年 1 月至 6 月	2013 年	2012 年
营业收入	849.59	8 003.76	2 060.22
利润总额	– 1 138.60	753.69	– 5 105.38
净利润	– 1 155.64	280.30	– 6 561.83

二、标的资产

（一）兆讯传媒 100% 股权

兆讯传媒广告股份有限公司（以下简称兆讯传媒）主要经营铁路客运站的数字媒体广告发布业务，是我国站点覆盖范围最广、视频设备投放数量最多的数字媒体广告运营商。

（二）翔通动漫 100% 股权

厦门翔通动漫有限公司（以下简称翔通动漫）主要从事移动互联网动漫的创意、策划、制作、发行，动漫相关版权授权以及动漫相关的互联网和移动网络游戏的研发、运营服务，积累了以绿豆蛙、酷巴熊、功夫包子、闪客、NOMOLOVE 为代表的近 500 个动漫版权形象，制作了 10 万余屏原创漫画及 400 余部手机动漫短片，其动漫业务累计访问用户超过 8 亿人次，累计订购用户数超过 8 000 万人次，已成为中国三大电信运营商动漫业务核心的合作伙伴。

（三）青雨影视 100% 股权

东阳青雨影视文化股份有限公司（以下简称青雨影视）主要经营影视制作、影视节目的购买及转让业务，青雨影视始终坚持精品电视剧的定位，创作了《潜伏》、《借枪》、《飞虎神鹰》、《平原烽火》、《孤岛飞鹰》、《幸福请你等等我》等优秀电视剧作品，是精品电视剧制作的代表企业之一。

三、交易方案

（一）交易方案简介

浙江省发展资产经营有限公司（以下简称浙江发展）协议受让取得上市公司现控股股东万好万家集团持有的部分股份并通过其关联方参与万好万家发行股份并支付现金购买资产及配套融资最终获得上市公司控股地位和控制权，同时上市公司发行股份及支付现金购买兆讯传媒 100% 股份、翔通动漫 100% 股权、青雨影视 100% 股份并募集配套资金。具体方案如下：

1. 股份转让

浙江发展通过协议方式受让万好万家集团持有的公司 4 500 万股股份（占本次交易前公司总股本的 20.63%）。转让价格 9 元/股，转让总价款为人民币 4.05 亿元。

本次股份转让在以下条件全部成就且其中最晚成就之日起生效：（1）本次

股份转让和重大资产重组获得主管国有资产监督管理部门批准；（2）本次股份转让和重大资产重组及配套募集资金获得中国证券监督管理委员会核准。

2. 发行股份及支付现金购买资产

公司本次交易拟收购兆讯传媒100%股份、翔通动漫100%股权和青雨影视100%股份。

标的公司兆讯传媒的评估值为110 045.16万元，翔通动漫的评估值为120 903.97万元，青雨影视的评估值为71 530万元，三家标的公司合计评估值为302 479.13万元。参考评估值，三家标的公司交易价格协商确定合计为302 400万元，其中兆讯传媒100%股份的交易价格为110 000万元，68%以股份支付，32%以现金方式支付；翔通动漫100%股权的交易价格为120 900万元，55%以股份支付，45%以现金支付；青雨影视100%股份的交易价格为71 500万元，65%以股份支付，35%以现金支付。据此，公司为购买上述标的资产合计需发行182 657 361股股份并支付现金1 146 282 328.92元。

3. 募集配套资金

公司通过锁价方式向杭州越骏股权投资合伙企业（有限合伙）（以下简称杭州越骏）等7名特定投资者发行股份募集配套资金100 800万元，发行股份合计约98 054 474股。

杭州越骏系浙江发展控股子公司担任执行事务合伙人的有限合伙企业。

（二）本次交易方案对上市公司股权结构的影响

表5–17　　　　　　　　本次交易前后万好万家的股权结构

股东名称	本次交易完成前		本次交易完成后		备注
	持股数（万股）	股权比例（%）	持股数（股）	股权比例（%）	
浙江发展	—	—	45 000 000	9.02	协议转让
万好万家集团	8 810.10	40.40	43 101 044	8.64	原股东
拉萨兆讯	—	—	43 657 587	8.75	
富海银涛	—	—	14 552 529	2.92	兆讯传媒股东
周泽亮	—	—	14 552 529	2.92	
四川联尔	—	—	31 009 438	6.22	
翔运通达	—	—	5 762 978	1.16	翔通动漫股东
天厚地德	—	—	27 913 690	5.60	

股东名称	本次交易完成前		本次交易完成后		备注
	持股数（万股）	股权比例（%）	持股数（股）	股权比例（%）	
杭州越骏（浙江发展的一致行动人）	—	—	48 000 000	9.62	募集配套资金对象
杭州赛领	—	—	29 186 290	5.85	
华数网络	—	—	8 750 000	1.75	
浙报集团	—	—	3 720 000	0.75	
润信鼎泰	—	—	972 762	0.20	
苏素玉	—	—	6 809 338	1.37	
沁朴投资	—	—	616 084	0.12	
	—	—	1 945 525	0.39	青雨影视股东
浙文投资（浙江发展一致行动人）	—	—	2 730 897	0.55	
其他青雨影视股东	—	—	40 532 188	8.13	
上市公司其他股东合计	12 998.91	44.99	12 998.91	26.06	
合计	21 809.31	100.00	498 804 969	100.00	

本次交易完成后，浙江发展及其关联方浙文投资、杭州越骏合计持有上市公司 19.19% 股份，合计成为上市公司第一大股东；浙江发展的最终控制人浙江省国资委将成为重组后上市公司的实际控制人。

四、分析点评

（一）本次交易方案的设计

1. 控制权情况

本次交易导致上市公司控制权发生变更。

本次交易前，上市公司控股股东为万好万家集团；本次交易完成后，上市公司控制权变更为浙江发展及其一致行动人。

2. 资产比例

根据万好万家、三家标的公司经审计的 2013 年度财务数据以及交易作价情况，相关财务比例计算如表 5-18 所示。

表 5 - 18　　　　　本次交易标的资产占上市公司相关财务指标比例情况

单位：万元、%

2013 年度财务数据	万好万家	三家标的公司合计	占比
资产总额	71 818.55	302 400.00	421.06
净资产	50 131.37	302 400.00	603.22
营业收入	8 003.76	56 445.17	705.23

注：三家标的资产总额、资产净额指标均根据《重组办法》的相关规定，取值本次交易标的资产的交易价格。

但本次重组方案中，上市公司向浙江发展及其关联方购买的资产仅为其下属的浙文投资持有的青雨影视 3.9264% 股权，交易作价为 2 807.36 万元，不超过万好万家 2013 年末总资产额 71 818.55 万元。

因此，本次重组虽导致上市公司实际控制人发生变更，但是上市公司向收购方购买的资产总额未达到 100%，因此不构成借壳上市。

此类方案即典型的上市公司控制权发生变更，且购买资产比例超过上市公司资产总额 100%，但因不是向收购人购买资产，因此不构成借壳上市的方案。

值得注意的是，本次交易方案中，发行股份购买资产并不以募集配套资金为前提条件，即在考虑交易方案是否构成借壳上市时，应扣除配套融资部分，如此，浙江发展的持股比例仅略高于拉萨兆讯。如低于，本次交易方案将构成借壳上市。

（二）本次交易被否决的原因

根据并购重组委意见，本次重组的三家标的公司属于不同的业务领域，且上市公司控制权发生变化，未来存在较大整合风险，未来盈利能力存在较大不确定性，不符合《上市公司重大资产重组管理办法》第十一条"有利于上市公司增强持续经营能力"、"有利于上市公司形成或者保持健全有效的法人治理结构"的规定。

对于三家标的公司的整合措施、未来盈利能力，重组报告书也进行了详细分析，并进行相应的风险提示，但交易方案仍未获通过。据此可以揣测，并购重组委对于该种规避借壳上市的交易方案，倾向于不予认可。

（三）重组失败的结果

上市公司重大资产重组方案失败可分为两种：第一种，主动终止；第二种，中国证监会不予核准。

对于上市公司公告预案后主动终止重大资产重组的，根据现行规则，为防止相关方利用忽悠式重组进行内幕交易或操纵股价，在终止的同时，上市公司应同时承诺 3 个月不筹划重大资产重组方案。①

对于重大资产重组方案被中国证监会否决的，上市公司可重新上报。如交易方案不构成重大调整，则上市公司在落实否决意见后可立即上报，不存在时间间隔；如交易方案构成重大调整，则须履行相应的董事会、股东大会程序后重新上报。需注意的是，该两种情况下，上市公司均无需承诺 3 个月不筹划重大资产重组，再次上报均无时间间隔。

（四）后续发展

万好万家收到中国证监会不予核准的批文后，董事会决定继续推进本次重组，并调整交易方案为：发行股份及支付现金购买翔通动漫 100% 股权，交易价格仍为 120 900 万元。

鉴于本次交易方案调整构成重大调整，上市公司重新召开董事会、股东大会审议交易方案，并重新锁价。根据新的董事会决议公告日前六十个交易日公司 A 股股票交易均价的 90%，发行价格确定为 17.12 元/股，较此前 10.28 元/股的发行价格高出 66.54%。

案例解析：松辽汽车再融资购买资产

一、上市公司

松辽汽车股份有限公司（以下简称松辽汽车，证券代码 600715）于 1996 年 7 月在上海证券交易所上市。截至本次交易前，公司总股本 22 425.6 万元，主营业务处于停滞状态，主要靠贸易业务支撑公司的持续经营。

截至本次交易前，上市公司控制权结构如图 5 - 9 所示。

二、标的资产

本次非公开发行募集资金总额为 39.48 亿元（含发行费用），扣除发行费用后募集资金净额将用于投资的项目如表 5 - 19 所示。

---

① 在实务中，公司承诺不筹划重大资产重组后，实际可以筹划上市公司再融资，募集资金可用于购买资产。但须注意，此时交易方案中不得存在现金过桥的情形，如存在，即构成重大资产重组，违反承诺。

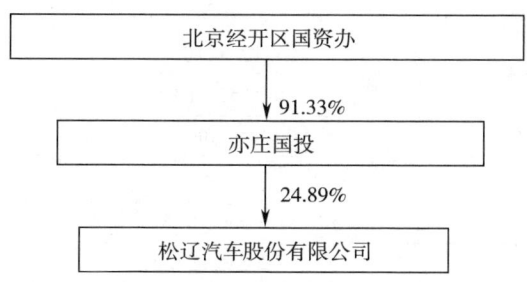

图 5-9　本次交易前上市公司股权结构

表 5-19　　　　　　　　　　本次非公开发行募集资金用途

序号	项目名称	拟投入募集资金（亿元）
1	购买耀莱影城 100% 股权项目	23.20
2	购买都玩网络 100% 股权项目	14.28
3	补充流动资金	2.00
	合计	39.48

（一）耀莱影城 100% 股权

江苏耀莱影城管理有限公司（以下简称耀莱影城）成立于 2010 年 6 月，注册资本 1 412.25 万元，主要从事影院电影放映及相关衍生业务、影视投资制作业务、文化娱乐经纪及相关服务业务。其股权结构如图 5-10 所示。

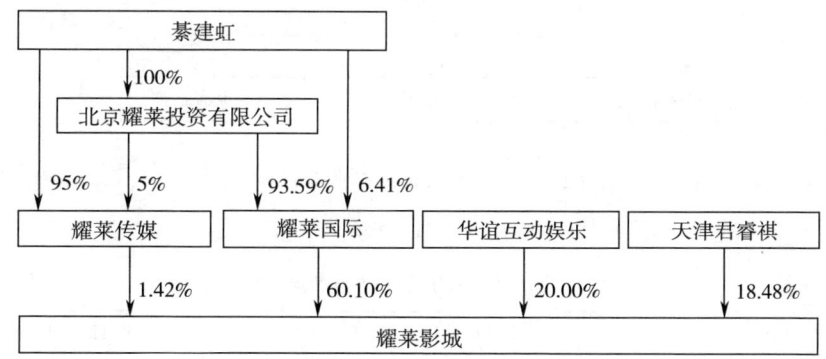

图 5-10　耀莱影城的股权结构

耀莱影城的主要财务数据如表 5-20 所示。

表 5 - 20　　　　　　　　　　耀莱影城的主要财务数据　　　　　　单位：万元

项目/年度	2014 年 12 月 31 日	2013 年 12 月 31 日
资产总计	111 520.80	48 040.16
负债总计	64 055.91	16 177.69
所有者权益	47 464.90	31 862.47
项目	2014 年	2013 年
营业收入	76 206.78	41 322.24
营业利润	20 121.85	8 098.07
利润总额	21 221.93	9 201.45
净利润	15 719.00	6 642.36

（二）都玩网络 100% 股权

上海都玩网络科技有限公司（以下简称都玩网络）成立于 2012 年 3 月，注册资本 1 000 万元，主要业务是网页游戏、移动游戏的开发以及游戏运营。其股权结构如图 5 - 11 所示。

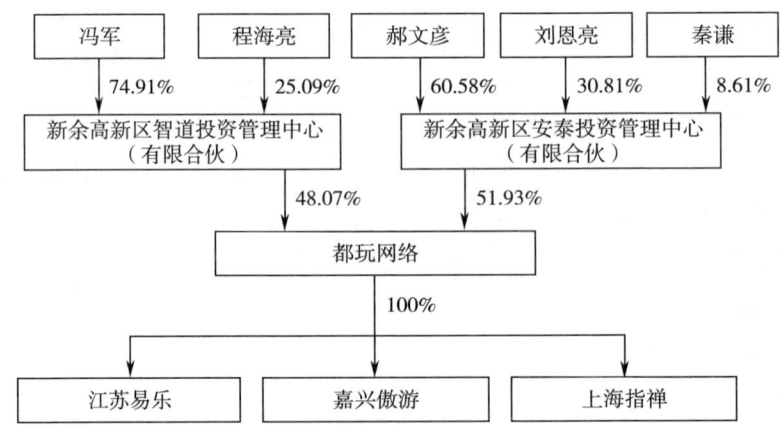

图 5 - 11　都玩网络的股权结构

都玩网络的主要财务数据如表 5 - 21 所示。

表 5 - 21　　　　　　　　　　都玩网络的主要财务数据　　　　　　单位：元

项目	2014 年 12 月 31 日	2013 年 12 月 31 日
资产总额	170 301 243.05	89 436 539.28
负债合计	40 372 093.94	16 151 417.94
所有者权益	129 929 149.11	73 285 121.34

项目	2014 年	2013 年
营业收入	170 936 194.11	83 122 527.89
营业成本	56 196 330.45	4 555 607.06
利润总额	121 608 467.62	63 113 098.45
净利润	99 459 167.57	62 669 231.01

三、交易方案

（一）交易方案简介

公司通过向北京文资控股有限公司（以下简称文资控股）等 10 名发行对象锁价发行 609 259 200 股股份募集资金 39.48 亿元（含发行费用），扣除发行费用后募集资金净额将用于投资的项目如表 5 - 22 所示。

表 5 - 22　　　　本次非公开发行募集资金用途

序号	项目名称	拟投入募集资金（亿元）
1	购买耀莱影城 100% 股权项目	23.20
2	购买都玩网络 100% 股权项目	14.28
3	补充流动资金	2.00
	合计	39.48

发行对象的认购情况如表 5 - 23 所示。

表 5 - 23　　　本次非公开发行的发行对象、认购金额及认购数量

序号	发行对象	认购股份数量（股）	认购金额（元）
1	文资控股	185 185 200	1 200 000 096
2	耀莱文化	143 209 900	928 000 152
3	君联嘉睿	78 765 400	510 399 792
4	姚戈	28 703 800	186 000 624
5	冯军	39 677 600	257 110 848
6	郝文彦	34 664 200	224 624 016
7	立茂投资	35 843 200	232 263 936
8	京润资本	15 432 100	100 000 008
9	安赐文创壹号	27 777 800	180 000 144
10	丰煜投资 1 号	20 000 000	129 600 000
	合计	609 259 200	3 947 999 616

其中耀莱文化、冯军、郝文彦、立茂投资均为标的资产的股东或其股东控制的企业，前述 4 个发行对象合计认购金额 16.42 亿元。该 16.42 亿元构成现金过桥，视为发行股份购买资产。

（二）交易对上市公司股权结构的影响

本次发行完成后，公司股权结构如表 5 - 24 所示。

表 5 - 24　　　　　本次非公开发行后上市公司的股权结构

序号	发行对象	发行后持股数量（股）	比例（%）
1	文资控股	185 185 200	22.22
2	亦庄国投	55 827 200	6.70
3	耀莱文化	143 209 900	17.18
4	君联嘉睿	78 765 400	9.45
5	姚戈	28 703 800	3.44
6	冯军	39 677 600	4.76
7	郝文彦	34 664 200	4.16
8	立茂投资	35 843 200	4.30
9	京润资本	15 432 100	1.85
10	安赐文创壹号	27 777 800	3.33
11	丰煜投资 1 号	20 000 000	2.40
	其他社会公众股	168 428 800	20.21
	合计	833 515 200	100

四、分析点评

（一）本次交易方案的设计

1. 控制权情况

本次交易导致上市公司控制权发生变更。

本次交易前，上市公司控股股东为亦庄国投，实际控制人为北京市经开区国资办；本次交易完成后，上市公司控股股东变更为文资控股，实际控制人为北京市文资办。

2. 资产比例

根据两家标的公司经审计的 2013 年度财务数据以及交易作价情况，相关财务比例计算如表 5 - 25 所示。

表 5 - 25　　　　本次交易标的资产占上市公司相关财务指标比例情况

单位：万元、%

2013 年度财务数据	松辽汽车	两家标的公司合计	占比
资产总额	826 004.37	构成发行股份购买资产的部分为 16.42 亿元	19.88
净资产	411 371.56	60 457.81	14.7
营业收入	54 982.04	93 300.4	169.69

从资产总额比例的角度来看，拟购买资产的资产总额未占到上市公司控制权变更前一个会计年度资产总额的 100%，但上市公司主营业务停滞多年，实际上已属于"壳公司"；此外，本次交易并非向收购人文资控股及其关联方购买资产，因此本次交易不构成借壳上市。

（二）本次交易方案获得中国证监会核准

本次交易方案属于上市公司再融资，由中国证监会发行部进行预审，并经发审委审核通过；区别于万好万家的申请，由中国证监会上市部预审，并经并购重组委审核。当然，类似的交易方案，不同的审核结果，并不能说明发行部与上市部哪个审核更严格，但可以看出两部门审核的重点存在一定区别。在再融资中，主要关注上市公司是否具备融资资格，融资用途是否恰当、必要；而在发行股份购买资产中，主要关注是否构成借壳上市、拟购买资产的规范运作、持续盈利能力等，对于规避借壳上市的方案，上市部的审核较为严格，一般会要求相关方就表决权、一致行动人等作出明确说明和安排。因此，就此类方案来讲，存在一定的监管套利空间。

目前，我国由壳公司定向增发，由非上市公司获得控股权，再将非上市公司资产和业务注入上市公司的现象较多。笔者认为，这种反向收购的再融资行为，面临增发定价的公允性、股东权利平等性原则能否得到实际贯彻的问题，应该通过法规或相关规范性文件，寻求解决的合适路径。

三、围绕资产比例的规避借壳手法

借壳上市认定标准的第三大构成要件为，向收购人购买的资产占上市公司控制权变更前一个会计年度资产总额的 100%。因此，第三类规避手法即控制向收购人购买资产的比例。

（一）该类规避方案较少

规避借壳上市的方案一般通过前述两种方式实现，较少在资产比例上做文章。主要原因在于上市公司资产总额固定，标的资产的资产总额和交易价格也比较固定，除非较为接近，否则控制的空间不大；且累计首次原则和预期合并原则一定程度上防范了该种行为的发生。

实务中控制权变化且向收购人购买资产但购买资产比例不足100%的方法主要为：控制购买资产的股权比例，如购买51%股权等。但该种方案可能导致的问题在于：第一，购买剩余股权时，容易因累计计算构成借壳。第二，发行股份购买剩余股权存在一定难度。该类对上市公司影响重大的交易方案公告并复牌后，一般被市场解读为重大利好，上市公司股价通常会有较大幅度提升，后续发行价格的高企给发行股份购买资产带来难度。第三，后续购买剩余股权的价格可能无法控制。因此，单纯通过控制购买资产比例不达到100%来规避借壳的方案较少。

（二）新的发展动向（不满100%主动认定构成借壳）

在泰亚股份重组方案中，实际控制人发生变更，再向非关联第三方发行股份购买资产达到一定标准，又置出全部原有资产却不构成借壳上市的行为，引起监管部门重视。公司停牌近两个月自核，最终重组"胎死腹中"。

泰亚股份重组方案后，国投中鲁、秦岭水泥、福建南纸先后公告重组方案，纷纷比照借壳上市进行信息披露。如国投中鲁，其拟发行股份购买江苏环亚全部股权。在实际控制人发生变更的情况下，注入资产成交金额20.5亿元，占上市公司2013年度资产总额的90.57%，没有达到100%。但是公司却表示，"本次交易虽未达到《重组管理办法》第十二条关于'借壳上市'规定的相关指标，但本次交易涉及上市公司拟出售全部资产和负债；同时，本次交易完成后主营业务发生重大变更，实际控制人发生变更，其交易实质已满足'借壳上市'的实质要件，本次交易实质上构成借壳上市。"[①]

与国投中鲁类似，另外两起上市公司重组虽然不构成借壳，但是在信息披露与合规性审核上却全面按照借壳标准进行。它们分别是秦岭水泥与中再生旗下8家公司的重组、福建南纸与福建省国资委旗下风电资产的重组。虽然这两家公司在交易性质上均非借壳，但是都用借壳标准进行严格的"自我要求"，一反"避重就轻"的风气，与国投中鲁的处理有异曲同工之妙。

笔者发现，从2011年"借壳新规"到国投中鲁为止的借壳案例中，尚未发现有同样情况的出现。反而，由于标的资产种种不符合借壳标准（如顺荣股份并购标的三七玩成立时间不满三年），或上市公司身处创业板等种种原因穷极各

---

① 国投中鲁披露方案时，2014年版《重组办法》尚未出台，因此借壳上市的规定为《重组办法》第十二条。

种手段巧避借壳的案例呈高发态势。

"彼之毒药，我之蜜糖。"为何人人避之而不及的借壳，却成了一些公司追捧的"香饽饽"呢？

笔者经分析发现，该三家公司与泰亚股份类似，交易方案中均将原有资产全部置出，成为"净壳"。如按照该时点上市公司的资产总额计算，肯定超过100%。但由于《重组办法》第十三条规定的计算标准为控制权变更前一个会计年报上市公司的资产总额，导致该类净壳注入资产不构成借壳上市。

在泰亚股份重组方案失败后，公司为提高交易成功的可能性，对于上市公司出售资产成为"净壳"，并向收购人购买资产的，如果拟购买资产符合借壳条件，主动要求参照借壳上市的标准进行信息披露。

案例解析：中闽能源借壳福建南纸

一、上市公司

福建省南纸股份有限公司（以下简称福建南纸，证券代码600163）于1998年在上交所上市。交易前，公司主营业务为生产和销售新闻纸、文化用纸和营林，总股本为72 141.996万股。

2013年8月，上市公司原控股股东福建省轻纺（控股）有限责任公司将持有的上市公司28 611.511万股股份无偿划转给福建省投资开发集团有限责任公司（以下简称投资集团），福建南纸的控股股东变更为投资集团，实际控制人仍为福建省国资委。交易前，投资集团持有福建南纸28 611 511万股股份（占比39.66%）。

1. 交易时，福建南纸的股权结构如图5-12所示。

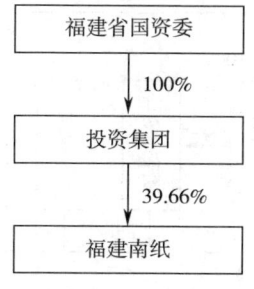

图5-12　本次交易前福建南纸的股权结构

2. 交易时，福建南纸的主要财务数据如表5-26所示。

表 5 - 26   本次交易前福建南纸的主要财务数据   单位：万元、元/股

项目	2014 年 12 月 31 日	2013 年 12 月 31 日	2012 年 12 月 31 日	2011 年 12 月 31 日
资产总额	222 309.44	261 432.81	357 394.25	412 591.71
负债总额	211 694.95	195 132.84	213 702.07	262 345.92
归属于母公司所有者权益	10 123.76	65 780.64	143 167.08	145 498.28
项目	2014 年	2013 年	2012 年	2011 年
营业收入	107 040.30	140 890.41	146 698.65	211 631.42
净利润	- 56 141.11	- 77 196.47	2 211.40	- 30 467.35
基本每股收益	- 0.78	- 1.07	0.03	- 0.42

二、交易标的

（一）置出资产

置出资产为福建南纸全部资产与负债，不包括与公司经营无关的本次交易中介机构费用及职工安置费用。

（二）置入资产

置入资产为福建中闽能源投资有限责任公司（以下简称中闽能源）100% 股权。中闽能源成立于 1993 年 10 月，现注册资本 44 500 万元，主营业务为陆上风力发电的项目开发、建设及运营。

（1）交易时，中闽能源的股权结构如图 5 - 13 所示。

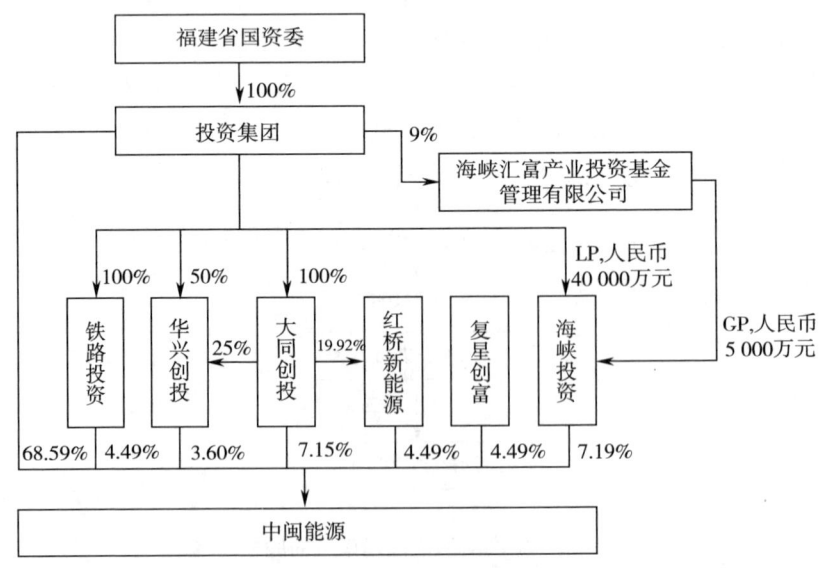

图 5 - 13　中闽能源的股权结构

申请材料说明，中闽能源的控股股东为投资集团（持股比例合计 83.83%），实际控制人为福建省国资委，与上市公司为同一控制下企业。

（2）交易时，中闽能源的主要财务数据如表 5 - 27 所示。

表 5 - 27　　　　　　　中闽能源的主要财务数据　　　　　　单位：万元

项目	2014 年 12 月 31 日	2013 年 12 月 31 日	2012 年 12 月 31 日	2011 年 12 月 31 日
总资产	250 058.95	308 205.57	282 356.93	252 072.26
负债	138 118.91	199 157.44	209 459.52	182 574.65
所有者权益	105 479.37	100 155.69	64 361.43	60 432.01
项目	2014 年	2013 年	2012 年	2011 年
营业总收入	36 577.74	37 368.10	25 490.73	11 922.53
利润总额	5 980.48	6 426.94	5 954.28	4 204.00
净利润	5 456.55	6 150.72	5 512.52	4 204.29
扣除非经常性损益后的净利润	4 616.55	5 570.29	4 207.94	4 217.47

三、交易方案

（一）交易方案简介

交易方案分为三个部分，包括：（1）资产置换；（2）发行股份购买资产；（3）发行股份募集配套资金。上述资产置换和发行股份购买资产两项交易同时生效、互为前提；募集配套资金以资产置换及发行股份购买资产的实施为前提条件，但募集配套资金成功与否并不影响本次资产置换及发行股份购买资产的实施（已完成发行）。交易方案经福建省国资委批准。

具体方案如下：

1. 资产置换

福建南纸以置出资产，与投资集团所持有的中闽能源 68.59% 的股权中的等值部分进行置换。

2. 发行股份购买资产

置出资产与置入资产价格差额 59 928.85 万元由上市公司向中闽能源全体股东发行股份购买。

3. 发行股份募集配套资金

本次交易原拟向投资集团锁价募集配套资金 39 170 万元。其中 29 312 万元用于风电场项目建设，7 900 万元用于拟置出资产员工安置费用，剩余部门用于支付相关中介费用。

鉴于募集配套资金能否用于拟置出资产员工安置费用问题的不确定性，公司调整交易方案，取消用于支付拟置出资产员工安置费用的 7 900 万元，将募集配套资金金额调整为 31 270 万元，占交易总金额的 21.02%。

（二）估值、定价

以 2014 年 7 月 31 日为基准日，本次交易拟置出资产的评估值为 57 583.38 万元，增值率 57.51%，作价 57 583.38 万元；拟置入资产的评估值为 117 512.23 万元，增值率 27.08%，作价 117 512.23 万元。相关评估报告已经福建省国资委备案。

（三）发行情况

1. 上市公司发行股份购买资产

发行价按照定价基准日前 20 个交易日均价的 90% 确定为 3.28 元/股，发行股份数 182 709 905 股，占本次发行后上市公司总股本的 20.21%，占募集配套资金后上市公司总股本的 18.28%。

2. 上市公司发行股份募集配套资金

发行价按照定价基准日前 20 个交易日均价的 90% 确定为 3.28 元/股，发行股份数 95 335 365 股，占募集配套资金后上市公司总股本的 9.54%。

（四）交易对上市公司的影响

1. 主营业务

交易完成后，上市公司主营业务将由生产和销售新闻纸、文化用纸和营林，变更为陆上风力发电的项目开发、建设及运营。

2. 控股股东及实际控制人

交易前后上市公司的控股股东和实际控制人未发生变化，上市公司控股股东为投资集团，实际控制人为福建省国资委。

3. 财务数据

表5-28　　　　　　本次交易前后上市公司的财务数据　　　　单位：元、元/股

财务指标	2014 年 12 月 31 日		2013 年 12 月 31 日	
	本次重组前	本次重组后	本次重组前	本次重组后
资产总额	2 223 094 365.50	2 500 589 505.95	2 614 328 086.73	2 751 370 292.28
负债总额	2 116 949 512.47	1 381 189 100.69	1 951 328 420.02	1 692 456 424.29
归属于每母公司所有者权益	101 237 631.90	1 054 793 734.53	657 806 427.02	997 244 621.83
每股净资产	0.14	1.17	0.91	1.10

财务指标	2014 年度		2013 年度	
	本次重组前	本次重组后	本次重组前	本次重组后
营业收入	1 070 403 005.32	349 627 016.74	1 408 904 112.73	337 258 085.71
净利润	−561 411 063.68	63 218 798.82	−771 964 712.01	73 314 939.30
基本每股收益	−0.78	0.06	−1.07	0.07

注：重组后数据未考虑募集配套资金影响。

四、交易流程

1. 2014 年 9 月 19 日，上市公司职工代表大会审议通过了拟置出资产涉及的劳动关系处理方案。

2. 2014 年 11 月 4 日，福建省国资委完成了本次交易可行性研究报告的预审核。

3. 截至 2014 年 11 月 26 日，本次交易方案已经全部交易对方的内部权力机构审议通过；同日，中闽能源召开股东会议，审议通过了本次交易的方案。

4. 2014 年 11 月 28 日，上市公司第六届董事会第八次会议审议通过了重组报告书和本次重组相关具体协议，关联董事回避了相关议案的表决，独立董事发表了独立意见。

同日，福建南纸与中闽能源全体股东签署了《重组协议》，并与投资集团签署了《股份认购协议》、《盈利补偿协议》。

5. 2014 年 12 月 10 日，本次交易的拟置出资产和拟置入资产评估报告经福建省国资委备案。

6. 2014 年 12 月 11 日，本次交易方案获得福建省国资委的批复。

7. 2014 年 12 月 23 日，上市公司 2014 年第三次临时股东大会审议批准本次交易事项。

8. 2014 年 12 月 29 日，中国证监会受理福建南纸本次申请。

9. 2015 年 3 月 13 日，上市公司第六届董事会第七次临时会议审议通过了《关于调整公司重大资产置换及发行股份购买资产并募集配套资金暨关联交易方案的议案》，取消了用于拟置出资产员工安置费用对应的募集配套资金，相关费用由投资集团承担；同时，投资集团对利润补偿的支付方式由"股票或现金"改为由股票支付。

同日，福建南纸与投资集团签署了《补偿协议》补充协议和《股份认购协议》补充协议。

10. 2015 年 3 月 17 日，福建南纸上报反馈意见回复。

11. 2015 年 3 月 27 日，本次交易经中国证监会上市公司并购重组委员会 2015 年第 22 次会议审议，并获无条件通过。

12. 2015 年 4 月 14 日，本次交易通过商务部的反垄断审查。

13. 2015 年 4 月 15 日，中国证监会核准福建南纸本次交易。

五、分析点评

（一）本次交易参照借壳上市审核

本次交易中，拟置入资产的资产总额及交易金额孰高值为 269 953.65 万元，占上市公司控制权发生变更的前一个会计年度（2012 年）经审计的合并财务会计报告期末资产总额 357 394.25 万元的比例为 75.53%，不足 100%。因此，本次交易未达到《重组管理办法》第十三条关于借壳上市的相关指标。

但我们注意到，本次交易涉及上市公司拟置出全部资产和负债，并注入一块与原业务完全无关的全新资产，交易完成后，上市公司主营业务将发生根本变化；同时，上市公司控制权在 2013 年 8 月因国有股权无偿划转发生变化，且控股股东拟通过本次交易置入其控股子公司中闽能源。2013 年 8 月至交易完成，福建南纸控制权和主营业务均发生变化，已经成为一家"全新的"上市公司，符合借壳上市的实质要件。

对于类似交易，从严按照借壳上市对这些交易进行审核，可以有效防范部分企业故意规避借壳的风险，有效保护上市公司中小投资者的利益。

因此，审核过程中关注了拟置入资产对应的经营实体是否符合 IPO 标准，并参照借壳上市的要求，对本次交易进行了审核，实质性地把握了借壳上市的审核精神。

（二）本次交易的配套募集资金

本次交易涉及置出资产员工安置问题。由于企业经营情况不佳，与通常情况下人愿意随资产走的情况不同，出现了相当一部分职工希望在交易后与原造纸资产解除劳动关系、领取经济补偿金的情况，金额预计将达到 8 000 万元。

在盈利能力差、历史遗留问题多、负担重的国有资产被剥离出上市公司的同时，如果不能合理合法地处理好包括员工安置、地方发展等在内的多种问题，就可能会产生影响社会安定的隐患。本次交易中，募集配套资金取消后，拟置出资产的员工安置费用成为了问题。上市公司无能力支付该笔费用。最终控股股东投资集团承诺承担拟置出资产的员工安置费用，妥善地解决了置出资产涉及的民生问题，保证了整个交易的顺利进行。

值得注意的是，原交易方案中，拟以募集资金支付相关经济补偿金。考虑到置出资产中并未预提相关费用，募集资金用于支付经济补偿并不会导致作价有失公允的情况。但募集资金能否用于拟置出资产的员工安置费用？

按照当时的"问题与解答"，上市公司发行股份购买资产的同时募集的部分配套资金，主要用于提高重组项目整合绩效。提高整合绩效主要包括：现金对价的支付、交易税费、人员安置费用等并购整合费用、标的资产在建项目建设及运营资金安排、补充上市公司流动资金。[①] 虽然该"问题与解答"已失效，但新的"问题与解答"中，对此问题的表述仍然为"支付本次并购交易税费、人员安置费用等并购整合费用"。因此本项目中的问题仍然存在。

一般理解，募集配套资金原则上应用于置入资产相关的开支，用于拟置出资产是否符合配套资金的本意值得探讨；通常置入资产不太可能涉及员工安置，该条规定是否可以适用于置出资产值得关注。在本项目中，鉴于公司争取时间，主动取消了该部分配套募集资金，所以无从判断监管部门的意见。但从新的"问题与解答"来看，监管部门对于募集配套资金的用途是不断放松管制的。用于拟置出资产的员工安置也应认为属于本次并购的整合费用。

（三）本次交易盈利预测补偿的方式

在本次交易首次披露时的方案中，投资集团对盈利预测补偿的支付方式为：可选择股票或现金。在反馈回复中，投资集团修改了补偿方式，改为全部以股份补偿。具体而言，先以通过本次交易获得的上市公司股份进行补偿，如数量不足，投资集团可选择以其持有的上市公司存量股或二级市场购股的方式提供股份补偿。

盈利预测补偿制度的法律依据是公司法上关于出资制度的规定。根据《公司法》第二十七条规定，对作为出资的非货币财产应当评估作价，核实财产，不得高估或者低估作价。实践中，为防范标的资产高估值损害上市公司中小股东利益，对基于未来收益预期进行估值且增值率较高的标的资产，要求交易对方对预期收益进行对赌。

对于盈利预测补偿而言，使用股票与使用现金支付的最大区别在于：现金的价值相对稳定，而股票价格与公司生产经营情况有较大相关性，在对赌中更能体现上市公司、交易对方与标的业绩的关联度。因此，使用股票不仅是盈利

[①]　此"问题与解答"现已被失效。配套募集资金的整套规则已在前文系统介绍。

预测补偿的支付方式，更是上市公司新老股东利益捆绑的纽带。使用股票作为盈利预测补偿的支付方式，往往更能促进标的资产经营业绩的提升，从而全方位地维护上市公司股东尤其是中小股东的利益。此外，盈利预测补偿一般发生在交易完成后 1~3 年内，此时，上市公司股价可能已大幅上涨，尤其是在借壳上市中。如果用现金补偿，借壳方即使不能完成业绩，也能从二级市场取得丰厚的收益，如此借壳方高估值的动力更足。为防范该种情形，实现权责一致，监管部门要求，在一些交易中，交易对方必须以股份补偿。同样，基于权责一致的原则，补偿数量以该次交易取得的股份数为限。

四、其他规避借壳的手法

所谓"道高一尺，魔高一丈"，上市公司规避借壳监管的方式不断创新。除前面介绍的各种结合借壳上市认定标准进行的各类规避行为以外，市场上还存在各种其他方法。

（一）其他规避方案的特征

纵观其他规避借壳的方案，基本均是围绕着一个中心点完成：不构成重大资产重组，不适用《重组办法》。

（二）其他规避方案的不同手法

综合市场上出现的其他疑似借壳案例，笔者总结出的其他规避手法主要包括以下几类：

第一类是通过资本公积金转增股本来变相换取资产。此时，资产通过"无偿赠与"进入上市公司，不构成《重组办法》规定的购买，因此不适用《重组办法》，不构成借壳上市。典型操作手法如 ST 宏盛。

第二类是上市公司先以现金购买资产，资产方控股股东或实际控制人再通过存量股转让取得上市公司控制权。典型操作手法如焦作万方。

第三类是上市公司先以现金购买资产，再向资产方发行股份募集资金增资该资产。鉴于此时该资产已属于上市公司子公司，因此该增资行为不再视为购买，不适用《重组办法》，不构成借壳上市。典型操作手法如中泰桥梁。

案例解析：ST 宏盛：司法裁决

一、上市公司

西安宏盛科技发展股份有限公司（以下简称宏盛科技，证券代码 600817）

于 1994 年 1 月在上海证券交易所上市。截至本次破产重整前，公司主营业务基本停滞，仅依靠少量房屋租金收入及子公司物业管理收入维持运营，公司注册资本为 128 728 066 元，控股股东普明物流持有 26.09% 的股份。

二、破产重组方案

宏盛科技 2007 年至 2009 年连续三年亏损，上交所根据《上海证券交易所股票上市规则》的有关规定决定自 2010 年 4 月 9 日起对宏盛科技股票实施暂停上市。

因不能清偿到期债务，债权人上海凯聚电子实业有限公司依法向西安市中级人民法院申请对公司进行重整。西安市中级人民法院于 2011 年 10 月 27 日作出《民事裁定书》[（2011）西民四破字第 00007 号]，裁定受理重整申请。

2011 年 11 月 24 日，西安市中级人民法院作出《关于指定陕西博硕律师事务所为西安宏盛科技发展股份有限公司破产重整管理人的决定》[（2011）西民四破字第 00007 - 2 号]，指定陕西博硕律师事务所为公司破产重整管理人。

2011 年 12 月 22 日，西安市中级人民法院作出《民事裁定书》[（2011）西民四破字第 00007 - 7 号]，依法裁定准许宏盛科技进行重整。

（一）经营方案

1. 处置现有全部资产

宏盛科技将通过公开拍卖或变卖等方式处置现有的全部资产，变现资金用于清偿公司负债，如本重整计划获得西安市中级人民法院裁定批准，则在本重整计划执行完毕后，宏盛科技现有全部资产将被剥离。

2. 引入战略投资者阶段性恢复持续经营能力

为尽早恢复主营业务盈利能力，避免公司退市，公司在本次重整中引入了战略投资者。2012 年 3 月 1 日，公司与莱茵达控股集团有限公司（以下简称莱茵达控股）、张金成签署了《关于宏盛科技破产重整计划中引入战略投资者事宜的约定》。莱茵达控股、张金成拟向公司注入莱茵达国际融资租赁有限公司（以下简称莱茵达租赁）45% 股权。

在本次重整计划中，公司以截至 2012 年 2 月 29 日股本 128 728 066 股为基础，用资本公积金按每 10 股转增 2 股，共计转增 25 745 613 股份，该部分股份由全体股东最终让渡给战略投资者张金成。

3. 引入重组方注入优质资产

在上述经营方案的基础上，宏盛科技持续经营能力问题将获得一定程度的解决，但为了实现彻底解决持续经营能力问题的最终重整目标，宏盛科技将引入重组方对公司实施重大资产重组。

（二）出资人权益调整方案

根据偿债能力分析报告，假定宏盛科技全部资产可按照评估值变现，普通债权可获得的清偿率仅约为7.43%。经过协商，公司设立出资人组，对出资人权益调整进行表决，具体方案如下：

1. 以资本公积转增股本用于提高普通债权人的清偿比例

以宏盛科技现有总股本128 728 066股为基础，用资本公积金按每10股转增0.5股的比例，共计转增6 436 403股，该部分转增股份全部用于按照本重整计划的规定向普通债权进行清偿，以提高其最终清偿比例。

2. 以资本公积转增股本用于引入战略投资者

以宏盛科技现有总股本128 728 066股为基础，用资本公积金按每10股转增2股的比例向全体股东转增股本，共计转增25 745 613股。该部分股份转增实施后，全体股东自愿将该部分股份过户至管理人名下。

管理人将上述股权中的25 745 613股股份用于向战略投资者莱茵达控股集团有限公司、张金成换取其持有的莱茵达国际融资租赁有限公司45%股权，待莱茵达国际融资租赁有限公司45%股权过户至管理人名下时，管理人将上述25 745 613股股权让渡给战略投资者张金成，同时将换取的莱茵达租赁股权赠与公司，从而公司将阶段性解决持续经营能力问题。

经出资人权益调整，公司股本从128 728 066元增加到160 910 082元，普明物流仍持有公司33 589 968股，占公司总股本的20.87%，仍为公司的控股股东，张金成持有公司25 745 613股，占公司总股本的16%，成为公司第二大股东。

三、交易标的

莱茵达租赁成立于2010年11月8日，注册资本3 000万美元，主要从事融资租赁业务等。

截至2011年12月31日，莱茵达租赁总资产49 815.79万元，净资产22 250.32万元。莱茵达租赁2011年度实现营业收入4 445.5万元，实现归属于母公司股东的净利润2 242.71万元。

四、分析点评

（一）本次交易方案是否构成重大资产重组

根据公司说明，该重整方案为全体股东将资本公积金转增的 25 745 613 股自愿过户至管理人名下，而管理人将上述股权让渡给战略投资者张金成，同时将换取的莱茵达租赁股权赠与公司。从上市公司角度来讲，本次交易属于无偿受赠资产，不属于重大资产重组。

笔者尝试对该问题进行了分析，认为该行为构成重大资产重组。首先，上市公司已资不抵债，拟置入资产的资产总额、净资产均超过上市公司总资产的50%；其次，该交易方案并不属于无偿赠与。

根据《破产法》，破产管理人是指破产案件中，在法院的指挥和监督之下全面接管破产财产并负责对其进行保管、清理、估价、处理和分配的专门机构。破产管理人可以由有关部门、机构的人员组成的清算组或者依法设立的律师事务所、会计师事务所、破产清算事务所等社会中介机构担任。在破产重组中，破产管理人即代表公司，履行接管债务人的财产、印章和账簿、文书等资料、决定债务人的内部管理事务、管理和处分债务人的财产等职责。

本项目中，公司资本公积金转增股本后过户至管理人名下，从法律上将视为过户至公司名下。管理人将上述股权让渡给张金成，换取莱茵达租赁45%股权赠与公司；从法律上来讲，即公司将股份让渡给张金成，换取莱茵达租赁45%股权。从股东、上市公司的角度来讲，其让渡股权均是为换取资产；从张金成的角度来讲，其并不是无偿赠与上市公司资产，而是为换取上市公司股权。因此，从行为本质来看，该方案不属于无偿赠与，应构成重大资产重组。

对于破产重组方案涉及重大资产重组应取得中国证监会审批的，原则上应由法院启动会商机制与中国证监会衔接。

但在本项目中，西安市中级人民法院于 2012 年 4 月作出的《民事裁定书》[（2011）西民四破字第 00007－14 号]，批准宏盛科技重整计划。基于行政权与司法权之间的关系，监管部门能否叫停该方案是个值得研究的问题。但因不属于本书的讨论范畴，本处不做讨论。

（二）本次交易方案是否构成借壳上市

根据上述逻辑，如认定本次交易方案构成重大资产重组，那么是否构成借壳上市呢？从资产总额来看，超过100%；但从控制权角度来看，公司控制权未发生变化，不构成借壳上市。但如果后续的重组计划拟购买资产仍由张金成控制，导致注入资产后上市公司控制权人变更为张金成，则构成借壳上市。

近期，市场流传另外一个通过资产赠与规避借壳的方案。方案主要情况为：上市公司控股股东等多名股东（合计持股比例80%）将其持有的公司70%股权远期转让给69名自然人，转让价格300亿元（而该70%股权停牌前市值仅26亿元），形成控股股东等人对69名自然人的债权。远期转让协议同时约定，控股股东等人须将该债权无偿赠与上市公司。控股股东等人取得300亿元债权后，为避税进行了一系列设计，最终将主要资产为该300亿元债权的壳公司无偿赠与上市公司。

公司同样认为该方案不属于重大资产重组，属于无偿赠与。但笔者认为，从整个链条来看，尤其是远期转让协议的价格、债权须无偿赠与上市公司的条款来看，该方案实质上应不属于无偿赠与，而应属于重大资产重组。鉴于公司最终放弃该方案，公告了其他标的资产借壳上市的方案，该方案的可行性无法判断。

案例解析：焦作万方：曲线重组

一、上市公司

焦作万方铝业股份有限公司（以下简称焦作万方，证券代码000612）于1996年在深交所上市。交易前，公司主营业务为铝冶炼及加工，铝制品、金属材料的销售等，总股本为120 101.94万股，控股股东中国铝业股份有限公司持有公司20 745.19万股股份（占比17.27%），实际控制人为中铝公司。①

二、交易标的

拉萨经济技术开发区万吉能源科技有限公司（以下简称万吉能源）成立于2014年6月，注册资本3 000万元，公司系本次交易对方拉萨经济技术开发区吉奥高投资控股有限公司（以下简称吉奥高投资）为本次交易新设公司，其核心资产为：对境外（蒙古国和摩洛哥）油气区块提供勘探开发服务可获得的合同权益。上述权益涉及7处油气资源，分别为蒙古国4处、摩洛哥3处。

1. 交易时，万吉能源的股权结构如图5-14所示。

---

① 虽然年报准则要求上市公司实际控制人披露至最终自然人或国有资产管理部门，但国有控股股东股权及管理相对比较复杂，因此存在一部分案例中将实际控制人披露为国有控股集团的。

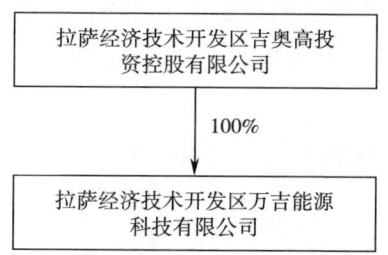

图 5 – 14　万吉能源的股权结构

2. 交易时，万吉能源的主要财务数据如表 5 – 29 所示。

表 5 – 29　　　　　　　　　万吉能源的主要财务数据　　　　　　　单位：万元

项目	2014 年 7 月 31 日
总资产	1 000.00
负债	5.72
所有者权益	994.28
项目	2014 年 1 月至 7 月
营业总收入	—
利润总额	—
净利润	—

三、交易方案

（一）交易方案简介

1. 现金收购资产

公司以自有资金收购吉奥高投资持有的标的公司 100% 股权。收购价格以评估值为基准，经双方协商确定为 170 000 万元人民币。

吉奥高投资实际控制人刘坤芳承诺，标的资产 2014—2017 年度实现的净利润和经营活动生产的现金净额分别不低于 0.3 亿元、3.5 亿元、5 亿元和 8.2 亿元。

2. 存量股转让

吉奥高投资分别与大成基金管理有限公司、华夏基金管理有限公司、金元惠理基金管理有限公司、泰达宏利基金管理有限公司签署《上市公司股份转让协议》，拟按每股 8 元的价格协议受让上述各基金管理公司所持有的上市公司合计 206 503 758 股股票，占本公司已发行股本总额的 17.2%，转让总价款为

1 652 030 064 元。标的资产交割完成后 6 个月内，吉奥高投资将以两笔交易的差价 4 800 万元继续购买焦作万方股票，购买上限为合计持有 20% 的焦作万方股票。

现金收购资产与存量股转让互为前提。鉴于本次交易方案不构成新发股份，无须中国证监会审核。

（二）估值、定价

万吉能源 100% 股权在评估基准日（2014 年 7 月 31 日）的账面价值为 994.28 万元，资产基础法评估值为 249 452.43 万元，评估增值率 24 988.75%。交易作价 17 亿元。

评估增值的依据为万吉能源蒙古 23 号、蒙古 23 – S 号、蒙古 L – 1 号及摩洛哥 HAHA《勘探服务合同》真实有效。

（三）交易对上市公司的影响

本次交易将使公司涉足国际油气资源开发，进一步拓展公司的业务范围，对公司实现业务转型升级和可持续发展具有重要战略意义。

四、交易流程

1. 2014 年 6 月 24 日，上市公司董事会六届十八次会议审议通过公司与相关交易各方签署的《资产收购框架协议》；

2. 2014 年 8 月 15 日，上市公司董事会六届二十次会议审议通过了《关于收购拉萨经济技术开发区万吉能源科技有限公司 100% 股权议案》及其相关议案；

3. 2014 年 9 月 1 日，上市公司召开 2014 年度第四次临时股东大会，审议通过了《关于收购拉萨经济技术开发区万吉能源科技有限公司 100% 股权议案》及其相关议案。

五、分析点评

（一）交易方案的选择

焦作万方在 2014 年 4 月推出定增方案，计划向吉奥高石油技术公司增发股份，收购其境外石油区块权益，相关资产预估值为 15 亿～20 亿元。不过，在停牌两个多月后的 2014 年 6 月 26 日，焦作万方公告披露，由于在重大核心条款上未达成一致意见，考虑到时间、收购成本等因素，决定放弃增发重组，改为用现金收购吉奥高投资所持万吉能源 100% 股权。

该方案的独特之处在于，吉奥高投资分别与大成基金、华夏基金、金元惠理基金、泰达宏利签署协议，拟按 8 元/股的价格协议受让上述各基金管理公司所持的合计 2.065 亿股，占公司总股本的 17.2%，转让总价款为 16.52 亿元。

其实还是资产换股份，不过增加了现金桥梁。通过该交易方案，公司完成现金收购资产，交易对方拿着现金去买基金公司持有的上市公司股票，想撤退的基金也成功获利离场。

（二）方案设计存在的质疑

1. 基金主动买套

2011 年底，焦作万方披露了高达 30 亿元的再融资预案，计划以 10.64 元/股的底价增发股份。几个月之后，该方案在 2012 年 9 月 7 日获证监会审核通过。

不过，定增获批的焦作万方却迟迟没有完成增发，直到批文即将到期的 2013 年 5 月 2 日，公司才宣布实施定增。彼时，泰达宏利、大成、华夏、银华、金元惠理 5 家基金公司斥资 18 亿元，合计吞下 1.69 亿股增发股份。不过，这一融资数额较公司此前预计的 30 亿元已经缩水 40%。

蹊跷的是，定增实施时的 2013 年 5 月 2 日，焦作万方的收盘价为 9.36 元，远低于 10.64 元/股的增发价。为何一众基金要"高价主动买套"？

彼时，焦作万方证券事务代表马东洋在回应基金溢价参与定增的质疑时，曾表示"机构参与主要是对公司前景看好"。

媒体质疑，一众基金参与定增认购的主要原因为：上市公司与其对增发的收益有保底承诺。

2. 同一资产，为何定增方案变为现金购买

无论是增发还是现金收购，对于有心入主焦作万方的吉奥高投资差别并不太大，不过，对于华夏、大成、泰达宏利等 2013 年定增进入公司的基金而言，两个方案对其利益则有很大区别。

在定增方案中，焦作万方停牌价仅为 6.08 元，除去成本的话，参与定增的基金至今并未获利多少。考虑到股价可能上涨，但定增方案需要行政审批，耗时长且存在较大不确定性。而协议转让方案中，转让价为 8 元/股，如转让完成，基金公司参与增发的收益率约为 38.65%。两相比较，基金公司可能更倾向于协议转让方案。

3. 规避借壳监管问题

（1）控制权变更

根据交易方案，吉奥高投资在股权转让完成后持有上市公司 17.2% 股份，并将在交易完成后 6 个月内增持到不超过 20%。公司第一大股东中国铝业持股

比例 17.27%，且表示无增持计划。即交易完成后 6 个月内，吉奥高投资可能成为上市公司第一大股东，使得上市公司控制权发生变更。

（2）向收购人购买资产

上市公司以现金向吉奥高投资购买万吉能源 100% 股权。

（3）资产比例不足 100%

万吉能源 100% 股权作价约 17 亿元，占 2013 年上市公司资产总额 72 亿元的 23.6%，未达到 100%。

注意，如果达到 100%，应认定为现金借壳。

本方案中，由于资产比例未达到 100%，不构成借壳上市。但该方案为规避借壳监管提供了一条新的路径：上市公司现金购买 A 的资产，①如果资产超过 100%，A 用上述现金协议受让上市公司存量股成为第二大股东，未来再逐步获得控制权；②如果资产未超过 100%，A 用上述现金协议受让上市公司存量股成为控股股东。

（三）后续发展

1. 2014 年 10 月 10 日，公司公告详式权益变动报告书，吉奥高投资成为公司第一大股东，但其说明，其非控股股东和实际控制人。

2. 公司多次公告油气业务的进展情况，未达预期。油气业务是 2014 年收购万吉能源 100% 股权形成的。

根据收购协议，公司的油气业务由公司第一大股东吉奥高投资的实际控制人刘坤芳先生的团队独立运作，吉奥高投资对油气业务提供业绩承诺。刘坤芳承诺，标的资产 2014—2017 年度实现的净利润和经营活动生产的现金净额分别不低于 0.3 亿元、3.5 亿元、5 亿元和 8.2 亿元。

根据收购协议约定，吉奥高投资以所持公司的股份担保业绩承诺。协议禁止吉奥高对所持的公司股份进行质押或设定其他权利限制。

截至目前，公司尚未公告万吉能源 2014 年度的业绩情况。但公司于 2015 年 2 月 27 日公告吉奥高投资所持公司股份禁止质押或设置其他权利限制。公司自 2015 年 4 月 14 日起停牌，预计可能涉及万吉能源承诺业绩无法完成的后续处理问题。

3. 2015 年 1 月 6 日，公司公告第二大股东中国铝业拟全部转让其持有公司股份的公告。2015 年 4 月 22 日，中国铝业完成部分股份的转让，成为持股 10% 以下的第二大股东。后续上市公司将如何发展，值得拭目以待。

案例解析：中泰桥梁：对"自有子公司"增资

一、原方案

2015 年 5 月 7 日，江苏中泰桥梁钢构股份有限公司（以下简称中泰桥梁，证券代码 002659）公告终止筹划重大资产重组，并承诺 6 个月不筹划重大资产重组。

5 月 13 日，公司公告再融资预案，主要内容如下：

（一）发行对象

公司向八大处控股有限公司（以下简称八大处控股）、华轩（上海）股权投资基金有限公司（以下简称华轩基金）、郑亚平 3 名发行对象发行股份募集资金。

（二）募集资金数额及用途

募集资金金额总额 17.5 亿元，其中八大处控股认购 14 000 0 万元，华轩基金认购 250 00 万元，郑亚平认购 100 00 万元。其中 12 亿元拟用于增资北京文凯兴教育投资有限责任公司（以下简称文凯兴），用于建设国际学校项目。文凯兴成立于 2006 年 10 月，注册资本 1 000 万元，为八大处控股的全资子公司。

根据公司 5 月 13 日的公告，公司认为，本次再融资方案不构成重大资产重组。

笔者认为，本次再融资方案构成重大资产重组。理由为：根据《重组办法》第十五条，对已设立的企业增资属于通过其他方式进行资产交易，实质构成资产购买行为。根据《重组办法》第四十三条现金过桥的规定，本次交易既向八大处控股发行股份募集资金，又用资金购买（增资）其持有的资产，属于发行股份购买资产。根据《重组办法》第二条规定，发行股份购买资产应符合《重组办法》的有关规定。据此，本次再融资方案构成重大资产重组。

但本次交易方案不构成借壳上市，理由为：本次非公开发行完成后，八大处控股将持有公司 15 005.36 万股，占公司总股本的 30.10%，为公司的第一大股东。本次发行导致公司实际控制权发生变化，因此本次交易属于上市公司控制权发生变化，且向收购人购买资产。鉴于购买资产的金额较小，未达到上市公司资产总额的 100%，不构成借壳上市。

二、新方案

（一）第一步

如果本次再融资方案构成重大资产重组，而公司于 2015 年 5 月 7 日承诺 6 个月不筹划重大资产重组，本次交易方案将因违反承诺而失败。

5 月 14 日晚，公司紧急发布通牌公告。5 月 19 日，公司公告修正后的《非公开发行 A 股股票预案》。将原拟用于增资文凯兴的 12 亿元资金用途修改为用于高端教育产业投资项目。如此本次交易方案不构成重大资产重组，不违反承诺。

但问题在于：本次募集资金合计 17.5 亿元，其中 12 亿元的资金用途发生了变化，是否属于《上市公司非公开发行股票实施细则》第十六条规定的"本次发行方案发生变化"，需要重新召开董事会，确定定价基准日的情形。从公司的公告来看，其并未重新召开股东大会，未重新确定发行价格。

（二）第二步

7 月 2 日，公司公告拟以自有资金 2.9 亿元在北京市海淀区投资设立全资子公司北京文华学信教育投资有限公司（名称以最终工商登记为准，以下简称文华学信），并由文华学信增资文凯兴，实施建设国际学校项目，增资金额 2.9 亿元。增资完成后，文凯兴成为上市公司控股子公司。根据《重组办法》规定，上市公司向自有子公司增资不属于《重组办法》规定的重大资产重组行为，如此，原交易方案中 12 亿元用于增资自有子公司文凯兴将不构成重大资产重组，不违反承诺。

本次交易因上市公司资产总额较大不构成借壳上市，但若上市公司资产总额小于 12 亿元，则该交易方案的操作手法将构成一种新的规避借壳上市的方法，值得监管部门考虑。

本章主要介绍了借壳上市监管规则体系存在的不足，以及源于该种不足的各类规避借壳上市交易的手法。通过分析规避借壳监管行为博弈机制的失衡，论证对该类交易特别监管的必要性，为第六章构建借壳上市的平衡监管体系提供支撑和依据。

第六章　构建借壳上市的平衡监管体系

如前所述，借壳上市的监管规则应宽严适度，既要防止壳资源的炒作，打击内幕交易；又要防止对上市公司产业并购的阻碍。因此，需要构建一个平衡的监管体系。当前市场环境下，构建借壳上市的平衡监管体系面临着老问题和新挑战。笔者尝试对其进行总结，并结合本书前文的分析和思考，提出关于构建借壳上市的平衡监管体系的若干建议。

第一节　老问题与新挑战

一、老问题

老问题主要是指借壳上市监管规则本身及与其他监管规则之间存在的监管体系自洽性不足等问题。总结来讲，上述问题主要包括以下四个方面。

（一）重大资产重组分类导致的问题

如前所述，上市公司重大资产重组常使用的分类为借壳上市、整体上市或大股东注资、第三方发行。《重组办法》的立法逻辑中也暗含这样的分类，因为其对于不同类型的交易，监管规则不同。对于借壳上市类交易，《重组办法》规定了严格的监管规则，防止壳资源炒作和监管套利；对于第三方发行类交易，《重组办法》规定了较为宽松的监管规则，鼓励交易各方通过谈判形成各项交易条件；对于整体上市或大股东注资等其他类型的交易，则适用一般标准。这样的分类标准符合早期的监管实践，耦合分类监管的监管理念，促进了上市公司通过第三方发行实施产业整合的实践。

随着上市公司并购重组市场的发展，上市公司跨行业并购日益增多。第三方发行类交易由早期的横向并购或纵向并购[①]发展到如今的横向并购、纵向并购

---

① 即上市公司发行股份购买的资产，是与上市公司的主营业务相同或与上市公司主营业务为上下游产业的资产。该类交易中，交易条件由交易双方经过激烈博弈达成，市场化程度较高，因此在盈利预测补偿等方面的监管规则较为宽松。为保证该类交易中交易双方能够切实有效地形成博弈，2011 年《重组办法》规定"第三方发行"制度时，要求第三方发行类交易须满足"促进行业或产业整合、增强协同效应"的要求，即第三方发行类交易原则上应属于横向并购或纵向并购。

及跨行业的混合并购。部分实施跨行业资产收购交易的上市公司由于行业不景气已经亏损或濒临亏损，跨行业资产收购交易的目的在于业务转型，提高上市公司盈利能力。该类上市公司一般现金流不宽裕，无法以现金购买资产。如果以不存在协同效应为由，不允许上市公司通过第三方发行购买资产，则该类上市公司只能通过向控股股东、实际控制人及其控制的关联人购买资产等方面避免继续亏损，否则将无法自救，从而逐步走上退市的道路。这明显不符合第三方发行制度的立法初衷，为此，监管部门在审核中逐步放松对"增强协同效应"的硬性要求，并在2014年《重组办法》修订时将这一做法予以明确。①

然而，对于此类跨行业的资产收购交易，上市公司和交易对方的博弈能力是否与同行业的资产收购交易相当，是否可以适用同样的监管规则？根据目前的监管规则，答案是可以。但笔者以为，这个问题并非简单的是与否的问题。既要考虑上市公司产业转型的需要，又要降低上市公司转型风险对中小股东利益的不利影响，而要实现两者的平衡，就应区分跨行业并购交易对于上市公司的影响程度。如果影响较小，则为促进上市公司产业转型，应适用与同行业的第三方发行类交易相同的监管规则；如果影响较大，则要降低上市公司转型风险对中小股东利益的不利影响，适用严格于同行业的第三方发行类交易的监管规则。

此外，近几年的实践中，还出现了一类无法纳入上述归类标准的交易模式。仅举一简单事例说明，上市公司实际控制人为甲，资产总额10亿元。现其拟向乙发行股份募集资金15亿元，用于购买丙的资产。交易完成后，上市公司的实际控制权人变更为乙。该交易导致上市公司控制权变更，且购买资产的交易价格超过上市公司资产总额的100%，然而该资产不属于收购人，因此该交易虽然类似借壳上市类交易，但不构成借壳上市。同时，该交易属于向控股股东、实际控制人以外的特定对象发行股份购买资产，但上市公司控制权发生变更，因此该交易虽类似第三方发行类交易，却又不属于第三方发行。《重组办法》暗含的分类标准中不包含该类特别的交易行为，因此对该资产购买交易只能适用一般重大资产重组的监管规则。但笔者以为，该类交易中利益博弈与借壳上市、第三方发行、大股东注资或整体上市均有区别，需要特别规范。

首先，相较借壳上市，此类交易的利益博弈主体中增加了一方。在借壳上市类交易中，主要利益主体为上市公司、上市公司控股股东、其他中小股东、

① 具体内容见第四章第四节。

拟借壳企业的控股股东（收购人）及其他股东。博弈中发挥主要作用的主体为上市公司控股股东、拟借壳企业控股股东两方；而在此类交易中，主要利益主体为上市公司、上市公司控股股东、其他中小股东、收购人、上市公司拟购买资产的控股股东及其他股东。博弈中发挥主要作用的主体为上市公司控股股东、收购人、拟购买资产的控股股东三方。

其次，相较第三方发行，此类交易的利益博弈机制出现较大变化。在第三方发行类交易中，上市公司控股股东与其他中小股东利益趋于一致，其为了自身利益，倾向于与交易对方充分谈判，形成对上市公司最优的交易方案；而在此类交易中，上市公司原控股股东让渡控制权，其为了自身利益最大化，更倾向于低价受让上市公司原有资产、与收购人私下签订协议获得额外的壳费等。因此，上市公司控股股东与中小股东利益差异加剧，而与收购人、拟收购资产控股股东的利益接近，自然无法通过主要博弈主体的谈判保护中小股东利益。

最后，相较大股东注资等其他交易，该类交易导致上市公司控制权发生变更，主要资产、业务等发生重大变更，因此对中小股东权益的影响程度远远超过一般重大资产重组交易。

重大资产重组分类存在的上述问题，为规避借壳上市监管类交易提供了生存的土壤。

（二）非公开发行与重大资产重组关系导致的问题

非公开发行一般可分为两类交易：一类为发行股份购买资产，另一类为发行股份再融资。

1. 发行股份购买资产与重大资产重组的关系

如第四章第四节中所言，发行股份购买资产不论是否构成重大，均适用《重组办法》。这在逻辑上有点让人难以理解。

笔者认为，形成如此规则的原因得追溯到《重组办法》的修订历史。2008年《重组办法》沿袭了2001年105号文的立法逻辑，将按照一定指标计算达到50%以上的资产交易行为定义为重大资产重组，并予以特别规范。同时，根据2005年《证券法》中"上市公司非公开发行新股，应当符合经国务院批准的证券监督管理机构规定的条件，并报国务院证券监督管理机构核准"这一授权，以及上市公司发行股份购买资产的实践，《重组办法》专章规定"发行股份购买资产"。然而，如何解决重大资产重组与发行股份购买资产之间的逻辑关系呢？当时现金类的重大资产重组与发行股份购买资产均为行政许可事项，且此时交易类型多为整体上市、借壳上市，一般的发行股份购买资产均属于重大资产重组，因此《重组办法》第二条第二款规定，"上市公司发行股份购买资产应当符合本办法的规定"。即所有发行股份购买资产的行为，无论重大与否，均适用重大资产重组的相关监管规则。此后《重组办法》虽历经多次修改，但依次延续该立法逻辑。

2014 年《重组办法》修订时，取消了现金类重大资产重组（构成借壳上市的除外）的行政许可，改为事后监管。然而，非公开发行的行政许可由《证券法》设定，因此仍然保留。自此，《重组办法》规范的行为及规范方式变更为：对于不构成借壳上市的现金类重大资产重组，进行事后监管；对于构成借壳上市的现金类重大资产重组、发行股份购买资产，设置行政许可，进行事前监管。在《证券法》修改前，这样的立法模式是推进简政放权、减少行政许可的不得已选择。

但是，我们仍应明晰发行股份购买资产与重大资产重组之间"应然"的逻辑关系。发行股份购买资产与重大资产重组①是从不同角度对交易的分类，既存在交叉重合部分，也存在各自不同的领域。发行股份购买资产可分解为两类行为，一方面属于上市公司非公开发行行为，另一方面属于上市公司购买资产行为。重大资产重组是指构成重大的上市公司资产购买、出售、置换行为。两者的重合之处在于发行股份购买的资产构成重大资产重组，其余部分均为两者不重合之处。因此，从逻辑上来讲，监管规则应分两条线：一条线为上市公司非公开发行，另一条线为上市公司重大资产重组。

2. 发行股份再融资与重大资产重组的关系

2006 年《上市公司发行证券管理办法》规定了非公开发行的条件、募集资金的用途等，2008 年《重组办法》制定时考虑到发行股份再融资的行为已经中国证监会核准，因此在第二条第三款明确规定，上市公司按照经中国证监会核准的发行证券文件披露的募集资金用途，使用募集资金购买资产、对外投资的行为，不适用《重组办法》。据此，一般情形下，发行股份再融资不再适用《重组办法》的相关规则。

如前所述，2008 年《重组办法》制定时，现金类重大资产重组尚属于行政许可事项，需要事前审批。因此，为避免重复行政许可，规定发行股份再融资的资金用途如为购买资产，不适用重大资产重组的相关规定。然而，2014 年《重组办法》取消了现金类重大资产重组的行政许可，同时仍规定发行股份再融

---

① 该处的重大资产重组仅指按照《重组办法》第十二条规定的计算指标，构成重大资产重组的交易。不论其支付手段是现金还是股份，甚至未来将会发生的可转债等。

资用于购买资产不适用重大资产重组的相关规则。如此，对于同一类交易行为，将适用不同的规则。如果上市公司以自有资金购买资产构成重大资产重组，应按照《重组办法》的规定履行相关披露义务；如果上市公司以非公开发行募集的资金购买资产，即使构成重大资产重组，也不适用《重组办法》，对拟购买资产不用按照《重组办法》的规定履行相关披露义务。[1] 而借壳上市是一种特殊的重大资产重组交易，如不适用《重组办法》，将不构成借壳上市。

同样，我们应该明晰发行股份再融资与重大资产重组之间"应然"的逻辑关系。发行股份再融资与重大资产重组一般不存在交叉，仅在融资用途为购买资产且构成重大的情形下才形成交叉重叠部分。因此，同发行股份购买资产一样，从逻辑上来讲，监管规则应分两条线：一条线为上市公司非公开发行，另一条线为上市公司重大资产重组。两条线从逻辑上讲分别属于《证券法》和《公司法》领域。

非公开发行与重大资产重组在逻辑关系上的紊乱，为规避借壳上市监管类交易提供了生存的空间。

（三）发行股份购买资产与发行股份再融资的监管差异导致的问题

发行股份购买资产适用《上市公司证券发行管理办法》、《重组办法》，监管重点在于拟购买资产的合规性、价格的公允性、持续盈利能力等，配套的格式准则对购买资产应披露的内容规定非常详细。如果构成借壳上市，则适用更严格的监管规则及披露规则；而发行股份再融资适用《上市公司证券发行管理办法》，却不适用《重组办法》，其监管重点在于上市公司是否符合发行条件、募集资金的必要性及用途。对于募集资金用于购买资产、对外投资的行为，并无关于购买资产、投资标的的特别监管规则。

发行股份购买资产与发行股份再融资的监管差异，为规避借壳上市监管类交易提供了较为可行的操作手法。

（四）借壳上市认定标准导致的问题

如第一章第一节所述，借壳上市的定义，或者说，借壳上市的认定标准存在一定的不足。包括取得控制权与注入资产之间的关系的不明确、计算指标的单一性、未考虑出售资产的影响、未考虑主营业务相关性等问题。同时，《重组办法》并未赋予监管部门在借壳上市认定上的自由裁量权，因此借壳上市认定

---

[1] 上市公司再融资的披露重点为募集资金的必要性及用途；而上市公司重大资产重组的披露重点为拟购买资产的合规性、价格公允性、持续盈利能力。同样是对上市公司构成重大影响的资产购买交易，却因资金来源不同，履行的信息披露义务存在重大差异。

标准存在的疏漏，为规避借壳上市监管类交易提供了直接可行的规则依据。

从实践来看，市场上不断出现各种看似借壳上市，但按照现行借壳上市认定标准不能界定为借壳上市的情形。此类交易方案逐步增多，形成了不良的市场效应，造成较大的监管困惑：如何在监管与发展之间寻求平衡。

二、新挑战

（一）上市公司监管中，以信息披露为中心的定位与困惑

以信息披露为中心，是上市公司监管的基本定位。对此，监管系统上下和市场各参与方已有共识。在监管转型格局下，事前管制逐渐淡化，价值判断交还市场，市场机制的顺畅运行和投资者的理性决策，更为依赖于有效的信息披露。因此，信息披露为中心的定位，既是上市公司监管的经验凝聚，也是资本市场深化改革的现实需要。

但在实践中，信息披露的作用机理和传导机制出现了一定程度的失灵，直观表现为信息披露与股价走势出现较大程度的背离。在借壳上市中，体现得更为明显。无论如何提示拟借壳资产生产经营存在的风险、交易失败的风险等，股价均连续涨停。对于中小投资者来讲，其没有动机否决重组交易，如果其觉得本次交易存在风险，其可以选择在一个较高的价格出售持有的股票；而接手的股东更是没有理由否决借壳方案，其还指望方案通过后股价再次上涨获得投资收益呢。这一情况，使我们对以信息披露为中心的监管理念产生了两点困惑。

一是情绪型和趋势型的投资文化中，信息披露监管的功能受到了严重的制约。在财富效应的驱动下，相当部分的散户投资者仍然奉行追涨杀跌的投资理念，追逐市场热点，忽视潜在风险，无视上市公司的信息披露。而作为市场稳定器的机构投资者，也成为市场走势的被动接受者，交易行为"散户化"倾向严重。

在这样的市场环境和投资者行为下，信息披露的基本作用受到严重弱化，原有的投资决策参考功能被情绪型和趋势型的投资行为模式所取代。由此，信息披露监管也随之在一定阶段和一定范围内出现了无效化的趋势。

二是上市公司信息披露监管保持定力和一致性受到挑战。互联网的日益普及，极大便利了资本市场各类参与者的意见表达，但是相当部分投资者习惯于从自身利益出发，通过简单盈亏评价判断监管成效，典型表现为两种情形。

第一，是股市上涨时的机会主义。漠视股价已远远脱离企业真实价值的实际情况，奉行"最大傻瓜主义"，有意或无意忽视上市公司和监管部门的风险提

示。第二，是股市下跌时的民粹主义。在因市场快速下跌而出现亏损时，将问题简单归结为监管不力，要求监管部门打破原有规则，出台有利于抬升股价的短期刺激性政策。

在这样的市场环境中，监管部门的定力和行为受到严重干扰。在出现较大群体性问题时，往往难以坚持原有的监管逻辑，出现监管政策的前后矛盾和割裂，甚至被舆论所裹挟，表现出一定的监管功利主义倾向。

（二）多元化并购增多

1. 并购重组市场不断升温

并购业务素有资本市场"皇冠上的明珠"之称，但这颗明珠在中国资本市场一直黯淡无光，似乎到了 2013 年才猛然间散发出耀眼的光芒。

2013 年，在 IPO 停摆的大背景下，中国资本市场并购重组活动如火如荼地开展着，这方唱罢那方登场，令人目不暇接。根据有关统计数据，2013 年沪深两市共发生了 2 000 余起并购重组项目，已完成的并购交易金额约 5 000 亿元，未完成的并购交易金额则高达 10 471 亿元。在 2012 年被称为"并购元年"后，有人将 2013 年又一次冠之以"并购元年"的称号。2013 年中国资本市场并购业务的火爆，除了数量、金额远超以往年度之外，还表现出产业链并购发声增强、并购行业和参与主体日益多元等其他诸多特点，呈现出一派"繁荣"景象。

如果说 2013 年是 A 股市场并购元年，那么 2014 年则可以称为中国并购市场井喷之年。2014 年，在利好政策频出、企业转型升级以及 IPO 发行缓慢 VC/PE 退出急切的三种因素作用下，中国并购市场无论从交易数量还是交易规模，都呈现出火爆的情景。根据统计数据，2014 年 A 股上市公司公告的交易案例数量超过 4 450 起（并购标的超过 4 450 个），披露交易规模 1.56 万亿元，涉及上市公司超过 1 783 家，较 2013 年同期（5 023 亿元、1 189 起）分别增长 274% 和 210%。

2. 跨行业并购不断增多

并购通过分为横向并购、纵向并购和多元化并购三类。当两家互为竞争者的公司合并时就发生了横向合并，例如"滴滴"与"快的"的合并；纵向并购是指具有采购——销售关系的公司合并，即产业链上下游的公司合并；多元化并购发生在既不是竞争对手又不存在产业链上下游关系的公司之间，该种混合并购通常发生在拟实施多元化战略或拟转型的公司。

美国历史上总共掀起过五次并购浪潮，其中第三次并购浪潮发生在 1965 年至 1969 年，经常又被称作多元化并购时代，那时，小型企业收购大公司并不是一件稀奇的事情。而在前两次并购浪潮中，目标公司的规模明显要小于收购公司。

（1）多元化并购大量产生的原因

①分散企业风险。当某个行业不景气时，另一个行业不受影响，后者的收益可以弥补前者的利润下滑或亏损。

②管理科学的发展。第二次世界大战以后，信息技术快速发展，促进企业管理能力大幅提升。另外，各大商学院迅速扩张，为企业提供了大量的管理人才，也对企业进行跨行业并购起到了推动作用。

③反垄断严厉。20世纪60年代是美国反托拉斯、反垄断最严厉的时期，导致横向和纵向并购的数量受到了限制，跨行业并购成为主流。第三次并购浪潮期间发生的大多数并购都形成了综合性企业，与横向并购、纵向并购不同，这些并购并没有明显提高行业的集中程度。

④并购本身创造每股收益增长。高市盈率的公司通过收购低市盈率的公司，就能够实现每股收益增长及股价上涨。

（2）多元化并购浪潮的结果

对于许多多元化并购而言，几乎没有证据可以证明它们的合理性。收购公司通常为它们所收购的多个企业支付了过高的价格。事实证明许多公司并购后财务表现不佳。关于多元化企业失败的原因，至今仍没有定论。不过，经济理论认为，提高专业化程度可以提高生产力。事实上，工业革命以来的资本主义历史已证明这一点。多元化企业代表了一种远离专业化的趋势，与专注于经营某一行业甚至是行业某一部门的管理者相比，多元化企业的管理者对所处行业知之甚少，在运用专业知识和倾注于关注程度方面劣势更加明显。

当1969年股票市场下滑时，市盈率游戏不再发挥作用。事实上，许多分析家认为多元化并购导致了市场的崩溃，因为证券价格远远超过了其所代表的经济基础价值时，市场崩溃是迟早要发生的。1987年10月美国的股票市场危机印证了这点。2015年7月A股市场的暴跌也在一定程度上印证了这点。

我国的资本市场并未赶上前五次并购浪潮。有人说，第六次并购浪潮已经到来，而这次并购浪潮中国无疑已成为主角之一。从境内资本市场的并购情况来看，A股并购市场兼具美国几次并购浪潮的特征，以横向并购、纵向并购为主，做大做强，提高行业集中度，但同时跨行业的混合并购不断增多，且新兴行业，尤其是互联网相关产业并购重组数量增长迅猛。

2014年A股并购市场的一个主要现象即新兴产业的并购呈现爆发式增长。

在资本的青睐下，以生物医药、文化传媒、机器人等新兴产业企业的估值被持续推高，部分传统行业上市公司，面对产能过剩和激烈的市场竞争，选择通过并购新兴行业来实现跨界转型，从而实现业绩和市值的增长。故而我们可以看到，2014年以来，A股上市公司跨界重组不断上演，出现了网游、手游、影视剧制作、文化传媒、机器人等跨界并购现象。其中包括主营业务为高端服装的凯撒股份，通过购买酷牛互动100%的股权来实现转型；皇氏集团收购御嘉影视100%股权，转型影视文化业务。当然，也应该看到2014年资本市场存在大量以并购重组为热点，以短期市值管理为目的的并购行为。

（三）"PE+上市公司"为代表的市值管理

在大多数上市公司利用并购重组做大做强的同时，部分市场主体联合上市公司以市值管理为名，游走在内幕交易、操纵市场的边缘。其中最为热门的就是"PE+上市公司"模式。

1. 投资模式简介及主要特点

（1）PE机构和上市公司联合运作

PE机构第一步会获取上市公司部分股权，主要有两种模式，一种是成为不足5%的小股东，天堂硅谷多采用此类模式；另一种是成为有较大影响力的股东，如第二大股东，"中植系"多采用此类模式。

第二步，PE机构和上市公司通过成立并购基金或合资设立公司等方式搭建并购平台，或者双方直接签订市值管理协议或并购顾问协议约定利益分配方式，捆绑成利益共同体。然后由PE机构寻找并购标的，并进行控股型收购，最后两者联合管理并购标的，并在约定时间将其"注"入上市公司，从而获取并购项目上市增值和上市公司升值两大块收益。

（2）高杠杆募集资金

"PE+上市公司"投资模式设立并购基金进行收购属于杠杆收购，双方只需根据项目进度逐期支付部分资金，剩余资金由外部募集，即可锁定并购标的，不占用上市公营运资金，从而达到扩大杠杆的目的。

（3）以退定投

这种"PE+上市公司"式的产业并购基金所投资项目的退出主要依赖上市公司并购其同行业或产业链上下游企业，控股之后进行培养整合。与一般基金以及传统并购基金购买目标公司少数股权不同，上市公司参与设立的并购基金通常需要取得目标公司的控制权，才能顺利实现由上市公司对目标公司进行业务整合，并在适当的时机出售给上市公司而实现退出。

总体而言，"PE＋上市公司"投资模式有利于促进并购重组市场化发展，拓宽上市公司并购重组的融资渠道，提高资本运作效率。

2. 可能存在的问题

（1）部分 PE 投资单纯以"市值管理"为目的，不利于上市公司专注发展主业

"PE＋上市公司"投资模式中，PE 实现投资价值的渠道一方面来自于上市公司的股价提升，另一方面来自于随后注入资产的证券化收益。现实中，部分"PE＋上市公司"投资模式单纯以抬高上市公司股价为目的，追逐市场热点寻找标的，未充分考虑与上市公司主业的整合和日后发展方向，虽然短期上市公司股价上升，但长期重组效果存在较大不确定性风险。

同时，"PE＋上市公司"投资模式中，PE 机构往往同时与上市公司高管绑定利益共同体，容易导致上市公司高管为实现自身利益，不履行勤勉尽责义务，以损害上市公司长远发展为代价。如果上市公司及高管热衷于此类资本运作，不着力发展主业，将不利于实体经济发展。

（2）引发操纵市场质疑

"PE＋上市公司"投资模式形成后，通常会伴随着上市公司股价的上涨。以硅谷天堂为例，2011 年以来硅谷天堂先后与大康牧业、广宇集团、京新药业等十余家上市公司合作开展了产业并购。凡是与其有过亲密接触的公司，通过资本运作之后，都在不同时段受到市场资金的追逐。一方面固然是因为部分上市公司通过与 PE 的合作，通过产业并购实现了快速发展和价值提升，但另一方面更多的是市场预期的提前反应。市场对此类投资模式熟悉后，一旦此类型 PE 投资于上市公司，将引发市场对于后期资产注入和股价提升的预期，也为部分 PE 利用该模式进行炒作进行套利提供了空间。

大多数 PE 持股上市公司协议、并购基金设立协议背后，都潜藏着一份纸面或口头的市值管理协议。以天晟新材为例，天晟新材于 2014 年 10 月 22 日公告的"租壳"协议实质上就是一份摆上台面的市值管理协议，一时引发市场极高关注。此后，在监管的介入下，这份协议很快被取消。此类模式可以轻松通过制造收购兼并等资本运作利好消息制造炒作题材推高股价，或者利用估值泡沫和财务舞弊使股价上涨，引发股民对其股票的追捧。在股价上涨后，PE 及上市公司高管趁机在高位减持股份套现，引发市场对此类模式操纵上市公司二级市场股价的质疑。

（3）引发内幕交易质疑

"PE＋上市公司"投资模式另一层隐忧则在内幕交易方面。由于与上市公司是合作关系，PE机构在接触项目的过程中掌握到的内幕信息要比以往深入得多，一定程度上知道未来很长一段时间内上市公司的并购标的和方向，容易发生关联交易、利益输送等现象，比如PE机构利用在上市公司的股东权利影响上市公司的收购决策和定价等，隐藏了巨大的法律和道德风险。

由于"PE＋上市公司"投资模式是先买入股票再推进并购，且并购过程耗时比较长，给监管部门对于内幕交易的判定增加了难度。

（4）交易结构设计精巧复杂，监管难度较大

一是熟悉规则，善于打"擦边球"。"PE＋上市公司"模式中，合作双方一般对证券市场规则较为熟悉，能够充分利用规则空间打"擦边球"，规避监管。比如，多数PE投资上市公司的比例不超过5%，从而规避信息披露义务。此外，通过精巧的交易架构设计，PE机构适时将项目以出售、定增、股权置换等方式装入上市公司，规避实质上的重大资产重组。

二是交易模式复杂多变，方式不断创新。"PE＋上市公司"模式中，通常涉及多层复杂的股权结构，资金来源复杂。并购基金运作模式中，上市公司大多担任有限合伙人（LP）的角色，PE担任普通合伙人（GP）的角色，但也存在上市公司及其股东参股GP公司，同时扮演GP角色和LP角色等多种模式。另外，在重要事项决策中，双方也制定了不同的条款。复杂的交易涉及和股权结构导致对信息披露的机关和相关主体权利义务的认定存在难度。

（四）对借壳上市的影响

随着市场化改革的持续推进，资本市场的工具手段更为丰富，交易方式更为复杂，投资者构成更为多元，上市公司构成更为多样。在这样的市场格局下，上市公司并购重组的交易方案日益复杂，产业并购与借壳上市、规避借壳上市的界限日益模糊。可以说，借壳上市的发展过程，是一个制度形成和演进的过程，是一个监管不断加强、规则日益严格的过程。而规避借壳上市的发展过程，则是一个并购重组行政管制不断放松、市场不断创新的过程，是市场主体与监管者之间不断讨价还价的过程。市场的上述发展也给借壳上市的监管带来更大的难度。在跨界并购、控制权之争不断增多，市盈率游戏、伪市值管理盛行的市场环境下，在复杂的交易结构、股权结构等设计导致公司控制权是否实际变更更加难以判断的情况下，如何判断交易方案是否构成借壳上市，更准确地说，如何科学地界定借壳上市的含义并对借壳上市进行适当的监管，对监管部门来

讲，变得越发困难。

有人说借壳是一场无聊的"猫鼠游戏"，无论结局成败，值得监管部门深思的是，面对"八仙过海，各显神通"的资本现象，借壳上市如何界定才能及时应变，适应新的市场环境？

《重组办法》修订时，监管部门曾在内部讨论过借壳上市与主营业务、控制权之间的关系，但由于未能提出合理的方案，最终该问题被搁置，留待以后解决。

对于监管部门而言，其希望减少不利的监管套利行为，所以此前监管部门修正借壳上市的标准，从"趋同"到"等同"，但监管与市场之间存在永恒的博弈。问题的关键在于如何进行制度的设计，实现监管的平衡。

第二节　关于借壳上市监管的若干建议

借壳上市作为公司的资产重组和并购行为，适用"公司自治"，属于私法领域；借壳上市的目的是上市，涉及广大投资者的利益，涉及证券市场的监管，这又是公法领域。因此，借壳上市涉及广泛的法律问题，需要谨慎对待。

借壳上市作为非 IPO 的上市手段，其动人之处就在于绕过了 IPO 的漫长复杂的审批流程，因而也可能出现很大的监管真空。因此各国对借壳上市都采取相应的监管措施。但由于各国对资本市场监管本身就有宽有严，对借壳上市的监管力度也各不相同。随着全球范围内对金融市场加强监管的呼声又起，适时审视并调整借壳上市的监管将非常及时和必要。

规避借壳行为的存在不仅仅因为借壳上市标准提高等同于 IPO，还因为构成借壳上市与不构成借壳上市二者的成本收益、难易程度、融资政策、二级市场的价差收益等相差较大。规避借壳上市的问题，不仅是借壳上市监管范围的界定问题，而且涉及更深层次的原因，包括整个资本市场的市场结构、准入与退出机制等基本制度规则。

避免监管套利、减少规避监管行为的存在，最终还依赖于完善资本市场结构、证券发行体制、退市制度等基本制度的完善，从而降低企业规避借壳上市的动机。但这是一项系统性工程。在市场结构及环境未发生根本变化的情况下，如何完善借壳上市的定义和监管，需要认真思量监管目的、监管理念，借鉴境外立法经验，并结合我国监管实践经验综合考量。

从借壳上市的定义来看，实现监管平衡的关键并不在于借壳上市审核标准等同于 IPO，而在于如何准确地界定借壳上市，既要有效监管上市发行人通过交易实现将收购资产上市的意图以规避首发上市申请规定的行为，又要防止阻碍市场化的并购重组。

同时，借壳上市是一种特殊的重大资产重组行为，完善借壳上市的监管首先须结合重大资产重组的监管一并分析，并寻求完善方案。

借鉴不同法系不同国家的规则很容易造成规则的逻辑混乱，最终体系无法自洽。我国 A 股市场对借壳上市的监管规则主要借鉴于中国香港地区，因此本书的完善建议以中国香港立法经验为制度参考，主要结合我国 A 股市场并购重组的实践和具体案例提出。

一、监管逻辑的再梳理

在理解现行规则的基础上，我们应该思考更加符合逻辑的，同时切实可行的立法思路和监管逻辑。

从《公司法》和《证券法》的立法分工来看，《公司法》主要规范公司的设立及其行为；《证券法》主要规范公司的证券的发行和交易行为。当某一公司为公众公司时，《公司法》与《证券法》将共同发挥作用。具体到上市公司的并购重组行为，《公司法》应该规范的是公司的行为准则，而《证券法》规范的是公司的证券发行和交易行为。

也就是说，上市公司购买、出售资产的监管与上市公司股份的发行和交易监管应该是两条线，各有分工，互相配合。上市公司购买、出售资产监管主要针对上市公司本身的重大资产变动行为；而上市公司股份的发行和交易监管主要解决上市公司新增股份的发行行为、已发行股份的大额转让行为。

具体来讲，上市公司购买、出售资产的监管需要首先对上市公司购买、出售资产作出合理的分类，并在此基础上制定合理的监管制度；而上市公司股份的发行监管，尤其是非公开发行行为监管，无论是用于融资还是购买资产，应该适用统一的发行条件等规则。

二、借壳上市的再定义

科学监管上市公司重大资产重组行为，最重要的是对上市公司购买、出售资产行为作出合理的分类。这种基础分类非常重要，直接关乎立法逻辑。现行《重组办法》并未对重大资产重组行为进行细分，但从法规条文来看，立法者在一定程度上接纳了实务中将重大资产重组划分为借壳上市、第三方发行、大股东注资、其他类型等的分类标准，并在立法条文中对借壳上市、第三方发行规定了不同的监管制度。具体描述如表6-1所示。

表6-1　　　　　上市公司重大资产重组的实务类别及监管要求

	支付工具	实务类别	监管要求及主要差异	是否审批
重大资产重组（狭义）	现金或资产	非借壳类重大资产重组	一般要求	否
		现金借壳	一般要求+拟购买资产符合IPO发行条件	是
发行股份购买资产	股份或股份+现金	第三方发行	一般要求+非公开发行条件	是
		大股东注资	一般要求+非公开发行条件+盈利预测补偿要求	是
		借壳上市	一般要求+非公开发行条件+盈利预测补偿要求+拟购买资产符合IPO发行条件	是
吸收合并	股份或股份+现金（如为纯现金支付，则回到第一项重大资产重组）	上市公司吸并上市公司	上市公司公开发行条件+异议股东回购请求权+具体交易类型对应的要求	是
		上市公司吸并非上市公司	异议股东回购请求权+具体交易类型对应的要求	是
		非上市公司吸并上市公司	异议股东回购请求权+非上市公司符合IPO发行条件	是

由于分类标准不一致，如借壳上市与第三方发行并不是同一分类标准下的分类方法，导致监管出现逻辑不一致及部分薄弱地带。如同样不构成重大，股份支付则需适用《重组办法》，现金支付则不适用《重组办法》；再如控制权变更但不构成借壳上市的交易，因没有特殊规定，仅适用一般重大资产重组的标准。建议根据《重组办法》的历史变迁、现实规定，并借鉴中国香港的立法经验，按照交易规模对上市公司重大资产重组行为进行分类监管，并在此基础上，对借壳上市、第三方发行等特殊行为做特别规定。

1. 一般重大资产重组

（1）定义

上市公司某宗交易或某连串交易，就有关交易计算所得的任何百分比比率为50%～70%（出售事项），50%～100%（收购事项）。

具体的计算指标沿袭《重组办法》第十一条资产总额、营业收入、资产净额，建议新增净利润指标，并参照资产净额设置最低利润标准，防止盈利能力差的公司一点点交易即构成重大资产重组。

（2）分类理由

沿用现行《重组办法》的框架，以50%作为划分重大资产重组与非重大资产重组的标准。同时，鉴于上市公司出售资产如达到100%，则沦为空壳公司，建议借鉴原105号文的立法经验，将50%以上、70%以下的上市公司资产出售行为定位为普通重大资产重组。

（3）监管标准

适用现行重大资产重组的一般规定即可。

2. 非常重大的出售事项

（1）定义

非常重大的出售事项是指，上市公司某宗资产出售事项就有关交易计算所得的任何百分比比率为70%以上。

（2）分类理由

上市公司大额出售公司资产将导致原有股东股权对应的资产价值大幅下降，对股东权益影响重大；同时如将数量标准定义为100%，则上市公司成为空壳。因此建议借鉴原105号文70%的数量指标，将70%以上的资产出售事项视为非常重大的出售事项进行更严格监管。

（3）监管标准

对非常重大的资产出售事项，除适用普通重大资产重组的监管标准外，建议进一步提高股东大会表决相关议案的通过比例要求。如要求股东大会通过非常重大的出售议案的通过比率为：①全体有表决权股份（不包含对具体议案须回避表决的股份）的1/2；②参会有表决权股份的2/3。

3. 非常重大的收购事项

（1）定义

非常重大的收购事项是指，上市公司某项资产收购就有关交易计算所得的任何百分比比率为100%以上。

（2）分类理由

上市公司大额购买资产，尤其是购买规模等超过自身的标的资产，会在短时间内造成上市公司主营业务收入、净利润等来源发生重大变化，对股东权益影响重大。建议提高数量指标为100%而非70%，一方面防止比例过低阻碍上市公司正常的产业整合，另一方面也与借壳上市的资产比例要求一致。

（3）监管标准

对非常重大的资产收购事项，除适用普通重大资产重组的监管标准外，建议进一步提高股东大会表决相关议案的通过比例要求。如要求股东大会通过非常重大的出售议案的通过比率为：①全体有表决权股份（不包含对具体议案须回避表决的股份）的1/2；②参会有表决权股份的2/3。

4. 借壳上市

（1）定义

在非常重大的出售事项、非常重大的收购事项的基础上，结合各类规避实践，建议将借壳上市的行为定义为：上市公司在控制权变更时，或控制权变更（控制权变更时未被视为借壳上市）后24个月内向新控制权人及其关联人进行"非常重大的收购事项"（某项或某连串资产收购）。

将控制权变更与资产购买之间的时间间隔设置为24个月。规定控制权变更24个月的时间，一方面可以让中小股东充分了解新的控制权人的情况、新控制权人控制下公司的运作情况等，从而作出投资判断；另一方面，可以防止无限制累计，阻碍解决关联交易、同业竞争的大股东注资行为。

（2）视同借壳上市行为

①以下几种情形视同借壳上市：

（a）上市公司出售全部资产或为现金资产公司，并购买新的资产；

（b）上市公司进行非常重大的出售事项，同时进行非常重大的收购事项；

（c）上市公司的资产购买事项因引入一名大股东或一批股东，而使控制权有所改变。

②视同理由：

（a）上市公司出售全部资产或为现金资产公司时，上市公司均属于净壳公司。此时上市公司购买资产的意图明显为将拟收购资产上市。交易完成后，上市公司主营业务一般均脱胎换骨。该行为即使不符合借壳上市的一般定义，也应视同为借壳上市。

（b）上市公司出售70%以上资产，同时或12个月内购买100%以上资产时，视同借壳上市行为。此时，上市公司主营业务一般也发生根本性变化。为防止规避行为，该类行为视同借壳上市监管较为合理。

（c）上市公司的资产购买虽未达到100%，但导致控制权发生变化的，对股东权益同样影响重大。控制权的变更影响股东对上市公司未来经营情况、盈利能力等的判断。为此，将引起上市公司控制权变更的资产购买事项原则上视同借壳上市。防范通过再融资购买资产，并变更控制权的规避监管行为。

（3）视同借壳上市行为的例外

①如完全符合下述条件，前述视同借壳上市行为可免于被当作新上市申请处理：

（a）将被收购的业务或公司规模并不显著大于上市公司；

（b）将被收购的业务或公司所经营的业务，与上市公司所经营的类似；

（c）被收购后的上市公司业务，不拟做重大更改；

（d）董事会的成员将无重大改变；

（e）上市公司的控制权或控制董事会大部分成员的人士将无重大改变。

②例外理由：

（a）将被收购的业务或公司规模并不显著大于上市公司。如此规定一方面可以提高法规的灵活性，防止单纯数量指标的僵化，如相关指标计算结果为101%，则可以结合其他条件判断是否需要按照新上市申请处理；另一方面可以防止过分大规模的资产收购可能给公司带来的风险，若相关计算指标为500%，属于典型的"蛇吞象"行为，则在产业整合和控制风险的利益权衡中选择控制风险，保护股东利益，要求收购资产符合新上市申请的要求。

（b）将被收购的业务或公司所经营的业务，与上市公司所经营的类似。如此规定可将豁免范围局限于产业并购，促进产业并购的发展，同时可限制跨行业追逐市场热点的大规模收购事件，一定程度上遏制以市值管理为目的的非常重大收购行为。

（c）被收购后的上市公司业务，不拟做重大更改。如此规定与前项结合，可确保上市公司收购的目的确为产业并购，防止恶意规避行为。

（d）董事会的成员将无重大改变，上市公司的控制权、或控制董事会大部分成员的人士将无重大改变。要求董事会、公司控制权或控制董事会大部分成员的人士无重大变化，一方面可以保证上市公司控制权、经营权的稳定，另一方面可以防止非产业并购类型的重大收购事项规避按照新上市申请处理的情况。

三、借壳上市监管标准的再思考

按照上文所述，将上市公司重大资产重组的监管分为两条线，一条线为支付工具，另一条线为是否构成重大。

支付工具主要包括现金、普通股、优先股、可转债、权证等，如上市公司资产重组行为涉及上述支付手段，即满足相应的条件。如普通股，在等同 IPO

审核的标准下，按照 IPO 的股份发行条件监管；未来在注册制下，即按照公开发行的注册条件进行股份注册。

是否构成重大与前一条线独立，该条线下不论何种支付手段，主要考虑资产重组行为对上市公司主营业务、资产、收入有重大影响的行为。对于影响大小不同的行为，适用不同的监管标准。其中，借壳上市适用最严格的监管程序和监管标准。如在股东大会表决上，对表决程序和通过比例做更严格的要求；在信息披露方面，在合规性要求之外，对一致性、可比性、可理解性作出更严格的规定。①

---

① 如按照此监管思路，在修改《重组办法》时，可在一定程度上放松对一般重大资产重组、非关联交易重大资产重组的监管要求，如盈利预测补偿、信息披露的详细程度等。

附录：2012 年至 2015 年
上半年的借壳上市交易名单

一、2015 年上半年核准的借壳上市项目

序号	证券代码	交易时公司简称	行政许可项目
1	600074	中达股份	发行股份购买资产
2	600466	迪康药业	发行股份购买资产
3	600666	西南药业	发行股份购买资产
4	600381	＊ST 贤成	发行股份购买资产
5	600856	长百集团	发行股份购买资产
6	002074	东源电器	发行股份购买资产
7	600606	金丰投资	发行股份购买资产
8	600297	美罗药业	发行股份购买资产
9	002366	丹甫股份	发行股份购买资产
10	600629	棱光实业	发行股份购买资产
11	000795	太原刚玉	发行股份购买资产
12	600229	青岛碱业	发行股份购买资产

注：（1）不予核准的 2 个借壳项目为：圣莱达、威华股份。

（2）终止审核的 3 个借壳项目为：步森股份、江泉实业、国投中鲁。

二、2014 年核准的借壳上市项目

序号	证券代码	交易时公司简称	行政许可项目
1	600398	凯诺科技	发行股份购买资产
2	000681	远东股份	发行股份购买资产
3	002217	联合化工	发行股份购买资产
4	002174	梅花伞	发行股份购买资产
5	002071	江苏宏宝	发行股份购买资产
6	002373	联信永益	发行股份购买资产

序号	证券代码	交易时公司简称	行政许可项目
7	000035	*ST 科健	发行股份购买资产
8	000810	华润锦华	发行股份购买资产
9	600485	中创信测	发行股份购买资产
10	002354	科冕木业	发行股份购买资产
11	002180	万力达	发行股份购买资产
12	600250	福建南纺	发行股份购买资产
13	000928	中钢吉炭	发行股份购买资产
14	002504	东光微电	发行股份购买资产
15	002019	鑫富药业	发行股份购买资产
16	600273	华芳纺织	发行股份购买资产
17	002143	高金食品	发行股份购买资产
18	002280	新世纪	发行股份购买资产
19	000607	华智控股	发行股份购买资产
20	000546	光华控股	发行股份购买资产
21	000908	天一科技	发行股份购买资产
22	600654	飞乐股份	发行股份购买资产
23	002624	金磊股份	发行股份购买资产

注：（1）不予核准的三个借壳项目为鑫富药业、武昌鱼、天一科技，其中鑫富药业、天一科技二次申报，并获通过。

（2）终止审核的一个借壳项目为银润投资。

（3）此外，非上市公司申银万国证券通过发行股份吸收合并上市公司宏源证券实现上市。

三、2013 年核准的借壳上市项目

序号	证券代码	交易时公司简称	行政许可项目
1	000519	江南红箭	发行股份购买资产
2	000545	*ST 吉药	发行股份购买资产
3	000582	北海港	发行股份购买资产
4	000605	四环药业	发行股份购买资产
5	000657	*ST 中钨	发行股份购买资产
6	000672	*ST 铜城	发行股份购买资产
7	000688	*ST 朝华	发行股份购买资产

序号	证券代码	交易时公司简称	行政许可项目
8	000693	S＊ST 聚友	发行股份购买资产
9	000813	天山纺织	发行股份购买资产
10	000902	中国服装	发行股份购买资产
11	002002	ST 金材	发行股份购买资产
12	002047	＊ST 成霖	发行股份购买资产
13	002145	＊ST 钛白	发行股份购买资产
14	002302	西部建设	发行股份购买资产
15	600419	新疆天宏	发行股份购买资产
16	600566	洪城股份	发行股份购买资产
17	600567	山鹰纸业	发行股份购买资产
18	600617	＊ST 联华	发行股份购买资产
19	600634	ST 澄海	发行股份购买资产
20	600687	刚泰控股	发行股份购买资产
21	600728	佳都新太	发行股份购买资产
22	600803	威远生化	发行股份购买资产
23	000555	＊ST 太光	吸收合并
24	600562	高淳陶瓷	发行股份购买资产

注：（1）天山纺织、高淳陶瓷为借壳新规发布前公告预案的借壳上市交易，适用借壳老规。

（2）不予核准的三个借壳项目为华润锦华、ST 沪科、西藏珠峰，华润锦华、西藏珠峰二次申报，并获通过。

（3）终止审查的两个借壳项目为＊ST 北生、东源电器。

（4）此外，非上市公司美的集团通过发行股份吸收合并上市公司美的电器实现上市；非上市公司浙能电力通过发行股份吸收合并上市公司东电 B 实现在 A 股的上市。

四、2012 年核准的借壳上市项目

序号	证券代码	交易时公司简称	行政许可项目
1	600604	ST 二纺	重大资产重组
2	000665	武汉塑料	发行股份购买资产
3	000669	＊ST 领先	发行股份购买资产
4	002049	ST 轻骑	发行股份购买资产
5	600532	＊ST 华科	发行股份购买资产
6	600691	＊ST 东碳	发行股份购买资产

序号	证券代码	交易时公司简称	行政许可项目
7	600705	SST 北亚	发行股份购买资产
8	600882	大成股份	发行股份购买资产
9	600894	广钢股份	发行股份购买资产
10	000030	＊ST 盛润	吸收合并
11	000008	ST 宝利来	发行股份购买资产
12	000156	＊ST 嘉瑞	发行股份购买资产
13	000409	ST 泰复	发行股份购买资产
14	000498	＊ST 丹化	发行股份购买资产
15	000767	＊ST 漳电	发行股份购买资产
16	000791	西北化工	发行股份购买资产
17	000831	＊ST 关铝	发行股份购买资产
18	600180	ST 九发	发行股份购买资产
19	600392	＊ST 天成	发行股份购买资产
20	600790	＊ST 力阳	发行股份购买资产
21	600988	ST 宝龙	发行股份购买资产

注：（1）前 9 个为借壳新规发布前公告预案的借壳上市交易，适用借壳老规。

（2）不予核准的借壳项目为 7 个。其中华阳科技、安信信托 2 个借壳项目适用借壳老规，华阳科技后二次申报，获得通过。电广传媒、湖南发展、威远生化、ST 中钨、ST 金材 5 个借壳项目适用借壳新规，电广传媒、威远生化、ST 中钨、ST 金材二次申报，获得通过。

（3）终止审查的借壳项目为 5 个。朝华科技、建投能源、成城股份、万鸿集团 4 个借壳项目适用借壳老规，漳泽电力适用借壳新规。

（4）此外，香港上市公司广汽集团通过发行股份吸收合并 A 股上市公司广汽长丰实现在 A 股的上市。这是第一单"一站式审核"的集团通过吸收合并上市公司实现上市的案例。此前，该类交易由中国证监会发行部审核集团的 IPO，上市部审核吸收合并。自此单开始，该类交易由上市部"一站式审核"，但对于集团，参照适用 IPO 的发行条件。

后　记

校对完最后一遍，合上书稿，思绪不禁穿越到四年之前初入并购重组领域之时，彼时场景，历历在目。

来上海证券交易所工作之前的四年里，我一直在证监会从事上市公司并购重组业务审核。并购重组业务是成熟资本市场中的前沿业务，交易类型多，技术含量高，工作挑战大。其中，借壳上市尤其独具特色。借壳上市并不是成熟资本市场上市公司并购重组的主流交易类型，但在我国当前资本市场发展阶段下，借壳上市俨然是其中最为复杂和备受关注的一类交易。眼花缭乱的借壳案例，千变万化的借壳手法，展现着这一交易模式无穷的魅力，也为包括我在内的许多人带来无数的困惑。借壳上市，既如同《星际穿越》中展示的一个神奇的资本"虫洞"①，连接着实体产业和资本市场；同时，又交织着多个主体之间的多重博弈，涉及大量的法律法规和监管规则，宛如一座"规则迷宫"。

可以说，近四年的审核工作，即是一场难忘的资本"虫洞"与"规则迷宫"穿行之旅。

四年里，一系列问题始终萦绕心头：为什么我国资本市场的借壳上市如此火热？为什么监管层总觉得借壳上市是个"坏孩子"，应当严格限制、严加监管？借壳上市的认定标准和监管规则如何发展而来，又存在何种问题？当前市场上为什么会出现如此多疑似借壳上市的案例，有什么影响？借壳上市监管的初衷和立法理念究竟是什么？借壳上市的认定标准和监管规则可以如何完善？如何把握借壳上市监管中的博弈与平衡？

为了早日走出这一迷宫，做到知其然，更知其所以然，四年里，我搜集了有关借壳上市的几乎所有研究文献和资料，整理了我国资本市场有借壳上市规则以来的借壳上市和疑似借壳上市的交易案例，无数次与同事就实务操作中热

---

① 虫洞（Wormhole）又称时空洞、"爱因斯坦—罗森桥"，是指是宇宙中可能存在的连接两个不同时空的狭窄隧道。虫洞是1916年由奥地利物理学家路德维希·弗莱姆首次提出，1930年由爱因斯坦及纳森·罗森在研究引力场方程时假设的，认为透过虫洞可以做瞬时的空间转移或者做时间旅行。电影《星级穿越》对其做了形象化的描述。

点和难点展开热烈的讨论，反复拆解其交易模式和交易逻辑，反复思考相应的监管规则和监管理念。

撰写本书的一年多时间里，正是并购重组体制机制改革和审核工作极其繁重的时期，业余时间基本完全投入写作中，一年多几乎没有休息过一个周末，斟酌篇章结构设计，熬夜研究重点难点，反复推敲润色文字，等等。

完稿之际，衷心感谢单位的领导和同事们，给予我无微不至的关怀和耐心的帮助，你们的敬业精神、宝贵的经验和渊博的知识是我努力的方向；感谢沪深证券交易所和市场机构的各位专家和朋友们在交流中给予的启发；感谢我的中国政法大学的老师、同门和同学多年来给予我的鼓励和支持。

最后，需要说明的是，笔者水平有限，虽多年思考，偶有所得，但不足与疏漏之处定然在所难免。并购重组领域纷繁复杂，学习之路永无尽头，期待各位读者批评与指正。

施金晶
2015 年 9 月 8 日